四川统计年鉴

SICHUAN STATISTICAL YEARBOOK

1999

（总第12期）

四川省统计局 编

中国统计出版社

ISBN 7-5037-2987-2
9 787503 729874 >

(京)新登字 041 号

图书在版编目(CIP)数据
四川统计年鉴 1999/四川省统计局编．
—北京：中国统计出版社，1999
ISBN 7-5037-2987-2
Ⅰ．四…
Ⅱ．四…
Ⅲ．统计资料—四川—年鉴—1999
Ⅳ．C832.71—54
中国版本图书馆 CIP 数据核字(1999)第 17698 号

中国统计出版社出版
(北京西城三里河月坛南街 75 号 100826)
成都师范学校附属小学印刷厂印刷
*
787×1092 毫米　16 开本　30 印张　70 万字
1999 年 7 月第 1 版　1999 年 7 月成都第 1 次印刷
印数：1—1600 册
*
国内定价：¥150.00 元

编者说明

一、《四川统计年鉴—1999》是一部全面反映四川省经济和社会发展情况的综合性统计资料年刊。本书收录了全省和各市、地、州、县1998年经济和社会各方面的大量统计数据，并附录了世界主要国家的主要统计数据。本《年鉴》的出版为领导干部、经济工作者、社会各界人士了解四川省情、掌握四川经济运行状况、宏观指导经济提供了详细、丰富的资料。

二、《四川统计年鉴—1999》共有二十一部分内容，即：1. 行政区划和自然资源；2. 综合；3. 人口；4. 劳动力、从业人员和职工工资；5. 固定资产投资；6. 能源生产与消费；7. 财政和物价指数；8. 人民生活；9. 民族自治地方概况；10. 城市概况；11. 市县概况；12. 农业；13. 工业；14. 建筑业；15. 交通运输、邮电和通讯；16. 国内贸易；17. 对外经济贸易和旅游；18. 金融和保险；19. 教育、科技和专利；20. 文化、体育、卫生、社会福利、环保和其他；附录：世界主要国家及地区统计数字。

三、资料中所使用的度量衡单位均采用国际统一标准计量单位。

四、本年鉴表中的符号使用说明：

"…"表示数据不足本表最小单位数；

"空格"表示该项目统计数据不详或无该项数据；

"#"表示其中的主要项。

《四川统计年鉴》编辑部

1999年6月

目 录
CONTENTS

一、行政区划和自然资源
Chapter 1 DIVISION OF ADMINISTRATIVE AREAS AND NATURAL RESOURCES

二、综合
Chapter 2 GENERAL SURVEY

三、人口
Chapter 3 POPULATION

四、劳动力、从业人员和职工工资
Chapter 4 LABOR FORCE, EMPLOYMENT AND WAGE

五、固定资产投资
Chapter 5 INVESTMENT IN FIXED ASSETS

六、能源生产与消费
Chapter 6 PRODUCTION AND CONSUMPTION OF ENERGY

九、民族自治地方概况
Chapter 9 SURVEY OF MINORITY NATIONALITY AUTONOMOUS AREAS

十、城市概况

Chapter 10 GENERAL SURVEY OF CITIES

十二、农业
Chapter 12 AGRICULTURE

十三、工业
Chapter 13 INDUSTRY

十四、建筑业
Chapter 14 CONSTRUCTION

十五、交通运输、邮电和通讯
Chapter 15 TRANSPORTATION, POSTAL AND TELECOMMUNICATIONS SERVICES

十六、国内贸易
Chapter 16 DOMESTIC TRADE

十九、教育、科技和专利

Chapter 19 EDUCATION, SCIENCE, TECHNOLOGY AND PATENTS

二十、文化、体育、卫生、社会福利、环保和其他
Chapter 20 CULTURE, SPORTS, PUBLIC HEALTH, SOCIAL WELFARE, ENVIRONMENTAL PROTECTION AND OTHERS

DIVISION OF ADMINISTRATIVE AREAS AND NATURAL RESOURCES

一　行政区划和自然资源

1—1 行 政 区 划

（1998 年末）　　　　单位：个

地区	市辖区	县级市	县	自治县	区公所	乡	#民族乡	镇	街道办事处
全省合计	35	18	124	3	104	3 310	103	1 694	195
成都市	7	4	8			138		192	92
自贡市	4		2		15	51		76	10
攀枝花市	3		2			58	21	20	18
泸州市	3		4			68	9	74	7
德阳市	1	3	2			42		110	5
绵阳市	2	1	6			130	18	134	12
广元市	3		4			164	2	93	3
遂宁市	1		3			41		65	5
内江市	2		3			30		81	9
乐山市	4	1	4	2	6	129	2	86	4
南充市	3	1	5			322	1	159	5
宜宾市	1		9			97	13	106	8
广安市	1	1	3			91		82	6
达川地区		2	5		51	321		54	2
巴中地区		1	3		32	242		42	
雅安地区		1	7			133	15	42	4
眉山地区			6			148		69	
资阳地区		2	2			77		83	
阿坝藏族羌族自治州			13			197	2	27	
甘孜藏族自治州			18			293	7	26	
凉山彝族自治州		1	15	1		538	13	73	5

1—2 行政区划一览表

（1998 年末）

地　　区	分　县　市　区
成都市	锦江区、青羊区、金牛区、武侯区、成华区、龙泉驿区、青白江区、都江堰市、彭州市、邛崃市、崇州市、金堂县、双流县、温江县、郫县、新都县、大邑县、蒲江县、新津县
自贡市	自流井区、贡井区、大安区、沿滩区、荣县、富顺县
攀枝花市	东区、西区、仁和区、米易县、盐边县
泸州市	江阳区、龙马潭区、纳溪区、泸县、合江县、叙永县、古蔺县
德阳市	旌阳区、广汉市、什邡市、绵竹市、中江县、罗江县
绵阳市	涪城区、游仙区、江油市、安县、梓潼县、平武县、北川县、三台县、盐亭县
广元市	市中区、元坝区、朝天区、剑阁县、旺苍县、青川县、苍溪县
遂宁市	市中区、蓬溪县、射洪县、大英县
内江市	市中区、东兴区、资中县、威远县、隆昌县
乐山市	市中区、五通桥区、沙湾区、金口河区、峨眉山市、犍为县、井研县、夹江县、沐川县、峨边彝族自治县、马边彝族自治县
南充市	顺庆区、高坪区、嘉陵区、阆中市、南部县、西充县、营山县、仪陇县、蓬安县
宜宾市	翠屏区、宜宾县、南溪县、江安县、长宁县、高县、筠连县、珙县、兴文县、屏山县
广安市	广安区、华蓥市、岳池县、武胜县、邻水县
达川地区	达川市、万源市、达县、宣汉县、开江县、大竹县、渠县
巴中地区	巴中市、平昌县、通江县、南江县
雅安地区	雅安市、名山县、荥经县、汉源县、石棉县、天全县、芦山县、宝兴县
眉山地区	眉山县、仁寿县、彭山县、洪雅县、丹棱县、青神县
资阳地区	资阳市、简阳市、安岳县、乐至县
阿坝藏族羌族自治州	汶川县、理县、茂县、松潘县、九寨沟县、金川县、小金县、黑水县、马尔康县、壤塘县、阿坝县、若尔盖县、红原县
甘孜藏族自治州	康定县、泸定县、丹巴县、九龙县、雅江县、道孚县、炉霍县、甘孜县、新龙县、德格县、白玉县、石渠县、色达县、理塘县、巴塘县、乡城县、稻城县、得荣县
凉山彝族自治州	西昌市、木里藏族自治区、盐源县、德昌县、会理县、会东县、宁南县、普格县、布拖县、金阳县、昭觉县、喜德县、冕宁县、越西县、甘洛县、美姑县、雷波县

1—3 各区域平均气温

(1998年) 单位:℃

区域	1月	2月	3月	4月	5月	6月	7月
盆地西北部	4.7	8.0	10.7	21.0	20.8	23.8	25.7
盆地东北部	5.9	9.1	11.0	20.9	21.9	24.1	27.4
盆地中部	7.1	9.6	13.0	23.1	22.7	24.5	27.6
盆地西南部	6.6	9.1	11.8	21.7	21.5	23.8	26.3
盆地东南部	7.7	10.3	13.2	23.2	23.1	24.2	27.2
川西北高原西北部	−7.6	−5.8	−3.9	3.7	6.0	11.1	12.3
川西北高原东北部	−4.2	−1.6	2.5	7.6	11.2	12.9	14.4
川西北高原南部	−5.1	−3.3	0.4	4.3	9.8	11.6	12.5
川西南山地北部	2.7	5.8	9.4	15.4	18.0	18.4	20.6
川西南山地南部	10.5	13.2	16.1	18.2	23.1	22.0	21.3

区域	8月	9月	10月	11月	12月	全年平均
盆地西北部	24.6	21.9	17.4	13.4	7.5	16.7
盆地东北部	26.2	23.6	19.0	14.5	8.3	17.7
盆地中部	26.0	24.0	19.8	15.9	9.5	18.6
盆地西南部	25.1	23.0	18.5	15.5	9.2	17.7
盆地东南部	26.1	23.9	20.0	16.5	10.1	18.8
川西北高原西北部	10.9	8.5	2.5	−4.5	−9.0	2.1
川西北高原东北部	12.9	10.4	6.0	1.2	−3.8	5.8
川西北高原南部	11.0	9.3	6.7	1.6	−3.9	4.6
川西南山地北部	19.5	16.3	13.6	9.7	5.5	12.9
川西南山地南部	20.2	19.2	16.7	12.8	9.3	16.9

注:气象资料由四川省气象科技档案馆(四川省气候中心)提供。

1—4 各区域日照时数

(1998年)　　单位:h

区域	1月	2月	3月	4月	5月	6月	7月
盆地西北部	60.3	55.3	65.4	172.3	116.4	123.5	118.8
盆地东北部	29.0	27.5	83.5	202.7	137.5	122.7	155.5
盆地中部	38.3	45.7	90.5	218.8	124.2	103.4	124.4
盆地西南部	46.4	39.5	81.1	169.9	95.9	85.8	101.2
盆地东南部	18.1	32.2	77.4	195.3	110.9	76.6	109.6
川西北高原西北部	207.3	193.6	206.5	223.1	225.7	157.7	167.0
川西北高原东北部	202.7	173.5	197.1	236.7	232.4	166.2	150.2
川西北高原南部	255.4	228.6	237.0	228.2	235.3	136.5	135.2
川西南山地北部	159.7	144.2	211.9	245.9	222.8	42.0	51.6
川西南山地南部	271.0	262.2	264.7	261.0	287.9	146.6	127.9

区域	8月	9月	10月	11月	12月	全年总计
盆地西北部	138.7	110.4	59.5	109.6	82.5	1 212.5
盆地东北部	147.4	170.3	107.0	94.4	31.8	1 309.0
盆地中部	100.2	149.7	67.8	70.8	13.2	1 146.7
盆地西南部	83.8	117.6	34.8	79.5	42.3	977.8
盆地东南部	98.3	146.7	60.4	67.3	8.9	1 001.7
川西北高原西北部	147.4	218.0	143.7	215.5	224.1	2 329.6
川西北高原东北部	148.4	200.0	145.5	199.5	219.9	2 272.1
川西北高原南部	88.8	194.7	213.8	216.1	255.1	2 424.7
川西南山地北部	62.7	140.7	74.7	114.5	137.0	1 607.7
川西南山地南部	111.7	221.7	175.8	201.9	239.2	2 571.6

1—5 各区域降水量

(1998年) 单位:mm

区 域	1月	2月	3月	4月	5月	6月	7月
盆地西北部	4.7	11.6	21.8	108.1	114.6	48.7	213.0
盆地东北部	7.7	15.9	27.3	91.3	222.2	151.8	329.2
盆地中部	12.4	23.7	16.6	72.6	147.7	209.3	223.0
盆地西南部	16.9	21.5	51.3	135.2	108.1	116.5	278.3
盆地东南部	16.9	13.5	17.5	82.7	67.7	223.5	219.6
川西北高原西北部	2.5	8.7	28.3	23.0	63.7	127.7	143.7
川西北高原东北部	3.7	14.6	25.2	24.5	106.2	129.7	138.9
川西北高原南部	1.7	0.6	6.3	26.2	31.1	202.4	319.8
川西南山地北部	7.7	2.1	18.1	53.9	116.7	224.5	338.9
川西南山地南部	3.5	0.1	8.9	33.7	25.2	176.7	325.9

区 域	8月	9月	10月	11月	12月	全年总计
盆地西北部	292.6	97.2	22.9	11.2	7.4	953.2
盆地东北部	199.3	50.6	42.1	2.9	19.1	1 159.2
盆地中部	247.5	100.0	27.4	8.5	17.0	1 105.3
盆地西南部	289.5	177.3	65.8	33.0	17.3	1 310.7
盆地东南部	241.8	75.5	38.4	12.4	24.4	1 033.9
川西北高原西北部	116.1	78.9	98.2	8.8	5.8	705.4
川西北高原东北部	126.6	82.1	85.9	46.6	36.5	820.5
川西北高原南部	324.2	68.9	53.4	11.8	0.6	1 047.0
川西南山地北部	225.1	83.4	58.2	32.0	7.2	1 167.8
川西南山地南部	360.2	65.1	48.1	14.5	1.9	1 063.6

GENERAL SURVEY

二　综　合

2—1 国民经济主要指标

指 标	单 位	1993	1994	1995	1996	1997	1998
一、人口							
年末户籍总人口	万人	8 037.4	8 098.7	8 161.2	8 215.4	8 264.7	8 315.7
#非农业人口	万人	1 211.9	1 277.1	1 331.8	1 378.1	1 420.1	1 460.3
二、劳动力(年末数)							
劳动力资源总数	万人	5 242.81	5 264.43	5 246.98	5 372.10	5 367.90	5 392.33
# 从业人员	万人	4 565.96	4 580.05	4 606.85	4 609.69	4 617.57	4 533.73
# 职工人数	万人	693.30	692.27	696.03	692.78	681.56	662.94
# 国有单位	万人	523.94	515.47	522.39	520.38	506.18	467.29
三、国内生产总值	亿元	1 486.08	2 001.41	2 504.95	2 985.15	3 320.11	3 580.26
第一产业	亿元	449.38	597.37	725.46	860.02	919.28	941.24
第二产业	亿元	580.38	802.77	1 020.91	1 229.01	1 385.38	1 527.07
第三产业	亿元	456.32	601.27	758.58	896.12	1 015.45	1 111.95
人均国民生产总值	元	1 863	2 491	3 095	3 662	4 048	4 339
工农业总产值	亿元	2 479.45	3 325.78	3 857.85	4 241.99	4 864.51	5 277.14
四、农业							
耕地面积	万公顷	459.38	457.96	456.04	454.31	451.99	449.49
农林牧渔业总产值	亿元	660.69	930.80	1 113.96	1 274.32	1 395.43	1 455.19
农业产值	亿元	389.21	521.00	645.17	750.07	798.22	823.72
林业产值	亿元	24.90	28.48	34.32	38.58	41.31	45.87
牧业产值	亿元	234.30	365.33	413.84	461.32	527.60	554.15
渔业产值	亿元	12.28	15.99	20.63	24.35	28.30	31.45
主要农产品产量							
粮食	万吨	3 174.8	3 098.1	3 395.3	3 483.1	3 554.4	3 626.3
棉花	万吨	8.2	6.7	11.2	12.3	10.7	10.2
油料	万吨	112.0	119.6	145.1	133.2	134.2	146.4
甘蔗	万吨	167.8	155.6	170.7	164.2	155.7	161.5
黄红麻	万吨	7.3	4.3	4.0	3.7	2.9	1.8
茶叶	万吨	4.4	4.4	4.4	4.4	4.5	5.1
蚕茧	万吨	15.0	15.7	15.2	9.5	8.5	9.3
水果	万吨	131.9	132.9	155.8	168.5	185.1	212.9

2—1 续表 1

指　　标	单　位	1993	1994	1995	1996	1997	1998
水产品	万吨	22.4	25.8	29.9	33.3	37.2	42.3
生猪存栏头数	万头	4 948	5 107	5 284	5 277	5 280	5 271
猪牛羊肉	万吨	347	373	414	434	454	481
造林面积	万公顷	26.3	25.1	25.0	25.6	28.2	38.5
五、工业							
工业总产值	亿元	1 818.76	2 394.98	2 743.89	2 967.67	3 469.08	3 821.95
轻工业产值	亿元	713.75	1 004.87	1 213.72	1 410.04	1 728.52	1 959.13
重工业产值	亿元	1 105.01	1 390.11	1 530.17	1 557.63	1 740.56	1 862.82
主要工业品产量							
布	亿米	5.34	5.89	7.04	6.68	6.60	6.05
丝织品	万米	14 500	13 343	11 707	8 334	9 024	4 122
呢绒	万米	193.52	279.88	276.00	260.34	194.88	155.58
机制纸及纸板	万吨	54.90	93.04	102.85	93.09	85.00	73.19
原盐	万吨	213.48	226.96	199.75	199.56	234.96	195.78
糖	万吨	11.58	10.85	12.20	9.97	10.11	9.67
原煤	万吨	5 567.34	5 887.86	6 482.30	6 115.54	6 222.68	5 696.42
天然气	亿立方米	72.23	75.98	74.77	75.11	80.03	85.66
发电量	亿千瓦时	317.83	400.82	448.34	475.53	491.97	475.87
生铁	万吨	444.76	464.39	471.22	481.30	491.31	502.82
钢	万吨	469.14	526.43	534.10	545.88	548.84	567.91
成品钢材	万吨	329.42	396.93	437.33	430.83	440.53	465.87
水泥	万吨	1 691.68	1 844.68	1 930.12	2 198.83	2 351.21	2 492.97
农用化肥	万吨	175.84	194.11	234.74	272.62	252.33	245.60
化学农药	吨	11 892	10 230	11 528	15 372	15 249	10 931
硫酸	万吨	118.19	128.42	146.81	143.65	166.08	182.04
烧碱	万吨	21.98	21.27	25.91	23.55	27.07	22.46
纯碱	万吨	42.01	43.96	43.36	44.32	46.29	40.73
六、固定资产投资							
全社会固定资产投资总额	亿元	459.40	573.43	677.34	803.79	949.30	1 184.80
#国有经济	亿元	286.53	325.23	384.39	419.82	525.95	722.75

2—1 续表 2

指　　标	单　位	1993	1994	1995	1996	1997	1998
集体经济	亿元	95.06	108.63	132.43	128.42	127.97	119.29
个体经济	亿元	49.50	71.21	87.73	131.61	159.50	159.49
# 基本建设	亿元	180.81	243.33	288.45	329.47	439.66	593.70
更新改造	亿元	71.24	94.22	93.51	101.65	117.82	196.15
房地产开发	亿元	34.87	50.57	79.96	90.62	100.26	120.60
七、批发零售贸易业、餐饮业							
社会消费品零售总额	亿元	554.85	724.74	936.37	1 091.45	1 212.37	1 298.57
# 批发零售贸易业	亿元	352.81	464.57	588.08	683.43	693.21	749.27
餐饮业	亿元	34.22	47.63	69.84	94.25	119.81	155.83
# 国有经济	亿元	210.90	233.21	253.91	279.99	243.57	207.77
集体经济	亿元	114.26	159.69	209.02	252.34	241.87	236.34
八、财政							
地方财政一般预算收入	亿元		99.36	121.07	154.07	172.90	197.29
地方财政一般预算支出	亿元	161.25	181.31	211.50	247.30	275.10	320.93
九、职工工资、居民收入							
全部职工工资总额	亿元	204.60	277.68	321.78	355.04	380.64	392.74
# 国有经济单位	亿元	163.50	222.79	257.40	284.14	302.01	301.06
全部职工平均货币工资	元	2 984	4 064	4 703	5 218	5 626	5 939
城镇居民人均可支配收入	元	2 408	3 297	4 003	4 406	4 763	5 127
农民人均纯收入	元	698	946	1 158	1 459	1 681	1 789
城乡居民储蓄存款余额	亿元	516.92	730.59	1 021.97	1 307.68	1 641.55	2 002.09
城镇居民	亿元	377.35	534.32	752.03	955.78	1 205.09	1 476.55
农村居民	亿元	139.57	196.27	269.94	351.90	436.46	525.54
十、教育							
高等学校在校学生数	万人	11.35	12.59	12.63	13.15	14.05	15.19
中等专业学校在校学生数	万人	15.79	16.84	19.40	21.66	23.76	25.42
普通中学在校学生数	万人	248.15	256.20	270.55	276.57	274.82	290.89
小学在校学生数	万人	666.29	702.06	735.02	779.76	827.09	843.84

2—2 国民经济主要指标增长情况

指　　标	1998年比1993年		1998年比1997年增长(%)
	增长(%)	年均增长(%)	
一、年末户籍总人口	**3.5**	**6.8‰**	**6.2‰**
二、年末从业人员数	**-0.7**	**-1.4‰**	**-1.8**
# 国有单位职工人数	-10.8	-2.3	-7.7
三、国内生产总值	**63.3**	**10.3**	**9.1**
第一产业	27.0	4.9	4.1
第二产业	97.8	14.6	12.0
第三产业	56.0	9.3	8.9
人均国民生产总值	58.3	9.6	8.4
工农业总产值	80.1	12.5	12.2
农业总产值	29.8	5.4	4.5
工业总产值	99.0	14.8	14.3
四、主要农产品产量			
粮食	14.2	2.7	2.0
油料	30.7	5.5	9.1
水果	61.4	10.0	15.0
茶叶	15.9	3.0	13.3
蚕茧	-38.0	-9.1	9.4
生猪存栏头数	6.5	1.3	-0.2
猪牛羊肉	38.6	6.7	5.9
五、主要工业品产量			
布	13.3	2.5	-8.3
丝织品	-71.6	-22.2	-54.3
呢绒	-19.6	-4.3	-20.2
机制纸及纸板	33.3	5.9	-13.9
原盐	-8.3	-1.7	-16.7
糖	-16.5	-3.5	-4.4
原煤	2.3	0.5	-8.5
天然气	18.6	3.5	7.0

2—2 续表

指　　标	1998 年比 1993 年		1998 年比 1997 年增长(%)
	增长(%)	年均增长(%)	
发电量	49.7	8.4	−3.3
生铁	13.1	2.5	2.3
钢	21.1	3.9	3.5
成品钢材	41.4	7.2	5.8
水泥	47.4	8.1	6.0
农用化肥	39.7	6.9	−2.7
化学农药	−8.1	−1.7	−28.3
硫酸	54.0	9.0	9.6
烧碱	2.2	0.4	−17.0
纯碱	−3.0	−0.6	−12.0
六、全社会固定资产投资总额	**157.9**	**20.9**	**24.8**
# 国有经济	152.2	20.3	37.4
集体经济	25.5	4.6	−6.8
个体经济	222.2	26.4	持平
# 基本建设	228.4	26.8	35.0
更新改造	175.3	22.5	66.5
房地产开发	245.9	28.2	20.3
七、社会消费品零售总额	**134.0**	**18.5**	**7.1**
# 批发零售贸易业	112.4	16.3	8.1
餐饮业	355.4	35.4	30.1
# 国有经济	−1.5	−0.3	−14.7
集体经济	106.8	15.6	−2.3
八、职工工资总额	**92.0**	**13.9**	**3.2**
# 国有经济单位	84.1	13.0	−0.3
农民人均纯收入	156.3	20.7	6.4
城镇居民人均可支配收入	112.9	16.3	7.6
九、高等学校在校生数	**33.8**	**6.0**	**8.1**
中等专业学校在校生数	61.0	10.0	7.0

2—3 国民经济主要比例关系

指标	1993	1994	1995	1996	1997	1998
一、国内生产总值	100	100	100	100	100	100
第一产业	30.2	29.9	29.0	28.8	27.7	26.3
第二产业	39.1	40.1	40.7	41.2	41.7	42.7
第三产业	30.7	30.0	30.3	30.0	30.6	31.0
二、工农业总产值	100	100	100	100	100	100
农业	26.6	28.0	28.9	30.0	28.7	27.6
工业	73.4	72.0	71.1	70.0	71.3	72.4
三、工业总产值	100	100	100	100	100	100
轻工业	39.2	42.0	44.2	47.5	49.8	51.3
重工业	60.8	58.0	55.8	52.5	50.2	48.7
四、农业总产值	100	100	100	100	100	100
农业	58.9	56.0	57.9	58.9	57.2	56.6
林业	3.8	3.1	3.1	3.0	3.0	3.1
牧业	35.5	39.2	37.2	36.2	37.8	38.1
渔业	1.8	1.7	1.8	1.9	2.0	2.2
五、全社会固定资产投资总额	100	100	100	100	100	100
国有经济	62.4	56.7	56.7	52.2	55.4	61.0
集体经济	20.7	19.0	19.6	16.0	13.5	10.1
个体经济和其他经济类型	16.9	24.3	23.7	31.8	31.1	28.9
六、社会消费品零售总额	100	100	100	100	100	100
批发零售贸易业零售	63.6	64.1	62.8	62.6	57.2	57.7
餐饮业零售	6.1	6.6	7.5	8.6	9.9	12.0
制造业零售	12.2	9.8	8.8	8.7	8.2	6.9
其他行业零售	4.7	2.6	4.3	4.2	5.7	4.1
农民对非农业零售	13.4	16.9	16.6	15.9	19.0	19.3
七、城乡居民储蓄存款余额	100	100	100	100	100	100
城镇居民	73.0	73.1	73.6	73.1	73.4	73.8
农村居民	27.0	26.9	26.4	26.9	26.6	26.2

2—4 工农业总产值

（当年价） 单位：亿元

年份	工农业总产值	农林牧渔业总产值	工业总产值	轻工业产值	重工业产值
1952	29.64	21.73	7.91	4.97	2.94
1957	64.48	43.19	21.29	15.75	5.54
1962	70.59	49.11	21.48	10.84	10.64
1965	97.76	60.08	37.68	23.43	14.25
1970	134.10	67.51	66.59	32.76	33.83
1975	180.42	78.28	102.14	46.21	55.93
1978	253.43	95.71	157.72	62.77	94.95
1979	299.20	123.27	175.93	72.23	103.70
1980	321.69	136.92	184.77	80.23	104.54
1981	332.44	147.02	185.42	91.27	94.15
1982	385.46	177.53	207.93	98.69	109.24
1983	426.54	193.77	232.77	106.38	126.39
1984	490.28	211.93	278.35	124.35	154.00
1985	588.54	234.82	353.72	153.06	200.66
1986	655.64	254.33	401.31	177.22	224.09
1987	783.43	294.59	488.84	219.14	269.70
1988	1 017.76	361.11	656.65	304.26	352.39
1989	1 181.25	400.40	780.85	350.30	430.55
1990	1 324.36	484.31	840.05	382.70	457.35
1991	1 506.30	513.43	992.87	455.86	537.01
1992	1 841.79	565.62	1 276.17	557.51	718.66
1993	2 479.45	660.69	1 818.76	713.75	1 105.01
1994	3 325.78	930.80	2 394.98	1 004.87	1 390.11
1995	3 857.85	1 113.96	2 743.89	1 213.72	1 530.17
1996	4 241.99	1 274.32	2 967.67	1 410.04	1 557.63
1997	4 864.51	1 395.43	3 469.08	1 728.52	1 740.56
1998	5 277.14	1 455.19	3 821.95	1 959.13	1 862.82

2—5 工农业总产值指数

(1952年=100)

年　份	工农业总产值	农林牧渔业总产值	工业总产值	轻工业产值	重工业产值
1952	100	100	100	100	100
1957	154.5	143.2	291.6	281.7	347.9
1962	127.4	117.0	252.7	167.0	740.7
1965	167.9	142.6	474.8	360.0	1 128.1
1970	214.5	160.8	864.8	521.2	2 821.0
1975	273.7	174.1	1 479.9	815.2	5 264.7
1978	365.1	206.0	2 293.5	1 136.6	8 881.4
1979	400.8	224.3	2 539.0	1 264.5	9 797.0
1980	424.3	242.2	2 631.3	1 405.7	9 610.8
1981	430.3	251.0	2 603.3	1 542.8	8 642.5
1982	477.6	279.4	2 879.8	1 662.7	9 810.8
1983	525.7	300.8	3 250.3	1 810.4	11 449.7
1984	586.5	323.1	3 778.1	2 101.4	13 326.3
1985	652.8	332.7	4 532.5	2 462.1	16 322.2
1986	707.3	351.5	5 019.9	2 786.5	17 737.7
1987	780.7	363.7	5 834.0	3 220.2	20 718.6
1988	887.9	375.1	7 102.3	3 938.2	25 121.0
1989	787.4	385.4	7 448.6	4 018.1	26 983.8
1990	988.3	409.4	8 005.0	4 328.5	28 941.3
1991	1 103.7	427.6	9 297.2	5 115.9	33 108.4
1992	1 279.2	445.7	11 380.6	6 027.8	41 862.9
1993	1 522.3	450.2	14 515.2	7 295.1	55 631.1
1994	1 760.7	465.3	17 459.7	9 312.4	63 855.1
1995	1 979.6	504.9	19 851.5	10 272.5	74 400.6
1996	2 152.1	533.3	21 771.0	12 742.4	73 185.6
1997	2 443.4	559.4	25 276.1	15 349.1	81 806.6
1998	2 742.2	584.5	28 890.6	18 045.0	90 652.1

2—6 国内生产总值

（当年价）　　　　单位:亿元

年份	国民生产总值	国内生产总值	第一产业	第二产业	工业	建筑业	第三产业	人均国民生产总值（元）	人均国内生产总值（元）
1949	26.15	26.15	18.21	2.84	2.53	0.31	5.10	59	59
1952	31.69	31.69	21.18	4.55	3.46	1.09	5.96	69	69
1957	56.57	56.57	36.87	11.63	9.78	1.85	8.07	111	111
1962	58.39	58.39	34.96	10.63	9.41	1.22	12.80	125	125
1965	86.49	86.49	48.62	20.76	16.37	4.39	17.11	168	168
1970	102.32	102.32	55.03	26.91	18.41	8.50	20.38	169	169
1975	136.94	136.94	58.97	48.95	42.34	6.61	29.02	213	213
1978	184.63	184.61	82.20	65.55	59.40	6.15	36.86	262	262
1979	205.81	205.76	91.95	72.31	65.43	6.88	41.50	290	290
1980	229.44	229.31	101.68	81.05	73.18	7.87	46.58	322	321
1981	242.68	242.32	108.02	83.36	74.58	8.78	50.94	337	337
1982	275.71	275.23	125.36	92.84	82.49	10.35	57.03	379	378
1983	311.85	311.00	138.17	105.69	93.71	11.98	67.14	426	425
1984	359.00	358.06	156.11	121.68	105.97	15.71	80.27	488	487
1985	422.30	421.15	172.90	148.11	127.13	20.98	100.14	571	570
1986	459.79	458.23	181.20	160.62	138.12	22.50	116.41	616	614
1987	532.79	530.86	202.25	187.88	160.49	27.39	140.73	705	702
1988	661.81	659.69	241.95	238.32	206.44	31.88	179.42	863	861
1989	747.36	744.98	263.15	266.16	234.88	31.28	215.67	963	960
1990	894.21	890.95	321.41	313.64	277.08	36.56	255.90	1 138	1 134
1991	1 020.88	1 016.31	339.00	378.48	333.37	45.11	298.83	1 289	1 283
1992	1 182.95	1 177.27	372.04	441.57	378.67	62.90	363.66	1 484	1 477
1993	1 492.84	1 486.08	449.38	580.38	495.24	85.14	456.32	1 863	1 854
1994	2 009.70	2 001.41	597.37	802.77	687.85	114.92	601.27	2 491	2 481
1995	2 516.56	2 504.95	725.46	1 020.91	873.17	147.74	758.58	3 095	3 081
1996	2 998.79	2 985.15	860.02	1 229.01	1 050.68	178.33	896.12	3 662	3 646
1997	3 335.78	3 320.11	919.28	1 385.38	1 175.27	210.11	1 015.45	4 048	4 029
1998	3 596.81	3 580.26	941.24	1 527.07	1 272.41	254.66	1 111.95	4 339	4 319

2—7 国内生产总值指数

(按可比价格计算,1952 年=100)

年份	国民生产总值	国内生产总值				人均国民生产总值	人均国内生产总值
			第一产业	第二产业	第三产业		
1952	100	100	100	100	100	100	100
1957	168.4	168.4	135.8	297.5	216.2	150.6	150.6
1962	116.5	116.5	90.7	221.6	152.8	112.5	112.5
1965	170.8	170.8	117.9	474.3	179.3	151.7	151.7
1970	203.4	203.4	126.8	637.0	223.1	155.2	155.2
1975	261.3	261.3	130.9	1 074.8	317.6	174.5	174.5
1978	385.4	385.4	176.1	1 616.8	567.6	248.5	248.5
1979	424.6	424.5	190.9	1 796.0	641.5	271.6	271.6
1980	465.1	464.8	200.7	1 988.2	758.9	295.8	295.7
1981	484.3	483.7	209.5	2 021.0	815.3	306.1	305.6
1982	537.3	536.4	236.2	2 209.3	892.6	336.1	335.5
1983	597.2	595.5	253.9	2 481.0	1 043.1	370.5	369.5
1984	670.5	668.7	277.2	2 814.1	1 219.1	414.2	413.0
1985	750.0	747.8	289.3	3 321.8	1 423.9	460.7	459.3
1986	792.3	789.2	292.0	3 538.6	1 593.8	481.8	480.0
1987	861.4	857.7	300.7	3 968.9	1 791.7	517.2	514.9
1988	926.4	922.3	306.6	4 518.4	1 903.5	548.8	546.3
1989	950.7	946.0	315.1	4 642.1	1 942.1	556.3	553.5
1990	1 018.5	1 012.1	332.1	4 805.3	2 226.8	589.3	585.5
1991	1 101.0	1 092.8	341.7	5 260.6	2 515.2	631.1	626.5
1992	1 245.2	1 235.4	357.4	6 381.9	2 862.3	709.4	703.8
1993	1 406.6	1 395.2	375.5	7 662.6	3 234.4	796.9	790.4
1994	1 567.9	1 554.3	391.9	9 053.7	3 554.9	882.3	874.7
1995	1 739.4	1 721.6	413.5	10 452.1	3 889.4	971.4	961.4
1996	1 915.6	1 895.0	434.9	11 901.4	4 244.0	1 062.2	1 050.8
1997	2 110.0	2 088.3	457.9	13 531.9	4 634.4	1 163.1	1 150.6
1998	2 302.0	2 278.3	476.7	15 155.7	5 046.9	1 261.2	1 248.0

2—8 国内支出总额

（当年价）　　单位：亿元

年份	国内支出总额	最终消费			资本形成总额			货物和服务净出口
			居民消费	政府消费		固定资本形成总额	存货增加	
1978	184.61	128.01	105.58	22.43	53.49	34.96	18.53	3.11
1979	205.76	141.88	117.07	24.81	60.26	37.89	22.37	3.62
1980	229.31	159.15	132.21	26.94	67.32	43.36	23.96	2.84
1981	242.32	169.91	142.14	27.77	70.56	47.70	22.86	1.85
1982	275.23	189.45	158.27	31.18	85.01	58.34	26.67	0.77
1983	311.00	211.39	177.30	34.09	98.07	70.55	27.52	1.54
1984	358.06	241.72	203.12	38.60	113.87	82.93	30.94	2.47
1985	421.15	281.54	236.86	44.68	141.24	105.32	35.92	—1.63
1986	458.23	303.40	255.01	48.39	157.90	117.76	40.14	—3.07
1987	530.86	346.08	290.29	55.79	188.33	143.31	45.02	—3.55
1988	659.69	427.87	358.93	68.94	234.87	180.51	54.36	—3.05
1989	744.98	496.27	419.83	76.44	251.45	193.19	58.26	—2.74
1990	890.95	611.19	513.11	98.08	281.73	213.31	68.42	—1.97
1991	1 016.31	692.13	570.70	121.43	322.22	235.22	87.00	1.96
1992	1 177.27	774.41	637.74	136.67	404.84	300.06	104.78	—1.98
1993	1 486.08	971.00	799.77	171.23	514.03	381.17	132.86	1.05
1994	2 001.41	1 290.51	1 073.20	217.31	713.66	533.93	179.73	—2.76
1995	2 504.95	1 580.62	1 308.99	271.63	927.71	699.26	228.45	—3.38
1996	2 985.15	1 879.66	1 542.96	336.70	1 108.46	850.35	258.11	—2.97
1997	3 320.11	2 065.60	1 689.39	376.21	1 253.44	977.28	276.16	1.07
1998	3 580.26	2 153.81	1 758.19	395.62	1 425.84	1 185.21	240.63	0.61

2—9 各市地州国民生产总值

(1998 年,当年价)　　单位:万元

地　区	国民生产总　值	国内生产总　值	第一产业	第二产业	第三产业	人均国民生产总值(元)
成都市	11 025 948	11 025 948	1 235 079	4 972 662	4 818 207	11 103
自贡市	1 374 321	1 360 777	318 436	617 197	425 144	4 382
攀枝花市	1 027 709	1 049 112	78 932	734 658	235 522	10 306
泸州市	1 609 761	1 549 761	457 759	648 576	443 426	3 512
德阳市	2 369 493	2 328 062	615 958	1 013 066	699 038	6 354
绵阳市	3 107 896	3 086 626	696 304	1 406 844	983 478	6 046
广元市	845 057	845 057	353 042	244 817	247 198	2 831
遂宁市	1 199 362	1 095 380	432 882	341 541	320 957	3 242
内江市	1 352 453	1 259 093	332 859	486 430	439 804	3 251
乐山市	1 323 740	1 312 934	350 645	569 297	392 992	3 849
南充市	1 654 156	1 468 328	590 902	360 966	516 460	2 334
宜宾市	1 686 377	1 681 675	450 366	700 353	530 956	3 374
广安市	1 301 157	1 170 911	440 708	457 248	272 955	3 059
达川地区	1 791 450	1 716 678	727 818	617 353	371 507	2 928
巴中地区	838 810	754 579	415 448	124 587	214 544	2 486
雅安地区	673 508	672 430	171 411	336 315	164 704	4 531
眉山地区	1 186 027	1 133 505	440 013	378 795	314 697	3 547
资阳地区	1 428 636	1 333 777	587 764	376 503	369 510	2 930
阿坝州	323 373	324 914	101 827	125 099	97 988	3 995
甘孜州	259 359	263 099	93 412	79 274	90 413	2 988
凉山州	1 247 016	1 247 016	510 556	357 816	378 644	3 211

2—10 各市地州国民生产总值指数

(1998年,上年=100)

地　　区	国民生产总　值	国内生产总　值				人均国民生产总值
			第一产业	第二产业	第三产业	
成 都 市	110.1	110.1	103.1	110.8	111.0	109.2
自 贡 市	109.0	109.0	105.8	109.8	109.9	108.5
攀枝花市	106.5	105.9	98.8	105.6	109.5	105.1
泸 州 市	108.4	107.7	105.0	107.4	111.0	107.8
德 阳 市	109.7	110.0	104.0	110.6	114.7	109.2
绵 阳 市	113.3	113.3	103.2	117.6	113.0	112.6
广 元 市	106.5	106.5	108.0	103.8	107.7	106.0
遂 宁 市	106.4	106.6	104.3	111.1	104.2	105.5
内 江 市	107.9	108.7	101.9	110.5	111.6	107.6
乐 山 市	110.3	110.2	103.6	113.9	109.9	110.0
南 充 市	111.1	110.4	107.9	113.1	111.6	110.8
宜 宾 市	111.1	111.2	103.9	111.6	118.3	110.4
广 安 市	109.5	110.7	105.6	115.9	110.5	108.8
达川地区	106.1	106.3	104.9	106.1	109.4	105.5
巴中地区	108.6	108.5	105.4	109.8	114.2	107.4
雅安地区	107.6	107.6	103.5	108.4	109.8	107.2
眉山地区	108.5	108.9	104.4	109.2	116.8	107.6
资阳地区	107.1	107.2	103.7	107.1	112.8	107.0
阿 坝 州	104.0	104.0	103.1	100.5	110.5	103.0
甘 孜 州	106.8	106.7	103.1	111.2	106.7	106.1
凉 山 州	110.5	110.5	105.1	119.0	108.6	109.3

主要统计指标解释

国民生产总值 是按市场价格计算的国民生产总值总称。它是我国所有常住单位一定时期内生产活动的最终成果。它等于国内生产总值加上来自国外的劳动者报酬和财产收入减去付给国外的劳动者报酬和财产收入。与国内生产总值不同，国内生产总值是一个生产概念，而国民生产总值是一个收入概念。

国内生产总值 是指一个国家和地区所有常住单位在核算期内(通常为一年)生产活动的最终成果。即所有常住机构单位或产业部门一定时期内生产的可供最终使用的产品和劳务的价值。国内生产总值有三种表现形态，即价值形态、收入形态和产品形态。从价值形态看，它是所有常住单位在核算期内所生产的全部货物和服务价值超过同期投入的全部非固定资产货物和服务价值差额，即所有常住单位的增加值之和；从收入形态看，它是所有常住单位在核算期内所创造并分配给常住单位和非常住单位的初次分配收入之和；从产品形态看，它是最终使用的货物和服务减去进口货物和服务。

在实际核算中国内生产总值的三种表形态形成三种计算方法，即生产法、收入法和支出法。三种方法分别从不同的方面反映国内生产总值及其构成。

1、生产法：是从货物和服务活动在生产过程中形成的总产品入手，剔除生产过程中投入的中间产品价值，得到新增价值的方法，公式为：

增加值＝总产出－中间投入

2、收入法：收入法也称分配法，按收入法计算国内生产总值是从生产过程创造的收入的角度对常住单位的生产活动成果核算，按照此法计算，增加值由劳动者报酬、固定资产折旧、生产税净额和营业盈余四个部分组成。用公式表示为：

增加值＝劳动者报酬＋固定资产折旧＋生产税净额＋营业盈余

国民经济的各部门增加值之和等于国内生产总值。

3、支出法：支出法是从最终使用角度来反映国内生产总值最终去向的一种方法。最终使用包括货物和服务的总消费、总投资和净出口三部分内容。

增加值 是生产货物或提供服务过程中增加价值，也称为追加价值，就是总产出与中间投入之间差额。

总消费 总消费是指常住单位在一定时期内对于物质产品和服务的最终消费。总消费核算常住单位为满足物质文化与精神生活的需要，在本国(地区)领土内的消费，不包括非常住居民在本国(地区)领土内的消费，总消费分为居民消费和社会消费。

1、居民消费：是指常住居民在核算期内对货物和服务的全部最终消费。包括①居民以货币直接购买的用于生活消费的各种货物，既有各种耐用消费品又有非耐用消费品。不包括居民购买的房屋和用于生产目的的支出；②居民直接购买的用于生活消费的各种服务支出。如交通费、学杂费、房租、洗理、日用修理、医疗保健(自己直接支付)、教育、文化、家庭保姆等支出；③居民自产自用的计入核算期社会产品中的货物；④自有住房的虚拟消费；⑤居民以实物工资获得的各种生产消费，包括免费和低于市场价格获得的各种货物和服务；⑥职工从单位享受的公费医疗和集体福利设施及补贴。

居民消费不包括居民消费销售旧货、废品、

废料得到的净收入。

2、社会消费:指政府消费和集体消费。是政府及社会团体等社会公共服务部门用于维持日常工作的一切费用支出,加固定资产折旧,包括购买的物质产品和服务。

总投资　是指常住单位在核算期内对固定资产和库存的投资支出合计,分为固定资产形成和库存增加两项。

1、固定资产形成,固定资产是生产过程中生产的,在其他生产过程中反复使用一年以上的有形和无形资产。是指常住单位在核算期内购置、转入和为自用而生产的固定资产,扣除已有固定资产的销售和转出后的价值。

2、库存增加即存货变动,是指常住单位在核算期内库存实物量变动的市场价值。期初与期末差额为正值,表示库存增加;负值表示库存减少。具体包括:一是生产单位从其它单位购买的原材料、燃料和各种储备物资等。这部分购买入库的商品应按本期购买者价格估价。二是生产单位生产的各种产成品、在制品、半成品等。生产单位生产入库和各种产成品应按本期生产者价格估价。

净出口　是指出口与进口的差额,即出口减进口。在开放经济条件下,一国常住单位所使用的产品中,会有非常住单位生产的货物和服务;同时,常住单位生产的货物和服务也会为非常住单位所使用。因此,从使用角度核算常住单位生产的最终产品就需要计算净出口。国内生产总值使用中的进出口由物质产品进出口和服务进出口两部分组成。

当年价格　指报告期的实际价格,如工厂的出厂价格,农产品的收购价格,商业的零售价格等。按当年价格计算,是指一些以货币表现的物量指标,如社会总产值、工农业总产值、国民收入、国民生产总值等,按照当年的实际价格来计算总量。使用当年价格计算的数字,是为了使国民经济各项指标互相衔接,便于考察当年社会经济效益,便于对生产和流通、生产和分配、生产和消费进行经济核算和综合平衡。

按当年价格计算的价值指标,在不同年份之间进行对比时,因为包含有各年间价格变动的因素,不能确切地反映实物增减变动。必须消除价格变动因素后,才能真实反映经济发展动态。因此,在计算增长速度时都使用按可比价格计算的数字。

可比价格　指在不同时期的价格指标对比时,扣除了价格变动的因素,以确切表示物量的变化。按可比价格计算有两种方法:一种是直接按产品产量乘其不变价格计算;一种是物价指数换算。

不变价格　用某一时期的同类产品的平均价格作为固定价格,来计算各个时期的产品价值。新中国成立后,随着工农业产品价格水平的变化,国家统计局先后五次制定了全国的工业产品不变价格和农业产品不变价格,从1949年至1955年使用1952年不变价格,从1957年至1971年使用1957年不变价格,从1971年至1981年使用1970年不变价格,从1981年到1991年使用1980年不变价格,从1991年开始使用1990年不变价格。

三次产业　根据社会生产活动历史发展的顺序对产业结构的划分,产品直接取自自然界的部门称为第一产业,对初级产品再加工的部门称为第二产业,为生产和消费提供各种服务的部门称为第三产业。它是世界上通用的产业结构分类,但各国的划分不尽一致。我国的三次产业划分是:

第一产业:农业(包括种植业、林业、牧业和渔业)。

第二产业:工业(包括采掘工业、制造业、自来水、电力、蒸气、热水、煤气)和建筑业。

第三产业:除第一、第二产业以外的各业。

由于第三产业包括的行业多、范围广，根据我国的实际情况，第三产业可分为两大部分：一是流通部门，二是服务部门。具体又可分为四个层次：

第一层次：流通部门，包括交通运输业、邮电通讯业、商业、饮食业、物资供销和仓储业。

第二层次：为生产和生活服务的部门，包括金融、保险业，地质普查业、房地产、公用事业，居民服务业，咨询服务业和综合技术服务业，农、林、牧、渔、水利业，公路、内河(湖)航道养护业等。

第三层次：为提高科学文化水平和居民素质服务的部门，包括教育、文化、广播电视、科学研究、卫生、体育和社会福利事业等。

第四层次：为公共需要服务的部门，包括国家机关、政党机关、社会团体以及军队和警察等。

国有经济单位 指生产资料归国家所有的各种企业、事业单位，以及各级国家机关、人民团体等单位。

集体经济单位 指生产资料归集体所有的各种企业、事业单位。包括农村各种经济组织经营的农、林、牧、副、渔业，乡、村经营的企业、事业单位；城市、县、镇以及街道举办的集体经济性质的企业、事业单位。

私营经济单位 指生产资料归公民私人所有的单位。包括私营独资企业、私营合资企业和私营有限责任公司。

联营经济单位 指不同所有制性质的企业之间或者企业、事业单位之间共同投资组成新的经济实体。包括紧密型联营企业，半紧密型联营企业和松散型联营企业。

股份制经济单位 指全部注册资本由全体股东共同出资，并以股份形式投资举办企业。主要包括股份有限公司和有限责任公司。

外商投资经济单位 指外国投资者根据中华人民共和国有关涉外经济的法律、法规，以合资、合作或独资的形式在中国大陆境内开办企业。包括中外合资经营企业、中外合作经营企业和外资企业。

港、澳、台投资经济单位 指港、澳、台地区投资参照中华人民共和国有关涉外经济的法律、法规，以合资、合作或独资的形式在大陆举办企业。包括合资经营企业、合作经营企业和独资企业。

POPULATION

三 人　口

3—1 人口数及构成

（年末数） 单位：万人

年 份	总人口	按性别分		按城乡分		按农业、非农业人口分	
		男	女	市镇总人口	乡村总人口	农业人口	非农业人口
1952	4 628.5	2 357.9	2 270.6				
1957	5 088.8	2 601.0	2 487.8	412.7	4 676.1	4 520.8	568.0
1962	4 688.3	2 368.9	2 319.4	421.3	4 267.0	4 152.4	535.9
1965	5 162.1	2 623.3	2 538.8	428.9	4 733.2	4 555.7	606.4
1970	6 052.4	3 089.0	2 963.4	427.0	5 625.4	5 363.5	688.9
1975	6 874.7	3 508.2	3 366.5	525.0	6 349.7	6 138.1	736.6
1978	7 071.9	3 621.5	3 450.4	557.6	6 514.3	6 287.7	784.2
1979	7 120.5	3 646.6	3 473.9	592.0	6 528.5	6 306.5	814.0
1980	7 154.8	3 668.3	3 486.5	610.9	6 543.9	6 325.6	829.2
1981	7 215.6	3 710.9	3 504.7	623.9	6 591.7	6 356.5	859.1
1982	7 300.4	3 755.9	3 544.5	643.5	6 656.9	6 415.1	885.3
1983	7 336.9	3 779.3	3 557.6	661.7	6 675.2	6 429.8	907.1
1984	7 364.0	3 797.4	3 566.6	710.1	6 653.9	6 407.6	956.4
1985	7 419.3	3 828.9	3 590.4	796.4	6 622.9	6 393.4	1 025.9
1986	7 511.9	3 879.7	3 632.2	820.5	6 691.4	6 490.6	1 021.3
1987	7 613.2	3 934.9	3 678.3	844.3	6 768.9	6 567.8	1 045.4
1988	7 716.4	3 989.8	3 726.6	890.5	6 825.9	6 648.5	1 067.9
1989	7 803.2	4 038.6	3 764.6	920.2	6 883.0	6 714.9	1 088.3
1990	7 892.5	4 088.1	3 804.4	946.1	6 946.4	6 790.8	1 101.7
1991	7 947.8	4 119.5	3 828.3	969.2	6 978.6	6 828.5	1 119.3
1992	7 992.2	4 144.1	3 848.1	1 090.6	6 901.6	6 819.6	1 172.6
1993	8 037.4	4 171.2	3 866.2	1 137.3	6 900.1	6 825.5	1 211.9
1994	8 098.7	4 205.3	3 893.4	1 242.0	6 856.7	6 821.6	1 277.1
1995	8 161.2	4 238.9	3 922.3	1 267.7	6 893.5	6 829.4	1 331.8
1996	8 215.4	4 266.6	3 948.8	1 276.1	6 939.3	6 837.3	1 378.1
1997	8 264.7	4 291.4	3 973.3	1 297.6	6 967.1	6 844.6	1 420.1
1998	8 315.7	4 317.5	3 998.2	1 384.1	6 931.6	6 855.4	1 460.3

注：此表所列数字均为按户籍统计口径统计的，其数字与按常住人口统计的数字有差异。如 1998 年末户籍人口为 8 315.7 万人，而常住人口为 8 493.0 万人。

3—2 人口出生率、死亡率和自然增长率

单位:‰

年份	全省			市			县		
	出生率	死亡率	自然增长率	出生率	死亡率	自然增长率	出生率	死亡率	自然增长率
1952	41.0	18.2	22.8						
1957	29.2	12.1	17.1	40.9	10.8	31.1	28.3	12.2	16.1
1962	28.0	14.6	13.4	25.2	14.2	11.1	28.3	14.5	13.8
1965	42.4	11.5	31.0	26.3	6.7	19.6	43.8	11.9	31.9
1970	38.7	9.2	29.5	25.2	6.3	18.9	39.8	9.4	30.4
1975	31.2	8.9	22.4	26.3	6.3	20.0	29.2	9.0	20.2
1978	15.1	7.0	8.1	14.4	6.6	7.9	13.0	7.1	5.9
1979	15.2	6.9	8.3	14.2	5.9	8.3	13.5	7.0	6.5
1980	13.0	6.8	6.2	13.2	5.8	7.4	11.8	6.9	4.9
1981	18.0	7.0	11.0	16.9	6.0	10.9	18.1	7.1	11.0
1982	15.8	6.9	8.9	17.3	5.8	11.5	15.7	7.0	8.7
1983	13.1	7.0	6.1	13.8	6.5	7.4	11.3	6.9	4.5
1984	10.8	7.1	3.7	10.6	6.3	4.4	10.2	6.9	3.3
1985	15.4	7.2	8.2	12.7	6.5	6.1	12.8	6.7	6.1
1986	20.5	6.9	13.6	16.2	6.0	10.3	18.5	6.5	12.0
1987	17.9	7.0	10.9	15.5	5.8	9.7	17.0	6.6	10.5
1988	18.3	6.6	11.7	13.6	6.6	7.0	14.7	6.7	8.0
1989	19.1	7.3	11.8	12.6	6.2	6.4	15.1	6.9	8.2
1990	19.1	7.7	11.4	13.5	6.2	7.3	16.2	6.8	9.4
1991	15.8	7.3	8.5	11.4	6.2	5.2	12.7	6.0	6.7
1992	16.3	7.0	9.3	11.9	7.0	4.9	12.4	6.9	5.5
1993	16.8	7.2	9.6	12.4	6.7	5.7	12.7	6.8	5.9
1994	16.9	7.0	9.9	12.1	6.5	5.6	13.6	6.6	7.0
1995	17.1	7.2	9.9	11.7	6.7	5.0	13.3	6.8	6.5
1996	16.6	7.3	9.3	10.9	6.4	4.5	13.7	7.2	6.5
1997	15.7	7.0	8.7	9.8	5.9	3.9	11.6	6.7	4.9
1998	14.6	7.1	7.5	9.6	6.1	3.5	10.9	6.7	4.2

注:本表所列数据1981年前全部数据均为公安年报口径计算,1982年后全省数按人口变动抽样调查分列,分市、县数按公安年报数计算列出,故实际推算时略有差异。

3—3 各市地州人口及自然变动

(1998 年末)

地　区	年末总户数（万户）	年末总人口（万人）	# 非农业人口	出生率（‰）	死亡率（‰）	自然增长率（‰）
全省总计	**2 388.7**	**8 315.7**	**1 460.3**	**14.6**	**7.1**	**7.5**
成 都 市	304.3	997.0	327.3	9.2	6.1	3.1
自 贡 市	91.3	314.3	69.4	8.9	5.5	3.4
攀枝花市	27.7	100.5	53.5	13.2	5.1	8.1
泸 州 市	131.1	459.4	67.3	11.0	6.7	4.3
德 阳 市	120.6	373.7	68.7	9.3	7.1	2.3
绵 阳 市	157.4	517.3	97.6	9.6	6.8	2.8
广 元 市	84.4	299.2	51.1	11.0	6.6	4.4
遂 宁 市	108.3	371.4	51.9	8.7	6.2	2.5
内 江 市	127.5	416.5	70.4	9.5	5.9	3.6
乐 山 市	99.0	344.5	78.6	10.1	6.6	3.5
南 充 市	200.4	709.0	88.1	9.0	7.2	1.8
宜 宾 市	136.6	501.5	78.9	11.4	6.9	4.5
广 安 市	117.4	427.1	44.5	12.5	6.4	6.1
达川地区	165.4	613.0	85.0	10.6	7.1	3.5
巴中地区	88.0	339.3	39.0	11.5	6.1	5.4
雅安地区	43.6	148.9	26.7	11.5	6.1	5.4
眉山地区	97.5	336.4	38.7	9.8	5.9	3.9
资阳地区	153.2	488.1	49.9	9.3	6.4	2.9
阿 坝 州	18.9	81.3	15.1	14.1	5.1	9.0
甘 孜 州	19.0	87.2	13.3	14.2	7.3	6.9
凉 山 州	96.9	390.0	45.4	16.6	7.3	9.3

3—4 按人口数分组的县数

（年末数）

按人口分组	县数(个)				人口数(万人)			
	1995	1996	1997	1998	1995	1996	1997	1998
全省总计	177	179	179	180	8 161.2	8 215.4	8 264.7	8 315.7
10万人以下	31	31	31	30	154.5	156.0	157.0	148.0
10—20万	28	26	26	27	422.9	386.2	389.0	402.1
20—30万	15	18	16	15	378.1	445.6	388.4	360.6
30—50万	38	36	37	37	1 528.1	1 445.1	1 464.9	1 454.7
50—80万	30	35	35	38	1 850.8	2 167.4	2 153.1	2 346.3
80—100万	15	13	14	14	1 316.1	1 133.8	1 216.8	1 222.3
100万人以上	20	20	20	19	2 510.7	2 481.3	2 495.5	2 381.7

3—5 100万以上的人口大县

（1998年末）

县名	总人口(万人)	#非农业人口	县名	总人口(万人)	#非农业人口
安岳县	153.2	11.2	富顺县	120.6	13.0
仁寿县	153.7	13.3	巴中市	120.6	13.8
三台县	147.0	16.0	广安市	115.7	13.4
简阳市	143.3	16.1	宣汉县	112.7	11.9
遂宁市市中区	139.1	22.9	岳池县	110.3	8.8
中江县	138.2	11.7	资阳市	104.7	14.6
渠　县	130.7	13.7	泸　县	103.2	6.8
资中县	130.2	13.8	大竹县	102.8	11.1
南部县	129.0	11.0	射洪县	102.9	16.8
达　县	123.9	13.3			

3—6 分县总人口及农业、非农业人口数

(1998 年末)　　单位:万人

县　名	总　人　口			农业人口		非农业人口	
	合　计	男	女	人　数	占总人口%	人　数	占总人口%
全省总计	**8 315.7**	**4 317.5**	**3 998.2**	**6 855.4**	**82.4**	**1 460.3**	**17.6**
锦 江 区	39.3	19.9	19.4	5.7	14.5	33.6	85.5
青 羊 区	46.0	23.1	22.9	5.9	12.8	40.1	87.2
金 牛 区	52.4	27.0	25.4	10.2	19.5	42.2	80.5
武 侯 区	50.3	24.8	25.5	13.8	27.4	36.5	72.6
成 华 区	51.2	27.0	24.2	10.7	20.9	40.5	79.1
龙泉驿区	47.3	24.1	23.2	34.5	72.9	12.8	27.1
青白江区	39.5	20.4	19.1	30.7	77.7	8.8	22.3
金 堂 县	83.3	43.7	39.6	74.0	88.8	9.3	11.2
双 流 县	85.2	43.5	41.7	71.4	83.8	13.8	16.2
温 江 县	30.4	15.3	15.1	22.0	72.4	8.4	27.6
郫　县	46.3	23.1	23.2	37.9	81.9	8.4	18.1
新 都 县	58.7	29.5	29.2	45.4	77.3	13.3	22.7
彭 州 市	49.2	25.5	23.7	41.9	85.2	7.3	14.8
崇 州 市	25.4	12.9	12.5	22.0	86.6	3.4	13.4
大 邑 县	28.7	14.4	14.3	23.6	82.2	5.1	17.8
邛 崃 市	58.5	29.7	28.8	43.0	73.5	15.5	26.5
蒲 江 县	76.5	38.9	37.6	64.3	84.1	12.2	15.9
新 津 县	64.7	33.1	31.6	56.2	86.9	8.5	13.1
都江堰市	64.1	32.9	31.2	56.5	88.1	7.6	11.9
自流井区	20.3	10.4	9.9			20.3	100.0
贡 井 区	13.5	6.7	6.8	6.2	45.9	7.3	54.1
大 安 区	33.6	17.0	16.6	19.9	59.2	13.7	40.8
沿 滩 区	37.5	19.4	18.1	32.4	86.4	5.1	13.6
荣　县	88.8	45.8	43.0	78.8	88.7	10.0	11.3
富 顺 县	120.6	62.7	57.9	107.6	89.2	13.0	10.8
攀枝花市东区	30.0	16.2	13.8	1.0	3.3	29.0	96.7
攀枝花市西区	15.3	8.1	7.2	1.1	7.2	14.12	92.8
仁 和 区	18.3	9.5	8.8	12.7	69.4	5.6	30.6
米 易 县	19.1	9.7	9.4	16.4	85.9	2.7	14.1
盐 边 县	17.8	9.2	8.6	15.9	89.3	1.9	10.7
江 阳 区	58.2	29.7	28.5	38.2	65.6	20.0	34.4

3—6 续表 1 (1998 年末) 单位:万人

县　　名	总人口			农业人口		非农业人口	
	合　计	男	女	人　数	占总人口%	人　数	占总人口%
龙马潭区	46.5	24.3	22.2	38.4	82.6	8.1	17.4
纳 溪 区	30.3	15.3	15.0	21.2	70.0	9.1	30.0
泸　　县	103.2	53.5	49.7	96.4	93.4	6.8	6.6
合 江 县	83.9	44.1	39.8	75.0	89.4	8.9	10.6
叙 永 县	64.6	34.0	30.6	55.8	86.4	8.8	13.6
古 蔺 县	72.7	38.0	34.7	67.2	92.4	5.5	7.6
旌 阳 区	59.4	31.0	28.4	34.8	58.6	24.6	41.4
绵 竹 市	51.2	26.4	24.8	41.9	81.8	9.3	18.2
什 邡 市	43.0	21.9	21.1	34.8	80.9	8.2	19.1
广 汉 市	57.8	29.1	28.7	45.7	79.1	12.1	20.9
中 江 县	138.2	73.4	64.8	126.5	91.5	11.7	8.5
罗 江 县	24.1	12.5	11.6	21.3	88.4	2.8	11.6
涪 城 区	53.6	27.8	25.8	25.4	47.4	28.2	52.6
游 仙 区	48.1	25.2	22.9	36.6	76.1	11.5	23.9
三 台 县	146.9	77.1	69.8	130.9	89.1	16.0	10.9
盐 亭 县	60.3	31.1	29.2	54.4	90.2	5.9	9.8
安　　县	49.3	25.5	23.8	43.1	87.4	6.2	12.6
梓 潼 县	38.1	19.7	18.4	34.5	90.6	3.6	9.4
北 川 县	16.1	8.5	7.6	14.3	88.8	1.8	11.2
平 武 县	18.7	9.7	9.0	16.5	88.2	2.2	11.8
江 油 市	86.2	44.7	41.5	64.0	74.2	22.2	25.8
广元市市中区	42.3	22.0	20.3	20.0	47.3	22.3	52.7
元 坝 区	24.1	12.5	11.6	22.1	91.7	2.0	8.3
朝 天 区	20.4	10.5	9.9	19.3	94.6	1.1	5.4
旺 苍 县	44.3	23.3	21.0	35.0	79.0	9.3	21.0
青 川 县	24.9	13.0	11.9	22.0	88.4	2.9	11.6
剑 阁 县	66.9	34.5	32.4	61.3	91.6	5.6	8.4
苍 溪 县	76.3	39.2	37.1	68.7	90.0	7.6	10.0
遂宁市市中区	139.1	71.0	68.1	116.2	83.5	22.9	16.5
蓬 溪 县	77.1	40.2	36.9	69.6	90.3	7.5	9.7
射 洪 县	102.9	52.4	50.5	86.1	83.7	16.8	16.3
大 英 县	52.3	27.1	25.2	47.7	91.2	4.6	8.8

3--6 续表 2　　(1998 年末)　　单位:万人

县　名	总人口			农业人口		非农业人口	
	合　计	男	女	人　数	占总人口%	人　数	占总人口%
内江市市中区	53.2	27.2	26.0	30.9	58.1	22.3	41.9
东兴区	83.4	43.0	40.4	73.6	88.2	9.8	11.8
威远县	74.4	38.5	35.9	61.9	83.2	12.5	16.8
资中县	130.2	68.2	62.0	116.4	89.4	13.8	10.6
隆昌县	75.3	38.5	36.8	63.2	83.9	12.1	16.1
乐山市市中区	53.0	26.4	26.6	32.6	61.5	20.4	38.5
沙湾区	20.8	11.1	9.7	13.3	63.9	7.5	36.1
五通桥区	32.7	16.5	16.2	21.1	64.5	11.6	35.5
金口河区	5.4	2.9	2.5	3.8	70.4	1.6	29.6
犍为县	56.9	29.5	27.4	48.6	85.4	8.3	14.6
井研县	42.0	21.8	20.2	37.3	88.8	4.7	11.2
夹江县	34.7	17.6	17.1	30.1	86.7	4.6	13.3
沐川县	25.4	13.6	11.8	22.2	87.4	3.2	12.6
峨边县	14.5	7.8	6.7	11.9	82.1	2.6	17.9
马边县	16.9	8.9	8.0	15.2	89.9	1.7	10.1
峨眉山市	42.2	21.8	20.4	29.8	70.6	12.4	29.4
顺庆区	56.0	29.0	27.0	29.7	53.0	26.3	47.0
高坪区	55.5	29.4	26.1	45.9	82.7	9.6	17.3
嘉陵区	66.7	35.2	31.5	63.6	95.4	3.1	4.6
南部县	129.0	67.4	61.6	118.0	91.5	11.0	8.5
营山县	86.9	45.5	41.4	79.9	91.9	7.0	8.1
蓬安县	67.3	35.6	31.7	60.8	90.3	6.5	9.7
仪陇县	97.5	51.9	45.6	90.4	92.7	7.1	7.3
西充县	65.3	33.9	31.4	59.1	90.5	6.2	9.5
阆中市	84.8	43.6	41.2	73.6	86.8	11.2	13.2
翠屏区	74.0	38.1	35.9	45.2	61.1	28.8	38.9
宜宾县	97.8	51.0	46.8	89.0	91.0	8.8	9.0
南溪县	40.6	21.1	19.5	33.9	83.5	6.7	16.5
江安县	51.9	27.2	24.7	46.1	88.8	5.8	11.2
长宁县	42.0	22.2	19.8	38.0	90.5	4.0	9.5
高　县	49.8	26.0	23.8	44.9	90.2	4.9	9.8
筠连县	37.4	19.5	17.9	33.5	89.6	3.9	10.4

3—6 续表 3　　(1998 年末)　　单位:万人

县　名	总人口			农业人口		非农业人口	
	合计	男	女	人数	占总人口%	人数	占总人口%
珙　县	40.4	21.6	18.8	31.4	77.7	9.0	22.3
兴文县	42.2	22.4	19.8	37.6	89.1	4.6	10.9
屏山县	25.4	13.3	12.1	22.8	89.8	2.6	10.2
资阳市	104.7	54.6	50.1	90.1	86.1	14.6	13.9
简阳市	143.3	74.4	68.9	127.2	88.8	16.1	11.2
乐至县	86.9	45.4	41.5	78.9	90.8	8.0	9.2
安岳县	153.2	79.8	73.4	142.0	92.7	11.2	7.3
眉山县	80.4	40.9	39.5	68.6	85.3	11.8	14.7
仁寿县	153.7	80.0	73.7	140.4	91.3	13.3	8.7
洪雅县	34.0	17.4	1.6	30.5	89.7	3.5	10.3
彭山县	32.0	16.3	15.7	26.1	81.6	5.9	18.4
青神县	20.1	10.2	9.9	17.4	86.6	2.7	13.4
丹棱县	16.2	8.2	8.0	14.6	90.1	1.6	9.9
华蓥市	34.0	18.2	15.8	26.0	76.5	8.0	23.5
广安县	115.6	61.2	54.4	102.2	88.4	13.4	11.6
岳池县	110.3	58.3	52.0	101.5	92.0	8.8	8.0
武胜县	78.3	41.0	37.3	71.7	91.6	6.6	8.4
邻水县	88.9	46.9	42.0	81.1	91.2	7.8	8.8
巴中市	120.6	63.3	57.3	106.8	88.6	13.8	11.4
通江县	69.9	36.4	33.5	62.6	89.6	7.3	10.4
南江县	60.3	31.4	28.9	54.0	89.6	6.3	10.4
平昌县	88.5	45.9	42.6	76.9	86.9	11.6	13.1
达川市	35.7	18.4	17.3	15.6	43.7	20.1	56.3
万源市	54.0	28.3	25.7	45.9	85.0	8.1	15.0
达　县	123.9	64.6	59.3	110.6	89.3	13.3	10.7
宣汉县	112.7	59.6	53.1	100.8	89.4	11.9	10.6
开江县	53.2	28.4	24.8	46.6	87.6	6.6	12.4
大竹县	102.8	54.8	48.0	91.6	89.1	11.2	10.9
渠　县	130.7	68.5	62.2	117.0	89.5	13.7	10.5
雅安市	31.9	16.4	15.5	20.0	62.7	11.9	37.3
名山县	25.8	13.3	12.5	23.3	90.3	2.5	9.7
荥经县	13.5	7.0	6.5	11.6	85.9	1.9	14.1

3—6 续表 4　　(1998年末)　　单位:万人

县　名	总人口			农业人口		非农业人口	
	合计	男	女	人数	占总人口%	人数	占总人口%
汉源县	34.2	17.4	16.8	31.6	92.4	2.6	7.6
石棉县	11.6	6.1	5.5	8.2	70.7	3.4	29.3
天全县	14.3	7.5	6.8	12.2	85.3	2.1	14.7
芦山县	12.1	6.4	5.7	10.7	88.4	1.4	11.6
宝兴县	5.5	2.9	2.6	4.6	83.6	0.9	16.4
汶川县	10.8	5.8	5.0	7.0	64.8	3.8	35.2
理县	4.2	2.2	2.0	3.4	81.0	0.8	19.0
茂县	10.1	5.3	4.8	8.8	87.1	1.3	12.9
松潘县	6.6	3.4	3.2	5.7	86.4	0.9	13.6
南坪县	5.6	2.9	2.7	4.5	80.4	1.1	19.6
金川县	6.8	3.5	3.3	5.9	86.8	0.9	13.2
小金县	7.4	3.8	3.6	6.6	89.2	0.8	10.8
黑水县	5.5	2.8	2.7	4.8	87.3	0.7	12.7
马尔康县	5.5	2.7	2.8	3.4	61.8	2.1	38.2
壤塘县	3.2	1.6	1.6	2.7	84.4	0.5	15.6
阿坝县	5.8	2.9	2.9	5.1	87.9	0.7	12.1
若尔盖县	6.3	3.1	3.2	5.6	88.9	0.7	11.1
红原县	3.5	1.8	1.7	2.7	77.1	0.8	22.9
康定县	10.5	5.5	5.0	6.6	62.9	3.9	37.1
泸定县	7.5	3.8	3.7	6.2	82.7	1.3	17.3
丹巴县	5.5	2.8	2.7	4.7	85.5	0.8	14.5
九龙县	4.9	2.5	2.4	4.3	87.8	0.6	12.2
雅江县	3.9	2.0	1.9	3.4	87.2	0.5	12.8
道孚县	4.5	2.3	2.2	3.7	82.2	0.8	17.8
炉霍县	3.8	1.9	1.9	3.3	86.8	0.5	13.2
甘孜县	5.6	2.8	2.8	5.0	89.3	0.6	10.7
新龙县	4.3	2.2	2.1	3.6	83.7	0.7	16.3
德格县	6.3	3.1	3.2	5.9	93.7	0.4	6.3
白玉县	4.1	2.0	2.1	3.7	90.2	0.4	9.8
石渠县	6.2	3.1	3.1	5.8	93.5	0.4	6.5
色达县	3.4	1.7	1.7	3.0	88.2	0.4	11.8
理塘县	4.6	2.3	2.3	4.1	89.1	0.5	10.9

3—6 续表 5　　(1998 年末)　　单位：万人

县　名	总人口			农业人口		非农业人口	
	合计	男	女	人数	占总人口%	人数	占总人口%
巴塘县	44	2.2	2.2	3.8	86.4	0.6	13.6
乡城县	2.6	1.3	1.3	2.3	88.5	0.3	11.5
稻城县	2.8	1.5	1.3	2.5	89.3	0.3	10.7
得荣县	2.3	1.1	1.2	2.1	91.3	0.2	8.7
西昌市	54.0	28.0	26.0	36.5	67.6	17.5	32.4
木里县	12.1	6.2	5.9	10.7	88.4	1.4	11.6
盐源县	30.2	15.8	14.4	28.3	93.7	1.9	6.3
德昌县	18.0	9.2	8.8	16.0	88.9	2.0	11.1
会理县	41.9	21.8	20.1	37.2	88.8	4.7	11.2
会东县	35.3	18.8	16.5	33.1	93.8	2.2	6.2
宁南县	16.5	8.5	8.0	15.2	92.1	1.3	7.9
普格县	13.5	7.2	6.3	12.4	91.9	1.1	8.1
布拖县	13.4	7.0	6.4	12.4	92.5	1.0	7.5
金阳县	13.3	7.0	6.3	12.6	94.7	0.7	5.3
昭觉县	19.6	10.2	9.4	18.3	93.4	1.3	6.6
喜德县	12.7	6.5	6.2	11.7	92.1	1.0	7.9
冕宁县	30.4	15.6	14.8	27.2	89.5	3.2	10.5
越西县	23.1	11.9	11.2	20.9	90.5	2.2	9.5
甘洛县	17.4	9.0	8.4	15.8	90.8	1.6	9.2
美姑县	16.5	8.5	8.0	15.7	95.2	0.8	4.8
雷波县	22.1	11.8	10.3	20.4	92.3	1.7	7.7

主要统计指标解释

人口数　指一定时点、一定地区范围内的有生命的个人的总和。

年度统计的年末人口数是指每年 12 月 31 日 24 时的人口数。年度统计的全国人口总数内未包括台湾和港澳同胞以及海外华侨人数。

市镇总人口和乡村总人口　一般是按常住人口划分的。

市镇总人口　指市、镇辖区的非农业人口。

乡村总人口　指县(不含镇)的全部人口。

出生率(又称粗出生率)　指在一定时期内(通常为一年)平均每千人所出生人数的比率，一般用千分率表示。计算公式：

$$出生率=\frac{年出生人数}{年平均人数}\times 1000‰$$

出生人数是指活产婴儿，即胎儿脱离母体时(不管怀孕月数)，有过呼吸或其他生命现象。

年平均人数是年初、年底人口数的平均数，也可用年中人口数据代替。

死亡率(又称粗死亡率)　指在一定时期(通常为一年)一定地区的死亡人数与同期平均人数(或期中人数)之比，一般用千分率表示。计算公式：

$$死亡率=\frac{年死亡人数}{年平均人数}\times 1000‰$$

人口自然增长率　指在一定时期内(通常为一年)人口自然增加数(出生人数减死亡人数)与该时期内平均人数(或期中人数)之比，一般用千分率表示。计算公式：

$$人口自然增长率=\frac{本年出生人数-本年死亡人数}{年平均人数}\times 1000‰$$

人口自然增长率＝人口出生率－人口死亡率

LABOR FORCE EMPLOYMENT AND WAGE

四　劳动力、从业人员和职工工资

4—1 劳动力资源总数

（年末数）

年　份	劳动力资源总数(万人)	#从业人员	第一产业	第二产业	第三产业	劳动力资源占总人口的％	劳动力资源利用率(％)
1952	2 417.07	2 027.92	1 753.89	89.37	184.66	56.1	83.9
1957	2 644.47	2 258.38	1 947.49	108.57	202.32	50.9	85.4
1962	2 202.91	2 101.58	1 810.90	117.47	173.21	46.4	95.4
1965	2 516.29	2 267.18	1 925.30	163.38	178.50	43.4	90.1
1970	3 546.10	2 737.59	2 339.83	210.36	187.40	44.8	77.2
1975	3 776.57	2 998.60	2 474.11	271.48	253.01	43.2	79.4
1978	3 932.51	3 087.02	2 524.21	279.50	283.31	43.5	78.5
1979	3 989.26	3 143.54	2 537.28	297.20	309.06	44.6	78.8
1980	4 121.09	3 259.78	2 638.03	309.24	312.51	45.4	79.1
1981	4 253.63	3 347.61	2 690.70	328.12	328.79	49.2	78.7
1982	4 394.80	3 467.50	2 804.73	333.30	329.47	53.1	78.9
1983	4 546.67	3 564.59	2 876.01	339.58	349.00	56.5	78.4
1984	4 635.00	3 643.11	2 858.01	371.09	414.01	59.8	78.6
1985	4 780.29	3 742.97	2 824.95	491.67	426.35	64.2	78.3
1986	4 900.05	3 885.74	2 885.97	539.42	460.35	64.9	79.3
1987	4 916.07	3 967.27	2 926.27	574.25	466.75	64.2	80.7
1988	4 886.59	4 090.08	2 986.06	600.19	503.83	63.0	83.7
1989	5 063.11	4 217.57	3 086.83	583.58	547.16	64.7	83.3
1990	5 223.60	4 304.25	3 158.89	578.08	567.28	65.9	82.4
1991	5 439.51	4 454.96	3 190.83	602.81	661.32	68.1	81.9
1992	5 483.32	4 539.83	3 200.21	636.79	702.84	69.0	82.2
1993	5 242.81	4 565.96	3 108.06	744.98	712.92	65.0	87.1
1994	5 264.43	4 580.05	3 037.47	728.46	814.12	64.9	87.0
1995	5 246.98	4 606.85	2 846.82	893.39	866.64	64.2	87.8
1996	5 372.10	4 609.69	2 875.86	913.04	820.79	64.3	85.8
1997	5 367.90	4 617.57	2 872.40	910.70	834.50	63.7	86.0
1998	5 392.33	4 533.73	2 824.40	823.85	885.48	63.5	84.1

注：1998年从业人员中不包括离开本单位仍保留劳动关系的职工。

4—2 从业人员构成

（年末数） 单位：万人

年份	从业人员合计	职工	国有经济单位	城镇集体经济单位	其他各种经济单位	城镇个体、私营企业从业人员	乡村从业人员
1952	2 027.92	63.56	61.82	1.74		132.77	1 831.59
1957	2 258.38	208.22	132.72	75.50		18.93	2 031.23
1962	2 101.58	233.16	160.16	73.00		10.21	1 858.21
1965	2 267.18	290.53	208.91	81.62		6.05	1 970.60
1970	2 737.59	338.68	255.68	83.00		2.39	2 396.52
1975	2 998.60	394.26	302.48	91.78		1.52	2 602.82
1978	3 087.02	457.92	364.80	93.12		1.87	2 627.23
1979	3 143.54	483.86	377.09	106.77		2.16	2 657.52
1980	3 259.78	498.31	388.64	109.67		4.82	2 756.64
1981	3 347.61	515.54	402.77	112.77		7.41	2 824.66
1982	3 467.51	533.31	416.85	116.46		9.72	2 924.48
1983	3 564.59	540.85	423.06	117.79		15.71	3 008.03
1984	3 643.11	552.90	413.28	138.98	0.64	19.55	3 070.60
1985	3 742.97	576.12	429.99	145.67	0.46	23.49	3 143.36
1986	3 885.74	593.50	444.55	148.38	0.57	25.37	3 266.84
1987	3 967.27	609.34	459.05	149.53	0.76	28.95	3 328.98
1988	4 090.08	634.03	480.46	152.69	0.88	33.30	3 422.75
1989	4 217.57	630.72	480.58	148.79	1.35	32.27	3 545.74
1990	4 304.25	644.21	496.90	145.75	1.56	33.57	3 583.34
1991	4 454.96	666.02	515.05	148.95	2.02	36.78	3 709.87
1992	4 539.83	684.31	526.04	155.71	2.56	37.81	3 782.41
1993	4 565.96	693.30	523.94	149.40	19.96	44.54	3 798.65
1994	4 580.05	692.27	515.47	144.56	32.24	58.22	3 812.69
1995	4 606.85	696.03	522.39	138.43	35.21	68.89	3 827.05
1996	4 609.69	692.78	520.38	133.41	38.99	80.82	3 822.22
1997	4 617.57	681.56	506.18	131.04	44.34	98.59	3 823.62
1998	4 533.73	662.94	467.29	111.90	83.75	118.60	3 828.51

注：1998年国有经济单位中不包括国有联营和国有独资企业，城镇集体经济单位中不包括股份合作和集体联营企业，下同。

4—3 各市地州按三次产业分从业人员人数

（年末数） 单位：万人

地　　区	1997 年				1998 年			
	合　计	第一产业	第二产业	第三产业	合　计	第一产业	第二产业	第三产业
全省总计	**4 617.57**	**2 872.41**	**910.58**	**834.58**	**4 533.73**	**2 824.40**	**823.86**	**885.47**
成 都 市	607.11	269.17	186.69	151.25	583.90	267.99	165.62	150.29
自 贡 市	174.70	106.95	39.66	28.09	167.73	104.74	33.75	29.24
攀枝花市	58.14	23.61	24.58	9.95	53.86	23.33	21.12	9.41
泸 州 市	264.57	175.80	44.00	44.77	261.02	173.44	42.74	44.84
德 阳 市	236.07	124.60	63.09	48.38	232.41	124.69	59.75	47.97
绵 阳 市	292.32	178.39	60.16	53.77	287.33	170.99	54.12	62.22
广 元 市	157.26	105.97	26.17	25.12	155.06	105.71	23.69	25.66
遂 宁 市	193.01	117.42	36.14	39.45	185.74	112.51	30.97	42.26
内 江 市	221.38	136.41	48.26	36.71	216.98	134.40	44.08	38.50
乐 山 市	196.65	121.78	42.57	32.30	189.39	120.85	36.58	31.96
南 充 市	404.79	265.11	68.11	71.57	400.59	257.26	64.60	78.73
宜 宾 市	284.65	196.02	45.53	43.10	284.31	192.81	43.64	47·86
广 安 市	216.16	137.46	46.95	31.75	214.27	133.45	44.53	36.29
达川地区	297.28	180.83	56.11	60.34	289.22	170.74	41.54	76.94
巴中地区	164.90	110.94	18.99	34.97	170.14	113.20	17.03	39.91
雅安地区	83.67	54.93	15.32	13.42	83.79	54.79	16.04	12.96
眉山地区	178.83	126.60	28.63	23.60	177.88	124.98	27.38	25.52
资阳地区	253.19	180.96	31.87	40.36	258.32	183.67	34.90	39.75
阿 坝 州	44.55	32.80	3.85	7.90	43.88	32.55	3.68	7.65
甘 孜 州	48.01	38.26	2.52	7.23	48.12	38.40	2.97	6.75
凉 山 州	223.77	185.69	12.19	25.89	244.06	186.62	11.92	25.52

注：各市地州数字之和不等于总计，总计包括了由我局直接综合的四川石油局和总后勤部在川单位的劳动情况资料，下同。

4—4 分行业从业人员人数

（年末数）　　单位：万人

年　份	合　计	农、林、牧、渔业	采掘业	制造业	电力、煤气及水的生产和供应业	建筑业	地质勘查业、水利管理业	交通运输仓储及邮电通信业	批发和零售贸易餐饮业
1978	3 087.02	2 524.21	43.80	182.77	9.60	43.33	9.58	43.25	65.46
1979	3 143.54	2 537.28	46.07	193.61	8.86	48.66	9.86	45.00	76.62
1980	3 259.78	2 638.03	48.44	199.98	10.48	50.34	10.47	45.50	78.03
1981	3 347.61	2 690.70	51.74	212.72	11.40	52.26	10.71	47.76	84.75
1982	3 467.51	2 804.74	51.83	215.11	10.53	55.83	11.15	47.64	87.41
1983	3 564.59	2 876.01	50.71	215.77	10.91	62.19	11.19	50.69	98.94
1984	3 643.11	2 858.01	55.05	225.83	11.34	78.87	11.19	56.07	117.28
1985	3 742.97	2 824.95	86.18	285.63	7.73	112.13	10.09	62.26	121.82
1986	3 885.74	2 885.97	93.87	305.64	8.27	131.64	10.07	64.25	130.55
1987	3 967.27	2 926.27	98.80	321.76	8.40	145.29	10.23	66.49	137.63
1988	4 090.08	2 986.06	101.58	335.53	9.82	153.26	10.47	69.57	148.99
1989	4 217.57	3 086.83	98.14	331.25	10.18	144.01	10.15	70.21	146.83
1990	4 304.25	3 158.89	98.49	323.04	13.95	142.60	9.69	71.23	147.95
1991	4 454.96	3 190.83	101.05	339.68	10.63	151.45	9.74	73.11	155.22
1992	4 539.83	3 200.21	104.56	350.82	13.42	167.99	10.15	75.95	164.69
1993	4 565.96	3 118.06	137.97	395.60	11.90	199.51	9.84	65.70	182.87
1994	4 580.05	3 037.47	94.27	407.14	12.15	214.90	8.58	82.14	255.76
1995	4 606.85	2 846.82	138.57	512.05	13.47	229.30	8.46	87.68	266.11
1996	4 609.69	2 875.86	138.78	511.82	14.31	248.13	8.56	92.40	238.10
1997	4 617.57	2 872.41	133.93	504.00	14.97	258.68	7.08	95.70	253.88
1998	4 533.73	2 824.40	120.52	429.73	14.37	259.24	6.53	92.06	243.29

4—4 续表　　(年末数)　　单位:万人

年份	金融保险业	房地产业	社会服务业	卫生、体育和社会福利业	教育、文化艺术和广播电影电视业	科学研究和综合技术服务业	国家机关、政党机关和社会团体	其他行业
1978	4.61	0.43	12.81	21.96	62.24	6.26	26.33	30.38
1979	5.15	0.56	13.76	23.55	60.55	8.95	29.28	35.78
1980	5.78	1.09	17.04	23.29	60.14	8.25	30.30	32.62
1981	6.02	1.40	17.33	23.68	62.41	8.42	32.29	34.02
1982	6.29	1.49	18.49	24.04	64.20	9.28	34.95	24.53
1983	6.49	1.52	19.32	25.46	66.00	9.39	35.28	24.72
1984	7.13	1.53	20.07	26.22	68.94	9.35	39.40	56.83
1985	7.50	1.22	20.15	27.27	72.77	9.90	41.74	51.63
1986	7.94	1.18	21.51	30.52	79.19	10.05	44.29	60.80
1987	8.54	1.15	23.59	28.21	77.14	10.27	45.79	57.71
1988	9.22	1.20	23.97	28.86	78.15	10.86	48.35	74.19
1989	9.23	1.21	24.31	28.93	78.17	10.95	51.36	115.81
1990	10.02	1.32	25.25	29.32	79.45	11.11	55.07	126.87
1991	10.06	1.40	26.01	30.20	81.39	11.12	56.82	206.25
1992	11.45	1.62	26.58	31.15	82.63	11.71	57.49	229.41
1993	13.62	1.86	30.43	33.60	84.56	10.30	61.59	208.55
1994	14.28	1.94	37.38	33.45	96.38	14.45	63.45	206.31
1995	14.68	2.14	44.62	36.01	97.91	13.82	65.06	230.15
1996	15.17	2.35	47.49	36.01	99.05	13.57	66.10	201.99
1997	14.94	2.50	49.77	36.59	100.73	12.95	64.82	195.62
1998	15.42	2.77	52.84	37.18	100.96	12.77	66.72	254.93

4—5 各市地州分行业从业人员人数

(1998年末) 单位:万人

地区	合计	农、林、牧、渔业	采掘业	制造业	电力、煤气及水的生产和供应业	建筑业	地质勘查业、水利管理业	交通运输仓储及邮电通信业	批发和零售贸易、餐饮业
全省总计	**4 533.73**	**2 824.40**	**120.52**	**429.73**	**14.37**	**259.24**	**6.53**	**92.06**	**243.29**
成都市	583.90	267.99	17.16	94.16	1.98	52.32	1.71	18.56	54.96
自贡市	167.73	104.74	4.90	18.21	0.51	10.13	0.26	3.01	9.13
攀枝花市	53.86	23.33	4.45	12.27	0.64	3.76	0.08	1.33	3.59
泸州市	261.02	173.44	5.51	20.17	0.59	16.47	0.09	4.02	12.37
德阳市	232.41	124.69	8.72	33.09	0.28	17.66	0.19	5.33	14.22
绵阳市	287.33	170.99	6.68	32.77	1.11	13.56	0.31	6.14	15.34
广元市	155.06	105.71	5.07	11.50	0.35	6.77	0.06	2.88	7.88
遂宁市	185.74	112.51	2.91	14.14	0.79	13.13	0.06	3.23	10.14
内江市	216.98	134.40	6.52	21.23	0.59	15.74	0.08	3.60	10.97
乐山市	189.39	120.85	7.28	20.04	1.18	8.08	0.10	4.76	10.32
南充市	400.59	257.26	7.89	29.04	0.72	26.95	0.12	4.88	18.95
宜宾市	284.31	192.81	7.59	25.45	0.91	9.69	0.07	5.76	15.22
广安市	214.27	133.45	6.68	17.02	0.49	20.34	0.09	3.50	8.39
达川地区	289.22	170.74	7.06	21.17	1.37	11.94	0.24	4.69	12.45
巴中地区	170.14	113.20	2.80	8.68	0.43	5.12	0.04	2.97	6.60
雅安地区	83.79	54.79	2.38	9.42	0.46	3.78	0.07	2.80	3.88
眉山地区	177.88	124.98	3.67	14.09	0.32	9.30	0.27	3.47	8.21
资阳地区	253.19	180.96	4.30	17.29	0.31	9.97	0.18	3.54	11.16
阿坝州	43.88	32.55	1.11	1.54	0.48	0.55	0.02	1.69	1.37
甘孜州	48.12	38.40	1.17	0.95	0.20	0.65	0.01	1.32	1.29
凉山州	224.06	186.62	2.89	5.85	0.64	2.54	0.20	4.44	6.68

4—5 续表　　(1998年末)　　单位:万人

地　区	金融、保险业	房地产业	社　会服务业	卫生、体育和社会福利业	教育、文化艺术和广播电影电视业	科学研究和综合技术服务业	国家机关、政党机关和社会团体	其他行业
全省总计	**15.42**	**2.77**	**52.84**	**37.18**	**100.96**	**12.77**	**66.72**	**254.93**
成都市	3.57	0.80	12.07	7.20	17.45	5.55	11.25	17.17
自贡市	0.66	0.17	1.90	1.52	3.54	0.58	2.11	6.36
攀枝花市	0.47	0.03	0.77	0.55	1.25	0.08	1.22	0.04
泸州市	0.64	0.14	2.66	1.80	5.04	0.40	3.00	14.68
德阳市	0.85	0.27	2.68	1.71	4.46	0.18	2.87	15.21
绵阳市	1.02	0.17	3.25	2.32	6.11	2.57	3.85	21.14
广元市	0.54	0.06	2.52	1.27	3.44	0.12	2.89	4.00
遂宁市	0.49	0.06	2.31	1.24	4.10	0.19	1.96	18.48
内江市	0.57	0.09	2.12	1.69	4.62	0.32	2.78	11.66
乐山市	0.78	0.20	2.39	1.57	4.43	0.49	3.10	3.82
南充市	0.88	0.18	3.69	2.83	7.83	0.36	4.80	34.21
宜宾市	0.76	0.15	3.31	1.99	5.61	0.26	3.73	11.00
广安市	0.55	0.04	1.68	1.34	4.36	0.17	2.37	13.80
达川地区	0.82	0.15	2.35	2.19	6.55	0.25	4.17	43.08
巴中地区	0.35	0.04	1.65	1.26	3.71	0.15	2.29	20.85
雅安地区	0.39	0.02	0.90	0.75	1.95	0.09	2.20	0.09
眉山地区	0.44	0.05	1.48	1.37	3.62	0.16	1.99	4.46
资阳地区	0.58	0.11	1.96	1.80	4.89	0.19	2.68	13.27
阿坝州	0.22		0.64	0.47	1.47	0.08	1.66	0.03
甘孜州	0.19	0.02	0.22	0.41	1.20	0.09	2.00	—
凉山州	0.64	0.03	2.23	1.75	5.22	0.27	3.99	0.07

4—6 分行业乡村劳动力人数

（年末数）　　单位：万人

年　份	合　计	农、林、牧、渔业	采掘业	制造业	建筑业	交通运输仓储及邮电通信业	批发和零售贸易、餐饮业
1978	2 627.23	2 508.44	12.13	18.20	7.84	4.08	5.59
1979	2 657.52	2 524.94	14.79	22.18	10.55	4.51	6.65
1980	2 756.64	2 625.70	16.98	25.47	10.57	4.66	6.88
1981	2 824.66	2 678.05	19.85	29.77	14.03	5.59	8.41
1982	2 924.48	2 791.08	17.95	26.93	16.27	4.95	7.32
1983	3 008.03	2 862.51	16.09	24.14	22.33	7.69	13.16
1984	3 070.60	2 844.69	20.02	30.04	37.93	13.53	28.62
1985	3 143.36	2 811.56	49.10	73.65	69.06	18.49	28.10
1986	3 266.84	2 872.71	56.26	84.38	86.59	20.48	35.79
1987	3 328.98	2 913.12	60.72	91.09	99.45	22.72	40.33
1988	3 422.75	2 972.82	63.80	95.70	104.65	24.13	44.68
1989	3 545.74	3 073.65	59.47	88.39	98.38	24.51	42.69
1990	3 583.34	3 102.72	57.20	85.80	97.09	25.03	44.60
1991	3 709.87	3 177.29	59.26	88.90	102.36	25.88	48.51
1992	3 782.41	3 154.64	62.97	94.46	116.00	27.79	54.33
1993	3 798.65	3 077.54	98.75	139.19	128.05	29.88	62.96
1994	3 812.69	2 825.89	82.22	268.53	150.02	45.84	126.93
1995	3 827.05	2 835.08	98.48	256.45	164.83	49.10	132.81
1996	3 822.22	2 863.84	98.27	259.94	185.71	53.59	99.93
1997	3 823.62	2 859.62	95.75	258.92	193.80	56.34	108.45
1998	3 828.51	2 811.89	89.17	242.08	203.06	58.33	113.96

年　份	金融、保险业	社　会服务业	卫生、体育和社会福利业	教育、文化艺术和广播电影电视业	科学研究和综合技术服务业	国家机关、政党机关和社会团体	其他行业
1978	0.67	6.79	9.26	19.68	1.56	2.71	30.28
1979	0.67	6.85	7.60	16.14	1.58	5.28	35.78
1980	0.70	7.11	6.13	13.02	1.63	5.18	32.61
1981	0.72	7.29	6.29	13.35	1.68	5.61	34.02
1982	0.75	7.55	6.00	13.60	1.75	5.80	24.53
1983	0.76	7.76	6.86	14.58	1.79	5.64	24.72
1984	0.78	7.93	7.43	15.79	1.83	5.18	56.83
1985	0.81	8.10	8.24	17.50	1.87	5.25	51.63
1986	0.83	8.41	11.03	22.17	1.94	5.45	60.80
1987	0.84	9.42	8.30	17.59	2.14	5.55	57.71
1988	0.88	8.90	8.50	16.90	2.16	5.44	74.19
1989	0.94	9.22	8.48	15.76	2.10	6.34	115.81
1990	1.01	9.45	8.63	15.80	2.06	7.08	126.87
1991	1.08	9.61	9.02	15.81	1.86	6.97	163.32
1992	1.00	9.46	9.28	15.10	1.79	6.64	228.95
1993	1.91	12.54	11.63	16.71	1.78	7.07	210.64
1994	1.11	20.26	9.98	17.15	2.19	7.53	255.04
1995	1.12	21.26	12.17	17.39	2.23	7.61	228.52
1996	1.11	21.04	11.59	17.31	2.23	7.59	200.07
1997		21.04	11.59	17.32	2.23	7.59	190.97
1998		20.98	11.51	17.24	2.23	7.60	250.46

4—7 分行业职工人数

（年末数）　　单位：万人

年　份	合　计	农、林、牧、渔业	采掘业	制造业	电力、煤气及水的生产和供应业	建筑业	地质勘查业、水利管理业	交通运输仓储及邮电通信业	批发和零售贸易、餐饮业
1978	459.54	11.83	31.67	164.42	9.60	35.49	9.58	39.16	64.01
1979	438.86	12.34	31.28	171.06	8.86	38.07	9.86	40.47	68.52
1980	498.31	12.33	31.46	174.00	10.48	39.73	10.47	40.82	67.83
1981	515.54	12.65	31.89	182.31	11.40	38.20	10.70	42.16	70.61
1982	533.30	13.65	33.88	187.41	10.53	39.55	11.15	42.68	72.36
1983	540.84	13.50	34.62	190.48	10.91	39.84	11.19	42.92	73.18
1984	552.90	13.32	35.03	194.10	11.34	40.91	11.19	42.43	73.14
1985	576.11	13.36	37.08	209.75	7.73	42.91	10.09	43.53	75.08
1986	593.53	13.25	37.61	218.66	8.27	45.00	10.07	43.59	75.12
1987	609.35	13.15	38.08	227.64	8.40	45.81	10.23	43.47	75.07
1988	634.04	13.24	37.78	236.67	9.82	48.55	10.47	44.92	78.60
1989	639.53	13.17	38.67	240.08	10.18	45.59	10.15	45.23	78.95
1990	644.22	13.04	41.29	234.34	13.95	45.48	9.69	45.58	77.62
1991	666.02	13.55	41.79	246.84	10.63	49.02	9.74	46.36	79.40
1992	686.32	13.03	41.59	252.15	13.42	51.88	10.15	47.14	82.12
1993	693.30	11.05	39.22	250.90	11.90	71.28	5.84	34.50	88.12
1994	692.27	11.33	41.35	246.41	12.07	62.67	8.55	33.14	89.84
1995	696.03	11.41	39.33	244.20	13.37	62.23	8.37	34.84	89.11
1996	692.78	11.71	39.76	238.96	14.22	59.48	8.39	34.53	87.08
1997	681.56	12.37	37.36	228.40	14.89	60.44	7.05	34.22	84.21
1998	662.94	12.38	36.65	212.39	14.93	58.90	7.12	33.50	78.19

年　份	金融、保险业	房地产业	社　会服务业	卫生、体育和社会福利业	教育、文化艺术和广播电影电视业	科学研究和综合技术服务业	国家机关、政党机关和社会团体	其他行业
1978	3.94	0.43	5.85	12.68	42.56	4.70	23.62	
1979	4.48	0.56	6.67	15.95	44.37	7.37	24.00	
1980	5.08	1.09	9.05	17.11	47.12	6.62	25.12	
1981	5.30	1.40	9.09	17.34	49.06	6.74	26.68	
1982	5.54	1.49	9.79	17.99	50.60	7.53	29.15	
1983	5.73	1.52	9.81	18.48	51.42	7.60	29.64	
1984	6.35	1.53	10.15	18.66	53.07	7.52	34.16	
1985	6.69	1.22	10.05	18.85	55.25	8.03	36.49	
1986	7.11	1.18	10.50	19.24	56.98	8.11	38.84	
1987	7.70	1.15	11.15	19.67	59.46	8.13	40.24	
1988	8.34	1.20	11.64	20.14	61.06	8.10	42.91	
1989	8.29	1.21	11.69	20.21	62.24	8.85	45.02	
1990	9.01	1.32	12.05	20.42	63.39	9.05	47.99	
1991	9.54	1.40	12.50	20.93	65.22	9.25	49.85	
1992	10.45	1.62	13.24	21.57	67.28	9.83	50.85	
1993	11.71	1.86	13.10	21.97	67.85	8.52	54.52	0.96
1994	12.96	1.80	12.90	23.26	68.37	11.86	55.22	0.54
1995	13.46	2.05	13.74	23.60	71.42	11.50	56.90	0.50
1996	13.95	2.26	14.25	24.18	74.20	11.24	58.00	0.57
1997	13.80	2.43	14.27	24.62	77.24	10.60	56.73	2.93
1998	14.29	2.84	14.33	25.50	79.73	10.78	58.89	2.52

4—8 各市地州分行业职工人数

（1998年末）　　单位：万人

地区	合计	农、林、牧、渔业	采掘业	制造业	电力、煤气及水的生产和供应业	建筑业	地质勘查业、水利管理业	交通运输仓储及邮电通信业	批发和零售贸易、餐饮业
全省总计	**662.94**	**12.38**	**36.65**	**212.39**	**14.93**	**58.90**	**7.12**	**33.50**	**78.19**
成都市	154.00	0.87	1.30	57.21	2.08	19.07	2.01	7.91	16.19
自贡市	29.54	0.44	2.66	11.12	0.53	1.89	0.30	1.44	3.21
攀枝花市	29.35	0.14	4.33	13.73	0.67	4.43	0.09	0.65	1.65
泸州市	27.83	0.57	0.97	8.06	0.61	3.27	0.09	1.81	3.74
德阳市	32.25	0.23	1.25	12.88	0.28	4.43	0.21	1.16	3.31
绵阳市	43.50	0.64	0.53	16.93	1.17	3.47	0.35	1.56	4.48
广元市	21.08	0.40	2.89	4.93	0.36	1.81	0.07	0.79	2.60
遂宁市	19.65	0.56	0.26	7.19	0.83	0.76	0.06	0.75	2.78
内江市	27.74	0.39	1.69	9.27	0.60	2.17	0.09	1.27	3.90
乐山市	34.03	0.54	4.25	10.84	1.21	1.38	0.10	2.81	3.21
南充市	39.07	0.94	0.11	9.65	0.75	5.91	0.12	1.77	6.19
宜宾市	34.69	0.59	2.35	11.75	0.94	2.41	0.10	2.29	4.27
广安市	19.01	0.66	1.70	4.01	0.50	1.59	0.10	0.86	2.83
达川地区	38.26	1.17	2.49	11.80	1.44	1.37	0.25	1.52	6.28
巴中地区	14.95	0.70	0.42	2.40	0.48	0.86	0.05	0.70	3.05
雅安地区	12.43	0.36	1.34	3.33	0.47	0.47	0.07	0.66	1.20
眉山地区	15.41	0.49	0.30	4.64	0.35	0.35	0.28	0.60	2.25
资阳地区	20.35	0.45	0.03	6.19	0.32	1.10	0.18	0.76	3.72
阿坝州	8.64	0.63	0.94	1.09	0.49	0.21	0.02	0.85	0.63
甘孜州	6.87	0.30	1.04	0.27	0.20	0.19	0.02	0.72	0.43
凉山州	23.44	1.30	1.99	3.47	0.66	1.01	0.30	2.45	2.09

4—8 续表　　　　　　　　(1998年末)　　　　　　　　单位:万人

地　区	金融、保险业	房地产业	社　会服务业	卫生、体育和社会福利业	教育、文化艺术和广播电影电视业	科学研究和综合技术服务业	国家机关、政党机关和社会团体	其他行业
全省总计	**14.29**	**2.84**	**14.33**	**25.50**	**79.73**	**10.78**	**58.89**	**2.52**
成都市	3.25	0.80	6.28	5.84	15.33	5.34	10.37	0.15
自贡市	0.63	0.17	0.75	1.09	2.73	0.66	1.83	0.09
攀枝花市	0.36	0.03	0.47	0.47	1.09	0.06	1.17	0.01
泸州市	0.63	0.14	0.53	1.10	3.51	0.27	2.53	
德阳市	0.77	0.29	0.34	1.08	3.39	0.07	2.49	0.07
绵阳市	0.93	0.17	0.85	1.59	4.87	2.45	3.37	0.14
广元市	0.51	0.06	0.40	0.87	2.66	0.04	2.62	0.07
遂宁市	0.49	0.07	0.33	0.76	3.09	0.10	1.62	
内江市	0.54	0.09	0.50	1.11	3.50	0.22	2.37	0.03
乐山市	0.72	0.22	0.77	1.10	3.70	0.39	2.79	
南充市	0.80	0.19	0.57	1.74	5.96	0.15	4.11	0.11
宜宾市	0.73	0.15	0.55	1.25	3.95	0.12	3.24	
广安市	0.46	0.05	0.13	0.74	3.32	0.05	1.98	0.03
达川地区	0.76	0.16	0.47	1.43	5.31	0.11	3.68	0.02
巴中地区	0.32	0.04	0.12	0.78	2.92	0.06	1.99	0.06
雅安地区	0.36	0.02	0.10	0.54	1.54	0.05	1.87	0.05
眉山地区	0.42	0.05	0.28	0.88	2.76	0.07	1.66	0.03
资阳地区	0.57	0.10	0.17	1.10	3.34	0.05	2.17	0.10
阿坝州	0.22		0.28	0.36	1.26	0.06	1.59	0.01
甘孜州	0.19	0.01	0.06	0.39	1.11	0.07	1.87	
凉山州	0.63	0.03	0.32	1.14	4.29	0.15	3.58	0.03

4—9 按经济类型分职工人数

（年末数）　　　　单位：万人

年份	职工人数合计	国有经济单位	城镇集体经济单位	其他各种经济单位	女职工人数合计	国有经济单位	城镇集体经济单位	其他各种经济单位
1978	457.92	364.80	93.12		142.70	97.98	44.72	
1979	483.86	377.09	106.77		151.53	107.47	44.06	
1980	498.31	388.64	109.67		171.25	107.36	63.89	
1981	515.54	402.77	112.77		179.54	125.34	54.26	
1982	533.31	416.85	116.46		187.74	131.91	55.83	
1983	540.85	423.06	117.79		192.08	136.08	56.00	
1984	552.90	413.28	138.98	0.64	195.24	131.85	63.13	0.26
1985	576.12	429.99	145.67	0.46	203.18	138.55	64.42	0.21
1986	593.50	444.55	148.38	0.57	210.43	144.39	65.82	0.22
1987	609.34	459.05	149.53	0.76	216.50	150.38	65.67	0.45
1988	634.03	480.46	152.69	0.88	224.57	157.69	66.52	0.36
1989	630.72	480.58	148.79	1.35	228.28	161.67	66.07	0.54
1990	644.21	496.90	145.75	1.56	234.83	166.34	67.85	0.64
1991	666.02	515.05	148.95	2.02	243.46	174.35	68.38	0.73
1992	684.31	526.04	155.71	2.56	247.73	179.28	67.52	0.93
1993	693.30	523.94	149.40	19.96	246.38	178.47	59.63	8.28
1994	692.27	515.47	144.56	32.24	250.28	178.42	58.23	13.63
1995	696.03	522.39	138.43	35.21	254.45	183.74	56.19	14.52
1996	692.78	520.38	133.41	38.99	256.10	185.56	54.34	16.20
1997	681.56	506.18	131.04	44.34	250.73	180.14	52.54	18.05
1998	662.94	467.29	111.90	83.75	242.30	163.44	44.73	34.13

4—10 分行业女职工人数

（年末数）　　单位：万人

行　　业	1993	1994	1995	1996	1997	1998
全省总计	**246.38**	**250.28**	**254.45**	**256.10**	**250.73**	**242.30**
1. 农、林、牧、渔业	2.68	2.64	2.79	2.95	3.11	3.11
2. 采掘业	9.27	11.29	10.98	11.23	10.69	10.49
3. 制造业	104.97	103.69	102.91	100.85	95.17	87.25
4. 电力、煤气及水的生产和供应业	3.99	4.13	4.66	5.08	5.30	5.30
5. 建筑业	12.72	11.51	11.74	11.70	11.78	11.48
6. 地质勘查业、水利管理业	1.66	2.36	2.35	2.33	1.96	1.98
7. 交通运输、仓储及邮电通信业	10.55	9.33	9.92	9.99	10.14	10.00
8. 批发和零售贸易、餐饮业	37.51	39.31	39.68	39.09	37.72	35.18
9. 金融、保险业	4.36	5.23	5.41	5.76	5.73	6.12
10. 房地产开发与经营业	0.58	0.70	0.77	0.80	0.93	1.03
11. 社会服务业	5.94	6.13	6.73	7.02	7.22	7.25
12. 卫生、体育和社会福利业	11.59	11.72	12.09	12.44	12.82	13.10
13. 教育、文化艺术和广播电影电视业	24.88	25.02	26.47	28.18	29.37	30.54
14. 科学研究和综合技术服务业	2.59	4.17	4.03	3.97	3.60	3.70
15. 国家机关、政党机关和社会团体	12.84	12.87	13.76	14.54	14.10	14.74
16. 其他行业	0.25	0.18	0.16	0.17	1.09	1.03

4—11 各市地州按经济类型分职工人数

(1998年末) 单位:万人

地区	职工人数合计	国有经济单位	城镇集体经济单位	其他各种经济单位	在岗女职工人数合计	国有经济单位	城镇集体经济单位	其他各种经济单位
全省总计	**662.94**	**467.29**	**111.90**	**83.75**	**207.44**	**145.09**	**34.36**	**27.99**
成都市	154.00	113.99	23.36	16.65	52.61	38.54	8.05	6.02
自贡市	29.54	17.79	6.49	5.26	9.74	5.81	2.05	1.88
攀枝花市	29.35	22.94	5.03	1.38	8.75	5.89	2.37	0.49
泸州市	27.83	18.74	7.25	1.84	8.59	5.95	1.99	0.65
德阳市	32.25	20.52	4.93	6.80	9.93	6.05	1.55	2.33
绵阳市	43.50	26.60	6.84	10.06	13.98	8.91	2.06	3.01
广元市	21.08	16.25	2.71	2.12	6.14	4.66	0.78	0.70
遂宁市	19.65	12.31	4.47	2.87	6.41	3.67	1.26	1.48
内江市	27.74	20.54	5.41	1.79	8.47	6.32	1.57	0.58
乐山市	34.03	21.17	5.06	7.79	10.41	6.74	1.62	2.05
南充市	39.07	26.55	8.67	3.85	10.05	6.73	1.82	1.50
宜宾市	34.69	21.19	6.20	7.30	11.34	6.99	1.99	2.34
广安市	19.01	13.68	3.03	2.30	5.08	3.70	0.75	0.63
达川地区	38.26	25.21	7.73	5.32	10.06	6.49	2.04	1.53
巴中地区	14.95	11.14	2.75	1.06	3.81	2.89	0.67	0.25
雅安地区	12.43	10.25	1.33	0.85	4.17	3.45	0.48	0.24
眉山地区	15.41	10.35	2.49	2.57	5.07	3.40	0.79	0.88
资阳地区	20.35	14.11	4.64	1.60	6.45	4.32	1.54	0.59
阿坝州	8.64	7.88	0.51	0.25	2.92	2.65	0.17	0.10
甘孜州	6.87	6.64	0.23		2.42	2.36	0.06	
凉山州	23.44	19.71	1.65	2.08	7.40	6.18	0.49	0.73

4—12 分行业国有经济单位职工人数

（年末数） 单位：万人

行　业	1993	1994	1995	1996	1997	1998
全省总计	**523.94**	**515.47**	**522.39**	**520.38**	**506.18**	**467.29**
1. 农、林、牧、渔业	8.17	8.31	8.57	8.86	9.45	9.56
2. 采掘业	37.55	38.47	36.30	36.82	33.69	30.13
3. 制造业	178.63	163.24	162.92	157.55	145.49	115.51
4. 电力、煤气及水的生产和供应业	10.87	10.75	11.86	12.50	12.61	11.00
5. 建筑业	45.03	38.55	39.04	36.32	35.65	34.53
6. 地质勘查业、水利管理业	5.69	8.30	8.08	8.17	6.89	6.92
7. 交通运输、仓储及邮电通信业	24.69	25.14	27.02	26.94	26.93	25.53
8. 批发和零售贸易、餐饮业	45.36	49.12	49.00	48.66	47.11	40.13
9. 金融、保险业	8.28	8.98	9.36	9.54	9.18	9.32
10. 房地产开发与经营业	1.56	1.64	1.79	1.94	1.99	2.25
11. 社会服务业	10.99	10.46	11.15	11.60	11.75	11.82
12. 卫生、体育和社会福利业	16.83	17.62	17.92	18.43	18.93	19.64
13. 教育、文化艺术和广播电影电视业	67.49	68.12	71.16	73.94	76.97	79.50
14. 科学研究和综合技术服务业	8.35	11.83	11.48	11.21	10.58	10.68
15. 国家机关、政党机关和社会团体	53.88	54.53	56.37	57.48	56.26	58.50
16. 其他行业	0.59	0.41	0.37	0.42	2.70	2.27

4—13 分行业城镇集体经济单位职工人数

（年末数） 单位:万人

行　　业	1993	1994	1995	1996	1997	1998
全省总计	**149.40**	**144.56**	**138.43**	**133.41**	**131.04**	**111.90**
1. 农、林、牧、渔业	2.88	3.01	2.83	2.84	2.90	2.78
2. 采掘业	0.79	1.93	2.13	1.98	2.67	2.18
3. 制造业	55.09	56.49	52.67	50.05	48.79	37.49
4. 电力、煤气及水的生产和供应业	0.49	0.28	0.28	0.39	0.64	0.34
5. 建筑业	25.99	23.55	22.61	22.37	23.11	20.56
6. 地质勘查业、水利管理业	0.15	0.25	0.24	0.19	0.12	0.18
7. 交通运输、仓储及邮电通信业	9.77	7.43	7.28	7.00	6.96	5.69
8. 批发和零售贸易、餐饮业	41.88	38.90	37.49	35.32	32.60	29.69
9. 金融、保险业	3.43	3.97	4.06	4.27	4.47	4.46
10. 房地产开发与经营业	0.25	0.05	0.08	0.12	0.17	0.15
11. 社会服务业	2.00	1.99	2.16	2.19	1.96	1.69
12. 卫生、体育和社会福利业	5.14	5.64	5.68	5.75	5.68	5.85
13. 教育、文化艺术和广播电影电视业	0.36	0.25	0.26	0.26	0.27	0.23
14. 科学研究和综合技术服务业	0.17	0.01	0.01	0.02	0.02	0.02
15. 国家机关、政党机关和社会团体	0.64	0.69	0.53	0.52	0.47	0.39
16. 其他行业	0.37	0.12	0.12	0.14	0.21	0.20

4—14 分行业其他各种经济单位职工人数

(年末数)　　单位:万人

经济类型及行业	1993	1994	1995	1996	1997	1998
全省总计	**19.96**	**32.24**	**35.21**	**38.99**	**44.34**	**83.75**
一、按登记注册类型分						
(一)内资	16.81	27.97	29.45	34.29	38.93	77.05
1. 股份合作						6.18
2. 联营	1.25	0.98	1.11	0.71	0.62	1.24
3. 有限责任公司						32.66
4. 股份有限公司	15.35	26.85	28.22	33.42	35.80	35.97
5. 其他	0.21	0.14	0.15	0.16	2.51	1.00
(二)港、澳、台商投资	2.03	1.52	1.96	1.58	1.81	2.77
(三)外商投资	1.12	2.75	3.77	3.12	3.60	3.93
二、按行业分						
1. 农、林、牧、渔业		0.01	0.01	0.01	0.03	0.04
2. 采掘业	0.88	0.95	0.90	0.96	1.01	4.33
3. 制造业	17.18	26.68	28.01	31.36	34.14	59.39
4. 电力、煤气及水的生产和供应业	0.54	1.04	1.23	1.33	1.64	3.59
5. 建筑业	0.26	0.57	0.58	0.79	1.68	3.83
6. 地质勘查业、水利管理业			0.05	0.03	0.03	0.02
7. 交通运输、仓储及邮电通信业	0.04	0.57	0.54	0.59	0.33	2.28
8. 批发和零售贸易、餐饮业	0.88	1.82	2.62	3.10	4.50	8.36
9. 金融、保险业		0.01	0.04	0.14	0.15	0.52
10. 房地产开发与经营业	0.05	0.11	0.18	0.20	0.27	0.44
11. 社会服务业	0.11	0.45	0.43	0.46	0.56	0.81
12. 卫生、体育和社会福利业						
13. 教育、文化艺术和广播电影电视业						0.01
14. 科学研究和综合技术服务业		0.02	0.01	0.01		0.09
15. 国家机关、政党机关和社会团体						
16. 其他行业	0.02	0.01	0.01	0.01	0.02	0.04

注:1997 年以前有限责任公司包含在股份有限公司中。

4—15 分行业城镇私营企业及个体从业人员人数

（年末数）　　单位：万人

行　　业	1993	1994	1995	1996	1997	1998
全省总计	**44.54**	**58.22**	**68.89**	**80.82**	**98.59**	**118.60**
1. 农、林、牧、渔业		0.13	0.18	0.18	0.26	0.44
2. 采掘业		0.46	0.52	0.40	0.63	1.15
3. 制造业	5.84	10.62	10.02	11.50	15.43	20.27
4. 建筑业	0.7	0.40	0.74	1.03	1.46	2.16
5. 地质勘查业、水利管理业						
6. 交通运输、仓储及邮电通信业	1.41	2.32	3.13	3.78	3.97	4.62
7. 批发和零售贸易、餐饮业	31.61	38.43	43.72	50.61	60.88	69.82
8. 社会服务业	4.58	4.05	9.46	11.97	14.26	18.14
9. 卫生、体育和社会福利业	0.28	0.30	0.40	0.42		
10. 教育、文化艺术和广播电影电视业	0.25	0.74	0.25	0.26		
11. 科学研究和综合技术服务业	0.11	0.33	0.30	0.32		
12. 其他行业	0.29	0.44	0.17	0.35	1.70	2.00

4—16 各市地州分行业城镇私营企业及个体从业人员人数

（1998 年末） 单位：万人

地区	合计	农、林、牧渔业	采掘业	制造业	建筑业	交通运输仓储及邮电通信业	批发和零售贸易、餐饮业	社会服务业	其他行业
全省总计	**118.60**	**0.44**	**1.15**	**20.27**	**2.16**	**4.62**	**69.82**	**18.14**	**2.00**
成都市	25.76	0.04	0.02	4.01	0.39	0.49	16.58	3.71	0.52
自贡市	4.76	0.01		1.11	0.04	0.20	2.85	0.44	0.11
攀枝花市	2.27	0.02	0.03	0.19	0.04	0.06	1.74	0.17	0.02
泸州市	6.66	0.02	0.15	0.85	0.08	0.31	4.20	0.91	0.14
德阳市	6.34	0.02		1.17	0.16	0.13	3.49	1.25	0.12
绵阳市	6.58	0.04	0.03	1.15	0.27	0.25	3.70	1.10	0.04
广元市	5.51	0.02	0.13	0.67	0.22	0.16	2.77	1.41	0.13
遂宁市	6.72	0.02		1.34	0.08	0.25	3.87	1.10	0.06
内江市	4.61		0.03	0.88	0.08	0.07	2.86	0.63	0.06
乐山市	5.94	0.05	0.13	1.08	0.04	0.04	3.70	0.78	0.12
南充市	7.62	0.04	0.02	1.84	0.10	0.20	4.06	1.20	0.16
宜宾市	8.89	0.03	0.11	1.25	0.23	0.34	5.38	1.43	0.12
广安市	2.57		0.10	0.14	0.02	0.10	1.64	0.48	0.09
达川地区	4.36	0.01	0.04	0.55	0.03	0.25	2.93	0.53	0.02
巴中地区	3.24	0.04	0.06	0.58	0.13	0.66	1.04	0.67	0.06
雅安地区	3.27	0.04	0.13	0.83	0.09	0.33	1.39	0.42	0.04
眉山地区	3.71	0.02	0.01	1.08	0.05	0.06	2.09	0.35	0.05
资阳地区	3.04	0.01	0.01	0.64	0.02	0.15	1.61	0.52	0.08
阿坝州	0.78		0.01	0.05		0.09	0.43	0.18	0.02
甘孜州	0.98			0.08	0.01	0.22	0.63	0.04	
凉山州	4.99	0.01	0.14	0.78	0.08	0.26	2.86	0.82	0.04

4—17 职工工资总额及指数

年　份	绝对数(万元)				指数(上年为100)			
	全部工资总　额	国有经济单位工资总　额	城镇集体经济单位工资总额	其他经济单位工资总　额	全部工资总　额	国有经济单位工资总　额	城镇集体经济单位工资总额	其他经济单位工资总　额
1952	19 596	19 045	551					
1957	96 872	65 088	31 784		119.7	123.4	112.8	
1962	113 693	88 290	25 403		85.2	76.5	141.0	
1965	133 860	104 561	29 299		113.2	115.4	105.9	
1970	175 422	143 134	32 288		104.8	107.4	94.4	
1975	214 455	174 809	39 646		101.7	101.4	103.1	
1978	263 196	219 481	43 715		114.3	119.6	93.6	
1979	301 117	248 761	52 356		114.4	113.3	119.8	
1980	364 892	300 829	64 063		121.2	120.9	122.4	
1981	377 600	309 573	68 027		103.5	102.9	106.2	
1982	398 196	325 973	72 223		105.5	105.3	106.2	
1983	421 222	345 815	75 407		105.8	106.1	104.4	
1984	496 013	395 565	99 958	490	117.8	114.4	132.6	
1985	598 403	478 883	119 128	392	120.6	121.1	119.2	80.0
1986	719 269	582 177	136 524	568	120.2	121.6	114.6	144.9
1987	802 261	650 498	150 931	832	111.5	111.7	110.6	146.5
1988	987 813	807 670	178 923	1 220	123.1	124.2	118.5	146.6
1989	1 135 724	937 712	195 894	2 118	115.0	116.1	109.5	173.6
1990	1 294 823	1 071 715	220 375	2 733	114.0	114.3	112.5	129.0
1991	1 447 034	1 197 509	245 487	4 038	111.8	111.7	111.4	147.7
1992	1 667 894	1 377 792	283 759	6 343	115.3	115.1	115.6	157.1
1993	2 046 047	1 635 013	333 417	77 617	122.7	118.7	117.5	1 223.7
1994	2 776 839	2 227 867	386 038	162 934	135.7	135.7	115.8	209.9
1995	3 217 827	2 574 023	437 256	206 548	115.9	115.9	113.3	126.8
1996	3 550 444	2 841 447	469 060	239 937	110.3	110.3	107.3	116.2
1997	3 806 429	3 020 053	513 532	272 844	107.2	106.3	109.5	113.8
1998	3 927 403	3 010 629	438 565	478 209	103.2	99.7	85.4	175.3

4—18 分行业职工工资总额

单位：万元

年 份	合 计	农、林、牧、渔业	采 掘 业	制 造 业	电力、煤气及水的生产和供应业	建 筑 业	地质勘查业、水利管理业	交通运输仓储及邮电通信业	批发和零售贸易、餐饮业
1978	263 196	7 016	22 921	91 621	5 233	23 383	6 753	25 436	30 378
1979	301 117	6 896	24 400	107 395	5 602	27 225	7 467	27 804	35 787
1980	364 892	8 186	28 667	126 922	8 134	32 823	9 171	30 802	42 902
1981	377 600	8 405	29 423	131 697	8 674	33 324	9 432	31 423	44 099
1982	398 196	8 986	31 825	136 944	7 671	34 199	9 929	32 917	45 180
1983	421 222	9 710	28 493	148 050	8 261	35 700	10 771	34 606	46 736
1984	496 013	10 383	35 546	183 614	10 224	42 613	12 607	40 689	53 330
1985	598 403	12 035	46 417	219 817	8 405	48 027	13 207	46 800	64 834
1986	719 269	14 787	57 236	258 144	10 810	58 789	15 279	54 971	73 595
1987	802 261	15 341	59 949	297 304	12 852	67 477	16 944	60 359	80 901
1988	987 813	17 477	70 663	371 196	16 092	81 136	19 662	74 328	102 095
1989	1 135 724	19 005	76 612	439 876	19 804	88 267	21 584	86 963	114 098
1990	1 294 823	21 185	104 553	476 728	29 408	99 025	24 279	96 980	127 432
1991	1 447 034	23 443	112 731	547 026	26 410	115 319	26 800	108 156	139 854
1992	1 667 894	25 979	118 366	615 493	35 459	135 228	32 738	124 006	150 553
1993	2 046 047	29 031	116 455	775 305	41 259	221 791	20 636	103 846	203 677
1994	2 776 839	38 639	171 556	956 517	55 749	262 082	52 640	138 631	250 113
1995	3 217 827	44 168	188 235	1 121 615	79 256	303 939	57 713	171 773	290 548
1996	3 550 444	50 134	211 692	1 210 693	95 247	320 058	66 290	193 317	312 341
1997	3 806 429	54 280	213 126	1 249 005	119 344	349 282	58 233	223 444	319 626
1998	3 927 403	57 111	207 010	1 185 340	129 699	346 700	61 095	228 139	297 433

年 份	金融、保险业	房地产业	社 会 服务业	卫生、体育和社会福利业	教育、文化艺术和广播电影电视业	科学研究和综合技术服务业	国家机关、政党机关和社会团体	其他行业
1978	2 096	197	3 145	7 179	21 420	2 864	13 554	
1979	2 446	315	3 752	8 345	24 110	5 045	14 528	
1980	3 468	778	5 918	11 546	30 902	5 535	19 138	
1981	3 815	912	5 966	12 219	32 167	5 694	20 350	
1982	4 025	964	6 382	13 812	37 056	6 257	22 049	
1983	4 106	1 153	6 812	14 845	38 773	7 397	25 809	
1984	5 841	1 291	7 781	15 750	40 087	7 964	28 293	
1985	6 905	1 155	9 075	18 711	56 119	9 976	36 920	
1986	9 307	1 450	11 396	24 114	67 836	11 967	49 588	
1987	10 474	1 510	13 029	26 334	71 820	12 882	55 085	
1988	12 924	1 803	15 655	31 776	91 252	16 139	65 615	
1989	14 102	2 053	18 294	35 683	101 830	18 452	79 101	
1990	17 470	2 437	21 539	40 629	117 359	21 714	94 085	
1991	19 297	2 795	24 384	44 628	125 976	24 213	106 002	
1992	25 366	4 005	29 612	53 266	156 033	30 777	131 013	
1993	40 457	5 216	37 118	65 269	187 343	31 756	164 847	2 041
1994	69 270	8 886	49 947	107 740	284 519	71 761	256 083	2 706
1995	80 619	10 459	61 424	125 049	320 086	73 617	286 522	2 804
1996	92 634	12 751	72 342	144 025	363 543	80 386	321 510	3 481
1997	110 358	14 601	77 841	161 315	406 646	86 327	347 038	15 963
1998	136 365	20 341	86 078	185 064	466 715	94 333	410 146	15 834

4—19 各市地州分行业职工工资总额

(1998 年)　　　　单位:万元

地区	总计	农、林、牧、渔业	采掘业	制造业	电力、煤气及水的生产和供应业	建筑业	地质勘查业、水利管理业	交通运输仓储及邮电通信业	批发和零售贸易、餐饮业
全省总计	**3 972 403**	**57 111**	**207 010**	**1 185 340**	**129 699**	**346 700**	**61 095**	**228 139**	**297 433**
成都市	1 162 586	5 088	6 020	370 181	23 362	154 279	16 382	81 373	90 840
自贡市	150 153	1 713	8 880	57 997	5 392	7 548	1 670	5 720	10 112
攀枝花市	235 709	567	24 689	138 132	6 474	24 133	492	4 026	9 210
泸州市	157 562	2 186	2 820	48 484	4 564	16 680	660	8 020	15 212
德阳市	218 057	1 357	6 045	91 771	3 345	25 363	1 648	8 048	12 770
绵阳市	244 605	3 015	2 824	88 674	10 918	16 939	2 077	10 205	16 130
广元市	96 681	1 529	15 114	15 083	2 603	10448	264	4 230	8 400
遂宁市	87 528	2 382	1 508	25 833	6 024	2 907	290	3 082	9 514
内江市	133 498	1 484	7 129	40 104	6 267	11 220	483	6 097	10 724
乐山市	172 361	2 534	17 851	51 855	10 999	5 702	501	14 208	9 223
南充市	165 064	4 105	462	30 625	5 164	24 125	630	7 894	18 444
宜宾市	179 715	2 220	11 429	64 678	9 225	7 942	472	11 507	13 473
广安市	87 495	2 829	8 043	13 606	3 368	7 760	386	4 362	8 285
达川地区	159 754	5 019	11 704	34 207	10 049	4 878	1 255	7 140	16 358
巴中地区	59 982	3 010	1 695	5 411	2 306	2 653	289	3 792	8 649
雅安地区	67 062	1 684	5 968	16 286	3 553	2 134	473	4 406	4 844
眉山地区	77 780	2 669	1 681	21 887	2 002	1 893	1 509	4 022	7 352
资阳地区	107 288	2 328	12	36 156	3 054	4 306	773	3 711	12 744
阿坝州	53 797	3 154	5 756	4 490	4 231	948	150	5 446	2 838
甘孜州	46 031	1 888	6 285	910	1 355	1 396	92	5 899	2 027
凉山州	146 316	6 349	11 275	16 635	5 436	4 839	1 449	23 305	9 160

4—19 续表　　(1998 年)　　单位:万元

地　区	金融、保险业	房地产业	社　会服务业	卫生、体育和社会福利业	教育、文化艺术和广播电影电视业	科学研究和综合技术服务业	国家机关、政党机关和社会团体	其他行业
全省总计	**136 365**	**20 341**	**86 077**	**185 064**	**466 715**	**94 333**	**410 146**	**15 835**
成 都 市	44 127	7 540	45 796	53 467	114 233	52 768	95 594	1 536
自 贡 市	5 492	1 189	3 493	9 601	15 741	2 978	12 147	480
攀枝花市	3 996	216	2 683	3 815	7 950	472	8 764	90
泸 州 市	5 509	1 019	2 923	6 835	20 474	2 203	19 969	4
德 阳 市	6 053	2 400	2 283	8 633	23 872	709	23 138	622
绵 阳 市	7 098	1 171	4 339	10 895	27 000	20 588	21 858	874
广 元 市	3 718	424	1 865	4 755	12 853	302	14 669	424
遂 宁 市	3 713	311	1 678	5 248	14 592	567	9 852	27
内 江 市	4 289	636	2 404	7 296	19 249	1 460	14 496	160
乐 山 市	6 666	1 073	3 597	6 973	19 620	3 330	18 229	
南 充 市	5 023	903	2 563	10 103	31 313	859	22 328	523
宜 宾 市	6 886	932	2 579	7 232	20 957	817	19 366	
广 安 市	3 988	239	569	5 036	16 076	313	12 478	157
达川地区	6 467	824	2 255	9 190	27 483	673	22 165	87
巴中地区	2 284	189	539	3 886	13 754	275	10 998	252
雅安地区	3 652	107	473	3 320	8 648	290	10 923	301
眉山地区	3 430	297	1 127	5 388	14 070	420	9 906	127
资阳地区	3 990	570	974	7 508	16 280	380	13 849	653
阿 坝 州	2 061	3	1 279	2 607	8 634	459	11 633	108
甘 孜 州	1 889	46	290	2 811	7 106	589	13 421	27
凉 山 州	6 035	254	1 738	8 737	25 583	1 006	24 364	151

4—20 分行业国有经济单位职工工资总额

单位:万元

年份	合计	农、林、牧、渔业	采掘业	制造业	电力、煤气及水的生产和供应业	建筑业	地质勘查业、水利管理业	交通运输仓储及邮电通信业	批发和零售贸易、餐饮业
1978	219 481	6 349	22 831	74 597	4 340	18 879	6 725	16 845	23 287
1979	248 761	6 173	24 286	85 531	5 007	21 114	7 362	19 090	27 052
1980	300 829	7 372	28 477	99 448	7 386	25 251	9 046	22 265	32 139
1981	309 573	7 524	29 273	101 563	7 826	24 931	9 295	22 968	32 879
1982	325 973	7 507	31 669	105 679	6 791	24 621	9 695	23 888	33 895
1983	345 815	8 129	28 266	115 164	7 359	25 057	10 520	25 645	35 256
1984	395 565	8 775	35 271	143 448	9 144	30 873	12 352	30 914	27 502
1985	478 883	10 261	46 083	171 148	7 091	34 381	12 914	35 210	33 538
1986	582 177	12 437	56 860	202 705	9 315	41 875	14 891	43 168	38 881
1987	650 498	12 771	59 515	233 891	11 144	48 446	16 523	47 836	43 827
1988	807 670	14 621	70 124	295 218	14 050	58 163	19 209	59 942	57 831
1989	937 712	15 841	76 031	354 269	17 519	64 933	21 081	70 353	66 447
1990	1 071 915	17 282	102 204	383 120	25 290	71 988	24 073	79 263	73 730
1991	1 197 509	19 023	109 427	435 869	25 167	83 375	26 576	88 995	82 620
1992	1 377 792	20 726	114 231	489 232	30 605	94 239	32 448	102 479	89 259
1993	1 635 013	23 775	111 770	583 654	39 022	158 721	20 310	83 740	109 696
1994	2 227 867	30 480	162 306	667 528	50 161	186 311	51 925	120 653	155 587
1995	2 574 023	34 834	177 415	775 878	71 687	224 438	56 686	151 492	178 121
1996	2 841 447	39 432	200 710	833 479	84 574	230 079	65 363	170 865	192 916
1997	3 020 053	43 054	197 505	834 145	102 870	244 728	57 612	199 996	197 361
1998	3 010 629	46 216	179 302	684 660	101 734	239 295	60 128	202 615	173 401

年份	金融、保险业	房地产业	社会服务业	卫生、体育和社会福利业	教育、文化艺术和广播电影电视业	科学研究和综合技术服务业	国家机关、政党机关和社会团体	其他行业
1978	1 291	197	2 710	4 950	20 683	2 864	12 933	
1979	1 533	315	3 167	5 563	23 124	5 045	14 399	
1980	2 298	722	3 832	8 127	29 999	5 492	18 975	
1981	2 654	840	3 837	8 818	31 320	5 659	20 186	
1982	2 805	889	4 029	10 117	36 301	6 217	21 870	
1983	2 855	1 056	4 428	10 910	38 148	7 394	25 628	
1984	4 330	1 186	4 966	11 799	39 477	7 958	27 570	
1985	5 001	1 007	6 372	14 348	55 532	9 962	36 035	
1986	6 668	1 319	8 191	18 143	67 229	11 948	48 547	
1987	7 415	1 464	9 359	20 336	71 223	12 864	53 884	
1988	9 352	1 768	11 568	24 784	90 713	16 128	64 199	
1989	9 954	2 039	13 641	28 329	101 227	18 436	77 612	
1990	12 916	2 373	16 264	32 571	116 724	21 691	92 426	
1991	14 264	2 699	19 568	36 184	125 249	24 162	104 331	
1992	18 787	3 792	23 973	43 393	155 291	30 232	129 105	
1993	31 212	4 435	32 513	53 976	186 430	31 395	162 997	1 367
1994	51 439	8 186	42 413	89 932	283 744	71 584	253 322	2 296
1995	60 204	9 183	52 176	103 158	319 099	73 470	283 906	2 276
1996	67 827	11 088	61 890	118 968	362 472	80 251	318 728	2 805
1997	79 359	12 509	66 039	134 454	405 445	86 167	344 228	14 581
1998	95 639	16 872	73 318	156 369	465 554	93 574	407 655	14 297

4—21 各市地州分行业国有经济单位职工工资总额

(1998年)　　　　单位:万元

地区	总计	农、林、牧、渔业	采掘业	制造业	电力、煤气及水的生产和供应业	建筑业	地质勘查业、水利管理业	交通运输仓储及邮电通信业	批发和零售贸易、餐饮业
全省总计	**3 010 629**	**46 216**	**179 302**	**684 660**	**101 734**	**239 295**	**60 128**	**202 615**	**173 401**
成都市	920 855	4 465	5 778	223 937	21 134	131 927	16 288	75 291	56 653
自贡市	98 141	1 277	6 964	22 669	4 922	3 671	1 408	4 186	6 361
攀枝花市	192 939	554	19 877	111 289	5 486	20 762	492	3 346	4 324
泸州市	113 665	1 812	2 141	29 967	2 689	5 886	652	5 743	9 382
德阳市	150 325	1 106	5 580	45 114	3 228	17 682	1 648	7 231	6 076
绵阳市	161 810	1 958	1 138	37 617	7 422	7 366	2 053	9 266	6 546
广元市	80 819	994	13 764	11 615	2 061	7 780	264	3 681	4 223
遂宁市	59 190	1 640	1 508	9 273	4 133	752	247	2 808	5 357
内江市	109 695	1 317	7 077	28 344	6 193	7 208	483	4 799	7 340
乐山市	117 344	1 801	12 467	21 593	7 593	1 271	297	11 295	5 543
南充市	122 778	3 106	430	17 145	3 598	12 313	630	7 122	9 376
宜宾市	118 491	1 725	10 304	25 887	7 363	910	472	9 023	8 106
广安市	69 151	2 024	7 477	7 630	1 604	4 785	386	3 886	4 925
达川地区	117 867	4 087	6 818	15 840	8 747	1 545	1 255	5 245	8 768
巴中地区	48 588	2 000	888	2 921	1 824	852	289	3 604	6 351
雅安地区	55 640	1 480	5 089	12 736	1 628	626	426	4 138	3 488
眉山地区	55 852	1 939		12 112	1 339	585	1 230	3 441	3 965
资阳地区	84 222	1 924		27 420	3 020	1 958	773	2 794	6 116
阿坝州	50 113	3 110	5 604	4 081	3 120	409	150	5 378	2 154
甘孜州	44 422	1 870	6 110	811	1 345	557	92	5 899	2 013
凉山州	126 590	6 025	10 466	9 441	3 280	1 844	1 443	22 793	6 335

4—21续表　　(1998年)　　单位:万元

地　区	金融、保险业	房地产业	社　会服务业	卫生、体育和社会福利业	教育、文化艺术和广播电影电视业	科学研究和综合技术服务业	国家机关、政党机关和社会团体	其他行业
全省总计	**95 639**	**16 872**	**73 318**	**156 369**	**465 554**	**93 574**	**407 655**	**14 297**
成 都 市	32 365	6 045	38 164	46 555	113 942	52 122	94 890	1 299
自 贡 市	3 009	920	3 156	8 532	15 663	2 978	12 106	319
攀枝花市	3 281	216	2 505	3 574	7 950	472	8 761	50
泸 州 市	4 112	873	2 301	5 643	20 436	2 201	19 823	4
德 阳 市	4 081	2 286	2 166	6 320	23 853	633	22 805	516
绵 阳 市	4 823	912	3 962	8 830	26 837	20 564	21 724	792
广 元 市	2 628	410	1 722	3 591	12 853	302	14 644	287
遂 宁 市	2 538	251	1 599	4 297	14 459	565	9753	10
内 江 市	3 041	631	2 131	6 001	19 172	1 460	14 387	111
乐 山 市	5 231	804	2 523	5 938	19 575	3 330	18 083	
南 充 市	3 176	686	2 518	7 982	31 305	859	22 202	330
宜 宾 市	4 829	850	2 059	6 022	20 925	811	19 205	
广 安 市	2 556	155	474	4 368	16 076	313	12 438	54
达川地区	4 528	774	2 084	8 091	27 423	673	21 942	47
巴中地区	1 457	87	480	2 786	13 644	275	10 998	132
雅安地区	2 725	59	424	2 740	8 645	290	10 895	251
眉山地区	1 783	266	872	3 910	14 024	420	9 846	120
资阳地区	1 929	387	890	6 061	16 245	378	13 745	582
阿 坝 州	1 625	3	1 110	2 553	8 634	459	11 633	90
甘 孜 州	1 490	46	285	2 761	7 106	589	13 421	27
凉 山 州	4 433	212	1 269	8 085	25 557	1 006	24 355	46

4—22 分行业城镇集体经济单位职工工资总额

单位:万元

年份	合计	农、林、牧、渔业	采掘业	制造业	电力、煤气及水的生产和供应业	建筑业	地质勘查业、水利管理业	交通运输仓储及邮电通信业	批发和零售贸易、餐饮业
1978	43 715	667	90	17 024	893	4 504	28	8 591	7 091
1979	52 356	723	114	21 864	595	6 111	105	8 714	8 735
1980	64 063	814	190	27 474	748	7 572	125	8 537	10 763
1981	68 027	831	150	30 134	848	8 393	137	8 455	11 220
1982	72 223	1 479	156	31 265	880	9 578	234	9 029	11 285
1983	75 407	1 581	227	32 886	902	10 643	251	8 961	11 480
1984	99 958	1 608	275	39 689	1 080	11 733	255	9 775	25 822
1985	119 128	1 771	334	48 288	1 314	13 640	293	11 590	31 294
1986	136 524	2 350	376	54 932	1 495	16 911	388	11 781	34 704
1987	150 931	2 551	434	62 764	1 708	18 982	421	12 496	37 053
1988	178 923	2 856	519	75 028	2 042	22 836	453	14 376	44 237
1989	195 894	3 164	581	83 936	2 285	23 191	503	16 570	47 613
1990	220 375	3 903	2 336	91 734	3 930	26 934	206	17 675	53 675
1991	248 487	4 412	3 304	108 281	4 092	31 737	224	19 098	57 176
1992	283 759	5 245	4 135	122 023	4 622	40 688	290	21 470	60 886
1993	333 417	5 249	1 707	123 261	668	62 216	326	20 016	90 866
1994	386 038	8 136	5 336	152 631	908	72 730	715	15 152	85 010
1995	437 256	9 278	6 491	171 307	1 305	77 318	829	17 904	99 055
1996	469 060	10 649	6 641	176 610	2 032	86 352	782	19 875	104 467
1997	513 532	11 088	11 096	194 942	4 656	97 367	533	22 281	102 062
1998	438 565	10 731	8 709	147 082	2 159	89 767	873	16 535	89 239

年份	金融、保险业	房地产业	社会服务业	卫生、体育和社会福利业	教育、文化艺术和广播电影电视业	科学研究和综合技术服务业	国家机关、政党机关和社会团体	其他行业
1978	805		435	2 229	737		621	
1979	913		585	2 782	986		129	
1980	1 170	56	2 086	3 419	903	43	163	
1981	1 161	72	2 129	3 401	847	35	164	
1982	1 220	75	2 353	3 695	755	40	179	
1983	1 251	97	2 384	3 935	625	3	181	
1984	1 511	105	2 815	3 951	610	6	723	
1985	1 904	148	2 703	4 363	587	14	885	
1986	2 639	131	3 179	5 971	607	19	1 041	
1987	3 059	46	3 604	5 998	596	18	1 201	
1988	3 572	35	4 013	6 992	537	11	1 416	
1989	4 148	14	4 428	7 354	602	16	1 489	
1990	4 754	64	4 790	8 058	634	23	1 659	
1991	5 033	96	4 191	8 444	677	51	1 671	
1992	6 579	161	4 655	9 873	679	545	1 908	
1993	9 239	595	4 226	11 293	913	354	1 850	638
1994	17 783	141	5 695	17 808	774	73	2 761	385
1995	20 174	344	7 162	21 891	987	103	2 616	492
1996	23 561	481	8 003	25 057	1 056	83	2 782	629
1997	28 429	734	8 102	26 862	1 200	146	2 809	1 225
1998	32 017	744	7 107	28 660	1 078	138	2 491	1 235

4—23 各市地州分行业城镇集体经济单位职工工资总额

(1998 年)　　　　单位:万元

地　区	总　计	农、林、牧、渔业	采掘业	制造业	电力、煤气及水的生产和供应业	建筑业	地质勘查业、水利管理业	交通运输仓储及邮电通信业	批发和零售贸易、餐饮业
全省总计	**438 565**	**10 731**	**8 709**	**147 082**	**2 159**	**89 767**	**873**	**16 535**	**89 239**
成都市	110 744	603		46 634	23	22 042		3 350	21 774
自贡市	20 272	436	151	9 595		2 304	262	1 164	3 019
攀枝花市	33 863	13	4 74	20 873	36	3 271		655	3 363
泸州市	29 882	374		7 481	62	10 748	8	2 165	5 567
德阳市	21 800	251	154	7 999		3 870		613	4 087
绵阳市	27 319	1 057	20	8 820	1 047	6 045	24	645	5 028
广元市	8 787	490	311	1 075	26	1 748		297	2 333
遂宁市	14 089	742		4 391		2 113	43	248	4 075
内江市	16 109	167	52	4 510	6	3 956		1 265	3 149
乐山市	17 100	733	586	5 268	47	3 491	204	982	2 860
南充市	27 203	999	32	3 983	43	10 569		664	6 615
宜宾市	19 354	477	11	5 230	169	4 310		1 703	3 643
广安市	10 089	805	284	1 329		2 535		441	2 358
达川地区	22 208	932	1 943	5 278	553	3 405		899	6 016
巴中地区	7 987	1 010	44	965		1 475		5	2 196
雅安地区	5 565	204	22	1 218	30	1 089	47	30	1 270
眉山地区	10 197	730	8	1 421		1 255	279	383	2 642
资阳地区	17 742	402	12	4 768		1 928		727	6 151
阿坝州	1 977	44		133		539		33	601
甘孜州	1 609	18	175	99	10	839			14
凉山州	8 423	244	157	897	105	2 596	6	266	1 353

4—23 续表　　　　　　　　　　(1998 年)　　　　　　　　　　单位:万元

地　区	金融、保险业	房地产业	社　会服务业	卫生、体育和社会福利业	教育、文化艺术和广播电影电视业	科学研究和综合技术服务业	国家机关、政党机关和社会团体	其他行业
全省总计	**32 017**	**744**	**7 107**	**28 660**	**1 078**	**138**	**2 491**	**1 235**
成 都 市	4 448	128	3 720	6 884	250	39	704	145
自 贡 市	1 737	69	193	1 062	78		41	161
攀枝花市	480		152	241			3	29
泸 州 市	1 397	80	622	1 192	38	2	146	
德 阳 市	1 943	20	45	2 313	19	63	333	90
绵 阳 市	1 983	11	248	2 065	121	24	134	47
广 元 市	1 090		91	1 164			25	137
遂 宁 市	1 157	39	79	951	133	2	99	17
内 江 市	1 248	5	221	1295	77		109	49
乐 山 市	1 435	107	161	1 035	45		146	
南 充 市	1 785	88	45	2 121	8		126	125
宜 宾 市	2 057		345	1 210	32	6	161	
广 安 市	1 432		95	668			40	103
达川地区	1 939	50	171	1 099	60		223	
巴中地区	827	76	59	1 100	110			120
雅安地区	927	18	49	580	3		28	50
眉山地区	1 634	31	224	1 477	46		60	7
资阳地区	2 061	23	11	1 447	35	2	104	71
阿 坝 州	436		119	54				18
甘 孜 州	399		5	50				
凉 山 州	1 602		446	652	26		9	64

4—24 分行业其他各种经济单位职工工资总额

单位:万元

行业	1993	1994	1995	1996	1997	1998
全省总计	**77 617**	**164 934**	**206 548**	**239 937**	**272 844**	**478 209**
1. 农、林、牧、渔业	7	23	56	53	139	164
2. 采掘业	2 978	3 914	4 329	4 341	4 525	18 999
3. 制造业	68 390	136 358	174 430	200 604	219 918	353 598
4. 电力、煤气及水的生产和供应业	1 569	4 680	6 264	8 641	11 818	25 806
5. 建筑业	854	3 041	2 183	3 627	7 185	17 638
6. 地质勘查业、水利管理业			198	145	89	94
7. 交通运输、仓储及邮电通信业	90	2 826	2 377	2 577	1 167	8 989
8. 批发和零售贸易、餐饮业	3 115	9 516	13 372	14 958	20 204	34 793
9. 金融、保险业	6	48	241	1 246	2 571	8 709
10. 房地产开发与经营业	186	559	932	1 182	1 358	2 725
11. 社会服务业	379	1 839	2 086	2 449	3 700	5 653
12. 卫生、体育和社会福利业						35
13. 教育、文化艺术和广播电影电视业		1		15		83
14. 科学研究和综合技术服务业	7	104	44	52	14	621
15. 国家机关、政党机关和社会团体						
16. 其他行业	36	25	36	47	156	302

4—25 职工平均工资及指数

年份	平均货币工资(元)				指数(以上年为100)							
					货币工资				实际工资			
	全部职工	国有经济单位	城镇集体经济单位	其他各种经济单位	全部职工	国有经济单位	城镇集体经济单位	其他各种经济单位	全部职工	国有经济单位	城镇集体经济单位	其他各种经济单位
1978	590	622	475		106.0	107.6	105.6					
1979	639	673	520		108.3	108.2	109.5		102.8	102.7	103.9	
1980	743	789	590		116.3	117.2	113.5		107.6	108.5	105.0	
1981	748	788	613		100.7	99.9	103.9		98.9	98.1	102.1	
1982	761	798	633		101.7	101.3	103.3		99.5	99.0	100.9	
1983	788	827	652		103.5	103.6	103.0		102.8	102.9	102.3	
1984	912	973	737		115.7	117.7	113.0		113.1	115.0	110.5	
1985	1 062	1 138	845	854	116.4	117.0	114.7	110.4	109.0	109.5	107.4	
1986	1 237	1 338	944	993	116.5	117.6	111.7	116.7	112.1	113.2	107.5	112.3
1987	1 340	1 441	1 040	1 087	108.3	107.7	123.1	109.5	100.8	100.2	102.5	101.8
1988	1 598	1 726	1 211	1 380	119.3	119.8	116.4	127.0	99.4	99.8	97.0	105.8
1989	1 796	1 941	1 342	1 587	112.4	112.5	110.8	115.0	95.0	95.1	93.7	97.2
1990	2 011	2 177	1 490	1 737	112.0	112.2	111.0	109.5	108.6	108.8	107.7	106.2
1991	2 194	2 351	1 693	2 178	109.1	108.0	113.6	125.4	106.6	105.6	111.1	122.6
1992	2 458	2 643	1 885	2 665	112.0	112.4	111.3	122.4	105.3	105.7	104.6	115.0
1993	2 984	3 148	2 274	3 890	121.2	119.1	120.6	146.0	106.6	101.9	103.2	124.9
1994	4 064	4 366	2 726	5 198	136.2	138.7	119.9	133.6	106.5	108.4	93.7	104.5
1995	4 703	5 002	3 242	5 944	115.7	114.6	118.9	114.4	97.2	96.3	99.9	96.1
1996	5 218	5 527	3 666	6 248	111.0	110.5	113.1	105.1	101.0	100.6	103.0	95.7
1997	5 626	5 996	3 982	6 206	107.8	108.5	108.6	99.3	102.6	103.2	103.3	94.5
1998	5 939	6 441	3 966	5 741	105.6	107.4	99.6	92.5	105.8	107.6	99.8	92.7

4—26 分行业职工平均工资

单位:元

年份	合计	农、林、牧、渔业	采掘业	制造业	电力、煤气及水的生产和供应业	建筑业	地质勘查业、水利管理业	交通运输仓储及邮电通信业	批发和零售贸易、餐饮业
1978	592	575	719	577	552	658	705	655	505
1979	641	546	785	646	643	738	770	693	537
1980	743	649	914	742	795	834	892	756	642
1981	748	659	936	741	787	867	901	760	640
1982	761	656	945	744	742	881	903	784	635
1983	788	712	833	787	766	906	968	814	646
1984	912	763	1 025	956	920	1 066	1 133	965	739
1985	1 062	890	1 264	1 079	1 113	1 170	1 324	1 080	878
1986	1 237	1 119	1 520	1 211	1 337	1 364	1 544	1 268	991
1987	1 340	1 153	1 589	1 339	1 461	1 528	1 672	1 391	1 088
1988	1 598	1 320	1 887	1 618	1 705	1 732	1 902	1 671	1 333
1989	1 796	1 449	2 247	1 827	1 988	1 945	2 135	1 928	1 461
1990	2 011	1 588	2 515	2 033	2 145	2 192	2 517	2 122	1 621
1991	2 194	1 714	2 677	2 238	2 574	2 434	2 732	2 340	1 769
1992	2 458	1 981	2 816	2 469	2 747	2 705	3 153	2 624	1 859
1993	2 984	2 683	2 955	3 132	3 661	3 243	3 515	3 032	2 328
1994	4 064	3 404	4 158	3 941	4 776	4 267	6 066	4 221	2 823
1995	4 703	3 957	4 819	4 671	5 961	5 063	6 883	4 999	3 322
1996	5 218	4 310	5 348	5 181	6 773	5 485	7 887	5 712	3 680
1997	5 626	4 418	5 631	5 466	8 138	5 908	8 208	6 614	3 843
1998	5 939	4 609	5 561	5 539	8 732	6 072	8 483	6 873	3 789

年份	金融、保险业	房地产业	社会服务业	卫生、体育和社会福利业	教育、文化艺术和广播电影电视业	科学研究和综合技术服务业	国家机关、政党机关和社会团体	其他行业
1978	574	493	570	541	520	646	617	
1979	584	591	591	565	563	707	631	
1980	720	669	592	698	678	852	773	
1981	746	671	672	720	674	866	782	
1982	743	672	672	786	756	854	778	
1983	733	761	698	812	769	988	875	
1984	989	851	779	851	774	1 077	877	
1985	1 076	974	933	998	1 040	1 267	1 039	
1986	1 356	1 247	1 115	1 271	1 220	1 494	1 312	
1987	1 419	1 332	1 195	1 346	1 246	1 594	1 383	
1988	1 624	1 542	1 382	1 595	1 525	1 889	1 579	
1989	1 730	1 711	1 590	1 775	1 662	2 112	1 776	
1990	1 970	1 874	1 784	1 980	1 882	2 432	1 991	
1991	2 086	2 014	1 981	2 142	1 962	2 657	2 158	
1992	2 513	2 553	2 292	2 489	2 356	3 165	2 595	
1993	3 589	3 134	2 764	2 995	2 716	3 732	3 050	2 145
1994	5 483	4 976	3 936	4 662	4 221	6 038	4 676	5 083
1995	6 058	5 207	4 549	5 344	4 580	6 410	5 089	5 652
1996	6 703	5 814	5 164	6 038	4 981	7 183	5 601	6 269
1997	8 021	6 215	5 535	6 628	5 363	8 092	6 179	5 465
1998	9 540	7 347	6 102	7 310	5 941	8 631	7 035	6 379

4—27 各市地州职工平均工资及指数

（1998 年）

地区	平均货币工资（元）				指数（以上年为 100）							
					货币工资				实际工资			
	全部职工	国有经济单位职工	城镇集体经济单位职工	其他各种经济单位职工	全部职工	国有经济单位职工	城镇集体经济单位职工	其他各种经济单位职工	全部职工	国有经济单位职工	城镇集体经济单位职工	其他各种经济单位职工
全省总计	**5 939**	**6 441**	**3 966**	**5 741**	**105.6**	**107.4**	**99.6**	**92.5**	**105.8**	**107.6**	**99.8**	**92.7**
成都市	7 501	8 029	4 707	7 810	108.1	107.8	101.9	108.6	108.3	108.0	102.1	108.8
自贡市	5 111	5 554	3 154	6 014	105.8	114.4	95.2	74.8	106.0	114.6	95.4	74.9
攀枝花市	8 036	8 395	6 763	6 642	103.6	101.5	115.6	91.0	103.8	101.7	115.8	91.2
泸州市	5 731	6 116	4 200	7 821	102.3	102.0	111.4	80.8	102.5	102.2	111.6	81.0
德阳市	6 802	7 295	4 543	6 901	105.1	109.2	105.1	86.1	105.3	109.4	105.3	86.3
绵阳市	5 622	6 132	3 989	5 402	103.4	107.0	101.0	88.6	103.6	107.2	101.2	88.8
广元市	4 589	4 975	3 300	3 277	105.2	106.2	101.5	115.5	105.4	106.4	101.7	115.7
遂宁市	4 481	4 841	3 168	4 985	102.0	103.5	89.8	95.3	102.2	103.7	90.0	95.5
内江市	4 826	5 340	3 030	4 270	107.7	107.6	103.3	88.8	107.9	107.8	103.5	89.0
乐山市	5 137	5 565	3 369	5 130	99.6	101.1	75.3	108.9	99.8	101.3	75.5	109.1
南充市	4 271	4 614	3 288	4 008	103.9	104.7	103.4	101.2	104.1	104.9	103.6	101.4
宜宾市	5 230	5 584	3 278	5 784	109.9	109.8	96.4	109.6	110.1	110.0	96.6	110.3
广安市	4 630	5 081	3 356	3 618	103.4	106.0	92.8	102.7	103.6	106.2	93.0	102.9
达川地区	4 275	4 776	2 974	3 766	102.6	106.9	100.2	114.0	102.8	107.1	100.4	114.2
巴中地区	4 012	4 373	2 869	3 226	106.6	109.9	94.6	135.6	106.8	110.1	94.8	135.8
雅安地区	5 238	5 225	4 248	6 937	112.9	111.2	102.8	135.2	113.1	111.4	103.0	135.4
眉山地区	5 014	5 338	4 160	4 517	102.4	104.5	108.7	76.7	102.6	104.7	108.9	76.9
资阳地区	5 322	6 019	3 910	3 268	103.6	109.0	104.0	81.1	103.8	109.2	104.2	81.3
阿坝州	6 220	6 369	3 830	6 455	105.1	105.2	100.1	81.1	105.3	105.4	100.3	81.3
甘孜州	6 656	6 669	6 304		111.5	110.9	127.8		111.7	111.1	128.0	
凉山州	6 178	6 369	4 867	5 448	107.2	108.3	107.6	94.8	107.4	108.5	107.8	95.0

4—28 各市地州分行业职工平均工资

(1998年)　　单位:元

地区	总计	农、林、牧、渔业	采掘业	制造业	电力、煤气及水的生产和供应业	建筑业	地质勘查业、水利管理业	交通运输仓储及邮电通信业	批发和零售贸易、餐饮业
全省总计	**5 939**	**4 609**	**5 561**	**5 539**	**8 732**	**6 072**	**8 483**	**6 873**	**3 789**
成都市	7 501	5 829	4 531	6 382	11 271	8 047	7 940	10 406	5 504
自贡市	5 111	3 928	3 335	5 231	10 111	4 146	5 655	3 963	3 140
攀枝花市	8 036	3 862	5 520	10 107	9 618	5 580	5 597	6 601	5 591
泸州市	5 731	3 911	2 775	6 133	7 616	5 207	7 358	4 470	4 093
德阳市	6 802	5 792	4 793	6 970	12 172	6 181	7 598	7 044	3 870
绵阳市	5 622	4 639	4 704	5 202	9 295	5 054	5 573	6 643	3 577
广元市	4 589	3 801	5 332	3 015	7 193	5 724	3 815	5 330	3 216
遂宁市	4 481	4 255	5 579	3 591	7 389	3 990	4 678	4 149	3 350
内江市	4 826	3 819	4 060	4 323	10 459	5 460	5 495	4 691	2 769
乐山市	5 138	4 642	4 144	4 845	9 196	4 213	5 040	5 287	2 970
南充市	4 272	4 222	4 121	3 098	6 819	4 528	5 164	4 363	2 965
宜宾市	5 231	3 717	4 797	5 493	9 786	3 753	4 605	5 081	3 113
广安市	4 631	4 363	4 677	3 390	6 920	4 903	3 899	5 119	2 915
达川地区	4 275	4 378	4 672	2 967	6 992	3 884	5 010	4766	2 659
巴中地区	4 012	4 357	3 947	2 176	4 886	3 159	5 910	5 391	2 854
雅安地区	5 240	4 790	4 424	4 342	7 521	4 656	6 453	6 656	4 044
眉山地区	5 014	5 433	5 114	4 580	5 743	5 717	5 345	6 731	3 245
资阳地区	5 322	5 214	374	5 751	10 173	4 156	4 183	5 282	3 435
阿坝州	6 220	4 986	5 808	4 073	8 605	4 681	6 818	6 462	4 537
甘孜州	6 656	6 256	5 833	3 369	6 967	6 363	6 345	8 089	4 629
凉山州	6 178	4 820	5 549	4 713	8 368	4 775	4 806	9 341	4 212

4—28 续表 (1998 年) 单位:元

地区	金融、保险业	房地产业	社会服务业	卫生、体育和社会福利业	教育、文化艺术和广播电影电视业	科学研究和综合技术服务业	国家机关、政党机关和社会团体	其他行业
全省总计	**9 540**	**7 347**	**6 102**	**7 310**	**5 941**	**8 631**	**7 035**	**6 379**
成都市	13 565	945	7 363	9 188	7 471	9 734	9 323	10 521
自贡市	8 737	7 150	4 741	8 859	5 874	4 454	6 663	5 269
攀枝花市	10 888	7 474	5 864	8 268	7 320	7 457	7 503	5 960
泸州市	8 014	7 341	5 568	6 260	5 922	8 102	7 958	5 000
德阳市	7 846	8 785	7 083	8 065	7 153	10 775	9 449	8 873
绵阳市	7 647	6 788	5 161	6 901	5 668	8 227	6 561	5 995
广元市	7 310	7 491	5 064	5 572	4 838	7 056	5 625	6 023
遂宁市	7 539	4 362	5 262	6 986	4 890	5 721	6 169	5 192
内江市	7 815	7 059	4 698	6 658	5 569	6 618	6 104	6 178
乐山市	9 361	5 304	4 894	6 428	5 373	8 160	6 597	
南充市	6 233	5 199	4 613	5 889	5 348	5 738	5 478	4 986
宜宾市	9 549	6 686	4 756	5 856	5 377	6 866	6 055	
广安市	8 615	5 432	4 380	6 845	4 967	6 731	6 341	5 490
达川地区	8 536	5 176	4 925	6 484	5 423	6 385	6 125	5 337
巴中地区	6 978	5 164	4 400	5 017	4 766	4 576	5 546	4 390
雅安地区	10 319	5 487	4 615	6 188	5 691	6 118	5 864	6 601
眉山地区	8 212	5 976	4 051	6 048	5 163	6 204	6 065	5 142
资阳地区	6 989	5 632	6 065	6 925	4 944	7 116	6 618	6 261
阿坝州	9 309	882	4 460	7 232	6 963	7 488	7 496	8 060
甘孜州	9 727	4 894	4 801	7 249	6 601	8 203	7 187	7 941
凉山州	9 635	7 299	5 469	7 647	5 953	6 725	6 822	5 355

4—29 分行业国有经济单位职工平均工资

单位:元

年 份	合 计	农、林、牧、渔业	采 掘 业	制 造 业	电力、煤气及水的生产和供应业	建 筑 业	地质勘查业、水利管理业	交通运输仓储及邮电通信业	批发和零售贸易、餐饮业
1978	622	519	722	620	603	703	721	682	539
1979	673	571	787	694	669	774	777	738	586
1980	789	674	918	803	826	890	903	836	688
1981	788	677	939	787	811	922	910	831	685
1982	798	642	947	787	759	928	918	835	678
1983	827	742	834	837	782	952	983	861	701
1984	973	797	1 029	1 033	942	1 172	1 154	1 056	832
1985	1 138	941	1 268	1 174	1 334	1 157	1 356	1 178	978
1986	1 338	1 169	1 527	1 319	1 438	1 568	1 574	1 414	1 115
1987	1 441	1 202	1 595	1 459	1 563	1 733	1 705	1 536	1 225
1988	1 726	1 389	1 895	1 773	1 814	2 012	1 940	1 853	1 537
1989	1 941	1 527	2 259	1 998	2 122	2 268	2 180	2 126	1 686
1990	2 177	1 700	2 560	2 232	2 331	2 527	2 534	2 336	1 865
1991	2 351	1 812	2 723	2 432	2 622	2 765	2 750	2 557	2 011
1992	2 642	2 120	2 882	2 678	2 945	3 056	3 170	2 878	2 102
1993	3 148	2 916	2 956	3 302	3 714	3 660	3 545	3 402	2 454
1994	4 366	3 652	4 220	4 135	4 822	4 881	6 162	4 815	3 219
1995	5 002	4 167	4 907	4 838	6 057	5 926	6 989	5 648	3 701
1996	5 527	4 479	5 471	5 362	6 833	6 356	7 989	6 376	4 064
1997	5 996	4 585	5 791	5 702	8 292	6 903	8 294	7 499	4 251
1998	6 441	4 821	5 849	5 832	9 279	6 983	8 593	7 974	4 312

年 份	金融、保险业	房地产业	社 会 服务业	卫生、体育和社会福利业	教育、文化艺术和广播电影电视业	科学研究和综合技术服务业	国家机关、政党机关和社会团体	其他行业
1978	623	493	593	575	540	646	623	
1979	629	591	627	592	565	707	635	
1980	751	679	624	754	683	858	775	
1981	777	650	762	781	682	871	784	
1982	771	683	759	852	760	858	779	
1983	770	783	783	876	772	988	877	
1984	1 110	875	875	928	776	1 078	877	
1985	1 185	990	1 058	1 103	1 043	1 269	1 037	
1986	1 460	1 268	1 247	1 358	1 222	1 498	1 313	
1987	1 496	1 353	1 328	1 437	1 248	1 597	1 382	
1988	1 726	1 546	1 524	1 699	1 527	1 890	1 578	
1989	1 805	1 712	1 724	1 923	1 664	2 114	1 773	
1990	2 071	1 885	1 940	2 152	1 884	2 432	1 989	
1991	2 179	2 030	2 121	2 295	1 963	2 660	2 156	
1992	2 668	2 585	2 427	2 679	2 358	3 183	2 594	2 696
1993	3 943	3 060	3 027	3 234	2 716	3 764	3 052	2 406
1994	5 872	5 023	4 106	5 144	4 225	6 042	4 684	5 665
1995	6 505	5 254	4 749	5 808	4 583	6 412	5 091	6 173
1996	7 156	5 896	5 430	6 549	4 984	7 190	5 604	6 776
1997	8 670	6 374	5 712	7 187	5 366	8 096	6 182	5 416
1998	10 271	7 620	6 302	8 012	5 945	8 644	7 039	6 419

4—30 各市地州分行业国有经济单位职工平均工资

(1998 年)　　　　单位:元

地区	总计	农、林、牧、渔业	采掘业	制造业	电力、煤气及水的生产和供应业	建筑业	地质勘查业、水利管理业	交通运输仓储及邮电通信业	批发和零售贸易、餐饮业
全省总计	**6 441**	**4 821**	**5 849**	**5 832**	**9 279**	**6 983**	**8 593**	**7 974**	**4 312**
成都市	8 029	6 216	4 480	6 564	11 627	8 789	7 983	10 903	6 175
自贡市	5 554	4 138	3 186	5 716	9 952	4 378	5 949	5 024	3 832
攀枝花市	8 395	4 001	5 942	10 898	9 528	5 445	5 603	5 912	5 763
泸州市	6 116	4 135	2 508	5 960	8 113	6 007	7 354	6 101	4 662
德阳市	7 295	6 250	4 672	7 141	12 750	6 796	7 599	7 800	4 432
绵阳市	6 132	5 367	3 831	5 162	10 864	5 411	5 552	7 264	4 466
广元市	4 975	3 664	5 883	3 126	8 065	6 704	3 809	6 157	3 521
遂宁市	4 841	5 135	5 577	3 315	6 720	3 746	4 830	4 559	3 517
内江市	5 340	3 826	4 145	4 921	10 771	6 190	5 497	5 525	3 216
乐山市	5 565	4 851	4 156	4 926	10 256	3 094	5 315	6 940	3 395
南充市	4 614	4 328	4 496	2 921	6 846	4 605	5 166	5 543	3 283
宜宾市	5 584	3 934	5 135	5 083	11 723	3 336	4 606	6 933	3 631
广安市	5 081	4 109	4 717	3 624	6 289	5 486	3 899	6 003	3 675
达川地区	4 776	4 358	5 054	2 686	7 329	2 944	5 008	6 655	3 139
巴中地区	4 373	4 475	3 168	2 275	4 931	3 021	5 914	5 505	3 149
雅安地区	5 225	4 907	4 278	4 136	7 946	4 155	7 307	6 579	4 410
眉山地区	5 338	5 774		4 648	5 971	11 916	5 246	7 882	3 644
资阳地区	6 019	5 375		7 008	10 208	3 825	4 182	6 994	3 750
阿坝州	6 369	4 974	5 752	4 217	8 787	4 680	6 795	6 497	5 087
甘孜州	6 669	6 333	5 824	3 385	6 985	5 651	6 331	8 089	4 638
凉山州	6 369	5 087	5 555	4 609	8 700	4 274	4 803	9 530	4 129

4—30 续表 (1998 年) 单位:元

地　区	金融、保险业	房地产业	社　会服务业	卫生、体育和社会福利业	教育、文化艺术和广播电影电视业	科学研究和综合技术服务业	国家机关、政党机关和社会团体	其他行业
全省总计	**10 271**	**7 620**	**6 302**	**8 012**	**5 945**	**8 644**	**7 039**	**6 419**
成 都 市	13 666	9 987	7 592	9 799	7 475	9 782	9 332	10 335
自 贡 市	9 037	7 012	5 018	10 004	5 900	4 454	6 667	5 040
攀枝花市	11 028	7 478	5 945	8 435	7 320	7 461	7 504	7 652
泸 州 市	9 716	7 613	5 988	7 208	5 931	8 113	7 963	5 500
德 阳 市	8 318	8 798	7 232	9 559	7 153	10 557	9 561	9 167
绵 阳 市	8 736	6 991	5 308	7 450	5 677	8 228	6 560	5 980
广 元 市	7 723	7 635	5 204	6 252	4 838	7 051	5 626	8 362
遂 宁 市	8 435	5 236	5 323	7 895	4 889	5 726	6 168	3 667
内 江 市	8 178	7 094	5 136	7 100	5 578	6 621	6 108	5 957
乐 山 市	10 097	5 446	4 609	6 854	5 377	8 159	6 606	
南 充 市	6 889	5 198	4 628	6 666	5 347	5 740	5 477	4 615
宜 宾 市	10 171	7 182	4 896	6 339	5 367	6 875	6 059	
广 安 市	9 608	5 226	4 500	7 819	4 967	6 733	6 349	5 095
达川地区	9 035	5 230	5 362	7 016	5 423	6 380	6 124	4 588
巴中地区	7 461	4 938	4 460	5 925	4 765	4 569	5 546	4 515
雅安地区	11 186	5 426	4 457	6 330	5 693	6 116	5 865	6 709
眉山地区	8 160	5 812	4 699	6 401	5 163	6 210	6 069	5 199
资阳地区	8 029	6 271	6 083	8 263	4 943	7 180	6 598	6 133
阿 坝 州	10 006	882	5 522	7 208	6 963	7 485	7 496	8 191
甘 孜 州	10 640	4 851	4 846	7 266	6 601	8 206	7 187	7 824
凉 山 州	10 748	7 310	5 660	7 762	5 959	6 722	6 824	4 485

4—31 分行业城镇集体经济单位职工平均工资

单位:元

年份	合计	农、林、牧、渔业	采掘业	制造业	电力、煤气及水的生产和供应业	建筑业	地质勘查业、水利管理业	交通运输仓储及邮电通信业	批发和零售贸易、餐饮业
1978	475	412	397	447	397	580	409	611	422
1979	520	435	496	511	492	639	470	615	430
1980	590	497	586	586	586	696	497	611	537
1981	613	539	623	623	623	741	539	622	540
1982	633	560	633	632	632	784	560	678	536
1983	652	592	655	656	661	817	592	707	525
1984	737	609	741	768	768	868	608	765	663
1985	845	664	879	879	879	902	657	869	795
1986	944	901	929	940	940	1 042	904	930	885
1987	1 040	960	1 038	1 038	1 038	1 185	968	1 036	966
1988	1 211	1 069	1 221	1 221	1 221	1 293	1 069	1 201	1 143
1989	1 342	1 172	1 363	1 363	1 363	1 416	1 173	1 401	1 241
1990	1 490	1 254	1 461	1 507	1 455	1 639	1 438	1 526	1 384
1991	1 693	1 431	1 772	1 735	1 896	1 891	1 598	1 723	1 527
1992	1 855	1 625	1 756	1 903	1 937	2 157	2 010	1 874	1 598
1993	2 274	1 969	2 248	2 288	2 552	2 523	2 301	2 087	2 168
1994	2 726	2 712	2 813	2 763	3 290	3 194	2 852	2 101	2 211
1995	3 242	3 321	3 169	3 333	4 710	3 576	3 724	2 559	2 694
1996	3 666	3 781	3 372	3 735	5 265	4 038	4 090	3 078	3 038
1997	3 982	3 865	4 060	4 039	7 328	4 407	4 385	3 285	3 156
1998	3 966	3 875	3 945	3 937	6 348	4 659	4 817	2 933	2 985

年份	金融、保险业	房地产业	社会服务业	卫生、体育和社会福利业	教育、文化艺术和广播电影电视业	科学研究和综合技术服务业	国家机关、政党机关和社会团体	其他行业
1978	513		489	482	261		523	
1979	524		454	520	520		401	
1980	669	566	566	596	552	488	576	
1981	687	566	566	602	474	464	624	
1982	689	567	565	652	622	484	642	
1983	663	586	585	680	650	645	616	
1984	761	654	656	687	679	672	883	
1985	874	883	736	768	807	568	1 095	
1986	1 156	968	885	1 071	1 064	623	1 277	
1987	1 268	915	953	1 117	1 111	653	1 401	
1988	1 415	1 350	1 095	1 322	1 228	938	1 627	
1989	1 582	1 622	1 281	1 384	1 449	1 239	1 919	
1990	1 752	1 562	1 395	1 513	1 588	1 933	2 081	
1991	1 880	1 666	1 518	1 701	1 758	1 923	2 295	
1992	2 171	1 925	1 711	1 918	1 913	2 435	2 650	
1993	2 755	3 510	1 625	2 213	2 621	2 142	2 849	1 751
1994	4 600	3 381	2 953	3 164	3 200	3 596	3 997	3 246
1995	5 031	4 195	3 450	3 882	3 832	5 954	4 875	4 234
1996	5 604	4 129	3 710	4 406	4 192	4 577	5 336	4 768
1997	6 383	4 597	4 288	4 770	4 450	6 092	5 903	5 862
1998	7 202	5 133	4 251	4 944	4 596	7 704	6 431	5 874

4—32 各市地州分行业城镇集体经济单位职工平均工资

(1998年)　　　　单位:元

地区	总计	农、林、牧、渔业	采掘业	制造业	电力、煤气及水的生产和供应业	建筑业	地质勘查业、水利管理业	交通运输仓储及邮电通信业	批发和零售贸易、餐饮业
全省总计	**3 966**	**3 875**	**3 945**	**3 937**	**6 348**	**4 659**	**4 817**	**2 933**	**2 985**
成都市	4 707	3 975		4 427	4 688	5 360		4 889	3 917
自贡市	3 154	3 433	3 079	3 068		3 328	4 468	2 639	2 234
攀枝花市	6 763	1 548	4 262	8 038	7 160	6 709		7 078	5 781
泸州市	4 200	3 100		4 622	3 168	4 851	6 909	2 623	3 444
德阳市	4 543	4 379	5 447	4 984		4 677		3 784	3 065
绵阳市	3 989	3 709	1 686	3 721	7 626	4 566	8 100	3 128	3 018
广元市	3 300	4 151	2 125	2 208	5 609	3 877		3 109	2 761
遂宁市	3 168	3 088		2 472		4 084	3 899	2 041	3 130
内江市	3 030	3 752	1 076	2 381	3 813	4 480		3 027	2 120
乐山市	3 369	4 201	2 941	3 228	4 856	4 249	4 688	2 033	2 410
南充市	3 288	3 924	1 939	2 412	4 656	4 448		1 456	2 558
宜宾市	3 278	3 153	2 732	3 225	5 746	3 748		2 358	2 316
广安市	3 356	5 167	6 086	2 885		4 339		2 635	2 022
达川地区	2 974	4 467	4 417	2 237	6 647	4 586		2 605	2 212
巴中地区	2 869	4 138	4 536	1 730		3 038		2 500	2 265
雅安地区	4 248	4 092	4 056	3 477	2 861	4 565	3 120	2 336	3 267
眉山地区	4 160	4 693	4 625	3 665		4 741	5 829	4 384	2 875
资阳地区	3 910	4 565	386	4 482		4 382		2 857	3 164
阿坝州	3 830	6 027		2 088		4 675		3 964	3 400
甘孜州	6 304	2 723	6 210	3 252	5 200	6 940			3 763
凉山州	4 867	2 027	6 073	3 494	4 646	5 221	5 700	5 203	4 086

4—32 续表 (1998 年) 单位:元

地区	金融、保险业	房地产业	社会服务业	卫生、体育和社会福利业	教育、文化艺术和广播电影电视业	科学研究和综合技术服务业	国家机关、政党机关和社会团体	其他行业
全省总计	**7 202**	**5 133**	**4 251**	**4 944**	**4 596**	**7 704**	**6 431**	**5 874**
成都市	8 182	6 052	5 315	6 459	5 749	5 629	8 212	10 076
自贡市	8 501	6 097	2 558	4 633	3 111		5 671	5 781
攀枝花市	10 084		5 023	6 387			5 600	5 577
泸州市	6 921	5 846	4 422	3 858	3 214	3 000	7 347	
德阳市	7 003	7 920	3 488	5 650	7 074	12 918	5 229	7 661
绵阳市	6 406	3 281	3 169	5 248	4 209	7 438	6 710	6 039
广元市	6 473		3 346	4 173			5 143	3 784
遂宁市	6 144	2 053	4 258	4 598	5 004	4 750	6 372	6 720
内江市	7 057	4 364	3 266	5 167	3 984		5 615	6 740
乐山市	7 395	4 681	3 051	4 735	4 018		5 633	
南充市	5 311	6 076	3 905	4 094	6 250		5 414	6 367
宜宾市	8 354		3 991	4 247	6 449	5 091	5 629	
广安市	7 274		3 893	3 772			4 472	5 691
达川地区	7 561	4 571	2 508	4 159	5 532		6 198	
巴中地区	6 262	6 097	3 947	3 614	4 709			4 299
雅安地区	8 403	5 333	6 671	5 594	2 800		5 540	6 321
眉山地区	8 263	7 775	2 665	5 276	5 182		5 486	4 313
资阳地区	6 231	4 750	3 114	4 127	5 014	3 000	10 875	7 677
阿坝州	7 392		1 545	8 619				7 375
甘孜州	7 360		3 267	6 462				
凉山州	7 489		5 058	6 455	2 933		3 913	6 347

4—33 分行业其他各种经济单位职工平均工资

单位:元

行业	1993	1994	1995	1996	1997	1998
全省总计	**3 945**	**5 198**	**5 944**	**6 248**	**6 206**	**5 741**
1. 农、林、牧、渔业	4 375	3 770	5 333	5 364	5 230	4 504
2. 采掘业	3 564	4 366	5 088	4 701	4 503	4 353
3. 制造业	4 107	5 240	6 158	6 480	6 476	5 960
4. 电力、煤气及水的生产和供应业	3 121	4 717	5 287	6 647	7 283	7 271
5. 建筑业	2 364	6 496	4 096	4 717	4 546	4 956
6. 地质勘查业、水利管理业			3 845	4 502	3 306	4 104
7. 交通运输、仓储及邮电通信业	2 088	4 944	4 370	4 387	3 556	4 181
8. 批发和零售贸易、餐饮业	3 543	5 266	5 215	4 958	4 584	4 149
9. 金融、保险业	4 000	6 154	5 453	9 109	17 039	16 204
10. 房地产开发与经营业	4 115	4 886	5 215	6 034	5 981	6 654
11. 社会服务业	4 312	4 248	4 732	5 405	6 044	7 062
12. 卫生、体育和社会福利业						8 610
13. 教育、文化艺术和广播电影电视业	3 684	5 000		7 650		6 718
14. 科学研究和综合技术服务业		6 380	4 272	5 058	9 667	7 232
15. 其他行业		2 941	3 214	4 947	7 949	6 785

4—34 非在职职工人数

单位:万人

年份	合计	国有经济单位			城镇集体经济单位	其他各种经济单位	离休、退休职工人数与在职职工人数之比(以离退休、退职职工为1)			
			由单位支付	由民政部门支付			合计	国有经济单位	集体经济单位	其他经济单位
1978	28.08	19.32	16.40	2.92	8.76		16.3	18.9	10.8	
1979	41.57	32.58	29.70	2.88	8.99		11.6	11.6	11.8	
1980	53.52	39.74	36.88	2.86	13.78		9.3	9.8	8.0	
1981	59.12	42.73	39.75	2.98	16.39		8.7	9.4	6.9	
1982	80.40	61.40	58.34	3.06	19.00		6.6	6.8	6.1	
1983	91.35	70.11	66.95	3.16	21.24		5.9	6.0	5.5	
1984	100.27	71.94	68.74	3.20	28.33		5.5	5.7	4.9	
1985	103.84	74.36	71.13	3.23	29.48		5.5	5.8	4.9	
1986	112.94	81.16	78.55	2.61	31.74	0.04	5.3	5.5	4.7	14.3
1987	115.26	82.54	80.03	2.51	32.66	0.06	5.3	5.6	4.6	12.7
1988	120.30	86.00	84.90	1.10	34.25	0.05	5.3	5.6	4.5	17.6
1989	116.71	86.07	85.08	0.99	30.42	0.22	5.4	5.6	4.9	6.1
1990	121.24	90.98	90.04	0.94	30.15	0.11	5.3	5.5	4.8	14.2
1991	132.32	99.9	99.05	0.94	32.23	0.10	5.0	5.2	4.6	20.2
1992	137.00	104.37	103.44	0.93	32.52	0.11	5.0	5.0	4.8	23.3
1993	145.22	111.61	110.71	0.90	31.73	1.88	4.8	4.7	4.7	10.6
1994	152.34	116.21	115.37	0.84	31.25	4.88	4.5	4.4	4.6	6.6
1995	161.65	124.67	123.82	0.85	31.60	5.38	4.3	4.2	4.4	6.5
1996	171.25	132.76	131.96	0.80	32.43	6.06	4.0	3.9	4.1	6.4
1997	176.90	136.89	136.14	0.75	31.47	8.54	3.9	3.8	4.2	5.2
1998	190.28	147.37	146.66	0.71	30.95	11.96	3.5	3.2	3.6	7.0

4—35 在职和非在职职工保险福利费

单位:万元

年　份	合　计	国有经济单位	单位支付	民政部门支付	城镇集体经济单位	其他各种经济单位	保险福利费用总额相当于工资总额的%
1978	36 824	33 485	32 295	1 190	3 339		14.0
1979	43 662	38 740	37 314	1 426	4 922		14.5
1980	53 560	46 398	44 682	1 716	7 162		14.7
1981	67 815	57 690	55 870	1 820	10 125		18.0
1982	85 312	72 054	70 128	1 926	13 258		21.4
1983	105 441	89 262	87 154	2 108	16 179		25.0
1984	131 890	110 917	108 470	2 447	20 851	122	26.6
1985	163 782	139 189	136 637	2 552	24 491	102	27.4
1986	208 520	173 976	171 032	2 944	34 361	183	29.0
1987	244 858	205 044	201 944	3 100	39 152	662	30.5
1988	305 398	260 066	257 179	2 887	44 968	364	30.9
1989	366 937	314 952	312 468	2 484	51 585	400	32.3
1990	425 051	368 098	365 423	2 675	56 471	482	32.8
1991	494 537	427 974	425 555	2 419	65 957	606	34.2
1992	578 256	506 483	503 088	3 395	71 081	692	34.7
1993	713 577	618 551	614 698	3 853	82 436	12 590	34.9
1994	918 156	791 816	787 414	4 402	90 529	35 811	33.1
1995	1 045 660	900 334	895 626	4 708	100 108	45 218	32.5
1996	1 165 347	999 774	994 950	4 824	111 077	54 496	32.8
1997	1 307 660	1 118 760	1 114 034	4 726	119 480	69 420	34.4
1998	1 454 915	1 240 393	1 235 695	4 698	116 039	98 483	37.0

注:自1994年起,原统计为保险福利费的上下班交通费和洗理卫生费计入工资总额。

4—36 非在职职工保险福利费

单位:万元

年　份	费用总额	国有经济单　位	由单位支付	由民政部门支付	城镇集体经济单位	其他经济单　位	平均每人(元)	# 国有经济单位	#城镇集体经济单位
1978	10 519	8 212	7 022	1 190	2 307		375	425	263
1979	18 240	15 289	13 863	1 426	2 951		439	469	328
1980	27 612	23 317	21 601	1 716	4 295		516	587	340
1981	29 325	23 254	21 434	1 820	6 071		541	561	370
1982	41 218	33 268	31 342	1 926	7 950		530	580	418
1983	54 844	44 603	42 495	2 108	10 241		600	636	482
1984	69 450	55 251	52 804	2 447	14 199		693	768	501
1985	84 318	68 815	66 263	2 552	15 503		812	925	526
1986	102 991	83 516	80 572	2 944	19 382	93	912	1031	646
1987	121 252	99 308	96 208	3 100	21 673	271	1 092	1 288	764
1988	154 152	127 788	124 901	2 887	26 171	193	1 382	1 538	847
1989	188 685	158 326	155 842	2 484	30 116	243	1 627	1 888	990
1990	222 119	188 951	186 276	2 675	33 002	166	1 872	2 132	1 133
1991	279 070	236 579	234 160	2 419	42 212	279	2 109	2 378	1 340
1992	316 010	270 819	267 424	3 395	44 903	288	2 347	2 664	1 457
1993	405 446	349 315	345 462	3 853	50 536	5 595	2 806	3 165	1 676
1994	600 329	514 374	509 972	4 402	65 445	20 510	4 035	4 516	2 078
1995	702 028	609 256	604 548	4 708	70 003	22 769	4 472	5 059	2 228
1996	810 244	702 690	697 866	4 824	79 821	27 733	4 868	5 459	2 493
1997	934 269	805 575	800 849	4 726	87 799	40 895	5 367	5 975	2 748
1998	1 069 393	920 558	915 860	4 698	87 671	61 164	5 825	6 477	2 809

注:①1985 年及以前各年离、退休人员费用总额中的医疗费用部分统计在在职职工中,故数字偏小。

②1978—1982 年城镇集体单位离休、退休、退职职工的人数和保险福利费用是根据有关资料推算的,仅供参考。

4—37 国有经济单位在职职工保险福利费

单位:万元

项　　目	1995	1996	1997	1998
全省总计	**291 079**	**297 084**	**313 185**	**319 835**
集体福利设施及集体				
福利事业补贴费	61 621	62 893	66 313	74 948
文体宣传费	13 157	13 428	14 143	17 128
医疗卫生费	154 243	157 425	165 953	167 077
冬季取暖补贴	7 946	8 110	8 546	
其　他	54 112	55 228	58 230	60 682

注:1998 年"冬季取暖补贴"包括在"其他"项中。

4—38 国有经济单位非在职职工保险福利费

单位:万元

项　　目	1993	1994	1995	1996	1997	1998
全省总计	**345 462**	**509 972**	**604 548**	**697 866**	**800 849**	**915 860**
离休金	12 465	26 205	28 565	31 776	34 094	36 573
退休金	179 881	352 059	420 333	492 095	588 249	707 690
退职生活费	2 492	4 170	4 553	6 595	6 635	7 464
医疗卫生费	54 355	70 692	85 015	89 315	93 638	100 183
护理费	1 419					
生活补贴	25 727	1 513	1 435	2 208		
交通费补贴	1 762	2 769	2 606	3 692		
丧葬抚恤救济费	5 684	7 408	10 062	11 853		
其他	61 677	45 156	51 979	60 332	78 233	63 950

注:本表不含民政部门支付的离退休人员保险福利费。

4—39 城镇失业人数及失业率

年　份	城镇失业人数（万人）	#失业青年	失业青年占失业人数%	失业率(%)
1978	52.00	19.00	36.5	10.9
1979	33.00	18.20	55.3	6.7
1980	28.00	16.80	60.0	5.0
1981	25.00	20.00	80.0	4.4
1982	16.90	12.50	73.8	3.0
1983	18.10	14.60	80.7	3.0
1984	15.84	13.40	84.5	2.7
1985	14.35	12.50	87.3	2.3
1986	14.44	12.40	86.4	2.3
1987	14.53	12.90	88.7	2.2
1988	16.75	12.46	74.4	2.4
1989	25.63	17.48	68.2	3.7
1990	26.61	19.05	71.6	3.7
1991	25.17	19.81	78.7	3.4
1992	27.16	22.71	83.6	3.6
1993	26.47	22.71	85.8	3.5
1994	27.65	23.70	85.7	3.6
1995	27.94	22.74	81.4	3.6
1996	27.16	22.27	82.0	3.5
1997	26.72	21.73	81.3	3.4
1998	30.18	24.45	81.0	3.7

4—40 企业下岗职工变动情况

(1998 年) 单位:万人

项目	总计	国有企业	城镇集体企业	其他企业
上年末下岗职工人数	48.27	32.27	12.84	3.16
本年新增下岗职工人数	36.29	29.49	4.95	1.85
本年减少下岗职工人数	41.02	32.99	6.06	1.97
#下岗职工再就业人数	39.52	32.18	5.55	1.79
到国有单位	9.53	9.04	0.23	0.26
到非国有单位	11.22	8.82	1.76	0.64
从事个体	18.77	14.32	3.56	0.89
本年实有下岗职工人数	43.54	28.77	11.73	3.04

4—41 分行业国有企业下岗职工情况

(1998 年) 单位:万人

行业	合计	#女性	按年龄分组			按受教育程度分组		
			35岁以下	35—46岁	46岁以上	大专以及上	中专、高中及相当学历	初中及以下
总计	**28.77**	**12.91**	**12.10**	**10.67**	**6.00**	**1.80**	**10.38**	**16.89**
1. 采掘业	3.58	1.24	1.64	1.19	0.75	0.11	1.20	2.27
2. 制造业	14.62	7.09	6.31	5.38	2.93	0.95	5.30	8.37
3. 电力煤气及水的生产和供应业	0.41	0.20	0.18	0.12	0.11	0.01	0.17	0.23
4. 建筑业	2.90	1.24	1.27	1.03	0.60	0.11	0.98	1.81
5. 交通运输、仓储及邮电通信业	1.36	0.52	0.59	0.50	0.27	0.05	0.52	0.79
6. 批发零售贸易、餐饮业	5.01	2.24	1.72	2.09	1.20	0.22	1.92	2.87
7. 其他	0.87	0.38	0.39	0.35	0.13	0.04	0.28	0.55

主要统计指标解释

经济活动人口 指在16岁以上，有劳动能力，参加或要求参加社会经济活动的人口。包括：从业人员和失业人员。

从业人员 指从事一定社会劳动并取得劳动报酬或经营收入的人员。包括：

(1)在岗职工

(2)再就业的离退休人员

(3)私营业主

(4)个体户主

(5)私营和个体从业人员

(6)乡镇企业从业人员

(7)农村从业人员

(8)其他从业人员(包括民办教师、宗教职业者、现役军人等)

这一指标反映了一定时期内全部劳动力资源的实际利用情况，是研究我国基本国情国力的重要指标。

单位从业人员 指在各级国家机关、政党机关、社会团体及企业、事业单位中工作，并取得劳动报酬的全部人员。包括：在岗职工、再就业的离退休人员、民办教师以及在各单位中工作的外方人员和港澳台方人员、兼职人员、借用的外单位人员和第二职业者。不包括离开本单位仍保留劳动关系的职工。单位从业人员反映了各单位实际参加生产或工作的全部劳动力。

城镇私营和个体从业人员 城镇私营从业人员指在工商管理部门注册登记，其经营地址设在县城关镇(含城关镇)以上的私营企业从业人员。包括：私营企业投资者和雇工。城镇个体从业人员指在工商管理部门注册登记，并持有城镇户口或在城镇长期居住，经批准从事个体工商经营的从业人员。包括：个体经营者和在个体工商户劳动的家庭帮工和雇工。

城镇登记失业人员和失业率 指有非农业户口，在一定的劳动年龄内，有劳动能力，无业而要求就业，并在当地就业服务机构进行求职登记的人员。城镇登记失业率指城镇登记失业人数同城镇从业人员与城镇登记失业人数之和的比。计算公式为：

$$\text{城镇登记失业率}=\frac{\text{城镇登记失业人数}}{\text{城镇从业人员}+\text{城镇登记失业人数}}\times 100\%$$

职工 指在国有经济、城镇集体经济、股份合作、联营经济、有限责任公司、股份有限公司、港、澳、台商和外商投资经济、其他经济单位及其附属机构工作，并由其支付工资的各类人员，包括在岗职工和离开本单位仍保留劳动关系的职工。

下岗职工 指实行劳动合同制以前参加工作的正式职工(不含从农村招收的临时合同工)，以及实行劳动合同制以后参加工作且合同期未满的职工，由于企业的生产和经营状况等原因，已经离开本人的生产和工作岗位，并已不在本企业从事其他工作，但尚未与企业解除劳动关系、没有在社会上找到其他工作的人员。

职工工资总额 指各单位在一定时期内直接支付给本单位全部职工的劳动报酬总额。

工资总额的计算原则应以直接支付给职工的全部劳动报酬为根据。各单位支付给职工的劳动报酬以及其他根据有关规定支付的工资，不论是计入成本的还是不计入成本的，不论是按国家规定列入计征奖金税项目的，还是未列入计征奖金税项目的，不论是以货币形式支付的还是以实物形式支付的，均包括在工资总额中。包括：计时工资(含计时标准工资)、计件工资、计件超额工资、奖金、津贴和补贴、加班加点工资、特殊情况下支付的工资等。

职工平均工资 指企业、事业、机关单位的职工在一定时期内平均每人所得的货币工资额。它表明一定时期职工工资收入的高低程度，是反映职工工资水平的主要指标。计算公式为：

$$职工平均工资=\frac{报告期实际支付的全部职工工资总额}{报告期全部职工平均人数}$$

职工平均实际工资 指扣除物价变动因素的职工平均工资。计算公式为：

$$职工平均实际工资=\frac{报告期职工平均工资}{报告期城镇居民消费价格指数}$$

保险福利费用 指企业、事业、机关单位在工资以外实际支付给职工和离休、退休、退职人员个人以及用于集体的劳动保险和福利费用。

(1)职工保险福利费具体包括：集体福利设施及集体福利事业补贴费、文体宣传费、医疗卫生费、其他。

(2)离休、退休、退职人员保险福利费用具体包括：离休金、退休金、退职生活费、其他。

INVESTMENT IN FIXED ASSETS

五　固定资产投资

5—1 按经济类型分的全社会固定资产投资

单位:亿元

年份	投资总额	国有经济	集体经济	个体经济	其他各种经济类型
1984	70.09	43.17	9.30	17.62	
1985	109.66	70.04	19.75	19.87	
1986	112.76	76.04	14.39	22.33	
1987	140.18	95.19	19.25	25.74	
1988	158.51	107.57	20.38	30.56	
1989	152.40	106.54	15.91	29.95	
1990	162.66	114.54	17.05	31.07	
1991	204.28	146.07	24.09	34.12	
1992	304.78	213.37	48.63	42.78	
1993	459.40	286.53	95.06	49.50	28.31
1994	573.43	325.23	108.63	71.21	68.36
1995	677.34	384.39	132.43	87.73	72.79
1996	803.79	419.82	128.42	131.61	123.94
1997	949.30	525.95	127.97	159.50	135.88
1998	1 184.80	722.75	119.29	159.49	183.27

5—2 按管理渠道分的全社会固定资产投资

单位:亿元

年份	投资总额	基本建设	更新改造	房地产开发	其他投资
1984	70.09	22.79	13.09		34.21
1985	109.66	39.39	20.86		49.41
1986	112.76	42.25	24.35		46.16
1987	140.18	50.29	33.39		56.50
1988	158.51	56.03	40.21		62.27
1989	152.40	61.91	34.12		56.37
1990	162.66	63.40	34.93	5.18	59.15
1991	204.28	89.53	37.15	6.09	71.51
1992	304.78	128.68	53.19	14.19	108.72
1993	459.40	180.81	71.24	34.87	172.48
1994	573.43	243.33	94.22	50.57	185.31
1995	677.34	288.45	93.51	79.96	215.42
1996	803.79	329.47	101.65	90.62	282.05
1997	949.30	439.66	117.82	100.26	291.56
1998	1 184.80	593.70	196.15	120.60	274.35

注:“房地产开发”1992 年及以前的数据仅指商品房投资。

5—3 各市地州全社会固定资产投资

(1998 年) 单位:亿元

地区	合计	基本建设	更新改造	房地产开发	其他投资
全省总计	**1 184.80**	**593.70**	**196.15**	**120.60**	**274.35**
成都市	361.64	160.56	46.94	78.73	75.41
自贡市	23.28	6.90	5.05	2.86	8.47
攀枝花市	68.34	57.54	5.78	1.02	4.00
泸州市	41.62	21.28	2.30	3.54	14.50
德阳市	40.75	17.73	9.40	3.07	10.55
绵阳市	72.95	28.42	18.83	10.20	15.50
广元市	24.75	10.18	3.14	1.70	9.73
遂宁市	29.63	12.63	5.80	2.35	8.85
内江市	24.49	8.98	3.61	2.00	9.90
乐山市	40.27	21.65	4.19	2.01	12.42
南充市	33.38	13.35	3.30	4.51	12.22
宜宾市	33.29	11.08	12.23	1.95	8.03
广安市	44.38	26.92	3.73	1.35	12.38
达川地区	31.97	12.99	2.41	1.70	14.87
巴中地区	14.13	5.72	1.87	0.67	5.87
雅安地区	22.02	14.21	0.99	0.47	6.35
眉山地区	30.50	15.39	2.66	0.53	11.92
资阳地区	18.61	6.86	1.87	1.56	8.32
阿坝州	10.83	8.75	1.02		1.06
甘孜州	7.94	6.65	0.22	0.05	1.02
凉山州	28.23	19.55	1.66	0.33	6.69
不分地区	181.80	106.36	59.14		16.30

5—4 全社会固定资产投资及构成

(1998 年)　　单位:亿元

指　标	总　计	国有经济	集体经济	#农村	个体经济	#农村	其他各种经济类型合计
一、投资总额	1 184.80	722.75	119.29	87.38	159.49	115.67	183.27
#住宅	278.07	96.99	20.16	5.48	122.44	82.26	38.48
#建筑安装工程	742.50	425.23	75.19	52.46	136.13	94.81	105.95
设备工器购置	265.00	174.12	30.48	27.74	21.08	20.86	39.32
其他费用	177.30	123.40	13.62	7.18	2.28		38.00
二、新增固定资产	988.50	624.65	95.62	72.96	156.62	115.67	111.61
三、房屋建筑面积(万平方米)							
施工面积	12 009	4 011	1 244	673	4 958	3 910	1 796
#住宅	8 407	2 507	520	150	4 387	3 509	993
竣工面积	8 265	1 847	781	520	4 958	3 910	679
#住宅	6 304	1 177	313	131	4 387	3 509	427

5—5 国有经济单位和城镇集体经济单位按各种分组的固定资产投资

指　标	国有经济单位			城镇集体经济单位		
	1996	1997	1998	1996	1997	1998
一、投资总额(亿元)	419.82	525.95	722.75	12.28	13.29	13.42
#住宅	71.27	67.42	96.89	3.23	3.03	3.63
#建筑安装工程	262.28	323.40	425.23	8.87	9.72	9.51
设备、工器具购置	71.72	106.02	174.12	2.31	2.77	2.65
其他费用	85.82	96.47	123.40	1.10	0.80	1.26
二、新增固定资产(亿元)	264.09	362.76	624.65	9.40	10.27	11.03
三、房屋建筑面积(万平方米)						
施工面积	3 559	3 219	4 011	246	194	200
#住宅	1 902	1 775	2 507	107	96	100
竣工面积	1 761	1 724	1 847	129	120	118
#住宅	1 069	1 008	1 177	63	64	64

5—6 房地产开发投资情况

单位:亿元

指标	合计		# 土地开发投资		# 商品房投资		商品房销售额		本年新增固定资产	
	1997	1998	1997	1998	1997	1998	1997	1998	1997	1998
投资总额	**100.26**	**120.60**	**9.65**	**7.42**	**82.04**	**101.69**	**59.54**	**71.52**	**73.86**	**71.93**
一、按隶属关系分										
1.中央	0.58	0.46		0.11	0.50	0.31	0.95	0.25	0.63	0.23
2.省	4.41	7.85	0.11	0.15	4.24	7.24	2.73	3.24	4.37	4.36
3.地区	36.70	52.03	4.81	2.69	28.40	43.46	22.31	26.58	22.50	28.33
4.县	24.63	35.95	2.84	3.21	19.59	28.96	17.80	24.42	19.38	26.19
5.其他	33.94	24.31	1.89	1.26	29.31	21.72	15.75	17.03	26.98	12.82
二、按经济类型分										
1.国有经济	26.03	33.72	2.61	1.39	20.83	29.67	23.25	23.03	20.91	21.47
2.集体经济	17.88	22.54	1.84	3.33	15.04	16.74	12.10	11.84	18.40	13.99
3.私营经济	0.43	8.65	0.03	0.54	0.38	7.53	0.52	5.08	0.56	5.78
4.股份有限公司	12.57	14.64	1.45	0.84	10.90	13.13	8.44	9.15	6.12	9.05
5.有限责任公司	20.56	20.08	2.89	0.77	17.14	18.15	6.61	12.07	10.16	11.09
6.三资企业	18.93	3.98	0.23	0.24	14.69	3.24	6.60	0.83	14.57	0.70
7.港澳台企业	0.32	14.52	0.10	0.24	0.08	11.25	0.20	8.58	0.93	8.60
8.其他经济	3.54	2.47	0.50	0.07	2.98	1.98	1.82	0.94	2.21	1.25

5—7 按各种分组的基本建设投资

指　　　标	1995	1996	1997	1998
一、投资总额(亿元)	**288.45**	**329.47**	**439.66**	**593.70**
#住宅	41.52	43.93	49.27	70.12
1. 按构成分				
建筑安装工程	193.33	208.18	282.13	384.89
设备、工器具购置	39.47	43.18	65.26	88.19
其他费用	55.65	78.11	92.27	120.62
2. 按建设性质分				
新　建	154.16	180.80	260.85	313.90
扩　建	74.96	94.45	95.04	151.56
改　建	34.51	30.10	48.98	81.01
3. 按大中小型分				
大中型项目	129.93	141.31	189.37	200.05
小型项目	158.48	187.82	241.49	383.54
二、新增固定资产(亿元)	**203.87**	**180.55**	**302.03**	**493.16**
三、建设项目(个)				
施工项目	5 344	5 535	4 873	6 214
#大中型项目	66	71	72	76
全部建成投产项目	2 894	3 126	2 698	3 024
#大中型项目	6	13	9	5
四、房屋建筑面积(万平方米)				
施工面积	2 499.35	2 748.18	2 633.04	3 414.79
#住宅	1 215.84	1 328.68	1 304.16	1 914.15
竣工面积	1 233.44	1 317.67	1 363.78	1 551.68
#住宅	672.26	736.10	750.67	916.12

5—8 分行业基本建设投资及新增固定资产

单位:亿元

行　　业	1995	1996	1997	1998
基本建设投资总额	**288.45**	**329.47**	**439.66**	**593.70**
1、农、林、牧、渔业	1.37	1.45	2.47	6.75
2、采掘业	9.75	8.15	8.85	15.07
3、制造业	56.48	58.00	39.55	28.53
4、电力、煤气及水的生产和供应业	72.22	96.80	149.27	148.87
5、建筑业	2.87	5.85	8.92	9.35
6、地质勘查业、水利管理业	5.40	5.16	7.19	17.80
7、交通运输、仓储及邮电通信业	46.98	44.38	89.08	203.61
8、批发和零售贸易、餐饮业	11.36	11.24	10.83	10.06
9、金融、保险业	8.80	7.89	8.00	5.90
10、房地产业	4.27	5.28	5.79	7.83
11、社会服务业	19.37	27.88	32.71	49.14
12、卫生、体育和社会福利业	3.34	4.29	5.94	8.93
13、教育、文化艺术及广播电影电视业	17.20	22.30	23.56	25.89
14、科学研究和综合技术服务业	4.01	3.72	6.24	3.75
15、国家机关、政党机关和社会团体	23.41	26.08	31.08	48.16
16、其他行业	1.62	1.00	10.18	4.06
基本建设新增固定资产	**203.87**	**180.55**	**302.03**	**493.16**
1、农、林、牧、渔业	0.92	1.82	2.14	3.61
2、采掘业	6.00	9.61	7.61	6.89
3、制造业	37.51	28.09	78.40	27.82
4、电力、煤气及水的生产和供应业	40.73	37.04	55.18	240.14
5、建筑业	2.68	3.14	7.95	3.49
6、地质勘查业、水利管理业	3.37	2.10	4.61	7.89
7、交通运输、仓储及邮电通信业	51.83	21.36	33.24	83.97
8、批发和零售贸易、餐饮业	3.13	8.57	10.04	8.11
9、金融、保险业	4.17	6.59	8.15	5.17
10、房地产业	2.90	3.38	5.60	5.94
11、社会服务业	10.27	14.99	25.62	33.08
12、卫生、体育和社会福利业	2.31	3.10	4.31	5.37
13、教育、文化艺术及广播电影电视业	14.86	16.90	21.20	21.50
14、科学研究和综合技术服务业	2.46	2.09	5.84	1.79
15、国家机关、政党机关和社会团体	16.44	21.20	23.00	36.21
16、其他行业	4.29	0.57	9.14	2.17

5—9 各行业按构成和建设性质分的基本建设投资

（1998 年） 单位：亿元

行业	按构成分			按建设性质分		
	建筑安装工程	设备工器具购置	其它费用	新建	扩建	改建
全省总计	**384.89**	**88.19**	**120.62**	**313.90**	**151.56**	**81.01**
1、农、林、牧、渔业	3.10	0.54	3.11	4.18	1.21	1.20
2、采掘业	7.93	5.61	1.53	5.13	9.32	0.35
3、制造业	16.78	7.55	4.20	12.18	8.28	2.05
4、电力、煤气及水的生产和供应业	66.78	32.56	49.53	130.83	13.60	1.71
5、建筑业	7.08	0.39	1.88	5.67	1.49	1.22
6、地质勘查业、水利管理业	13.17	0.46	4.17	12.28	1.49	3.34
7、交通运输、仓储及邮电通信业	146.30	32.14	25.17	90.98	54.63	45.53
8、批发和零售贸易、餐饮业	8.83	0.44	0.79	4.46	3.23	1.45
9、金融、保险业	5.04	0.21	0.65	2.70	1.72	0.58
10、房地产业	6.71	0.05	1.07	3.03	0.40	2.28
11、社会服务业	27.54	3.03	18.57	16.08	26.34	5.59
12、卫生、体育和社会福利业	7.00	0.68	1.25	2.83	3.57	0.83
13、教育、文化艺术及广播电影电视业	23.30	1.22	1.37	5.79	11.59	4.82
14、科学研究和综合技术服务业	2.30	0.62	0.83	0.87	2.02	0.10
15、国家机关、政党机关和社会团体	40.09	2.24	5.83	14.57	12.13	9.29
16、其他行业	2.94	0.45	0.67	2.32	0.54	0.67

5—10 分行业基本建设施工、投产项目个数和新增固定资产

(1998 年)

行业	施工项目(个)	全部建成投产项目(个)	项目建成投产率(%)	新增固定资产(亿元)	固定资产交付使用率(%)
全省总计	**6 214**	**3 024**	**49**	**493.16**	**83**
1、农、林、牧、渔业	160	74	46	3.61	53
2、采掘业	62	22	35	6.89	46
3、制造业	394	182	46	27.82	98
4、电力、煤气及水的生产和供应业	411	159	39	240.14	161
5、建筑业	113	46	41	3.49	37
6、地质勘查业、水利管理业	170	62	36	7.89	44
7、交通运输、仓储及邮电通信业	778	376	48	83.97	41
8、批发和零售贸易、餐饮业	377	192	51	8.11	81
9、金融、保险业	184	93	51	5.17	88
10、房地产业	105	40	38	5.94	76
11、社会服务业	475	221	47	33.08	67
12、卫生、体育和社会福利业	328	174	53	5.37	60
13、教育、文化艺术及广播电影电视业	825	470	57	21.50	83
14、科学研究和综合技术服务业	74	24	32	1.79	48
15、国家机关、政党机关和社会团体	1 695	860	51	36.21	75
16、其他行业	63	29	46	2.17	53

5—11 各市地州基本建设施工、竣工房屋建筑面积

（1998 年）　　单位：万平方米

地　区	施工面积	# 住宅	竣工面积	# 住宅	竣工率(%)	# 住宅
全省总计	3 414.79	1 914.15	1 551.68	916.12	45	48
成 都 市	951.34	459.66	355.33	189.99	37	41
自 贡 市	98.21	59.34	42.98	29.12	44	49
攀枝花市	110.62	78.14	43.73	31.47	40	40
泸 州 市	187.33	112.26	104.51	68.32	56	61
德 阳 市	266.33	129.28	101.30	59.90	38	46
绵 阳 市	162.33	62.93	72.48	28.54	45	45
广 元 市	89.76	52.15	41.85	26.20	47	50
遂 宁 市	62.27	33.24	36.83	20.86	59	63
内 江 市	114.66	68.01	54.41	30.79	47	45
乐 山 市	160.46	107.09	84.94	52.74	53	49
南 充 市	217.03	125.72	117.17	63.46	54	50
宜 宾 市	174.65	113.47	79.95	51.49	46	45
广 安 市	160.03	83.42	76.35	48.62	48	58
达川地区	94.50	55.83	54.54	33.97	58	61
巴中地区	33.18	19.17	17.35	8.45	52	44
雅安地区	93.50	64.36	37.03	23.58	40	37
眉山地区	117.60	89.25	60.97	44.57	52	50
资阳地区	94.66	64.86	53.34	38.05	56	59
阿 坝 州	28.52	13.40	14.56	8.47	51	63
甘 孜 州	37.97	20.68	17.48	9.6	46	46
凉 山 州	112.85	85.24	49.79	33.19	44	39
不分地区	46.99	16.65	34.79	14.74	74	88

5—12 各市地州基本建设施工、投产项目个数和新增固定资产

(1998 年)

地　　区	施工项目个数(个)	# 大中型项目	全部建成投产项目个数(个)	# 大中型项目	新增固定资　产(亿元)	固定资产交付使用率(%)
全省总计	**6 214**	**76**	**3 024**	**5**	**493.16**	**83**
成 都 市	998	14	366	1	99.73	62
自 贡 市	149		53		3.10	45
攀枝花市	247	2	90		207.27	360
泸 州 市	304	4	179	1	12.81	60
德 阳 市	345	3	181	1	10.51	59
绵 阳 市	367	4	199		18.97	67
广 元 市	284	4	124	1	9.50	93
遂 宁 市	200	3	88		4.16	33
内 江 市	225	2	127		6.43	72
乐 山 市	383	4	193		12.94	60
南 充 市	389	6	190		11.80	88
宜 宾 市	310	2	147		8.56	77
广 安 市	276	3	156		8.62	32
达川地区	155		89		7.74	60
巴中地区	124		73		4.40	77
雅安地区	254	3	115		6.54	46
眉山地区	171	3	101	1	8.51	55
资阳地区	253		176		4.49	71
阿 坝 州	175	3	96		7.91	90
甘 孜 州	148	1	78		3.54	53
凉 山 州	436	3	202		7.82	40
不分地区	21	14	1		27.41	26

5—13 按各种分组的更新改造投资

单位:亿元

指　　标	1995	1996	1997	1998
一、投资总额(亿元)	**93.51**	**101.65**	**117.82**	**196.15**
#住宅	4.28	4.88	4.78	6.62
1. 按构成分				
建筑安装工程	34.53	40.59	44.82	64.66
设备、工具、器具购置	49.21	49.25	63.43	119.95
其他费用	9.77	11.81	9.57	11.54
2. 按建设性质分				
新　建	5.15	10.88	12.34	44.09
扩　建	45.81	47.02	60.51	114.00
改　建	34.64	36.89	37.23	32.59
3. 按用途分				
增　产	42.83	49.92	62.29	74.91
节约能源	3.92	4.84	3.53	2.01
其它节约	0.96	0.29	0.59	3.81
增加品种	14.96	14.37	14.43	18.90
提高产品质量	7.34	7.81	8.72	8.14
三废治理	0.71	0.91	1.84	0.30
其他	22.79	23.51	26.45	88.08
二、新增固定资产(亿元)	**73.35**	**87.24**	**92.66**	**161.60**
三、房屋建筑面积(万平方米)				
施工面积	386.47	378.93	312.55	332.78
#住宅	124.96	132.13	104.06	136.73
竣工面积	194.39	212.74	190.27	190.62
#住宅	66.93	87.87	63.24	78.65

5—14 各行业按建设性质分的更新改造投资

(1998 年)　　单位:万元

行　　业	投资额	#住宅	新建	扩建	改建
全省总计	1 961 497	66 221	440 914	1 139 955	325 911
1、农、林、牧、渔业	394	100	110	72	212
2、采掘业	89 107	20 628	2 976	74 255	11 700
3、制造业	595 851	21 546	71 881	365 403	140 897
4、电力、煤气及水的生产和供应业	159 380	1 836	79 505	35 879	43 024
5、建筑业	20 009	5 086	355	139	10 703
6、地质勘查业、水利管理业	3 109	60		2 423	
7、交通运输、仓储及邮电通信业	1 037 869	11 316	284 500	638 544	96 013
8、批发和零售贸易、餐饮业	4 669	265	887	484	2 919
9、金融、保险业					
10、房地产业					
11、社会服务业	34 445	4 030		15 995	12 254
12、卫生、体育和社会福利业	919			552	
13、教育、文化艺术及广播电影电视业	4 320	970	420	3 010	500
14、科学研究和综合技术服务业	3 169				3 169
15、国家机关、政党机关和社会团体	8 065	176	160	3 199	4 520
16、其他行业	191	120	120		

5—15 分行业更新改造施工、投产项目个数和新增固定资产

(1998 年)

行　　业	施工项目(个)	全部建成投产项目(个)	项目建成投产率(%)	新增固定资产(万元)	固定资产交付使用率(%)
全省总计	1 992	1 260	63	1 616 005	82
1、农、林、牧、渔业	5	5	100	394	100
2、采掘业	101	51	50	42 721	48
3、制造业	796	452	57	522 344	88
4、电力、煤气及水的生产和供应业	194	105	54	61 275	38
5、建筑业	81	46	57	16 349	82
6、地质勘查业、水利管理业	73	72	99	2 363	76
7、交通运输、仓储及邮电通信业	634	459	72	921 140	89
8、批发和零售贸易、餐饮业	32	20	62	3 933	84
9、金融、保险业					
10、房地产业					
11、社会服务业	30	25	83	32 914	96
12、卫生、体育和社会福利业	2	2	100	919	100
13、教育、文化艺术及广播电影电视业	4	3	75	3 820	88
14、科学研究和综合技术服务业	11	2	18	1 237	39
15、国家机关、政党机关和社会团体	28	18	64	6 525	81
16、其他行业	1			71	37

5—16 各市地州更新改造项目个数和新增固定资产

（1998 年）

地　区	施工项目（个）	全部建成投产项目个数（个）	项目建成投产率(%)	新增固定资产(万元)	固定资产交付使用率(%)
全省总计	1 992	1 260	63	1 616 005	82
成都市	391	286	73	390 163	83
自贡市	68	35	51	44 150	87
攀枝花市	117	99	85	54 016	94
泸州市	30	14	47	17 772	77
德阳市	161	107	66	67 130	71
绵阳市	214	84	39	163 936	87
广元市	56	33	59	27 690	88
遂宁市	64	34	53	32 290	56
内江市	54	22	41	29 965	83
乐山市	88	47	53	24 489	58
南充市	28	19	68	27 966	85
宜宾市	67	39	58	122 823	100
广安市	70	45	64	24 596	66
达川地区	83	50	60	27 835	115
巴中地区	42	28	67	15 095	81
雅安地区	39	20	51	7 946	80
眉山地区	19	11	58	23 038	87
资阳地区	188	161	86	18 261	97
阿坝州	23	21	91	9 959	98
甘孜州	2				
凉山州	49	27	55	15 143	91
不分地区	139	78	56	471 742	80

5—17 基本建设、更新改造投资主要新增生产能力

（1998 年）

生产能力（或效益）名称	计量单位	基本建设	更新改造
原煤开采	万吨/年	15	9
天然气开采	亿立方米/年	6	
炼铁	万吨/年		3
发电机组容量	万千瓦	153	6
＃水力发电	万千瓦	152	
火力发电	万千瓦	1	5
水泥	万吨/年		55
农用氮、磷、钾化学肥	吨/年		131 218
＃氮肥	吨/年		81 218
磷肥	吨/年		50 000
化学原料药	吨/年		80
化学纤维	吨/年	1400	460
机制纸及纸板	万吨/年	2	1
新建公路	公里	422	
改建公路	公里	3 451	306
＃一级公路	公里	144	17
市内电话自动交换机	门	145 734	1 152 614
城市自来水供水能力	万吨/日	11	6

主要统计指标解释

全社会固定资产投资 固定资产投资额是以货币表现的建造和购置固定资产活动的工作量，它是反映固定资产投资规模、速度、比例关系和使用方向的综合性指标。全社会固定资产投资包括国有经济单位投资、城乡集体经济单位投资、其他各种经济类型的单位投资和城乡居民个人投资。按照我国现行管理体制，全社会固定资产投资总额分为基本建设、更新改造、房地产开发投资和其他固定资产投资四个部分。城乡集体经济单位投资包括城镇集体所有制单位投资和农村集体所有制单位投资。其他各种经济类型的单位投资包括联营经济、股份制经济、中外合资经营、中外合作经营、外资与大陆合资经营、外资与大陆合作经营、港澳台独资及其他经济类型的单位投资。城镇居民个人投资包括城市、县城、镇、工矿区所辖范围内的个人建房和农村个人建房及购置生产性固定资产的投资。

基本建设投资 基本建设是企业、事业单位以扩大生产能力或工程效益为主要目的的新建、扩建工程及有关工作。包括工厂、矿山、铁路、桥梁、港口、农田水利、商店、住宅、学校、医院等工程的建造和机器设备、车辆、船舶、飞机等的购置。

基本建设投资额是以货币表现的基本建设完成的工作量，是反映一定时期内基本建设规模和建设速度的综合性指标，它是根据工程的实际进度按预算价格(预算价格是编制施工图预算时所用的价格)计算的工作量，没有形成工程实体的建筑材料和没有开始安装的设备，都不计算投资完成额。

更新改造投资 更新改造是指企业、事业单位对原有设施进行固定资产更新和技术改造，以及相应配备的工程和有关工作(不包括大修理维护工程)。更新改造投资是货币表现的更新改造完成的工作量。根据我国现行统计制度，基本建设和更新改造的划分是：(1)列入基本建设计划的项目作为基本建设投资，列入更新改造计划的项目作为更新改造投资；(2)更新改造计划与基本建设计划结合安排的项目及未列入计划的项目，根据工程性质分别作为基本建设投资或更新改造投资。属于对企业、事业单位原有设施进行技术改造或更新的项目和增建主要生产车间、分厂等，其新增生产能力或效益尚未达到大中型标准的项目，以及由于城市环境保护和安全生产的需要而进行的迁建工程，作为更新改造投资。

房地产开发投资 房地产开发是指各种经济类型的房地产开发公司，商品房建设公司及其他房地产开发单位统一开发的商品房屋建筑物和配套的服务设施，以及土地开发工程。

房地产开发统计不包括单纯土地交易活动以及房地产开发单位本身进行的固定资产活动。

固定资产投资的资金来源 根据固定资产投资的资金来源不同，分为上年末结余资金、本年资金来源和各项应付款。其中本年资金来源又分为国家预算内资金、国内贷款、股票、债券、利用外资、自筹资金和其他资金来源。

(1)国家预算内资金 指国家预算、地方财政、主管部门和国家专业投资公司拨给或委托银行贷给建设单位的基本建设拨款和中央基本建设基金，拨给企业单位的更新改造拨款，以及中央财政安排的专项拨款中用于基本建设的资金。

(2)国内贷款指 报告期企、事业单位向银行及非银行金融机构借入的用于固定资产投资的各种国内借款。国内贷款包括：银行利用自有资金及吸收的存款发放的贷款、上级主管部门拨入的国内贷款、国家专项贷款(包括煤代油贷款、劳改煤矿专项贷款等),地方财政专项资金安排的贷款、国内储备贷款、周转贷款等。

(3)股票　是股份制企业通过发行股票筹集的,用于固定资产投资的资金。

(4)债券　是企业(公司)或金融机构通过发行各种债券筹集到的用于固定资产投资的资金,包括由银行代理国家专业投资公司发行的重点企业债券和重点建设债券。

(5)利用外资　指报告期收到的用于固定资产投资的国外资金,包括统借统还、自借自还的国外贷款,中外合资项目中以及无偿捐赠等。其中,国家统借统还的外资,是指由我国政府出面同外国政府、团体或金融组织签订贷款协议、并负责偿还本息的国外贷款。

(6)自筹资金　指建设单位报告期收到的,用于进行固定资产投资的上级主管部门、地方和本单位自筹资金。

(7)其他资金来源　指报告期收到的除以上各种拨款、借款、自筹资金之外,其他用于固定资产投资的资金。

施工项目　指报告期内曾进行建筑或安装工程施工活动的建设项目。包括报告期内新开工项目、报告期以前开工跨入报告期继续施工的项目以及报告期施过工并在报告期内全部建设投资或停缓建的项目。

全部建成投产项目　工业项目是指设计文件规定形成生产能力的主体工程及其相应配套的辅助设施全部建成,经负荷试运转,证明具备生产设计规定合格产品的条件,并经过验收鉴定合格或达到竣工验收标准,与生产性工程配套的生产福利设施可以满足近期正常生产的需要,正式移交生产的建设项目。非工业项目是指设计文件规定的主体工程和相应的配套工程全部建成,能够发挥设计规定的全部效益,经验收鉴定合格或达到竣工验收标准,正式移交使用的建设项目。

新增生产能力　指通过固定资产投资活动而增加的设计能力或工程效益,它是用实物形态表示的固定资产投资的成果。新增生产能力的计算,是以能独立发挥生产能力或效益的单项工程(或项目)为对象。当单项工程(或项目)建成,经有关部门鉴定合格,正式移交投入生产,即可计算新增生产能力。

新增生产能力数量一般按设计的能力计算。设计能力是指设计文件中规定的在正常情况下能够达到的生产能力,而不论投产后的实际产量如何。以设备数量、建筑物容积、面积、长度等表示新增生产能力(或效益),则按建成的实际数量计算。

施工房屋建筑面积　房屋建筑面积是从房屋外墙线算起的各层平面面积的总和,包括房屋结构(如柱、墙)占用的面积和地下室面积。多层建筑按各自然层面积总和计算,包括房屋内的楼隔层、突出墙面眺望间、门斗、有柱雨罩的面积。不包括突出墙面结构的构件、艺术装饰等所占的面积,如台阶等,凹阳台、挑阳台按其水平投影面积一半计算建筑面积。

竣工房屋建筑面积　指在报告期内房屋建筑按照设计要求已全部完工,达到住人和使用条件,经验收鉴定合格,正式移交使用单位的建筑面积。

新增固定资产　指通过投资活动所形成的新的固定资产价值。包括已经建成投入生产或交付使用的工程价值和达到固定资产标准的设备、工具、器具的价值及有关应摊入的费用。它是以价值形式表示的固定资产投资成果的综合性指标,可以综合反映不同时期、不同部门、不同地区的固定资产投资成果。

PRODUCTION AND CONSUMPTION OF ENERGY

六　能源生产与消费

6—1 能源生产总量及构成

年份	能源生产总量（万吨标准煤）	占能源生产总量的%			
		原煤	原油	天然气	水电
1952	167.3	99.20		0.3	0.5
1957	392.3	97.1	0.1	1.4	1.4
1962	756.0	84.4	0.8	12.8	2.0
1965	662.5	84.3	0.6	11.4	3.7
1970	1 171.7	82.1	0.3	14.2	3.4
1975	1 994.2	76.2	0.4	15.5	7.8
1978	2 551.8	73.2	0.4	20.0	6.4
1979	2 635.1	71.7	0.4	20.6	7.3
1980	2 676.6	71.8	0.4	19.6	8.2
1981	2 664.3	72.8	0.4	18.2	8.6
1982	2 722.8	74.4	0.4	16.1	9.1
1983	2 917.4	74.9	0.4	15.4	9.3
1984	3 214.6	76.1	0.4	8.3	14.6
1985	3 511.4	77.1	0.3	13.5	8.1
1986	3 646.2	75.9	0.3	14.8	9.0
1987	3 883.5	76.7	0.3	14.2	8.8
1988	4 208.8	77.3	0.2	13.2	9.3
1989	4 474.9	76.4	0.3	13.6	9.7
1990	4 351.8	75.6	0.3	13.9	10.2
1991	4 508.0	73.1	0.3	14.9	11.7
1992	4 602.7	75.7	0.3	13.4	10.6
1993	4 702.1	83.2	0.4	13.2	3.4
1994	5 171.9	83.9	0.3	12.4	3.4
1995	6 374.3	73.5	0.3	10.1	16.1
1996	6 440.8	73.6	0.3	10.5	15.6
1997	6 817.9	65.2	0.4	14.3	20.46
1998	6 603.2	61.6	0.5	15.7	22.20

注：1. 1993、1994年水电折标系数为1.229吨标准煤/万千瓦小时。

2. 6—1表至6—8表为全社会统计口径；6—9表至6—14表为县及县以上全民、集体经济单位统计口径。

6—2 能源消费总量及构成

年份	能源消费总量（万吨标准煤）	占能源消费总量的%			
		原煤	石油	天然气	水电
1952	165.2	98.7	0.6		0.7
1957	378.0	94.5	2.3	1.5	1.7
1962	727.3	79.6	2.7	14.8	2.9
1965	636.3	77.0	5.4	13.2	4.4
1970	1 146.6	74.0	6.0	16.2	3.8
1975	2 095.8	70.6	4.4	16.5	8.5
1978	2 693.6	68.5	4.3	19.4	7.8
1979	2 755.2	67.8	4.6	19.1	8.5
1980	2 887.5	71.4	3.2	17.5	7.9
1981	2 803.5	72.9	3.3	15.2	8.6
1982	2 821.0	71.9	5.4	13.6	9.1
1983	3 031.0	72.4	5.5	12.8	9.3
1984	3 357.2	74.1	5.4	11.8	8.7
1985	3 675.0	74.8	5.3	11.0	8.9
1986	3 878.0	72.6	5.7	12.3	9.4
1987	4 071.2	74.1	5.1	11.7	9.1
1988	4 422.6	74.9	4.8	10.9	9.4
1989	4 552.3	74.2	4.5	11.4	9.9
1990	4 418.6	74.3	4.1	11.4	10.2
1991	4 721.5	70.7	5.2	12.7	11.4
1992	4 897.1	73.4	5.4	11.2	10.0
1993	4 999.8	79.1	5.6	11.9	3.4
1994	5 364.0	80.2	4.7	11.7	3.4
1995	6 367.4	74.1	5.1	8.8	12.0
1996	6 609.5	74.0	5.2	8.9	11.9
1997	6 654.0	64.5	6.0	14.6	14.9
1998	6 749.5	60.7	6.8	15.9	16.6

注：1993、1994年水电折标系数为1.229吨标准煤/万千瓦小时。

6—3 综合能源平衡表

单位：万吨标准煤

项　　目	1992	1993	1994	1995	1996	1997
可供消费的能源总量	4 902.6	5 005.1	5 370.1	6 359.5	6 415.8	6 631.05
一次能源生产量	4 602.7	4 702.1	5 171.9	6 374.3	6 400.8	6 817.94
调入量	359.3	351.2	384.6	401.3	422.1	511.21
调出量(—)	—136.8	—131.8	—150.0	—189.5	—394.3	—757.16
年初年末库存差额	77.4	83.6	—36.4	—226.6	—12.8	26.52
能源消费总量	4 897.1	4 999.8	5 364.0	6 367.4	6 609.5	6 629.01
在总量中：						
第一产业	87.3	42.1	41.8	120.3	128.6	123.25
第二产业	3 503.2	3 627.1	4 164.8	4 677.7	4 859.9	4 988.32
1. 工业	3 471.6	3 586.4	4 117.5	4 586.0	4 759.4	4 896.82
2. 建筑业	31.6	40.7	47.3	91.7	100.5	91.50
第三产业	204.9	215.3	238.3	385.7	404.8	439.86
1. 交通邮电通信业、仓储业		119.7	129.4	182.7	189.1	220.02
2. 批发零售贸易餐饮业		44.4	55.2	82.2	86.5	96.34
3. 其它		51.2	53.7	120.8	129.2	123.52
生活消费	1 101.7	1 115.3	919.1	1 183.7	1 216.2	1 077.58
在总量中：						
终端消费	4 551.4	3 961.3	4 192.6	5 711.2	6 061.8	6 376.34
#工业	3 125.9	2 547.9	2 946.1	3 929.8	4 191.7	4 644.17
加工转换损失量	—175.1	—936.4	—1 060.7	—400.3	—290.2	—46.98
#炼焦	—41.2	—78.2	—84.5	—136.8	—134.2	—7.30
#炼油	—6.1	—8.6	—8.5	—7.4	—17.28	—17.95
损失量	170.6	102.1	110.7	255.9	264.9	205.69
#油田原油损失量		0.02	0.01	0.01	0.03	0.01
#输变损失量	170.6	101.9	110.6	255.8	264.6	205.68
平衡差额	5.5	5.3	8.1	7.9	6.3	2.00

注：1. 村办工业包括在工业中，以下同。

2. 电力按等价热值折算，因此加工转换损失量中不包括发电、供热损失量。

3. 1993、1994 年电力按当量热值计算。

6—4 煤炭平衡表

单位:万吨标准煤

项　　目	1992	1993	1994	1995	1996	1997
可供量	4 609.21	5 474.27	5 698.32	5 611.33	6 126.7	6 017.0
生产量	4 656.61	5 567.34	5 887.86	6 482.30	6 545.1	6 222.68
调进量	27.65	27.31	32.41	34.83	14.0	45.0
调出量(一)	−161.00	−165.90	−203.00	−434.00	−409.5	−298.2
年初年末库存差额	85.95	45.52	−18.95	−471.80	−22.9	−47.80
消费量	4 602.68	5 466.69	5 690.18	5 604.13	6 150.7	6 015.45
在消费量中:						
第一产业	17.34	2.40	2.73	2.84	3.2	3.76
第二产业	3 392.35	4 291.19	4 486.92	4 385.95	4 924.4	5 075.09
1. 工业	3 378.14	4 280.76	4 474.84	4 376.34	4 913.6	5 063.03
2. 建筑业	14.21	10.43	12.08	9.61	10.8	12.06
第三产业		57.82	70.23	79.10	87.8	84.32
1. 交通运输仓储及邮电通讯业	31.28	5.07	8.16	18.76	19.6	25.28
2. 批发零售贸易业、餐饮业	42.18	36.81	44.59	43.88	49.7	41.54
3. 其它		15.94	17.48	16.46	18.5	17.50
生活消费	1 119.53	1 115.28	1 138.44	1 136.24	1 135.3	852.28
在消费量中:						
用于加工转换投入量	−1 855.05	−2 089.05	−2 387.46	−2 505.19	−3 014.5	−2 838.36
火力发电	−940.77	−1 322.40	−1 585.90	−1 658.42	−1 680.3	−1 804.79
供热	−29.62	−49.45	−52.21	−54.06	−56.0	−71.31
炼焦	−105.00	−99.84	−100.93	−104.00	−144.8	−39.00
煤炭洗选	−779.66	−617.36	−648.42	−688.71	−1 020.5	−873.44
终端消费量	2 671.82	3 377.64	3 302.72	3 098.94	3 267.6	3 113.09
#工业	1 523.09	2 191.71	2 087.38	1 871.15	2 028.6	2 160.67
洗选损耗	75.81	141.16	113.98	116.23	137.2	127.25
平衡差额	6.53	7.58	8.14	7.20	7.10	1.83

注:生产量为原煤产量。

6—5 天然气平衡表

单位:亿立方米

项　　目	1992	1993	1994	1995	1996	1997
可供量	**41.92**	**45.10**	**47.67**	**48.24**	**50.40**	**52.22**
生产量	66.66	72.23	75.98	74.77	80.37	80.03
调进量						
调出量(一)	−24.74	−27.13	−28.31	−26.53	−29.97	−27.81
消费量	**41.59**	**45.00**	**47.67**	**48.24**	**50.40**	**52.22**
在消费量中:						
第一产业		0.26	0.26			
第二产业	38.12	39.80	40.89	42.16	43.83	45.13
1. 工业	37.98	39.71	40.81	42.08	43.74	45.05
2. 建筑业	0.14	0.09	0.08	0.08	0.09	0.08
第三产业		1.30	1.30	1.28	1.47	0.57
1. 交通运输仓储及邮电通讯业	0.28	0.42	0.41	0.39	0.40	0.13
2. 批发零售贸易及餐饮业		0.07	0.08	0.14	0.16	0.44
3. 其他		0.81	0.81	0.75	0.91	
生活消费	3.19	3.64	5.22	4.80	5.10	6.52
在总量中						
(一)终端消费	39.47	42.93	45.97	46.88	50.15	49.57
#工业	35.86	37.64	39.11		43.49	42.40
(二)用于二次能源加工转换投入量	−2.12	−2.07	−1.70	−1.36	−0.25	−0.61
(三)管道输送损失量		0.49	0.50	1.15	2.12	2.04
平衡差额	**0.53**	**0.10**				

6—6 电力平衡表

单位:亿千瓦小时

项　　目	1992	1993	1994	1995	1996	1997
可供量	**292.94**	**305.92**	**370.61**	**407.89**	**398.78**	**466.48**
生产量	327.45	317.83	400.82	448.34	452.60	491.96
水电	164.96	161.16	183.09	229.02	241.00	245.12
火电	162.49	156.67	217.73	219.32	211.60	246.84
调进量	1.02	2.8	4.86	6.7	4.42	11.00
调出量	−35.53	−14.71	−35.07	−47.21	−58.24	−36.48
消费量	**292.94**	**305.92**	**370.61**	**407.89**	**398.78**	**466.25**
在消费量中:						
第一产业	9.17	14.30	15.28	17.25	18.90	16.63
第二产业	240.29	230.88	288.34	305.58	289.75	355.02
1. 工业	237.45	214.62	268.66	289.29	273.43	344.51
2. 建筑业	2.84	16.26	19.68	16.29	16.32	10.51
第三产业		22.83	26.32	26.94	29.63	30.60
1. 交通运输仓储及邮电通讯业	4.64	3.00	4.54	7.07	7.10	7.94
2. 批发零售贸易餐饮业	2.28	9.35	10.98	6.53	7.72	7.85
3. 其他		10.48	10.80	13.34	14.81	14.81
生活消费	36.56	37.91	40.67	58.12	60.50	64.00
在总量中:						
(一)终端消费量	268.76	281.12	340.28	376.07	366.72	442.46
#工业	237.45	214.62	268.66	289.29	269.50	331.23
(二)输配损失	24.18	24.80	30.33	31.82	32.06	23.79

6—7 石油平衡表

单位:万吨

项　　目	1992	1993	1994	1995	1996	1997
可供量	160.16	167.56	174.32	194.83	202.20	233.06
生产量	14.01	16.75	15.58	17.23	21.28	23.25
调进量	152.65	159.45	162.61	181.39	194.5	202.21
调出量(一)	−9.77	−4.35	−8.46	−6.00	−6.21	−1.97
年初年末库存差额	3.27	−4.29	4.59	2.21	−7.37	+9.57
消费量	160.13	167.40	174.19	194.77	202.11	200.78
在消费量中:						
第一产业	25.86	25.21	22.21	21.36	23.60	19.03
第二产业	49.85	54.55	55.40	63.41	56.39	79.80
1. 工业	45.70	50.73	46.56	55.74	47.37	64.32
2. 建筑业	4.15	3.82	8.84	8.67	9.02	15.48
第三产业		79.25	88.04	100.09	112.30	132.53
1. 交通运输仓储及邮电通讯业	69.08	63.93	71.75	80.95	91.05	106.02
2. 批发零售贸易餐饮业	5.40	3.80	4.08	4.64	5.01	7.34
3. 其他		11.52	12.21	14.50	16.24	19.17
生活消费	9.94	8.39	8.54	8.91	9.82	1.67
在消费量中:						
(一)终端消费	142.25	147.31	152.33	167.61	156.91	214.84
#工业	27.82	30.64	27.26	28.58	26.32	46.13
(二)用于加工转换投入量	17.88	20.09	21.86	27.16	31.63	35.56
火力发电	1.23	1.67	2.38	2.48	2.35	3.31
供热			0.18			
炼油	16.65	18.42	19.30	24.68	29.28	32.25
(三)炼油损失量	5.10	8.67	6.94	6.64	12.40	14.78
(四)损失量	0.76	0.96	0.92	1.01	1.08	0.10
平衡差额	0.03	0.16	0.13	0.06	0.09	0.03

注:1. 生产量为原油产量。

2. 调进量包括本省飞机、轮船在辖区外的加油量;调出量包括外省的飞机、轮船在省内的加油量。

6—8 每亿元工业总产值综合能耗

行业	综合能耗(万吨/亿元)		煤炭(万吨/亿元)		电力(万千瓦小时/亿元)	
	1996	1997	1996	1997	1996	1997
工业	1.96	1.82	0.88	0.83	1 115	1 195
轻工业	1.07	0.86	0.58	0.46	912	1 100
重工业	2.64	2.73	1.10	0.95	1 248	1 332
(一)采掘业	2.59	1.59	0.85	1.02	1 200	1 012
煤炭采选业	4.36	2.34	2.13	2.05	1 680	1 432
石油天然气采选业	4.11	3.90	0.02	0.01	1 550	1 382
黑色金属矿采选业	3.62	1.19	0.18	0.15	1 149	1 059
有色金属矿采选业	0.16	0.65	0.03	0.04	1 300	1 130
非金属矿采选业	1.92	0.51	0.39	0.37	1 346	1 244
其它矿采选业	0.34	0.33	0.74	0.81	1 221	1 067
木材及竹材采选业	0.85	0.55	0.02	0.02	950	870
(二)制造业	1.83	1.76	0.79	0.73	1 001	793
食品加工业	0.62	0.52	0.48	0.40	584	491
食品制造业	0.93	1.08	0.81	0.72	532	507
饮料制造业	0.56	0.37	0.41	0.36	284	305
烟草加工业	0.37	0.30	0.16	0.15	168	170
纺织业	1.76	1.50	0.61	0.54	655	489
服装及其它纤维制品制造业	0.47	0.33	0.04	0.02	921	904
皮革、毛皮、羽绒及其制造业	0.28	0.15	0.12	0.11	987	967
木材加工及竹藤、棕、草制造业	0.61	0.43	0.56	0.51	272	269
家具制造业	0.16	0.07	0.01	0.01	184	180
造纸及纸制造业	2.96	3.20	2.57	2.44	1 352	1 250
印刷业、记录媒介的复制	0.71	0.52	0.02	0.02	1 054	990

6—8 续表

行　　业	综合能耗(万吨/亿元)		煤炭(万吨/亿元)		电力(万千瓦小时/亿元)	
	1996	1997	1996	1997	1996	1997
文教体育用品制造业	0.17	0.25	0.07	0.06	390	398
石油加工及炼焦业	3.16	4.65	0.84	0.82	1 050	1 031
化学原料及化学品制造业	5.33	5.77	1.36	1.29	2 644	2 459
医药制造业	0.98	0.97	0.59	0.52	1 135	1 082
化学纤维制造业	4.41	1.17	0.48	0.50	1 261	1 164
橡胶制造业	0.85	1.02	0.60	0.61	906	904
塑料制造业	0.43	0.32	0.10	0.09	732	702
非金属矿物制造业	2.54	2.90	3.21	3.05	1 352	1 167
黑色金属冶炼及压延加工业	9.94	9.36	2.38	2.29	3 289	2 896
有色金属冶炼及压加工业	2.10	2.36	0.45	0.47	1 864	1 639
金属制品业	0.40	0.34	0.17	0.18	934	869
普通机械制造业	0.39	0.33	0.15	0.14	731	710
专用设备制造业	1.08	0.97	0.35	0.32	748	705
交通运输设备制造业	0.30	0.41	0.08	0.07	801	790
武器弹药制造业	0.82	0.61	0.12	0.11	899	845
电气机械及器材制造业	0.55	0.37	0.18	0.16	788	720
电子及通讯设备制造业	0.18	0.10	0.10	0.09	706	701
仪器仪表文化办公用品机械制造业	0.65	1.15	0.07	0.08	586	543
其它制造业	1.55	0.52	1.35	0.41	788	765
(三)电力煤气及水生产和供应业	5.19	5.07	0.61	0.58	5 646	4 605
电力蒸气、热水生产和供应业	4.66	4.76	0.60	0.56	4 784	3 945
煤气生产和供应业	8.45	3.55	0.92	0.99	5 331	4 333
自来水生产和供应业	2.22	10.09	0.10	0.13	7 369	7 552

注:1. 综合能源消费量中电力析标系数为1.229吨/万瓦千小时。

2. 亿元工业产值耗煤炭、电力为终端消费。

6—9 分行业能源消费总量

单位:万吨标准煤

行　　业	1992	1993	1994	1995	1996	1997
消费总量	**4 897.1**	**4 999.8**	**5 364.0**	**6 367.4**	**6 609.5**	**6 629.01**
第一产业	**87.3**	**42.1**	**41.8**	**120.3**	**128.6**	**123.25**
第二产业	**3 503.2**	**3 627.1**	**4 164.8**	**4 677.7**	**4 859.9**	**4 988.32**
(一)工业	3 471.6	3 586.4	4 117.5	4 586.0	4 759.4	4 896.82
1. 按轻重工业分						
轻工业	734.6	1 013.9	1 184.1	1 361.2	1363.3	1 332.95
重工业	2 737.0	2 572.5	2 933.4	3 224.8	3 396.1	3 563.87
2. 按行业分						
采掘业	269.0	276.5	274.9	368.4	345.7	317.93
制造业	3 099.8	3 199.8	3 738.4	4 099.2	4 234.2	4 344.57
电力、蒸气、热水生产 供应业	102.8	110.6	104.2	117.9	179.5	323.82
在行业中:						
煤炭采选业	99.9	126.6	120.4	136.5	134.8	179.73
石油和天然气开采业	49.9	33.9	40.3	47.6	56.3	81.60
纺织业	103.1	86.9	91.2	99.8	105.4	136.41
造纸及纸制品业	86.6	76.2	68.1	74.3	76.7	147.66
石油加工及炼焦业	9.2	15.7	14.5	15.6	15.8	37.36
化学原料及化学制品业	651.7	505.6	574.0	602.6	861.7	1 013.83
医药制造	36.6	32.8	31.5	38.2	48.4	56.59
化学纤维制造业	49.5	35.7	36.9	43.0	49.5	20.91
非金属矿物制品业	565.2	515.8	532.7	572.4	674.1	768.79
黑色金属冶炼及压延加工业	573.6	663.7	639.8	589.2	738.0	1 293.90
有色金属冶炼及压延加工业	54.2	44.2	41.5	50.3	77.7	108.44
(二)建筑业	31.60	40.7	47.30	91.7	100.5	91.50
第三产业		**215.3**	**238.3**	**385.7**	**404.8**	**439.86**
(一)交通运输和邮电通讯业	160.4	119.7	129.4	182.7	193.9	220.02
(二)批发零售贸易及餐饮业	44.5	44.4	55.2	82.2	96.5	96.34
(三)其他		51.2	53.7	120.8	114.4	123.52
生活消费	1 101.7	1 115.3	919.1	1 183.7	1 216.2	1 077.58

6—10 主要能源消费量

(1997 年)

能源品种	计量单位	本年消费量			
		合　计	工业生产	建筑施工	运输邮电
原　煤	吨	29 395 711	28 843 046	47 575	184 783
焦　炭	吨	4 325 897	4 315 230	819	1 352
焦炉煤气	万立方米	97 224	97 224		
其他煤气	万立方米	753 016	753 016		
原　油	吨	306 475	306 403	13	46
汽　油	吨	313 865	119 761	32 744	151 308
煤　油	吨	210 169	10 979	1 132	198 037
柴　油	吨	411 094	155 676	50 356	201 339
燃料油	吨	19 242	18 657	206	367
液化石油气	吨	82	29	1	16
炼厂干气	吨	2	2		
天然气	万立方米	550 187	531 714	3 111	2 082
热力	百万千焦	5 011 826	4 642 713	2 275	
电力	万千瓦时	2 801 724	2 599 900	91 820	65 438

6—11 分行业主要能源消费量

(1997 年)

行　　业	原煤(吨)	焦炭(吨)	原油(吨)	汽油(吨)	煤油(吨)	柴油(吨)	天然气(万立方米)	电力(万千瓦时)
总计	29 395 711	4 325 897	306 475	313 865	210 169	411 094	550 187	2 801 724
按工业、建筑业、运输邮电行业大类分								
采掘业								
煤炭采选业	3 173 613	17 407		13 581	205	6 309	17	125 285
石油和天然气开采业	4 122	176	289 790	18 744	54	69 653	40 604	22 447
黑色金属矿采选业	29 945	19		356	5	458		3 430
有色金属矿采选业	17 804	8 615		10 777	2	1 484		8 457
非金属矿采选业	948 976	4 330		2 417	64	1 352	5 372	47 865
其他矿采选业	3 538			7		2		24
木材及竹材采运业	78 313	8 675	1	6 366	13	1 755		10 323
制造业								
食品加工业	354 794	1 306	16	3 061	87	1 003	165	43 601
食品制造业	47 748	1 450		751	6	286	101	17 919
饮料制造业	503 098	49		3 767	30	3 852	1 253	15 280
烟草加工业	48 652			2 044	3	553	4 074	9 685
纺织业	464 485	176	26	2 929	527	3 038	8 169	65 459
服装及其他纤维制品制造业	6 440	31		246	6	141		1 289
皮革、毛皮、羽绒及其制品业	15 961			5 014	19	134		1 916

6—11 续表 (1997 年)

行业	原煤(吨)	焦炭(吨)	原油(吨)	汽油(吨)	煤油(吨)	柴油(吨)	天然气(万立方米)	电力(万千瓦时)
木材加工及竹、藤、棕、草制品业	52 146	93		304	17	136		3 682
家具制造业	286		502	119	8	76	4	767
造纸及纸制品业	1 216 209	1 776	46	2 319	110	1 545	2 081	74 004
印刷业	77 572	842		1 432	58	365	61	35 694
文教体育用品制造业	281	39		593	8	3		7 356
石油加工及炼焦业	304		16 013	113		355		3 895
化学原料及化学制品制造业	1 673 121	377 951		10 278	201	4 959	377 969	529 305
医药制造业	143 012			1 696	11	288	502	23 703
化学纤维制造业	121 749			423	1	78	1 125	18 171
橡胶制品业	60 702	48		2 316	5	278		7 172
塑料制品业	207 129	21 732		1 124	31	1 071	233	31 971
非金属矿物制品业	3 244 368	52 190	19	8 044	537	13 863	29 087	288 600
黑色金属冶炼及压延加工业	1 126 928	3 674 349		14 927	221	18 459	29 073	445 241
有色金属冶炼及压延加工业	272 144	19 718	3	2 751	141	2 311	2 293	98 662
金属制品业	30 610	26 332		1 848	90	1 639	1 367	17 509
普通机械制造业	106 022	40 067	26	5 252	646	3 624	12 326	54 776
专用设备制造业	28 774	22 485		3 262	98	2 105	1 858	24 921
交通运输设备制造业	216 335	13 714		7 507	7 404	8 000	6 212	44 298
武器弹药制造业	263 262	2 421		2 780	70	607	2 484	78 857
电气机械及器材制造业	39 568	5 239		2 699	178	925	4 713	19 394
电子及通信设备制造业	10 592	498		3 018	42	1 099	6 537	30 151
仪器仪表及文化、办公用机械制造业	579	296		371	5	260	29	2 893
其他制造业	101 248			366	35	123		1 481
电力、煤气及水的生产和供应业								
电力、蒸汽、热水的生产和供应	14 375 820	18 921		7 709	58	18 585	6 508	389 943
煤气生产和供应业	47 156			200		87	3 627	159
自来水的生产和供应业	15 062			4 944	25	529		29 970
建筑业								
土木工程建筑业	77 673	4 681	33	29 436	1 185	46 711	29	97 932
线路管道和设备安装	1 792	76		3 167	1	1 906	2	3 382
装修装饰业	122			59	2	22		303
运输邮电业								
铁路运输业	177 208	36		701	91	112 423	2 280	54 839
公路运输业	5 765	126		127 273	604	61 601		4 267
水上运输业	4 117	33		1 780		15 093	31	783
航空运输业					197 223	33		34
交通运输辅助业中港口业				41		145		27
其他交通运输业	110			565	3	411		108
邮电通信业	456			3 600	37	737	1	4 299

主要统计指标解释

一次能源生产量 指一定时期内地区全部能源工业企业一次能源生产量的总和。一次能源生产量包括原煤、原油、天然气、水电及其它动力能发电量(如风能、太阳能、地热能等)。不包括生物质能利用以及由一次能源加工转换产出的二次能源产量。一次能源生产总量是观察地区能源生产水平、规模、构成和发展速度的总量指标。

能源消费总量 指一定时期内地区用于生产、固定资产投资和生活的各种能源消费量的总和。能源消费总量不包括生物质能的利用。能源消费总量分为三部,即终端能源消费量、能源加工转换损失量和损失量。它是观察能源消费水平、构成和增长速度的总量指标。

终端能源消费量 指一定时期内地区物质生产部门、非物质生产部门和生活消费的各种能源数量的总和。不包括用于加工转换的中间能源消费量、加工转换损失量和损失量。

能源加工转换损失量 指一定时期内地区投入加工转换和各种能源数量之和与产出各种能源产品及其它石油制品和其它焦化产品之和的差额。它是观察能源在加工转换过程中损失量变化的指标。

能源损失量 一定时期内能源在生产、输送、储存过程中发生的经营管理损失和由于客观原因造成的各种损失量。不包括各种气体能源放空、放散量。

能源生产增长系数 是反映能源生产增长速度与国民经济增长速度之间比例关系的指标。其计算公式为:

$$\text{能源生产增长系数}=\frac{\text{能源生产总量年平均增长速度}}{\text{国民经济年平均增长速度}}$$

能源消费弹性系数 是反映能源消费增长速度与国民经济增长速度之间比例关系的指标。其计算公式为:

$$\text{能源生产弹性系数}=\frac{\text{能源消费量年平均增长速度}}{\text{国民经济年平均增长速度}}$$

电力消费弹性系数 是反映电力消费增长速度与国民经济增长之间比例关系的指标。一般来说,电力的发展应快于国民经济的发展,也就是说电力应超前发展。其计算公式为:

$$\text{电力消费弹性系数}=\frac{\text{电力消费量年平均增长速度}}{\text{国民经济年平均增长速度}}$$

LOCAL GOVERNMENT FINANCE AND PRICE INDICES

七　财政和物价指数

7—1 地方财政一般预算收入基本情况

单位:万元

年份	地方财政一般预算收入	#税收性收入	#增值税	#营业税	#个人所得税	#企业所得税	#农牧业税
1994	993 618	869 451	224 264	217 863	16 031	102 553	106 536
1995	1 210 676	1 052 013	230 541	277 973	24 166	154 163	109 261
1996	1 540 682	1 298 407	259 043	366 916	36 032	165 447	164 752
1997	1 728 966	1 525 792	275 011	425 337	54 809	260 616	159 464
1998	1 972 882	1 660 286	295 746	503 646	75 678	225 418	157 867

注:从1994年起全国实行分税制,财政收入统计口径相应改变。

7—1 续表

单位:万元

年份	#非税收入	#国有资产经营收益	#计划亏损补贴	#行政性收费	#罚没收入	#其他收入
1994	124 167	32 579	—22 469	417	46 451	27 272
1995	158 663	29 605	—21 927	5 726	68 556	33 364
1996	242 275	25 951	—25 470	33 114	98 362	65 229
1997	203 174	24 420	—20 142	43 251	101 531	53 047
1998	312 596	37 246	—18 891	67 433	112 583	45 716

7—2 地方财政一般预算支出基本情况

单位：万元

年份	地方财政一般预算支出	#生产性支出小计	#基本建设支出	#挖潜改造支出	#科技三项费用	#支援农村生产支出
1994	1 813 114	404 300	129 908	165 407	13 827	89 106
1995	2 114 979	430 153	156 314	150 521	17 162	71 594
1996	2 473 046	489 599	182 412	163 007	23 340	78 196
1997	2 750 975	589 332	206 420	220 072	27 031	89 047
1998	3 209 282	661 608	273 404	211 936	28 058	93 594

7—2 续表 1

单位：万元

年份	#事业费支出小计	#农林水等部门事业费	#教育事业费	#科学事业费	#卫生事业费	#行政管理费
1994	1 186 331	77 536	343 166	20 647	128 734	266 996
1995	1 316 063	88 452	378 281	21 677	140 195	267 728
1996	1 530 372	106 169	414 492	24 150	158 442	284 521
1997	1 671 163	111 692	414 081	25 290	169 737	312 984
1998	2 034 163	137 112	483 056	27 921	184 660	381 509

7—2 续表 2

单位：万元

年份	#公检法司支出	#城市维护建设费	#政策性补贴支出	#支援不发达地区支出	#其他支出
1994	97 856	55 875	99 239	26 402	16 029
1995	119 061	76 066	136 885	27 469	92 945
1996	149 192	101 767	144 227	62 979	101 540
1997	161 426	119 317	139 732	70 278	161 163
1998	232 908	117 596	157 142	76 916	111 258

7—3 物价总指数

(1998年,上年=100)

商品类别	居民消费价格总指数			商品类别	零售价格总指数		
	全 省	城 市	农 村		全 省	城 市	农 村
居民消费价格总指数	99.6	99.8	99.5	商品零售价格指数	97.7	97.7	97.6
一、食品类	95.7	95.9	95.4	一、食品类	95.2	95.6	94.7
二、衣着类	100.7	102.1	99.7	二、饮料、烟酒类	98.0	99.0	97.4
三、家庭设备及用品	100.0	99.7	100.1	三、服装、鞋帽类	101.5	102.4	100.8
四、医疗保健	102.5	101.5	103.0	四、纺织品类	99.8	102.3	98.7
五、交通和通讯工具	96.7	94.7	98.4	五、中、西药品类	102.5	101.9	102.9
六、娱乐教育文化用品	99.0	99.3	98.8	六、化妆品类	101.4	102.5	99.3
七、居住	104.6	110.0	100.5	七、书报、杂志类	103.0	104.3	102.2
八、服务项目	109.6	108.4	110.5	八、文化体育用品类	101.1	101.5	100.8
1. 电讯费	100.2	100.7	99.1	九、日用品类	100.6	100.6	100.6
2. 邮费	100.4	100.0	100.6	十、家用电器类	95.1	95.4	94.9
3. 交通费	105.1	105.3	104.9	十一、首饰类	91.7	90.0	93.5
4. 洗理美容费	107.9	106.5	109.4	十二、燃料类	97.2	97.4	97.1
5. 文娱费	105.7	105.7	105.7	十三、建筑装璜材料类	99.3	100.2	98.6
6. 学杂保育费	110.8	108.3	112.6	十四、机电产品类	94.8	91.8	98.4
7. 修理及其他服务费	106.0	102.5	109.1	农业生产资料类	92.9	0.0	92.9
8. 医疗保健服务	125.9	137.1	119.9				

7—4 城市零售价格分类指数

(1998年,上年=100)

商品类别	成都市	泸州市	南充市	自贡市	乐山市
商品零售价格指数	98.4	96.2	96.5	97.1	96.2
1、食品类	96.7	94.7	93.0	94.1	95.3
2、饮料、烟酒类	100.1	98.9	97.9	94.1	99.7
3、服装、鞋帽类	104.2	98.5	104.0	100.0	100.1
4、纺织品类	102.9	100.7	98.1	100.7	99.6
5、中、西药品类	102.7	95.8	100.6	107.0	98.9
6、化妆品类	101.8	102.6	105.4	101.8	102.9
7、书报杂志类	102.6	102.7	103.6	102.3	103.5
8、文化体育用品类	102.8	99.4	101.5	101.4	99.8
9、日用品类	100.6	97.6	100.6	99.5	100.5
10、家用电器类	95.1	93.5	98.1	95.2	96.8
11、首饰类	89.8	89.2	90.9	90.7	89.4
12、燃料类	102.4	97.5	91.5	99.9	85.6
13、建筑装璜材料类	99.8	98.7	98.9	104.3	93.9
14、机电产品类	90.7	93.6	94.8	95.7	81.2

7—4 续表 (1998 年，上年＝100)

商品类别	广元市	绵阳市	内江市	西昌市	攀枝花市
商品零售价格指数	96.2	97.4	98.1	99.6	99.2
1、食品类	94.5	95.5	94.4	100.3	96.0
2、饮料、烟酒类	98.4	97.8	98.4	98.9	98.3
3、服装、鞋帽类	99.9	101.5	105.8	102.2	101.6
4、纺织品类	98.2	101.3	105.6	101.4	108.7
5、中、西药品类	103.7	105.2	101.2	98.8	99.8
6、化妆品类	102.7	101.3	113.3	101.2	99.8
7、书报杂志类	102.8	106.8	100.2	102.1	115.8
8、文化体育用品类	98.8	99.1	97.3	100.1	103.2
9、日用品类	98.1	103.3	100.1	100.0	101.6
10、家用电器类	92.4	91.3	96.4	94.5	98.9
11、首饰类	91.0	90.8	90.8	92.3	89.1
12、燃料类	93.4	90.4	107.5	99.4	101.4
13、建筑装璜材料类	100.5	100.9	100.7	100.9	108.2
14、机电产品类	90.2	93.3	100.0	89.2	97.8

7—5 农村零售价格分类指数

(1998年,上年=100)

商品类别	温江县	汉源县	平昌县	峨眉山市	叙永县
商品零售价格指数	**98.3**	**98.1**	**99.4**	**96.5**	**96.0**
1、食品类	95.8	93.5	97.2	94.6	94.6
2、饮料、烟酒类	97.7	100.8	98.9	91.2	100.3
3、服装、鞋帽类	100.4	99.2	101.7	99.4	99.9
4、纺织品类	99.3	103.6	102.0	96.4	90.9
5、中、西药品类	103.1	105.0	99.8	100.3	100.1
6、化妆品类	100.7	99.1	103.1	95.5	104.1
7、书报杂志类	100.7	101.8	102.4	102.5	102.2
8、文化体育用品类	100.0	101.1	101.2	99.4	99.9
9、日用品类	99.8	102.0	101.5	98.0	100.6
10、家用电器类	98.4	94.5	100.0	97.0	88.5
11、首饰类	93.7	103.1	93.5	88.6	91.0
12、燃料类	99.3	94.2	100.3	96.3	92.5
13、建筑装璜材料类	100.8	104.8	99.7	99.5	90.9
14、机电产品类	96.1	95.1	96.3	106.5	99.4
农业生产资料类	93.0	95.7	95.0	91.1	94.9

7—5 续表　　　　　　　　　　（1998 年，上年＝100）

商品类别	茂县	什邡县	射洪县	南溪县	南部县
商品零售价格指数	97.6	97.8	97.7	96.8	96.1
1、食品类	93.4	94.2	94.2	94.5	91.6
2、饮料、烟酒类	100.4	98.7	95.9	96.3	98.6
3、服装、鞋帽类	101.2	104.0	99.9	96.5	100.3
4、纺织品类	100.8	99.8	100.2	94.5	98.1
5、中、西药品类	102.9	103.1	102.9	102.3	108.6
6、化妆品类	90.0	98.8	101.9	94.8	100.3
7、书报杂志类	102.2	101.5	102.4	101.3	102.4
8、文化体育用品类	102.1	100.6	103.4	94.7	102.8
9、日用品类	99.8	100.2	102.0	99.9	100.4
10、家用电器类	95.7	94.3	93.1	96.8	83.5
11、首饰类	106.4	89.7	87.9	86.5	94.1
12、燃料类	83.6	101.9	109.2	98.2	94.9
13、建筑装璜材料类	98.8	94.9	98.4	105.9	95.9
14、机电产品类	96.0	97.6	99.3	103.7	96.5
农业生产资料类	92.4	94.3	92.3	85.5	91.6

7—6 城市居民消费价格分类指数

(1998年,上年=100)

商品类别	成都市	泸州市	南充市	自贡市	乐山市
居民消费价格总指数	100.3	98.4	99.2	98.0	99.7
一、食品类	96.9	95.0	94.0	93.6	95.7
二、衣着类	103.3	98.4	103.0	100.1	99.6
三、家庭设备及用品	99.7	97.9	100.7	98.6	99.2
四、医疗保健	102.0	96.6	100.7	107.5	99.0
五、交通和通讯工具	96.7	90.6	93.5	95.2	87.3
六、娱乐教育文化用品	100.4	96.0	101.6	99.1	100.4
七、居住	106.4	110.8	121.5	109.0	104.0
八、服务项目	108.9	110.5	103.1	104.2	114.2
1. 电讯费	101.2	100.0	100.0	101.8	98.7
2. 邮费	100.0	100.0	100.0	100.0	100.0
3. 交通费	103.9	100.2	102.5	101.3	100.5
4. 洗理美容费	100.0	100.8	98.9	100.0	107.7
5. 文娱费	107.4	106.0	97.8	100.0	111.3
6. 学杂保育费	111.3	110.1	105.2	101.7	104.0
7. 修理及其他服务费	102.2	105.9	99.1	114.3	100.0
8. 医疗保健服务	139.7	160.5	110.2	119.1	213.9

7—6 续表　　(1998年,上年=100)

商　品　类　别	广元市	绵阳市	内江市	西昌市	攀枝花市
居民消费价格总指数	99.8	99.7	99.1	101.8	100.5
一、食品类	94.9	96.2	95.5	100.6	95.8
二、衣着类	99.0	101.2	105.0	102.1	103.3
三、家庭设备及用品	97.7	99.1	101.0	99.9	101.5
四、医疗保健	104.1	104.7	100.8	98.6	99.6
五、交通和通讯工具	86.9	96.8	100.0	93.1	95.6
六、娱乐教育文化用品	95.4	92.8	96.3	100.0	104.4
七、居住	111.4	115.3	104.7	101.9	115.4
八、服务项目	121.2	105.6	103.7	110.6	105.6
1. 电讯费	101.8	102.1	100.0	100.2	101.2
2. 邮费	100.0	100.0	100.0	100.0	100.0
3. 交通费	107.6	123.6	100.0	113.7	104.5
4. 洗理美容费	104.1	112.8	129.9	100.8	128.4
5. 文娱费	99.4	100.0	101.9	111.6	113.1
6. 学杂保育费	152.7	101.9	100.0	111.6	104.3
7. 修理及其他服务费	101.8	100.9	107.3	110.2	100.0
8. 医疗保健服务	100.0	100.6	102.5	118.8	100.0

7—7 农村居民消费价格分类指数

(1998年,上年=100)

商品类别	温江县	汉源县	平昌县	峨眉山市	叙永县
居民消费价格总指数	99.3	100.3	101.8	99.5	99.2
一、食品类	95.8	94.6	97.8	93.5	95.8
二、衣着类	99.6	102.0	101.6	97.9	97.7
三、家庭设备及用品	100.2	99.5	102.0	101.2	99.6
四、医疗保健	103.1	103.0	99.9	100.3	100.6
五、交通和通讯工具	98.4	99.8	99.3	99.6	99.8
六、娱乐教育文化用品	100.5	100.4	102.4	99.6	95.7
七、居住	104.5	96.5	109.5	98.1	95.5
八、服务项目	104.8	121.2	110.5	118.5	114.1
1. 电讯费	100.0	105.5	100.0	100.0	100.0
2. 邮费	100.0	100.0	100.0	100.0	100.0
3. 交通费	109.9	101.2	97.6	100.0	100.1
4. 洗理美容费	100.0	116.1	103.9	101.0	137.4
5. 文娱费	100.0	89.5	108.9	120.7	112.2
6. 学杂保育费	100.1	128.3	124.4	137.8	105.3
7. 修理及其他服务费	110.0	113.8	100.6	104.0	109.6
8. 医疗保健服务	115.4	143.6	100.0	103.7	158.2

7—7 续表　　　　　　　　　　(1998 年，上年＝100)

商品类别	茂县	什邡县	射洪县	南溪县	南部县
居民消费价格总指数	99.0	98.8	99.2	98.9	97.2
一、食品类	96.0	95.5	94.4	95.0	93.0
二、衣着类	101.1	102.4	99.9	95.0	98.5
三、家庭设备及用品	100.0	99.5	100.5	98.3	99.5
四、医疗保健	100.3	104.3	102.1	103.1	109.6
五、交通和通讯工具	100.0	96.9	98.2	101.3	96.9
六、娱乐教育文化用品	99.4	95.9	98.5	98.9	93.1
七、居住	97.3	100.3	99.9	106.0	95.5
八、服务项目	104.4	101.9	111.8	109.3	104.5
1. 电讯费	92.2	96.4	100.0	96.8	101.0
2. 邮费	100.0	100.0	100.0	100.0	104.1
3. 交通费	106.5	95.0	117.9	123.5	93.8
4. 洗理美容费	107.7	106.4	109.7	103.7	100.1
5. 文娱费	129.1	104.0	95.4	103.9	82.6
6. 学杂保育费	102.6	104.7	119.2	100.0	103.4
7. 修理及其他服务费	100.0	100.6	107.4	126.4	107.0
8. 医疗保健服务	107.2	100.0	100.0	123.2	129.4

主要统计指标解释

居民消费价格指数 是指反映一定时期内居民消费价格变动趋势和变动程度的相对数。其目的在于全面观察居民消费价格变动对居民生活的影响，为党政领导和决策部门掌握消费价格状况，研究和制定居民消费政策、价格政策、工资政策、货币政策以及进行国民经济核算提供科学依据。居民消费价格指数还是反映通货膨胀程度的重要指标。

商品零售价格指数 是指反映一定时期内商品零售价格变动趋势和变动程度的相对数。其目的在于全面掌握市场商品零售价格的变动状况，为国家制定经济政策提供参考依据，也为研究市场流通、进行国民经济核算提供科学依据。

农业生产资料价格指数 是指反映一定时期内农业生产资料价格变动趋势和变动程度的相对数。其目的在于掌握农业生产资料价格的变动情况，为国家制定有关政策，保障农民利益，促进农业发展提供决策参考依据。

PEOPLE'S LIVELIHOOD

八　人民生活

8—1 人民物质文化生活提高情况

指　　标	单位	1993	1994	1995	1996	1997	1998
一、城乡居民收入							
农民人均纯收入	元	698	946	1 158	1 459	1 681	1 789
职工平均货币工资	元	2 984	4 064	4 703	5 218	5 626	5 939
城镇居民人均可支配收入	元	2 408	3 297	4 003	4 424	4 763	5 128
二、每人每年生活消费							
居民消费水平	元	998	1 330	1 610	1 860	2 050	2 121
农村居民消费水平	元	811	1 040	1 242	1 401	1 555	1 578
城镇居民消费水平	元	2 068	2 921	3 535	4 174	4 470	4 702
三、交通							
城镇居民平均每百人拥有自行车	辆	28.17	29.14	29.71	39.36	36.57	38.16
城市人均拥有道路面积	平方米	4.3	5.0	5.6	5.9	6.3	6.6
四、储蓄							
城乡居民储蓄存款余额	亿元	516.92	730.59	1 021.97	1 307.68	1 548.32	2 002.09
城镇居民	亿元	377.35	534.32	752.03	955.78	1 111.86	1 476.55
农村居民	亿元	139.57	196.27	269.94	351.90	436.46	525.54
平均每人储蓄存款余额	元	645	906	1 257	1 597	1 879	2 415
五、文化、生活							
城镇居民平均每百人拥有彩色电视机	部	25.60	29.15	31.51	32.68	33.94	35.88
城镇居民平均每百人拥有收录机	台	20.97	21.02	21.04	21.48	15.71	15.94
城镇居民平均每百人拥有电冰箱	台	19.75	22.09	23.88	24.17	25.37	26.68
城镇居民平均每百人拥有洗衣机	台	27.95	29.47	30.06	30.81	30.00	30.66
农村居民平均每百户拥有自行车	辆	59.24	59.51	60.44	72.55	72.88	69.63
农村居民平均每百户拥有电视机	部	63.13	68.04	73.62	84.65	87.53	93.20
人均年出版报纸	份	12.98	12.68	12.36	13.32	15.39	15.07
人均年出版图书、杂志	册	2.79	3.19	2.51	3.95	4.56	4.34
六、教育							
每万人口有在校大学生	人	14.16	15.61	15.53	16.05	17.04	18.32
七、国内贸易							
人均社会消费品零售总额	元	692	898	1 152	1 333	1 471	1 566

8—2 居民消费水平

（当年价） 单位:元/人

年 份	居民人均消费水平	农村居民消费水平	城镇居民消费水平	农村与城镇对比（以农村居民消费=1）	平均人口（百人）	农村居民	城镇居民
1978	149.93	124.42	360.73	1∶2.90	704 172	628 132	76 040
1979	164.98	139.37	366.79	1∶2.63	709 620	629 710	79 910
1980	185.23	158.60	389.97	1∶2.46	713 765	631 605	82 160
1981	197.82	167.34	426.82	1∶2.55	718 520	634 105	84 415
1982	218.06	195.25	385.12	1∶1.97	725 800	638 580	87 220
1983	242.26	211.90	459.83	1∶2.17	731 865	642 245	89 620
1984	276.34	243.21	504.53	1∶2.07	735 045	641 870	93 175
1985	320.44	280.04	581.34	1∶2.08	739 165	640 050	99 115
1986	341.58	293.14	646.44	1∶2.21	746 560	644 200	102 360
1987	383.85	319.72	789.08	1∶2.47	756 255	652 920	103 335
1988	468.28	376.84	1 040.17	1∶2.76	766 480	660 815	105 665
1989	541.03	427.42	1 245.15	1∶2.91	775 980	668 170	107 810
1990	653.82	520.05	1 478.81	1∶2.84	784 785	675 285	109 500
1991	720.57	594.30	1 494.82	1∶2.52	792 015	680 965	111 050
1992	800.18	664.55	1 607.84	1∶2.42	797 000	682 405	114 595
1993	997.87	810.94	2 067.52	1∶2.55	801 480	682 255	119 225
1994	1 330.19	1 040.07	2 920.85	1∶2.81	806 805	682 355	124 450
1995	1 610.08	1 242.30	3 534.52	1∶2.85	812 995	682 550	130 445
1996	1 884.35	1 430.25	4 174.47	1∶2.92	818 830	683 335	135 495
1997	2 050.23	1 555.36	4 470.12	1∶2.87	824 000	684 100	139 900
1998	2 120.86	1 578.23	4 702.08	1∶2.98	829 000	685 000	144 000

8—3 居民消费构成

（当年价）　　单位：%

年份	农村居民消费总额=100				城镇居民消费总额=100		
	自给性消费	商品性消费	文化生活服务消费	住房及水电消费	商品性消费	文化生活服务消费	住房及水电消费
1978	48.12	44.46	3.95	3.47	87.96	8.36	3.68
1979	47.94	44.35	4.12	3.59	88.13	8.22	3.65
1980	45.87	46.59	3.99	3.55	87.53	8.90	3.56
1981	44.39	47.96	3.94	3.71	87.87	8.61	3.52
1982	44.07	48.02	4.26	3.65	87.38	8.99	3.63
1983	44.29	47.52	4.26	3.93	86.99	9.20	3.81
1984	43.63	47.86	4.22	4.29	87.24	8.99	3.77
1985	43.59	48.14	4.07	4.20	87.69	8.70	3.61
1986	41.37	50.31	4.02	4.30	87.35	8.99	3.66
1987	41.82	49.64	4.26	4.28	86.67	9.47	3.86
1988	41.21	50.65	4.39	3.75	87.23	9.11	3.66
1989	42.12	49.19	4.87	3.82	86.44	9.52	4.04
1990	45.54	45.60	5.14	3.72	86.26	9.68	4.06
1991	44.68	45.85	5.73	3.74	85.42	10.42	4.16
1992	44.53	45.95	5.62	3.90	83.44	12.36	4.20
1993	44.69	45.71	5.65	3.95	83.65	11.79	4.56
1994	44.23	44.25	7.15	4.37	83.18	12.14	4.68
1995	43.11	43.91	8.66	4.32	78.59	16.01	5.40
1996	42.18	43.83	9.58	4.41	74.24	19.23	6.53
1997	41.98	43.00	10.01	5.01	72.69	20.31	7.00
1998	40.58	43.57	10.58	5.27	70.27	22.01	7.72

8—4 城镇居民家庭基本情况

项目	单位	1993	1994	1995	1996	1997	1998
一、平均每户就业人数	人	1.82	1.77	1.81	1.80	1.85	1.79
#国有职工人数	人	1.41	1.41	1.46	1.44	1.48	1.41
集体职工人数	人	0.35	0.29	0.28	0.29	0.25	0.21
二、平均每人全年实际收入	元	2 428.46	3 312.54	4 004.79	4 426.21	4 787.86	5 159.97
#可支配收入	元	2 407.58	3 297.24	4 002.91	4 406.09	4 763.26	5 127.08
#国有职工工资	元	1 398.37	2 007.15	2 561.28	2 766.74	3 265.72	3 424.37
#奖金	元	334.46	375.17	390.78	399.81	480.21	514.95
集体职工工资	元	218.98	241.34	287.28	329.66	349.09	329.43
#奖金	元	39.24	40.41	38.73	50.04	45.54	38.47
其他经济单位职工工资	元	3.02	12.02	13.93	13.75	102.46	120.43
#奖金	元	0.26	2.06	1.04	0.53	15.95	16.70
个体劳动收入	元	24.25	35.46	40.61	53.20	121.89	176.48
其他劳动收入	元	51.87	69.54	85.83	124.52	131.73	144.93
离退休人员收入	元	274.21	365.99	386.51	447.83	387.17	468.73
赡养、赠送收入	元	90.90	123.85	143.21	181.79	182.21	215.82
三、平均每人消费性支出	元	2 034.00	2 806.08	3 429.00	3 733.36	4 092.59	4 382.59

8—5 城镇居民家庭平均每百人年末耐用消费品拥有量

项目	单位	1993	1994	1995	1996	1997	1998
自行车	辆	28.17	29.14	29.71	39.36	36.57	38.16
缝纫机	架	14.89	14.93	14.60	13.86	12.22	11.85
录放像机	台	2.66	4.33	5.22	6.82	6.98	7.26
电风扇	台	57.04	60.82	62.83	61.99	59.64	62.66
洗衣机	台	27.95	29.47	30.06	30.81	30.00	30.66
电冰箱	台	19.75	22.09	23.88	24.17	25.37	26.68
彩色电视机	台	25.60	29.15	31.51	32.68	33.94	35.88
收录机	台	20.97	21.02	21.04	21.48	15.71	15.94
照相机	架	8.86	9.10	9.97	11.20	11.81	12.81
中高档乐器	件	3.54	2.33	2.36	2.46	2.32	2.96
组合家具	套	15.61	21.87	24.26	26.09	30.60	31.16
组合音响	套	0.01	2.37	3.08	3.97	5.53	7.10
空调器	台		0.75	1.66	0.86	1.66	3.26
冰柜	台		0.26	0.16	0.26	0.25	0.39

8—6 城镇居民家庭平均每人全年收入及构成

（1998年，按收入等级分组）

项目	总平均	最低收入户	低收入户	中等偏下户	中等收入户	中等偏上户	高收入户	最高收入户
实际收入（元）	5 159.97	2 262.31	3 074.89	3 858.41	4 857.49	6 108.24	7 611.35	10 360.02
1. 国有经济职工工资	3 424.37	1 049.92	1 956.64	2 320.83	3 089.10	4 399.97	5 463.86	7 223.60
(1)工资性收入	3 224.65	1 018.98	1 905.45	2 239.01	2 918.53	4 144.52	5 099.07	6 588.10
#奖金	514.95	48.62	157.87	211.16	391.87	726.15	1 045.68	1 497.55
(2)非工资性收入	199.72	30.95	51.19	81.82	170.57	255.44	364.79	635.50
2. 集体经济职工工资	329.43	339.04	330.75	400.95	388.90	273.21	208.46	262.01
(1)工资性收入	315.41	327.51	320.21	386.99	367.49	259.57	200.40	249.95
#奖金	38.47	21.19	40.48	33.35	59.65	23.66	60.57	30.52
(2)非工资性收入	14.02	11.53	10.54	13.96	21.41	13.64	8.07	12.06
3. 其他所有制职工收入	120.43	34.31	21.40	146.22	147.24	126.62	175.93	152.72
#奖金	16.70	0.87	0	16.85	12.77	26.80	31.94	26.94
4. 个体就业者收入	176.48	231.31	109.62	149.06	187.43	215.01	130.23	196.13
5. 其他劳动收入	144.93	113.31	135.40	93.38	168.67	93.17	152.68	366.08
6. 赡养收入	55.08	42.80	49.41	28.14	69.77	50.10	99.13	72.16
7. 赠送收入	160.74	38.85	61.34	86.47	155.69	136.17	277.64	545.20
实际收入构成（%）								
1. 国有经济职工工资	66.4	46.4	63.6	60.1	63.6	72.0	71.8	69.7
(1)工资性收入	62.5	45.0	62.0	58.0	60.1	67.9	67.0	63.6
#奖金	10.0	2.1	8.4	5.5	8.1	11.9	13.7	14.5
(2)非工资性收入	3.9	1.4	1.7	2.1	3.5	4.2	4.8	6.1
2. 集体经济职工工资	6.4	15.0	10.8	10.4	8.0	4.5	2.7	2.5
(1)工资性收入	6.1	14.5	10.4	10.0	7.6	4.2	2.6	2.4
#奖金	0.7	0.9	1.3	0.9	1.2	0.4	0.8	0.3
(2)非工资性收入	0.3	0.5	0.3	0.4	0.4	0.2	0.1	0.1
3. 其他所有制职工收入	2.3	1.5	0.7	3.8	3.0	2.1	2.3	1.5
4. 个体就业者收入	3.4	10.2	3.6	3.9	3.9	3.5	1.7	1.9
5. 其他劳动收入	2.8	5.0	4.4	2.4	3.5	1.5	2.0	3.5
6. 赡养收入	1.1	1.9	1.6	0.7	1.4	0.8	1.3	0.7
7. 赠送收入	3.1	1.7	2.0	2.2	3.2	2.2	3.6	5.3

8—7 城镇居民家庭平均每人全年消费性支出

(1998年,按收入等级分组)

项　　目	总平均	最低收入户	低收入户	中等偏下户	中等收入户	中等偏上户	高收入户	最高收入户
消费性支出(元)	4 382.59	2 143.22	2 634.29	3 463.85	4 119.63	5 105.95	6 117.80	8 612.28
一、食品	1 968.61	1 271.50	1 508.25	1 778.64	1 936.09	2 260.87	2 455.58	2 761.69
#粮食	199.08	202.83	190.09	196.81	201.05	199.78	207.36	195.96
淀粉及薯类	20.07	19.31	19.12	19.48	20.18	20.75	21.21	20.62
干豆类及豆制品	25.16	22.62	23.24	23.35	27.08	25.51	27.93	26.85
油脂类	89.38	80.61	84.84	91.01	86.79	91.16	94.83	97.95
肉禽及制品	498.86	365.51	411.12	459.73	500.07	574.87	602.23	586.67
蛋类	67.63	41.98	55.02	63.19	69.55	77.07	82.14	85.06
水产品类	57.17	32.87	38.81	47.64	54.51	69.24	85.82	81.55
菜类	200.52	162.24	172.64	193.11	200.18	226.24	225.85	217.75
调味品	36.93	31.51	33.10	36.99	34.91	40.03	39.30	43.39
糖类	33.44	15.53	28.76	30.53	31.38	36.77	44.54	53.73
酒和饮料	88.24	53.24	67.42	72.83	83.13	108.04	110.35	138.45
干鲜瓜果类	101.98	45.82	58.46	89.13	98.02	132.06	139.70	158.43
坚果及果仁制品	20.95	10.92	13.90	20.38	20.30	23.44	27.92	31.82
糕点类	33.22	10.31	15.19	29.12	37.16	40.72	46.85	53.57
奶及奶制品	56.06	16.92	28.85	48.18	55.92	70.09	89.07	90.97
在外用餐	294.69	86.26	153.80	228.33	274.22	353.97	428.48	654.43
二、衣着支出	499.33	161.67	255.37	366.83	468.89	655.30	752.80	987.62
三、家庭设备、用品及服务	410.40	89.41	119.18	175.53	274.19	471.45	723.44	1 550.97
耐用消费品	242.35	17.77	34.61	66.81	123.21	263.40	469.08	1 162.51
室内装饰品	15.29	1.35	1.87	3.69	10.91	16.61	18.47	79.42
床上用品	19.87	9.56	7.63	11.66	15.33	28.23	35.15	42.80
家庭日用杂品	88.56	40.48	59.24	70.26	88.76	100.37	111.88	175.74
家具材料	5.23	6.68	1.53	1.32	1.73	12.55	3.86	10.71
家庭服务	39.11	13.57	14.30	21.78	34.24	50.28	84.99	79.79
四、医疗保健	170.34	90.66	84.65	146.76	188.40	181.96	235.74	292.74
五、交通和通讯	212.46	41.14	80.57	144.63	213.08	270.38	301.02	522.87
六、娱乐文教服务	546.89	218.88	261.90	359.14	533.49	622.96	822.18	1 312.04
#耐用消费品	156.80	29.46	12.20	67.35	131.89	157.62	270.44	631.40
文化娱乐	114.37	30.06	47.87	79.37	119.30	134.29	169.64	268.53
七、居住	390.46	221.25	242.52	376.24	369.16	437.46	480.62	661.31
住房	161.36	54.41	61.65	151.50	127.93	191.82	235.84	366.41
水电燃料	229.10	166.84	180.87	224.74	241.23	245.64	244.78	294.90
八、杂项商品和服务	184.10	48.70	81.86	116.08	136.35	205.56	346.42	523.03

8—8 城镇居民家庭消费支出构成

(1998年,按收入等级分组)

项　　目	总平均	最低收入户	低收入户	中等偏下户	中等收入户	中等偏上户	高收入户	最高收入户
消费性支出(%)								
一、食品	44.9	59.3	57.3	51.3	47.0	44.3	40.1	32.1
#粮食	4.5	9.5	7.2	5.7	4.9	3.9	3.4	2.3
淀粉及薯类	0.5	0.9	0.7	0.6	0.5	0.4	0.3	0.2
干豆类及豆制品	0.6	1.1	0.9	0.7	0.7	0.5	0.5	0.3
油脂类	2.0	3.8	3.2	2.6	2.1	1.8	1.6	1.1
肉禽及制品	11.4	17.1	15.6	13.3	12.1	11.3	9.8	6.8
蛋类	1.5	2.0	2.1	1.8	1.7	1.5	1.3	1.0
水产品类	1.3	1.5	1.5	1.4	1.3	1.4	1.4	0.9
菜类	4.6	7.6	6.6	5.6	4.9	4.4	3.7	2.5
调味品	0.8	1.5	1.3	1.1	0.8	0.8	0.6	0.5
糖类	0.8	0.7	1.1	0.9	0.8	0.7	0.7	0.6
酒和饮料	2.0	2.5	2.6	2.1	2.0	2.1	1.8	1.6
干鲜瓜果类	2.3	2.1	2.2	2.6	2.4	2.6	2.3	1.8
坚果及果仁制品	0.5	0.5	0.5	0.6	0.5	0.5	0.5	0.4
糕点类	0.8	0.5	0.6	0.8	0.9	0.8	0.8	0.6
奶及奶制品	1.3	0.8	1.1	1.4	1.4	1.4	1.5	1.1
在外用餐	6.7	4.0	5.8	6.6	6.7	6.9	7.0	7.6
二、衣着支出	11.4	7.6	9.7	10.6	11.4	12.8	12.3	11.5
三、家庭设备、用品及服务	9.4	4.2	4.5	5.0	6.7	9.2	11.8	17.9
耐用消费品	5.5	0.8	1.3	1.9	3.0	5.1	7.6	13.5
室内装饰品	0.4	0.1	0.1	0.1	0.3	0.3	0.3	0.9
床上用品	0.5	0.5	0.3	0.3	0.4	0.6	0.6	0.5
家庭日用杂品	2.0	1.9	2.2	2.0	2.2	2.0	1.8	2.0
家具材料	0.1	0.3	0.1	0	0	0.2	0.1	0.1
家庭服务	0.9	0.6	0.5	0.7	0.8	1.0	1.4	0.9
四、医疗保健	3.9	4.2	3.2	4.2	4.6	3.6	3.9	3.4
五、交通和通讯	4.8	1.9	3.1	4.2	5.2	5.3	4.9	6.1
六、娱乐文教服务	12.5	10.2	9.9	10.4	12.9	12.2	13.4	15.2
#耐用消费品	3.6	1.4	0.5	1.9	3.2	3.1	4.4	7.3
文化娱乐	2.6	1.4	1.8	2.3	2.9	2.6	2.8	3.1
七、居住	8.9	10.3	9.2	10.9	9.0	8.6	7.9	7.7
住房	3.7	2.5	2.3	4.4	3.1	3.8	3.9	4.3
水电燃料	5.2	7.8	6.9	6.5	5.9	4.8	4.0	3.4
八、杂项商品和服务	4.2	2.3	3.1	3.4	3.2	4.0	5.7	6.1

8—9 农民家庭基本情况

项　　目	单　位	1993	1994	1995	1996	1997	1998
调查户数	户	5 500	5 500	5 500	4 000	4 000	4 000
调查户常住人口	人	23 042	22 745	22 456	16 175	15 935	15 754
一、平均每户常住人口	人	4.19	4.14	4.08	4.04	3.98	3.94
1、平均每户整、半劳动力	人	2.89	2.88	2.85	2.79	2.72	2.67
(1)整劳动力	人	2.41	2.43	2.39	2.35	2.09	2.04
(2)半劳动力	人	0.48	0.46	0.46	0.43	0.63	0.63
平均每个劳动力负担人口	人	1.45	1.44	1.43	1.45	1.47	1.47
2、平均每百个常住人口中学龄前人数	人	6.84	6.20	5.60	6.57	6.43	6.08
二、平均每户常住人口中职工人数	人	0.03	0.04	0.04	0.03	0.02	0.02
职工人数占常住人口比重	%	0.80	0.89	0.91	0.65	0.60	0.41
平均每户常住人口中乡村企业从业人员	人	0.07	0.06	0.06	0.07	0.07	0.06
乡村企业人员占常住人口比重	%	1.64	1.48	1.38	1.67	1.73	1.49
三、平均每人经营耕地面积	市亩	1.17	1.28	1.25	1.09	1.15	1.04
平均每人经营山地面积	市亩	0.29	0.33	0.35	0.26	0.26	0.28
平均每人经营水面面积	市亩	0.01	0.01	0.01	0.01	0.01	0.01
四、平均每户年内新建房屋间数	间	0.13	0.12	0.37	0.23	0.19	0.15
人均年内新建房屋面积	平方米	0.69	0.66	0.89	1.08	1.02	0.78
年内平均每人新建房屋中生活用房面积	平方米	0.57	0.53	0.71	0.79	0.84	0.63
五、平均每户年末使用房屋间数	间	5.99	4.93	6.07	4.68	4.74	4.58
平均每人年末使用房屋面积	平方米	28.93	21.96	22.23	23.67	23.97	24.72
年末平均每平方米使用房屋价值	元	36.08	44.06	52.94	76.70	94.44	95.71

8—10 农村住户纯收入、总收入和总支出

单位:元/人

项　　目	1993	1994	1995	1996	1997	1998
一、全年纯收入	698.27	946.33	1 158.29	1 459.09	1 680.69	1 789.17
1. 基本收入	648.77	870.88	1 069.01	1 365.33	1 581.48	1 677.65
劳动者的报酬收入	120.94	161.98	208.58	299.20	365.41	446.46
#在乡村企业劳动得到报酬收入	18.60	22.91	25.72	35.42	47.95	56.35
家庭经营纯收入	527.83	708.90	860.43	1 066.13	1 216.07	1 231.19
2. 转移性收入	45.55	56.36	67.92	63.76	85.97	94.16
3. 财产性收入	3.95	19.09	21.36	30.00	13.24	17.36
二、全年总收入	1 094.32	1 518.65	1 864.92	2 369.49	2 636.08	2 738.39
1. 基本收入	1 037.74	1 435.47	1 767.17	2 267.23	2 525.28	2 613.92
劳动者报酬收入	120.94	161.98	208.58	299.20	365.41	446.46
家庭经营总收入	916.80	1 273.49	1 558.59	1 968.03	2 159.87	2 167.46
2. 转移性收入	52.64	64.09	76.40	72.27	97.56	107.10
3. 财产性收入	3.94	19.09	21.36	30.00	13.24	17.36
三、全年总支出	1 049.79	1 496.27	1 828.15	2 287.84	2 381.13	2 382.31
1. 家庭经营费用支出	328.82	482.24	599.75	761.83	794.53	783.67
2. 购置生产性固定资产支出	21.30	26.07	33.48	31.36	24.53	34.15
3. 缴纳税金	16.27	21.68	25.08	32.58	36.20	36.95
4. 上交集体承包任务	8.43	11.51	13.23	11.18	10.74	13.32
5. 集体提留和摊派	12.66	19.95	28.04	42.63	47.30	46.04
6. 生活消费支出	647.43	904.28	1 092.91	1 358.03	1 440.48	1 440.77
(1)食品	409.78	560.82	718.31	872.69	899.23	871.83
(2)衣着	41.00	52.53	63.52	86.99	85.85	78.22
(3)居住	78.96	142.77	127.27	151.16	173.75	182.27
#住房支出	29.79	50.42	68.19	89.22	90.31	102.62
燃料支出	41.91	82.75	44.46	42.57	54.13	51.12
(4)家庭设备、用品及服务	33.86	43.25	50.72	65.12	68.47	63.49
(5)医疗保健	20.29	23.13	29.35	45.91	48.80	53.21
(6)交通和通讯	12.62	15.14	18.38	24.51	32.71	36.20
(7)文教娱乐用品及服务	45.23	56.06	75.36	97.07	113.35	137.29
(8)其他商品和服务	5.69	10.59	10.01	14.58	18.33	18.26
7. 其他非借贷性支出	14.88	30.54	35.67	50.23	27.36	27.40
附:生产性固定资产折旧	22.79	29.21	32.06	53.68	55.04	56.28

8—11 农村住户现金收、支、存情况

单位:元/人

项　　目	1993	1994	1995	1996	1997	1998
一、期初存款余额	67.30	88.38	135.63	189.61	215.54	271.67
二、期初手存现金	129.40	155.26	230.75	202.30	278.89	376.08
三、期内现金收入(不含储蓄借贷,下同)	693.17	931.91	1 129.08	1 424.78	1 654.53	1 731.76
1. 基本收入	612.60	830.93	1 010.89	1 292.95	1 499.20	1 562.43
(1)劳动者的报酬收入	120.24	161.67	208.32	298.62	365.21	446.35
(2)家庭经营现金收入	492.36	669.26	802.57	994.33	1 134.00	116.08
2. 转移性收入	69.85	85.67	99.36	109.00	129.29	140.30
3. 财产性收入	10.73	15.31	18.83	22.83	26.04	29.02
四、期内现金支出(不含储蓄借贷,下同)	665.76	869.99	1 111.88	1 437.64	1 568.64	1 610.03
1. 生产费用支出	221.84	291.69	386.36	482.05	531.75	549.32
(1)家庭经营费用支出	200.54	265.62	352.88	450.69	507.21	515.18
(2)购置生产性固定资产支出	21.30	26.07	33.48	31.36	24.53	34.15
2. 缴纳税金	14.00	15.90	17.98	23.29	25.84	27.33
3. 上交集体承包任务现金	7.70	9.11	11.08	8.09	7.70	10.76
4. 集体提留和摊派	12.66	19.95	28.04	42.63	47.30	46.04
5. 生活消费支出	365.85	480.58	605.14	789.61	862.54	887.31
(1)食品	163.64	212.04	266.46	333.90	363.88	357.22
(2)衣着	40.89	52.44	63.10	86.48	85.01	77.83
(3)居住	43.91	68.16	91.94	122.16	132.23	144.14
#住房	29.56	50.32	67.84	88.96	90.00	102.47
燃料	7.10	8.25	9.49	13.83	12.91	13.14
(4)家庭设备、用品及服务	33.58	43.03	50.54	65.00	68.23	63.15
(5)医疗保健	20.29	23.13	29.35	45.91	48.80	53.21
(6)交通和通讯	12.61	15.14	18.38	24.51	32.71	36.20
(7)文化娱乐用品及服务	45.23	56.06	75.36	97.07	113.35	137.29
(8)其他商品和服务	5.69	10.59	10.01	14.58	18.33	18.26
6. 其他非借贷性支出	43.71	52.76	63.28	91.97	93.52	89.26
五、期末手存现金	165.46	216.25	254.83	285.29	398.70	498.95
六、期末存款余额	80.38	127.33	184.18	207.39	266.20	341.48

8—12 农民家庭消费品消费量和生产性固定资产

项　　目	单　位	1993	1994	1995	1996	1997	1998
一、人均主要消费品消费量							
粮食(原粮)	千克	254.59	257.22	242.41	248.23	244.88	244.42
蔬菜	千克	118.93	144.90	140.12	133.30	129.91	136.04
食油	千克	6.01	5.10	5.25	5.41	5.99	6.06
肉类	千克	22.54	20.33	20.41	22.79	22.29	22.62
家禽	千克	1.21	1.13	1.24	1.63	1.88	1.98
蛋类	千克	2.54	2.49	2.59	2.34	2.65	2.65
鱼虾	千克	0.59	0.63	0.70	0.92	1.02	1.18
二、每百户年末耐用消费品拥有量							
自行车	辆	59.24	59.51	60.44	72.55	72.88	69.63
缝纫机	架	23.62	25.25	23.69	22.55	22.73	23.43
收音机	台	14.18	13.05	14.09	13.45	14.75	13.88
钟　表	只	197.25	204.05	211.60	206.03	213.88	221.88
电视机	台	63.13	68.04	73.62	84.65	87.53	93.20
三、户均年末生产性固定资产原值							
合计	元	1 432.23	1 812.19	1 963.27	3 256.20	3 289.21	3 325.13
役畜产品畜	元	311.68	426.35	527.15	936.13	741.24	696.07
大中型铁木农具	元	117.30	129.59	137.90	175.93	168.03	180.97
农林牧渔业机械	元	57.08	66.22	67.82	116.27	163.45	150.35
工业机械	元	26.26	44.30	39.42	56.85	39.20	60.07
运输机械	元	93.59	188.14	167.90	327.81	264.42	319.62
生产用房	元	718.13	782.23	854.96	1 389.91	1 616.34	1 638.46
其他	元	108.19	175.36	168.12	253.30	296.52	279.60
四、每百户年末拥有主要生产性固定资产数量							
汽车	辆	0.27	0.38	0.32	0.60	0.75	1.13
大中型拖拉机	台	0.34	0.27	0.31	0.23	0.40	0.35
小型和手扶拖拉机	台	1.32	1.32	1.10	1.49	1.63	1.51
机动脱粒机	台	2.12	2.13	2.57	4.12	4.50	6.67
胶轮大车	辆	0.82	0.62	0.55	0.83	1.20	1.10
胶轮手推车	辆	2.93	3.82	3.65	5.40	4.30	4.45
抽水机	台	2.77	2.73	3.11	6.50	5.73	7.33
水泵	台	2.89	3.61	4.02	6.36	8.23	10.84
机动船	条	0.02	0.02	0.02		0.08	0

主要统计指标解释

城镇居民家庭就业人口 指从事社会劳动并取得劳动报酬或经营收入的人口，不论在国有经济单位、集体经济单位、其他经济单位工作或从事个体劳动，不论有固定性职业或临时性职业都是就业人口。各学校在校学生在假期参加劳动，虽然领取一定的报酬，但不计算为就业人口。

就业人口包括国有经济单位职工、集体经济单位职工、其他经济单位职工、个体雇主与自营者、个体被雇用人员、被聘用和留用的离退休人员及其他就业人员。

城市居民家庭实际收入 指调查户全部实际的现金收入。包括经常或固定得到的收入和一次性收入。不包括周转性的收入，如提取银行存款、向亲友借入款、收回借出款及其各种暂收款。

城市居民家庭可支配收入 指居民家庭在支付个人所得税之后，所余下的实际收入。

即：可支配收入＝实际收入－记帐补贴－个人所得税－家庭副业生产支出

城市居民家庭消费性支出 指调查户用于日常生活的全部支出，包括食品、衣着、家庭设备用品及服务、医疗保健、交通和通讯、娱乐教育、文化服务、居住、杂项商品和服务等八大类支出，均按用途划分与分类。

农民全年总收入 是指农村住户年内从各种来源得到的全部实际收入（包括现金收入和实物收入）。由基本收入、转移性收入和财产性收入等三部分组成。①基本收入：包括劳动者的报酬收入和家庭经营收入；②转移性收入：包括在外人口寄回和带回、农村外部亲友赠送的收入、调查补贴、保险赔款、救济金、救灾款、退休金、抚恤金、五保户的供给、奖励收入、土地征用补偿收入和其他转移性收入；③财产性收入：包括利息收入、股息收入、租金收入、出让特许权收入、集体财产收入、其他财产收入。

农民纯收入 是总收入扣除相对应的各项费用性支出后，归农民所有的收入。它可以用于生产、非生产投资，改善物质和文化生活，以及用于再分配的支出和结余的收入。这个指标用来观察农民实际收入水平，以及农民扩大再生产和改善生活的能力。

纯收入＝总收入－家庭经营费用支出－生产性固定资产折旧－税收－上交集体的承包任务－调查补贴－集体提留。

SURVEY OF MINORITY NATIONALITY AUTONOMOUS AREAS

九　民族自治地方概况

9—1 民族自治地方年末总人口和从业人员

单位:万人

	年末总人口	#非农业人口	社会从业人员	一产业人员	二产业人员	三产业人员
1978	471.36	60.71	216.92			
1980	484.10	62.60	229.08			
1985	514.65	66.34	261.61			
1990	549.03	68.01	296.09			
1991	553.63	68.02	306.83			
1992	558.37	69.55	312.90	252.16	20.52	40.22
1993	562.54	69.66	316.01	253.97	19.79	42.25
1994	567.90	72.04	335.96	255.65	32.60	47.71
1995	572.91	73.58	346.98	258.93	33.48	54.57
1996	578.54	75.10	345.07	257.30	32.25	55.52
1997	584.60	76.60	342.22	270.79	20.91	50.79
1998	589.96	78.19	354.23	271.25	20.25	42.73

9—2 民族自治地方国内生产总值及指数

(当年价)

单位:万元

年份	国内生产总值	一产业增加值	二产业增加值	三产业增加值	人均国内生产总值(元)
1978	131 704	64 822	41 898	24 984	281
1980	161 174	77 607	50 795	32 772	335
1985	288 753	139 637	85 338	63 778	564
1990	553 373	244 670	156 295	152 408	1 016
1991	618 681	264 356	174 666	179 659	1 122
1992	727 000	306 212	201 593	219 195	1 308
1993	902 405	349 903	278 134	274 368	1 610
1994	1 106 914	447 210	323 175	336 529	1 958
1995	1 376 900	532 939	418 246	425 715	2 414
1996	1 601 462	651 025	460 169	490 268	2 782
1997	1 777 776	721 218	511 002	545 556	3 057
1998	1 923 176	737 185	601 102	584 889	3 275

9—2 续表　　　　(1978 年＝100)

年　份	国内生产总　值	一产业增加值	二产业增加值	三产业增加值	人均国内生产总值
1978	100	100	100	100	100
1980	108.8	107.0	110.8	110.6	105.9
1985	163.5	167.8	138.0	196.3	149.7
1990	209.1	187.4	192.5	309.9	179.4
1991	224.2	195.7	206.7	348.3	191.5
1992	241.9	202.9	223.5	402.1	204.9
1993	262.7	210.3	254.7	447.0	220.7
1994	279.7	217.9	280.7	477.9	233.1
1995	310.2	228.4	338.2	523.4	256.2
1996	337.2	250.1	365.8	566.7	275.9
1997	368.9	270.1	408.1	616.8	298.9
1998	401.4	282.2	465.5	669.4	322.1

9—3 民族自治地方工农业总产值及指数

(当年价)　　　　单位:万元

年　份	工农业总产值	农林牧渔总 产 值	工　业总产值	轻工业产　值	重工业产　值
1978	122 436	65 641	56 795	17 735	39 060
1980	145 417	79 326	66 091	20 138	45 953
1985	300 772	178 295	122 477	32 437	90 040
1990	604 139	327 522	276 617	91 329	185 288
1991	688 395	355 593	332 802	106 868	225 934
1992	822 105	415 691	406 414	118 993	287 421
1993	1 050 354	486 786	563 568	154 176	409 392
1994	1 293 790	634 115	659 675	189 422	470 253
1995	1 574 573	772 201	802 372	233 223	569 149
1996	1 756 546	934 477	822 069	209 870	612 199
1997	1 963 716	1 033 322	930 394	249 658	680 736
1998	2 081 900	1 060 568	1 021 332	294 368	726 964

9—3 续表

(1978 年=100)

年份	工农业总产值	农林牧渔总产值	工业总产值	轻工业产值	重工业产值
1978	100	100	100	100	100
1980	110.7	110.5	110.9	120.5	107.7
1985	156.0	163.2	144.7	179.2	133.0
1990	207.2	189.4	235.5	288.5	217.4
1991	229.2	197.7	278.9	324.3	263.5
1992	246.8	206.5	310.6	359.7	293.9
1993	273.5	218.5	360.4	414.0	342.2
1994	295.0	226.9	402.7	457.7	384.1
1995	321.2	244.2	442.8	498.9	432.8
1996	346.8	266.8	473.2	486.0	468.9
1997	384.1	286.3	538.6	576.0	525.9
1998	416.1	300.5	598.8	676.5	572.4

9—4 民族自治地方耕地和农业生产条件

年份	耕地面积（万公顷）	灌溉面积（万公顷）	化肥施用量（折纯，万吨）	农村用电量（万千瓦时）	农业机械总动力（万千瓦特）
1978	51.52	15.47	3.44	8 691	27.11
1980	51.84	16.17	3.12	9 001	37.21
1985	50.32	15.96	3.34	14 139	53.88
1990	50.00	15.32	4.75	22 770	78.58
1991	50.01	15.39	5.15	22 003	82.39
1992	50.90	15.59	5.61	22 578	87.34
1993	50.95	15.79	5.87	23 675	92.73
1994	50.94	15.79	6.33	23 269	103.92
1995	50.97	15.90	6.83	28 394	109.30
1996	51.45	16.06	7.53	32 542	112.00
1997	51.56	15.21	9.77	35 458	119.00
1998	51.12	15.73	10.64	35 448	134.00

9—5 民族自治地方农业总产值及指数

(当年价) 单位:万元

年　　份	农林牧渔业总产值	农　业产　值	林　业产　值	牧　业产　值	渔　业产　值
1978	65 641				
1980	79 326				
1985	178 295	107 558	15 214	55 026	497
1990	327 522	181 849	23 477	120 649	1 547
1991	355 593	197 543	25 559	130 994	1 497
1992	415 691	233 882	29 489	150 491	1 829
1993	486 786	273 895	34 816	175 747	2 328
1994	634 115	347 292	40 928	242 850	3 045
1995	772 201	421 214	46 338	300 559	4 092
1996	934 477	538 850	51 265	338 191	6 171
1997	1 033 322	595 401	56 927	374 412	6 582
1998	1 060 568	569 488	70 721	410 973	9 386

9—5 续表 (1978 年＝100)

年　　份	农林牧渔业总产值	农　业产　值	林　业产　值	牧　业产　值	渔　业产　值
1978	100	100	100	100	100
1980	110.5	109.5	93.1	116.2	78.9
1985	163.2	151.4	224.9	172.5	298.7
1990	189.4	166.5	234.3	223.1	482.1
1991	197.7	172.6	217.0	241.0	475.3
1992	206.5	180.0	233.8	250.6	510.3
1993	218.5	188.4	251.9	268.3	567.3
1994	226.9	190.1	266.0	287.8	723.8
1995	244.2	202.2	284.4	314.1	958.3
1996	266.8	228.4	292.6	332.6	1 053.4
1997	286.3	244.9	313.5	356.9	1 272.2
1998	300.5	245.5	357.5	389.1	1 859.2

9—6 民族自治地方农产品产量

年　份	粮食总产量（万吨）	油料产量（吨）	烟叶产量（吨）	麻类产量（吨）	水果产量（万吨）	茶叶产量（吨）
1978	146.80	7 958	2 860	380	2.02	1 442
1980	161.44	8 427	2 565	175	2.10	1 450
1985	174.25	12 031	12 857	315	5.64	1 920
1990	187.71	12 507	15 259	696	10.21	1 934
1991	193.14	12 980	17 665	834	10.95	1 845
1992	190.76	14 096	32 576	443	11.33	1 674
1993	193.63	12 200	33 594	488	12.87	1 950
1994	194.32	12 401	19 148	548	13.37	2 070
1995	204.98	15 677	21 370	371	17.82	1 958
1996	211.29	16 216	44 687	366	18.35	1 657
1997	214.63	16 404	73 817	353	22.38	1 940
1998	218.90	15 588	34 407	324	23.55	1 895

9—7 民族自治地方畜牧业生产情况

年　份	年末大牲畜头数（万头）	年末生猪存栏头数（万头）	年末羊存栏头数（万只）	猪牛羊肉产量（万吨）	#猪　肉
1978	414.51	211.18	638.34	6.21	3.93
1980	439.69	220.35	687.97	6.97	4.37
1985	513.91	307.63	641.43	12.61	9.08
1990	581.95	366.89	667.99	18.57	13.31
1991	593.77	373.20	673.59	20.36	14.18
1992	584.40	383.24	662.50	22.05	15.36
1993	593.02	388.35	664.73	23.74	16.42
1994	605.59	398.27	672.66	25.97	17.58
1995	616.25	409.97	684.65	28.35	18.97
1996	613.50	410.57	684.00	29.37	19.83
1997	630.44	423.65	704.00	32.18	21.40
1998	642.74	436.12	718.50	35.44	23.87

9—8 民族自治地方邮电和卫生情况

年份	邮电业务总量（万元）	电话机（部）	卫生机构数（个）	卫生机构病床数（张）	卫生技术人员数（人）	#医生
1978	1 248	12 984	2 058	14 225	15 058	7 303
1980	1 290	12 720	2 192	14 471	17 699	9 102
1985	1 719	16 715	2 364	14 938	19 438	10 203
1990	3 108	25 797	2 304	15 588	18 481	10 155
1991	3 642	28 080	2 332	15 772	18 943	10 217
1992	4 296	33 282	2 296	15 773	18 610	9 961
1993	5 210	40 985	2 184	15 922	19 290	10 244
1994	6 407	53 957	2 225	15 611	18 893	10 092
1995	8 807	68 918	2 219	15 688	18 957	10 037
1996	12 028	86 393	2 208	14 923	18 189	9 768
1997	16 285	108 065	2 306	15 348	19 066	10 414
1998	23 483	136 102	1 994	15 113	18 441	10 080

注：邮电业务总量均按1990年不变价格计算。

9—9 民族自治地方职工人数和工资总额

年份	全部职工人数（万人）	#国有单位	#城镇集体单位	全部职工工资总额（万元）	#国有单位	#城镇集体单位
1978	39.63	35.28	4.32	26 099	23 595	2 504
1980	41.09	35.89	5.09	34 548	31 049	3 426
1985	41.59	36.94	4.65	49 089	45 190	3 899
1990	43.15	38.94	4.21	95 121	88 697	6 424
1991	43.66	39.24	4.40	104 152	96 847	7 273
1992	43.32	39.05	4.24	115 572	107 216	8 310
1993	42.86	39.35	3.46	136 127	127 336	8 727
1994	42.10	38.31	3.57	188 905	176 419	11 499
1995	42.22	38.57	3.40	207 068	193 201	12 374
1996	42.29	38.59	3.32	223 069	207 234	13 399
1997	41.33	37.20	3.22	240 777	218 601	13 553
1998	41.09	35.92	2.51	257 828	230 386	12 844

9—10 民族自治地方社会消费品零售总额和城乡居民储蓄存款余额

单位：万元

年　　份	社会消费品零售总额	#国有经济	#集体经济	城乡居民储蓄存款余额	#城镇居民
1978	47 619	27 071	3 586	7 244	5 523
1980	60 043	35 821	4 167	12 464	9 584
1985	106 994	57 223	9 203	43 931	31 853
1990	199 569	93 562	33 610	176 786	129 962
1991	211 985	100 305	33 182	186 055	142 545
1992	243 499	121 754	34 205	235 563	178 687
1993	289 568	130 360	30 800	295 906	221 918
1994	328 245	133 140	31 735	378 976	284 112
1995	391 322	145 991	31 441	517 119	394 156
1996	438 877	145 574	30 560	651 941	499 386
1997	485 241	137 112	33 308	731 520	553 631
1998	516 783	117 409	28 074	842 290	637 014

9—11 民族自治地方各类普通学校在校学生人数

单位：人

年　　份	总　　计	高等院校	中等专业学校	中　　学	小　　学
1978	871 105	970	11 756	184 900	673 479
1980	779 729	1 231	10 343	162 751	605 404
1985	658 444	2 826	7 570	126 389	521 659
1990	641 506	4 225	10 173	133 208	493 900
1991	673 293	4 402	11 250	134 541	523 100
1992	686 887	4 639	11 672	129 076	541 500
1993	669 078	5 442	13 128	115 908	534 600
1994	686 109	6 130	13 807	115 672	550 500
1995	720 078	6 144	14 497	121 232	578 205
1996	754 756	6 467	15 381	126 736	605 960
1997	786 069	7 355	16 954	129 029	632 731
1998	811 320	7 805	18 232	128 916	656 367

9—12 民族自治地方主要统计指标

(1998 年)

指　　标	单　位	合　计	甘孜州	阿坝州
土地面积	平方公里	301 319	153 000	83 426
年末总人口	万人	589.96	87.16	81.34
农业人口	万人	511.77	73.87	66.22
非农业人口	万人	78.19	13.29	15.12
年末职工人数	万人	41.09	6.85	8.65
#国有单位	万人	35.92	6.66	7.91
城镇集体单位	万人	2.51	0.20	0.48
职工工资总额	万元	257 828	46 031	53 799
#国有单位	万元	230 386	44 421	50 113
城镇集体单位	万元	12 844	1 610	1 976
地方预算内财政收入	万元	112 675	13 891	19 111
地方预算内财政支出	万元	313 320	69 743	64 300
城乡居民储蓄存款余额	万元	842 290	106 955	139 203
城镇	万元	637 014	86 561	95 610
农村	万元	205 276	20 394	43 593
国内生产总值	万元	1 923 176	263 099	324 914
第一产业增加值	万元	737 185	93 412	101 827
第二产业增加值	万元	601 102	79 274	125 099
第三产业增加值	万元	584 889	90 413	97 988
年末耕地面积	万公顷	51.12	8.82	8.08
农用机械总动力	万千瓦	134	26	46
农村用电量	万千瓦时	35 448	6 625	6 020
化肥施用量(折纯)	吨	106 357	2 679	6 335
农作物总播种面积	万公顷	81.54	9.48	9.23
农林牧渔业总产值(1990 年不变价)	万元	631 667	88 198	80 527
农业产值	万元	316 511	25 581	33 051
林业产值	万元	50 009	4 973	6 351
牧业产值	万元	261 001	57 602	41 105
渔业产值	万元	4 146	42	20
农林牧渔业总产值(当年价)	万元	1 060 568	116 694	136 639
农业产值	万元	569 488	44 932	57 834
林业产值	万元	70 721	6 018	7 891
牧业产值	万元	410 973	65 672	70 888
渔业产值	万元	9 386	72	26

9—12 续表 1　　　　　　　　(1998 年)

指　　标	单　位	凉山州	马边县	峨边县
土地面积	平方公里	60 115	2 383	2 395
年末总人口	万人	390.08	16.90	14.48
农业人口	万人	344.63	15.16	11.89
非农业人口	万人	45.45	1.74	2.59
年末职工人数	万人	23.44	0.80	1.35
#国有单位	万人	19.71	0.58	1.06
城镇集体单位	万人	1.65	0.14	0.04
职工工资总额	万元	146 316	3 917	7 765
#国有单位	万元	126 590	2 934	6 328
城镇集体单位	万元	8 423	643	192
地方预算内财政收入	万元	73 807	2 464	3 402
地方预算内财政支出	万元	169 325	4 478	5 474
城乡居民储蓄存款余额	万元	546 414	18 294	31 424
城镇	万元	420 733	11 790	22 320
农村	万元	125 681	6 504	9 104
国内生产总值	万元	1 247 016	33 138	55 009
第一产业增加值	万元	510 556	18 811	12 579
第二产业增加值	万元	357 816	7 543	31 370
第三产业增加值	万元	378 644	6 784	11 060
年末耕地面积	万公顷	31.48	1.71	1.03
农用机械总动力	万千瓦	57	1	4
农村用电量	万千瓦时	20 244	715	1 844
化肥施用量(折纯)	吨	92 816	2 497	2 030
农作物总播种面积	万公顷	56.65	3.82	2.36
农林牧渔业总产值(1990 年不变价)	万元	437 372	14 505	11 065
农业产值	万元	247 359	6 338	4 182
林业产值	万元	34 522	2 065	2 098
牧业产值	万元	151 490	6 078	4 726
渔业产值	万元	4 001	24	59
农林牧渔业总产值(当年价)	万元	760 976	25 667	20 592
农业产值	万元	445 309	11 621	9 792
林业产值	万元	52 097	2 130	2 585
牧业产值	万元	254 475	11 841	8 097
渔业产值	万元	9 095	75	118

9—12 续表 2　　　　　　　　(1998 年)

指　　标	单　位	合　计	甘孜州	阿坝州
粮食产量	万吨	218.90	20.90	24.08
#稻谷	万吨	47.91	0.41	0.05
小麦	万吨	25.21	2.08	1.24
油料产量	吨	15 588	565	3 786
麻类产量	吨	324	27	7
糖料产量	万吨	62.61		0.22
烟叶产量	吨	34 407	17	55
茶叶产量	吨	1 895	3	240
水果产量	万吨	23.55	0.79	4.33
大牲畜年末存栏数	万头	642.74	295.38	206.61
猪年末存栏数	万头	436.12	30.57	31.16
羊年末存栏数	万只	718.50	162.06	110.25
猪牛羊肉产量	吨	354 372	65 400	46 604
#猪肉产量	吨	238 697	11 868	20 561
全部工业企业单位数	个	21 723	1 923	3 107
#国有单位	个	366	112	133
集体单位	个	1 863	140	475
全部工业总产值(1990 年不变价)	万元	796 248	64 875	118 200
#国有单位	万元	264 493	35 807	86 849
集体单位	万元	223 237	9 256	9 141
#轻工业	万元	228 045	5 128	12 729
重工业	万元	568 203	59 747	105 471
全部工业总产值(当年价)	万元	1 021 332	77 717	183 006

9—12 续表 3　　　　　　　　　　（1998 年）

指　　标	单　位	凉山州	马边县	峨边县
粮食产量	万吨	161.61	7.31	5.00
#稻谷	万吨	45.19	1.69	0.57
小麦	万吨	21.13	0.46	0.30
油料产量	吨	8 930	1 553	754
麻类产量	吨	290		
糖料产量	万吨	62.05	0.24	0.10
烟叶产量	吨	34 033	226	76
茶叶产量	吨	892	566	194
水果产量	万吨	18.23	0.11	0.09
大牲畜年末存栏数	万头	134.63	2.66	3.46
猪年末存栏数	万头	344.90	15.84	13.65
羊年末存栏数	万只	423.68	14.69	7.82
猪牛羊肉产量	吨	222 992	10 330	9 046
#猪肉产量	吨	190 469	7 659	8 140
全部工业企业单位数	个	16 134	358	201
#国有单位	个	107	11	3
集体单位	个	1 171	36	41
全部工业总产值(1990 年不变价)	万元	577 093	8 491	27 589
#国有单位	万元	133 247	2 452	6 138
集体单位	万元	196 386	1 853	6 601
#轻工业	万元	206 730	2 062	1 396
重工业	万元	370 363	6 429	26 193
全部工业总产值(当年价)	万元	707 111	10 880	42 618

9—12 续表 4 (1998 年)

指　　标	单　位	合　计	甘孜州	阿坝州
#国有单位	万元	356 828	45 044	118 376
集体单位	万元	242 981	10 648	10 915
#轻工业	万元	294 368	6 156	16 508
重工业	万元	726 964	71 561	166 498
全部国有及 500 万元以上非国有工业企业主要财务指标:				
工业总产值(1990 年不变价)	万元	443 773	47 949	100 434
工业总产值(当年价)	万元	625 143	58 844	161 627
工业增加值	万元	287 120	34 060	69 774
资产合计	万元	1 567 552	194 513	488 630
流动资产平均余额	万元	548 823	69 822	143 538
固定资产原价年末余额	万元	1 051 969	131 421	354 668
所有者权益合计	万元	538 477	83 809	146 535
产品销售收入	万元	578 960	51 398	130 964
利税总额	万元	94 371	8 276	13 415
原煤产量	万吨	149.76	3.78	34.52
木材产量	万立方米	215.02	62.49	55.63
卷烟产量	万箱	15.40		
水泥产量	万吨	129.98	4.87	30.27
发电量	亿千瓦时	72.83	4.13	46.48
公路旅客运输量	万人	3 532	72	260
公路货物运输量	万吨	2 042	59	218
邮电业务总量(1990 年不变价)	万元	23 483	2 824	3 377
年末电话机数(包括分机)	部	136 102	19 321	23 362
社会消费品零售总额	万元	516 783	75 311	82 104
#国有单位	万元	117 409	14 987	21 369
集体单位	万元	28 074	543	4 989
个体	万元	220 260	36 424	39 499

9—12 续表 5 （1998 年）

指　　标	单　位	凉山州	马边县	峨边县
#国有单位	万元	181 370	3 064	8 974
集体单位	万元	208 874	2 269	10 275
#轻工业	万元	267 486	2 673	1 545
重工业	万元	439 625	8 207	41 073
全部国有及 500 万元以上非国有工业企业主要财务指标：				
工业总产值(1990 年不变价)	万元	271 478	4 332	19 580
工业总产值(当年价)	万元	371 904	5 545	27 223
工业增加值	万元	162 743	1 525	19 018
资产合计	万元	785 750	14 706	83 953
流动资产平均余额	万元	308 829	5 229	21 405
固定资产原价年末余额	万元	487 715	9 761	68 404
所有者权益合计	万元	269 568	2 009	36 556
产品销售收入	万元	355 721	8 217	32 660
利税总额	万元	68 056	754	3 870
原煤产量	万吨	107.00	0.14	4.32
木材产量	万立方米	74.10	10.30	12.50
卷烟产量	万箱	15.40		
水泥产量	万吨	73.00	0.14	21.7
发电量	亿千瓦时	18.34	0.35	3.53
公路旅客运输量	万人	3 145	25	30
公路货物运输量	万吨	1 700	27	38
邮电业务总量(1990 年不变价)	万元	15 741	666	875
年末电话机数(包括分机)	部	84 849	3 591	4 979
社会消费品零售总额	万元	335 461	6 785	17 122
#国有单位	万元	74 688	1 138	5 227
集体单位	万元	20 097	960	1 485
个体	万元	130 666	3 811	9 860

民族自治地方行政区划

甘孜藏族自治州 康定县、泸定县、丹巴县、九龙县、雅江县、道孚县、炉霍县、甘孜县、新龙县、德格县、白玉县、石渠县、色达县、理塘县、巴塘县、乡城县、稻城县、得荣县

阿坝藏族羌族自治州 汶川县、理县、茂县、松潘县、九寨沟县、金川县、小金县、黑水县、马尔康县、壤塘县、阿坝县、若尔盖县、红原县

凉山彝族自治州 西昌市、木里藏族自治县、盐源县、德昌县、会理县、会东县、宁南县、普格县、布拖县、金阳县、昭觉县、喜德县、冕宁县、越西县、甘洛县、美姑县、雷波县

峨边彝族自治县

马边彝族自治县

GENERAL SURVEY OF CITY

十　城市概况

10—1 城市基本情况

（1998 年）

城　　市	年末总人口（万人）	#非农业人口	年末总户数（万　户）	城镇个体从业人员（人）	土地面积（平方公里）	#建成区面积
成都市	997.00	327.29	304.29	257 552	12 390	192
自贡市	314.29	68.34	91.25	32 000	4 373	48
攀枝花市	100.51	53.48	27.69	21 800	7 434	42
泸州市	459.45	67.29	131.14	52 643	12 247	22
德阳市	373.72	68.73	120.62	39 300	5 954	39
绵阳市	517.27	97.56	157.38	39 276	20 249	43
广元市	299.16	51.07	84.44	29 800	16 306	44
遂宁市	371.43	51.85	108.32	52 517	5 300	19
内江市	416.55	70.41	127.53	34 841	5 386	23
乐山市	344.47	78.60	99.00	58 000	12 826	54
宜宾市	501.51	78.95	136.58	79 700	13 283	17
南充市	708.96	88.09	200.45	50 300	12 494	27
广安市	427.11	44.53	117.45	43 700	6 344	11

10—2 城市农业经济情况

（1998 年）

城　　市	农林牧渔业总产值（当年价，万元）	年末实有耕地面积（千公顷）	蔬菜产量（吨）	水果产量（吨）	猪肉产量（吨）
成都市	1 919 066	441	3 377 728	434 088	448 184
自贡市	506 929	143	704 562	39 096	160 704
攀枝花市	125 407	32	329 630	27 573	37 113
泸州市	693 574	231	977 142	51 990	234 855
德阳市	992 550	211	1 294 628	75 316	291 213
绵阳市	1 102 452	328	1 061 588	107 063	282 405
广元市	583 262	181	562 288	126 000	184 424
遂宁市	646 094	179	735 550	24 764	182 271
内江市	529 164	192	683 004	50 397	150 005
乐山市	541 230	191	960 078	86 752	195 306
宜宾市	692 760	258	866 213	98 132	253 066
南充市	973 055	337	1 530 000	154 216	447 552
广安市	618 597	196	906 539	91 699	245 610

10—2 续表　　(1998年)

城　市	牛羊肉产量(吨)	奶类产量(吨)	禽蛋产量(吨)	禽肉产量(吨)	水产品产量(吨)
成都市	13 366	42 750	136 142	133 518	43 357
自贡市	10 221	3 843	20 397	26 710	20 436
攀枝花市	2 774	785	1 218	2 116	3 770
泸州市	12 816	2 108	19 332	32 539	19 844
德阳市	7 021	3 988	73 002	72 690	19 092
绵阳市	15 370	4 703	2 094	74 195	26 969
广元市	18 353	517	23 699	19 540	8 052
遂宁市	6 018	365	25 000	17 391	15 030
内江市	3 933	1 514	26 266	25 464	30 024
乐山市	14 077	531	43 026	46 198	16 081
宜宾市	11 622	1 407	22 577	39 819	20 528
南充市	19 094	2 900	80 778	48 917	34 593
广安市	2 999	268	36 130	29 257	23 790

10—3　城市工业经济情况

(1998年)

城　市	国有及年销售收入500万元以上的非国有工业企业						
	工业企业数(个)	工业总产值(当年价,万元)	#内资企业	国有经济	集体经济	私营经济	#外商及港澳台投资经济
成都市	1 345	5 557 968	4 789 584	1 761 084	1 110 941	389 938	768 384
自贡市	268	785 020	742 718	163 735	96 005	62 314	42 302
攀枝花市	91	1 199 675	1 197 992	954 186	165 332	2 227	1 683
泸州市	144	562 217	557 770	285 170	41 045	14 328	4 447
德阳市	348	1 581 358	1 507 864	658 539	280 665	62 251	73 494
绵阳市	252	2 975 538	2 930 338	259 479	120 390	60 698	45 200
广元市	149	241 802	220 093	135 423	12 980	3 941	21 709
遂宁市	116	382 089	382 045	253 804	59 695	9 882	44
内江市	192	619 320	579 211	361 572	79 479	32 210	40 109
乐山市	339	931 499	892 854	282 006	61 793	127 776	38 645
宜宾市	209	903 870	899 774	275 370	27 484	26 375	4 096
南充市	212	361 233	338 282	157 632	44 635	50 505	22 951
广安市	126	223 654	220 194	89 722	25 648	7 290	3 460

10—4 城市国有及年销售收入500万元以上的非国有工业企业主要财务指标

(1998年)

城市	流动资产年平均余额(万元)	固定资产原价合计(万元)	固定资产净值年平均余额(万元)	产品销售收入(万元)	#产品销售税金及附加	利润总额(万元)
成都市	4 520 243	5 473 613	3 554 550	5 345 920	116 709	119 863
自贡市	684 955	837 099	571 357	702 970	5 859	15 991
攀枝花市	976 082	2 360 529	1 435 010	1 282 195	10 508	−6 789
泸州市	502 456	777 973	516 406	516 703	18 839	−17 735
德阳市	1 340 077	1 455 600	917 458	1 550 261	95 548	61 266
绵阳市	2 574 067	1 675 348	992 969	2 310 014	32 924	259 338
广元市	212 543	314 729	203 556	198 912	1 115	−31 956
遂宁市	293 827	398 574	272 432	345 392	5 280	30 714
内江市	400 780	633 114	414 575	520 317	4 251	−5 798
乐山市	783 936	1 588 208	1 096 694	833 496	7 572	33 503
宜宾市	736 091	923 128	599 799	905 411	30 545	66 911
南充市	284 287	452 262	311 681	332 464	4 279	−14 925
广安市	165 756	431 888	322 019	207 518	2 721	10 178

10—5 城市交通、邮电和电力情况

(1998年)

城市	铁路客运量(万人)	铁路货运量(万吨)	公路客运量(万人)	公路货运量(万吨)	水运客运量(万人)
成都市	1 629	1 717	33 752	14 477	157
自贡市	35	204	6 924	1 807	79
攀枝花市	159	1 453	1 385	1 806	2
泸州市		2 911	6 526	2 634	114
德阳市	95	623	3 987	2 852	
绵阳市	167	131	7 512	2 275	18
广元市	227	570	5 017	1 193	51
遂宁市	5	1	2 634	779	54
内江市	112	93	5 478	2 371	108
乐山市	90	248	3 689	1 640	147
宜宾市	94	20	9 530	1 919	374
南充市	41	5	10 182	1 491	146
广安市			3 318	1 270	73

10—5 续表 1　　(1998 年)

城　　市	水运货运量（万吨）	民用汽车拥有量（辆）	年末邮电局(所)数（处）	邮电业务总量（1990 年不变价格，万元）	年末电话机数（部）
成 都 市	210	242 930	927	292 289	1 015 061
自 贡 市	159	38 500	45	25 306	135 207
攀枝花市	2	21 412	83	18 977	83 836
泸 州 市	176	9 662	319	24 815	78 356
德 阳 市		25 218	345	48 725	190 872
绵 阳 市	169	38 283	467	52 159	216 397
广 元 市	100	12 750	261	16 229	69 680
遂 宁 市	77	10 956	164	18 975	74 364
内 江 市	193	16 103	221	25 606	111 968
乐 山 市	24	21 334	298	33 576	148 299
宜 宾 市	136	45 231	262	29 759	136 937
南 充 市	119	18 000	720	35 141	159 097
广 安 市	181	5 711	289	18 553	70 458

10—5 续表 2　　(1998 年)

城　　市	年末无线寻呼用户数（户）	年末移动电话用户数（户）	全年用电量（万千瓦时）	#工业用电	#城乡居民生活用电
成 都 市	449 046	393 448	699 964	427 596	142 355
自 贡 市	84 992	23 475	182 998	128 435	31 796
攀枝花市	52 950	20 023	289 222	220 754	16 363
泸 州 市	106 247	25 844	147 174	103 008	36 159
德 阳 市	152 024	56 002	281 116	209 541	36 428
绵 阳 市	198 576	64 006	306 900	184 546	57 186
广 元 市	53 000	13 491	144 844	86 431	14 892
遂 宁 市	59 854	13 332	74 815	33 576	21 400
内 江 市	99 261	24 327	190 597	76 652	30 177
乐 山 市	114 507	43 109	224 791	164 658	44 666
宜 宾 市	144 196	27 347	260 226	170 576	46 672
南 充 市	120 719	33 877	207 741	84 530	54 352
广 安 市	53 761	14 921	109 613	75 674	20 392

10—6 城市固定资产投资完成情况

(1998 年)

城市	房地产开发投资额(万元)	#住宅	全年新增固定资产(万元)	施工住宅建筑面积(万平方米)	竣工住宅建筑面积(万平方米)	商品房屋销售建筑面积(万平方米)	商品房屋销售额(万元)
成都市	799 700	455 200	2 572 400	1 991.26	1 232.00	332.00	494 736
自贡市	28 600	20 247	157 054	286.11	259.05	22.22	19 805
攀枝花市	10 176	6 102	2 159 162	125.15	66.77	0.13	247
泸州市	35 391	23 405	277 385	121.65	95.94	20.32	15 337
德阳市	30 731	18 033	289 556	358.40	248.76	21.12	16 782
绵阳市	101 989	48 252	542 837	768.23	533.29	34.66	36 935
广元市	17 031	10 637	219 896	386.84	293.98	2.88	3 014
遂宁市	23 453	16 274	179 708	47.90	28.98	20.75	18 981
内江市	20 024	12 137	131 580	84.43	42.88	13.61	9 719
乐山市	20 142	15 575	243 403	397.73	312.77	9.14	7 965
宜宾市	19 189	11 592	287 156	298.10	230.78	18.51	13 482
南充市	55 738	31 150	273 588	593.49	391.51	27.37	24 418
广安市	13 475	9 035	236 918	391.33	323.16	22.58	9 146

10—7 城市商业、财政、金融和保险情况

(1998 年)

城市	社会消费品零售总额(万元)	中央财政预算内收入(万元)	地方财政预算内收入(万元)	地方财政预算内支出(万元)	#教育事业费支出
成都市	4 511 917	357 121	537 019	599 346	78 500
自贡市	391 022	35 481	64 058	73 822	12 719
攀枝花市	345 702	60 365	99 953	129 519	12 180
泸州市	456 524	56 162	86 047	111 386	19 611
德阳市	687 043	142 327	107 424	149 712	19 310
绵阳市	875 962	98 937	158 918	237 074	26 678
广元市	389 873	15 000	36 754	70 885	13 954
遂宁市	401 219	20 750	58 098	81 338	13 868
内江市	378 182	29 320	56 055	70 466	17 506
乐山市	509 487		68 733	99 265	19 172
宜宾市	573 199	64 328	94 846	139 141	25 295
南充市	625 491	31 857	63 718	123 136	30 024
广安市	326 437	67 232	44 933	64 365	15 659

10—7 续表 (1998年)

城市	年末金融机构存款余额（万元）	#城乡居民储蓄年末余额	年末金融机构各项贷款余额（万元）	承保额（万元）	保费（万元）	已决赔款（万元）
成都市	10 870 715	6 196 082	8 160 632	31 053 278	161 532	57 864
自贡市	816 740	618 750	867 655	3 368 053	18 218	6 789
攀枝花市	1 049 382	645 246	1 169 470	3 143 216	18 153	6 515
泸州市	1 207 975	849 466	1 070 224	1 572 477	17 390	4 749
德阳市	1 555 276	948 488	1 743 052	3 116 646	30 095	8 660
绵阳市	2 123 589	1 248 468	2 357 393	2 177 450	29 341	11 521
广元市	611 196	474 423	982 959	1 120 657	9 720	8 158
遂宁市	776 471	597 958	687 462	695 080	10 111	3 262
内江市	946 753	742 656	933 877	1 808 958	17 778	5 882
乐山市	1 247 082	912 710	994 628	996 386	18 185	5 837
宜宾市	1 198 948	734 973	1 159 022	1 235 000	26 107	8 693
南充市	1 519 872	1 204 308	1 501 390	1 503 900	15 869	6 144
广安市	940 171	814 604	786 597	513 364	9 650	4 244

10—8 城市在校学生和科技人员情况

(1998年)

城市	高等学校（人）	中等专业学校（人）	普通中学（万人）	小学（万人）	各类专业技术人员数（万人）	#中级技术职称以上人员
成都市	92 196	65 939	36.52	80.06	43.17	16.82
自贡市	8 016	7 669	10.80	29.20	5.64	1.76
攀枝花市	2 884	8 078	3.59	8.70	6.34	1.41
泸州市	9 939	8 250	14.88	42.24	7.58	1.70
德阳市	1 687	16 271	13.39	32.68	2.97	1.20
绵阳市	16 233	24 205	20.28	49.45	14.20	5.38
广元市		6 515	10.66	31.77	4.01	1.09
遂宁市		5 999	14.38	45.58	3.20	1.09
内江市	2 431	18 246	17.36	48.74	4.06	1.33
乐山市	2 557	16 186	11.69	27.98	3.03	1.43
宜宾市	2 335	9 153	18.15	49.88	5.50	1.48
南充市	13 000	16 607	25.83	77.42	6.00	2.08
广安市		1 944	15.94	47.84	3.98	1.16

SURYEY OF MUNICIPALITY AND COUNTY

十一　市县概况

11—1 各县(市、区)国民生产总值

(1998年,当年价)　　单位:万元

县(市、区)	国民生产总值	国内生产总值	第一产业	第二产业	第三产业	人均国民生产总值(元)
平原县						
锦江区	740 513	740 513	7 583	219 012	513 918	18 852
青羊区	765 661	765 661	11 034	191 509	563 118	16 681
金牛区	600 709	600 709	12 470	248 878	339 361	11 574
武侯区	445 253	445 253	6 506	237 839	200 908	11 638
成华区	750 270	750 270	21 828	501 248	227 194	14 787
高新区						
青白江区	331 321	331 321	44 080	181 827	105 414	8 403
双流县	795 275	795 275	104 597	430 489	260 189	9 369
温江县	303 373	303 373	54 787	149 633	98 953	10 032
郫　县	498 661	498 661	81 556	286 444	130 661	10 859
新都县	475 120	475 120	87 407	229 533	158 180	8 119
彭州市	607 231	607 231	123 402	259 259	224 570	7 952
都江堰市	383 467	383 467	88 202	128 866	166 399	6 582
崇州市	491 772	491 772	90 895	216 253	184 624	7 609
大邑县	350 668	350 668	70 649	142 419	137 600	7 132
邛崃市	484 553	483 241	95 090	207 271	180 880	7 564
新津县	215 203	215 203	41 745	103 768	69 690	7 530
旌阳区	498 487	498 081	86 502	241 390	170 189	8 433
绵竹市	440 909	438 613	98 489	216 721	123 403	8 613
广汉市	423 996	423 596	89 420	204 402	129 774	7 366
什邡县	441 272	433 377	77 765	214 196	141 416	10 260
罗江县	100 490	100 242	53 263	26 046	20 933	4 166
涪城区	175 241	175 066	43 829	81 911	49 326	7 696
游仙区	217 037	212 451	71 185	83 848	57 418	4 517
江油市	595 738	580 738	109 526	273 621	197 591	6 931
安　县	192 542	188 716	84 035	53 425	51 256	3 910
乐山市中区	289 082	288 851	42 999	131 637	114 215	5 482
夹江县	129 140	124 804	46 268	39 641	38 895	3 723
眉山县	347 502	344 022	88 109	137 223	118 690	4 331
彭山县	168 440	168 118	42 835	69 609	55 674	5 262
丘陵县						
龙泉驿区	402 393	402 393	89 795	117 404	195 194	8 574
金堂县	476 946	476 946	108 804	215 342	152 800	5 737
蒲江县	163 234	163 234	45 083	67 459	50 692	6 424
自流井区	376 391	377 989		197 441	180 548	18 532
贡井区	93 229	92 963	9 894	55 296	27 773	6 901

11—1 续表 1　　(1998 年,当年价)　　单位:万元

县(市、区)	国民生产总值	国内生产总值	第一产业	第二产业	第三产业	人均国民生产总值(元)
大安区	193 660	193 660	26 022	114 280	53 358	5 812
沿滩区	123 553	123 553	34 925	51 980	36 648	3 298
荣　县	300 977	274 332	114 801	101 327	58 204	3 391
富顺县	335 721	318 673	139 242	113 013	66 418	2 791
江阳区	451 875	432 327	46 561	180 684	205 082	7 780
纳溪区	191 481	182 981	56 381	82 920	43 680	4 128
龙马潭区	140 936	130 136	25 321	64 021	40 794	4 651
泸　县	371 438	299 513	122 910	121 312	55 291	3 606
中江县	471 930	434 930	210 932	92 326	131 672	3 421
三台县	449 163	432 163	185 089	127 316	119 758	3 055
盐亭县	185 569	180 600	92 596	35 928	52 076	3 039
梓潼县	115 556	115 246	56 005	34 936	24 305	3 035
遂宁市中区	495 608	453 108	180 559	120 024	152 525	3 578
蓬溪县	156 541	152 749	90 852	27 615	34 282	2 307
射洪县	410 775	400 760	98 407	150 326	152 027	4 010
大英县	134 254	131 624	60 399	29 311	41 914	2 567
内江市中区	294 183	289 886	28 751	86 234	174 901	5 545
东兴区	206 714	184 709	87 094	52 199	45 416	2 481
威远县	269 775	258 676	73 397	118 784	66 495	3 628
资中市	314 817	275 639	97 387	92 665	85 587	2 421
隆昌县	266 964	250 183	46 230	136 548	67 405	3 549
五通桥区	140 691	140 691	33 282	66 737	40 672	4 300
犍为县	140 775	140 668	60 554	44 059	36 055	2 474
井研县	106 579	102 462	50 921	26 450	25 091	2 538
顺庆区	327 589	315 410	26 364	97 946	191 100	5 866
高坪区	133 780	129 294	40 502	45 755	43 037	2 418
嘉陵区	117 720	113 595	52 068	25 114	36 413	1 768
南部县	275 410	221 860	109 269	50 080	62 511	2 138
营山县	173 585	139 854	85 861	20 813	33 180	1 995
蓬安县	171 064	143 916	60 347	44 798	38 771	2 544
仪陇县	173 567	141 897	95 777	12 489	33 631	1 777
西充县	101 893	96 650	53 106	14 488	29 056	1 561
阆中市	179 548	165 852	67 608	49 483	48 761	2 112
翠屏区	571 947	565 947	55 794	336 642	173 511	7 763
宜宾县	267 767	264 767	106 515	76 843	81 409	2 745
南溪县	98 095	95 524	33 205	39 513	22 806	2 417
江安县	113 090	103 300	46 960	30 820	25 520	2 184

11—1 续表 2　　(1998 年,当年价)　　单位:万元

县(市、区)	国民生产总值	国内生产总值	第一产业	第二产业	第三产业	人均国民生产总值(元)
长宁县	118 518	116 518	46 768	38 617	31 133	2 827
高　县	96 338	95 101	46 990	28 210	19 901	1 943
达川市	229 751	228 854	33 610	102 104	93 140	6 492
达　县	362 519	348 625	175 659	111 829	61 137	2 955
宣汉县	271 790	260 761	126 760	96 844	37 157	2 419
开江县	147 504	146 213	68 646	51 446	26 121	2 780
大竹县	347 003	343 403	129 748	134 927	78 728	3 377
渠　县	306 833	266 316	130 591	81 429	54 296	2 352
名山县	84 825	84 825	33 499	32 696	18 630	3 280
华蓥市	163 594	144 838	29 378	84 863	30 597	4 823
岳池县	246 674	211 434	95 890	58 533	57 011	2 245
广安县	354 645	302 216	100 623	95 125	106 468	3 077
武胜县	236 641	196 474	90 355	63 643	42 476	3 033
邻水县	238 575	217 352	85 440	86 530	45 382	2 702
巴中市	351 317	307 603	173 039	50 394	84 170	2 928
平昌县	166 104	151 104	81 545	26 564	42 995	1 891
仁寿县	435 250	387 250	200 845	105 964	80 441	2 864
丹棱县	48 632	48 632	23 301	11 767	13 564	3 011
青神县	70 363	70 143	23 881	24 326	21 936	3 509
资阳市	401 651	383 341	116 152	150 270	116 919	3 845
简阳市	443 508	426 758	171 435	110 753	144 570	3 099
安岳县	344 068	296 515	179 926	46 873	69 716	2 246
乐至县	239 409	227 163	120 251	58 607	48 305	2 758
盆周山地县						
合江县	251 415	218 612	89 098	55 163	74 351	2 999
叙永县	153 240	133 715	54 934	46 855	31 926	2 378
古蔺县	139 241	129 041	52 618	47 220	29 203	1 923
北川县	45 650	44 811	21 291	11 090	12 430	2 846
平武县	51 456	51 486	24 165	12 435	14 886	2 749
广元市中区	137 950	137 950	26 828	63 233	47 889	3 283
元坝区	53 692	53 692	29 470	9 438	14 784	2 220
朝天区	40 377	39 882	17 478	13 134	9 270	1 993
旺苍县	165 140	164 352	52 454	63 719	48 179	3 734
青川县	58 016	58 016	30 860	9 278	17 878	2 328
剑阁县	143 335	139 714	74 416	23 855	41 443	2 147
苍溪县	184 270	149 270	92 238	19 991	37 041	2 415
沙湾区	127 936	128 021	13 820	93 127	21 074	6 145

11—1 续表 3 （1998 年，当年价） 单位：万元

县(市、区)	国民生产总值	国内生产总值	第一产业	第二产业	第三产业	人均国民生产总值(元)
金口河区	31 598	31 598	4 070	23 880	3 648	5 798
峨眉山市	187 790	187 690	38 867	81 958	66 865	4 468
沐川县	82 002	80 002	28 474	22 895	28 633	3 239
峨边县	55 009	55 009	12 579	31 370	11 060	3 828
马边县	33 138	33 138	18 811	7 543	6 784	1 965
筠连县	84 002	80 022	35 872	24 168	19 982	2 262
珙　县	132 534	133 014	33 079	48 427	51 508	3 279
兴文县	82 840	78 520	34 406	24 864	19 250	1 967
屏山县	58 542	58 288	23 785	17 657	16 846	2 326
万源市	126 050	122 506	62 804	38 774	20 928	2 344
雅安市	223 990	223 391	26 658	118 740	77 993	7 039
荥经县	87 893	87 909	16 471	47 492	23 946	6 530
天全县	80 570	80 720	20 440	48 356	11 924	5 650
芦山县	44 349	44 349	17 704	15 538	11 107	3 659
宝兴县	41 615	41 605	10 534	22 877	8 194	7 678
通江县	123 264	117 392	69 197	16 891	31 304	1 771
南江县	128 065	121 825	71 703	21 092	29 030	2 125
洪雅县	115 840	115 340	61 042	29 906	24 392	3 406
川西南山区县						
攀枝花东区	548 033	566 149	1 343	463 950	100 856	18 502
攀枝花西区	204 970	205 787	1 725	156 156	47 906	13 503
仁和区	130 954	133 254	19 040	60 671	53 543	7 156
米易县	76 704	76 704	32 716	24 326	19 662	4 018
盐边县	67 048	67 218	24 108	13 771	29 339	3 788
汉源县	85 430	84 512	31 455	25 427	27 630	2 500
石棉县	74 443	74 393	14 265	50 300	9 828	6 445
泸定县	20 171	20 039	5 592	7 314	7 133	2 700
西昌市	345 643	345 843	80 259	105 395	160 189	6 455
盐源县	53 519	53 519	29 580	13 045	10 894	1 782
德昌县	59 630	59 630	27 939	13 529	18 162	3 322
会理县	159 886	159 886	76 391	43 866	39 629	3 820
会东县	125 802	125 802	68 727	32 110	24 965	3 584
宁南县	55 855	55 855	26 794	17 408	11 653	3 385
普格县	28 645	28 645	15 475	4 887	8 283	2 131
布拖县	21 759	21 759	13 121	1 887	6 751	1 630
金阳县	23 387	23 387	14 788	2 000	6 599	1 769
昭觉县	31 046	31 046	18 557	2 891	9 598	1 586

11—1 续表 4　　(1998 年,当年价)　　单位:万元

县(市、区)	国民生产总值	国内生产总值	第一产业	第二产业	第三产业	人均国民生产总值(元)
喜德县	31 765	31 765	11 925	10 180	9 660	2 515
冕宁县	94 628	94 628	40 035	32 394	22 199	3 127
越西县	42 976	42 976	20 061	9 306	13 609	1 869
甘洛县	56 704	56 704	16 558	29 988	10 158	3 268
美姑县	25 588	25 588	14 592	5 046	5 950	1 568
雷波县	45 706	45 706	21 891	7 406	16 409	2 067
川西高原县						
汶川县	93 317	93 382	11 205	68 577	13 600	8 656
理　县	19 906	19 987	4 649	9 801	5 537	4 662
茂　县	22 912	22 917	9 857	4 941	8 119	2 303
松潘县	20 520	20 787	8 421	5 158	7 208	3 114
九寨沟县	28 339	31 294	5 914	9 543	15 837	5 052
金川县	13 305	14 605	6 835	3 578	4 192	1 948
小金县	12 762	12 764	4 822	2 720	5 222	1 739
黑水县	11 770	11 765	4 588	3 262	3 915	2 113
马尔康县	31 257	31 407	4 342	7 275	19 790	5 714
壤塘县	9 756	9 780	4 862	2 226	2 692	3 127
阿坝县	15 375	15 337	10 811	1 377	3 149	2 674
若尔盖县	21 666	21 946	16 720	1 825	3 401	3 478
红原县	14 422	14 462	8 805	2 629	3 028	4 205
康定县	41 454	41 704	8 964	14 304	18 436	4 017
丹巴县	10 839	10 946	3 222	4 479	3 245	1 964
九龙县	13 306	13 574	4 260	7 523	1 791	2 727
雅江县	8 610	8 600	3 482	2 849	2 269	2 191
道孚县	16 170	16 770	5 837	5 648	5 285	3 577
炉霍县	12 127	13 094	6 071	4 496	2 527	3 225
甘孜县	12 681	12 102	6 689	1 829	3 584	2 273
新龙县	18 452	18 646	5 682	5 065	7 899	4 321
德格县	11 044	11 140	8 425	767	1 948	1 778
白玉县	9 536	9 586	5 013	2 394	2 179	2 332
石渠县	10 150	10 144	5 808	1 162	3 174	1 632
色达县	8 799	8 840	5 206	732	2 902	2 558
理塘县	10 732	10 741	5 894	2 065	2 782	2 333
巴塘县	8 404	8 404	3 204	1 523	3 677	1 901
乡城乡	9 374	9 374	2 969	2 933	3 472	3 633
稻城县	6 140	6 140	3 838	629	1 673	2 241
得荣县	4 596	4 616	2 153	396	2 067	1 998
木里县	33 083	33 083	10 602	12 770	9 711	2 743

11—2 各县(市、区)国民生产总值指数

(1998年,上年=100) 单位:%

县(市、区)	国民生产总值	国内生产总值	第一产业	第二产业	第三产业	人均国民生产总值
平原县						
锦江区	111.2	111.2	103.0	112.3	110.8	111.3
青羊区	110.0	110.0	102.0	109.8	110.3	107.9
金牛区	111.2	111.2	102.5	114.0	108.7	108.8
武侯区	111.2	111.2	95.4	112.2	110.4	107.8
成华区	109.6	109.6	103.0	109.5	110.6	108.7
高新区						
青白江区	111.2	111.2	103.5	111.3	114.9	110.6
双流县	112.1	112.1	104.1	112.7	114.9	111.3
温江县	112.3	112.3	105.6	112.5	115.1	111.2
郫　县	112.9	112.9	104.3	114.4	114.0	111.0
新都县	112.2	112.2	105.8	112.1	116.0	111.3
彭州市	110.7	110.7	105.1	112.5	111.0	110.4
都江堰市	111.6	111.6	110.3	105.5	118.6	110.9
崇州市	113.1	113.1	103.6	115.3	115.3	112.9
大邑县	114.3	114.3	104.0	118.5	114.7	113.9
邛崃市	110.3	110.5	106.5	109.9	113.6	110.1
新津县	112.6	112.6	104.0	114.6	114.9	112.1
旌阳区	114.8	114.8	104.0	113.0	124.5	113.4
绵竹市	112.1	111.9	109.1	110.4	118.3	111.8
广汉市	108.9	108.9	104.0	108.6	113.9	108.3
什邡县	116.7	116.2	108.4	121.3	111.9	116.5
罗江县	110.6	110.6	107.9	109.4	120.4	110.5
涪城区	115.0	115.0	103.6	119.8	115.3	128.5
游仙区	113.0	112.7	102.5	118.8	113.9	112.5
江油市	106.7	107.3	105.3	102.4	117.4	106.1
安　县	113.5	113.7	104.8	131.1	109.9	112.6
乐山市中区	110.5	110.5	103.8	113.1	109.5	110.0
夹江县	113.0	111.6	102.7	129.3	107.3	112.7
眉山县	110.0	110.1	103.3	110.0	119.6	109.2
彭山县	109.8	109.7	103.8	112.3	111.0	108.3
丘陵县						
龙泉驿区	112.1	112.1	104.0	111.3	116.1	110.4
金堂县	112.6	112.6	104.9	114.5	115.4	112.1
蒲江县	112.7	112.7	104.1	115.7	116.3	112.4
自流井区	111.2	111.4		112.0	110.7	110.8
贡井区	107.8	107.9	104.5	108.4	107.5	107.8

11—2 续表 1　　(1998 年,上年=100)　　单位:%

县(市、区)	国民生产总值	国内生产总值	第一产业	第二产业	第三产业	人均国民生产总值
大安区	109.2	109.2	112.9	109.3	106.9	108.1
沿滩区	111.2	111.2	106.6	111.9	114.2	110.8
荣　县	107.6	107.2	104.8	108.7	109.3	107.6
富顺县	107.5	107.2	103.4	107.4	115.0	106.8
江阳区	109.6	109.8	88.3	114.7	111.1	108.9
纳溪区	108.1	108.1	103.8	108.0	113.9	107.7
龙马潭区	111.2	111.3	103.8	112.5	114.0	110.7
泸　县	110.1	109.1	101.3	112.7	115.3	109.7
中江县	108.8	110.8	105.3	113.5	118.6	108.5
三台县	112.0	112.2	104.9	116.7	118.3	109.5
盐亭县	105.8	105.6	98.3	109.6	114.1	104.3
梓潼县	108.1	108.0	106.3	112.6	105.5	108.5
遂宁市中区	105.0	107.9	104.0	107.2	113.1	104.0
蓬溪县	85.8	85.4	103.0	84.0	62.3	85.4
射洪县	110.7	110.9	104.4	110.7	116.6	109.8
大英县	103.9	103.5	109.0	85.4	115.4	102.7
内江市中区	108.5	109.5	104.2	106.9	111.9	108.1
东兴区	102.2	106.6	99.4	108.8	117.5	101.8
威远县	107.4	107.6	104.5	109.6	106.2	107.1
资中市	109.4	108.4	103.2	111.4	111.4	109.1
隆昌县	110.3	110.6	98.7	113.5	112.1	109.9
五通桥区	108.2	108.2	104.9	107.5	113.0	108.2
犍为县	110.4	110.4	103.8	115.9	115.4	110.3
井研县	110.0	110.2	102.2	120.4	113.8	110.0
顺庆区	114.1	112.7	112.2	110.9	114.2	113.0
高坪区	109.7	110.1	106.8	111.6	112.7	109.0
嘉陵区	109.4	109.3	106.9	112.2	111.0	109.0
南部县	115.3	111.2	108.9	119.2	109.2	114.7
营山县	111.3	111.2	107.2	114.5	122.3	111.3
蓬安县	108.8	111.1	109.1	113.4	111.6	108.5
仪陇县	107.4	106.3	105.6	116.5	104.2	107.5
西充县	106.7	106.6	105.3	112.6	106.1	106.6
阆中市	110.7	110.7	110.9	112.4	108.9	111.0
翠屏区	111.4	111.3	105.9	111.8	112.2	110.4
宜宾县	109.2	110.2	103.8	113.8	115.4	108.6
南溪县	111.7	111.1	105.2	112.8	118.1	111.1
江安县	112.9	113.0	108.4	118.6	115.0	112.2

11—2 续表 2　　(1998 年,上年=100)　　单位:%

县(市、区)	国民生产总值	国内生产总值	第一产业	第二产业	第三产业	人均国民生产总值
长宁县	112.0	112.0	107.1	115.8	115.0	111.7
高　县	111.2	111.2	106.2	120.2	108.9	110.3
达川市	109.5	109.6	107.5	109.8	110.2	108.4
达　县	104.6	104.4	104.1	103.1	108.6	104.0
宣汉县	106.5	106.7	104.9	107.7	109.8	105.9
开江县	108.6	108.5	105.2	111.8	109.9	107.5
大竹县	107.0	107.0	107.1	106.1	109.1	106.8
渠　县	104.2	105.1	104.6	104.4	107.5	103.8
名山县	109.5	109.5	103.0	115.8	109.0	109.4
华蓥市	110.7	110.4	106.2	111.4	111.1	110.5
岳池县	108.6	108.1	105.3	108.9	111.8	107.8
广安县	115.8	111.0	106.3	113.8	113.2	114.8
武胜县	109.3	108.4	106.5	108.4	112.4	108.7
邻水县	110.0	109.5	104.8	113.8	110.7	109.3
巴中市	108.5	108.5	106.2	108.2	114.1	107.6
平昌县	110.3	108.4	107.0	101.5	117.1	108.9
仁寿县	107.5	108.5	102.7	112.9	119.7	106.3
丹棱县	101.8	101.8	102.9	91.9	116.4	101.5
青神县	109.8	110.3	103.5	112.0	116.3	110.1
资阳市	112.1	112.4	105.5	113.2	118.7	111.9
简阳市	103.1	103.2	103.7	96.4	111.9	102.8
安岳县	106.5	106.4	102.6	113.5	109.4	106.4
乐至县	108.0	108.0	105.4	106.8	117.3	107.9
盆周山地县						
合江县	107.7	109.2	105.5	107.2	115.8	107.6
叙永县	110.6	108.0	101.8	106.0	124.8	109.9
古蔺县	112.0	110.5	101.5	113.6	123.6	111.1
北川县	112.4	112.1	112.1	109.5	115.1	112.3
平武县	112.3	112.4	106.8	115.2	120.0	111.6
广元市中区	108.3	108.3	107.0	107.8	110.0	106.6
元坝区	108.2	108.2	109.9	98.9	112.7	107.4
朝天区	107.7	108.3	106.0	123.0	95.5	107.0
旺苍县	106.4	106.3	106.9	105.9	106.3	105.7
青川县	109.4	109.4	108.5	110.6	110.4	109.1
剑阁县	108.1	107.6	104.9	112.2	110.0	107.5
苍溪县	100.7	107.3	106.3	125.4	101.3	100.7
沙湾区	109.8	109.8	99.8	111.9	106.5	110.1

11—2 续表 3　　(1998 年，上年=100)　　单位：%

县(市、区)	国民生产总值	国内生产总值	第一产业	第二产业	第三产业	人均国民生产总值
金口河区	108.6	108.6	102.5	109.3	109.6	110.3
峨眉山市	110.7	110.7	104.1	115.1	108.5	110.0
沐川县	110.7	110.6	106.7	115.6	109.5	110.5
峨边县	110.6	110.6	106.8	113.2	107.8	109.4
马边县	109.9	109.9	102.0	137.1	104.1	109.3
筠连县	108.8	108.8	103.5	112.6	113.7	107.4
珙　县	111.5	111.2	108.5	112.3	112.0	110.6
兴文县	112.4	113.0	106.5	120.0	115.2	111.9
屏山县	112.2	112.2	104.6	118.3	119.4	111.0
万源市	102.6	102.4	101.8	98.9	112.9	101.9
雅安市	107.8	107.8	102.5	109.0	107.5	107.1
荥经县	112.0	112.0	101.7	114.6	108.6	111.3
天全县	108.2	108.3	102.5	110.9	105.3	107.7
芦山县	73.5	73.5	102.8	54.5	103.0	73.0
宝兴县	112.6	112.6	104.2	115.6	106.0	111.5
通江县	107.4	108.5	105.9	110.0	114.0	105.5
南江县	107.5	106.8	105.3	103.0	114.5	105.7
洪雅县	108.6	108.5	113.9	97.9	111.8	108.3
川西南山区县						
攀枝花东区						
攀枝花西区						
仁和区	109.3	108.8	102.7	109.0	110.9	108.5
米易县	107.4	107.4	99.7	107.3	122.8	106.6
盐边县	98.8	98.8	94.1	68.1	145.0	97.7
汉源县	107.1	107.1	109.1	100.2	115.8	106.8
石棉县	111.2	111.2	106.4	112.7	107.3	110.7
泸定县	100.2	100.2	90.4	101.6	106.7	99.4
西昌市	113.3	113.2	104.2	120.6	111.2	111.5
盐源县	103.7	103.7	99.2	110.8	107.9	102.0
德昌县	113.2	113.2	112.9	117.5	109.9	111.9
会理县	113.0	113.0	104.1	129.3	111.2	112.1
会东县	112.2	111.7	107.2	123.6	106.5	111.1
宁南县	110.4	110.4	111.7	110.8	106.3	109.7
普格县	107.0	107.0	104.6	112.5	107.3	105.8
布拖县	100.1	100.1	92.2	165.4	101.2	99.5
金阳县	108.0	108.0	103.3	151.2	109.8	107.7
昭觉县	108.8	108.8	106.7	108.4	114.2	109.3

11—2 续表 4　　(1998年,上年=100)　　单位:%

县(市、区)	国民生产总值	国内生产总值	第一产业	第二产业	第三产业	人均国民生产总值
喜德县	109.5	109.5	102.6	114.9	112.4	108.9
冕宁县	113.2	113.2	104.5	134.8	101.9	111.7
越西县	114.2	114.2	104.5	146.0	108.0	112.7
甘洛县	111.3	111.3	107.1	113.4	107.0	108.7
美姑县	107.4	107.4	105.6	122.6	98.6	106.3
雷波县	104.5	104.5	105.5	102.0	105.0	104.1
川西高原县						
汶川县	103.8	103.8	105.9	102.1	112.1	102.6
理　县	108.3	108.3	118.1	106.6	101.3	108.3
茂　县	110.0	110.0	109.7	108.1	111.7	108.2
松潘县	97.7	98.4	96.9	80.3	127.1	97.4
九寨沟县	127.0	129.8	110.5	112.9	154.6	127.0
金川县	102.7	102.6	96.8	105.8	111.5	102.4
小金县	105.8	105.8	103.6	103.1	110.8	105.3
黑水县	110.9	110.9	107.3	128.2	101.5	110.9
马尔康县	108.0	108.0	107.0	96.6	114.6	108.2
壤塘县	115.2	115.2	112.1	128.4	110.7	114.4
阿坝县	100.2	99.0	101.7	82.8	101.0	97.6
若尔盖县	102.0	101.8	103.6	84.1	107.4	100.1
红原县	100.4	100.6	99.6	83.0	122.1	96.9
康定县	117.9	118.5	104.4	154.7	100.7	116.1
丹巴县	100.3	100.4	86.2	106.2	108.7	99.9
九龙县	112.2	111.8	107.3	117.3	101.5	109.4
雅江县	106.6	106.6	98.6	122.6	104.7	106.3
道孚县	102.0	102.0	99.3	99.1	110.9	102.2
炉霍县	115.6	112.1	111.9	115.6	104.5	115.0
甘孜县	100.2	100.2	96.4	93.8	118.5	100.1
新龙县	94.5	94.5	98.5	89.4	96.4	94.3
德格县	103.8	103.8	103.3	110.5	103.9	103.7
白玉县	106.7	106.6	105.6	111.2	102.6	105.9
石渠县	104.6	105.0	102.6	98.6	117.5	104.3
色达县	79.5	79.6	83.5	47.2	86.4	78.5
理塘县	106.3	106.3	105.2	108.4	108.5	105.8
巴塘县	108.0	108.0	98.2	132.0	109.1	107.0
乡城县	106.7	106.7	97.0	117.5	109.4	105.9
稻城县	110.2	110.2	103.8	156.1	119.9	109.0
得荣县	123.9	123.9	147.6	97.4	100.4	122.8
木里县	107.3	107.3	102.7	132.9	74.0	106.1

11—3 各县(市、区)人口和劳动力

县(市、区)名	年末总人口(万人)		# 非农业人口		从业人员(万人)		#第三产业从业人员	
	1997	1998	1997	1998	1997	1998	1997	1998
平原县								
锦江区	39.27	39.28	33.66	33.62	8.38	8.25	3.69	3.77
青羊区	45.78	45.96	39.69	40.10	8.89	9.22	3.48	3.67
金牛区	51.36	52.45	41.03	42.23	11.85	11.62	5.46	5.50
武侯区	37.79	38.72	29.86	31.13	8.70	8.46	4.60	4.48
成华区	50.68	51.17	39.48	40.54	10.96	10.95	5.56	5.67
高新区	11.14	11.56	5.00	5.37	5.82	6.06	2.04	1.90
青白江区	39.34	39.53	8.60	8.83	25.44	23.57	6.09	5.81
双流县	84.57	85.18	13.45	13.82	52.05	52.48	12.14	14.09
温江县	30.08	30.39	8.15	8.35	18.51	19.16	4.49	5.61
郫　县	45.57	46.27	7.95	8.41	29.46	30.39	6.18	5.28
新都县	58.29	58.74	12.96	13.28	38.73	37.46	9.30	8.28
大邑县	49.10	49.24	7.12	7.27	30.19	29.93	5.46	6.23
新津县	28.51	28.65	4.98	5.08	18.57	18.09	4.93	4.74
都江堰市	58.04	58.49	15.14	15.49	33.00	33.18	9.28	10.83
彭州市	76.19	76.52	11.46	12.21	51.97	52.11	8.75	8.96
邛崃市	64.02	64.10	7.43	7.60	34.92	35.82	7.13	7.69
崇州市	64.58	64.68	8.31	8.52	42.35	41.31	6.89	6.85
旌阳区	58.78	59.44	23.97	24.62	37.25	37.86	9.81	10.88
绵竹市	51.13	51.24	9.01	9.29	32.83	31.37	5.63	4.64
什邡市	42.94	43.01	8.13	8.23	28.70	28.90	3.80	3.90
罗江县	24.10	24.14	2.51	2.81	15.54	15.85	4.57	4.82
广汉市	57.42	57.71	11.94	12.12	34.20	36.30	5.19	6.68
涪城区	52.62	53.64	27.50	28.15	32.60	31.85	13.82	13.72
游仙区	48.00	48.11	11.40	11.45	25.50	24.67	6.67	6.69
安　县	48.94	49.25	5.99	6.17	26.27	26.18	6.97	6.94
江油市	85.68	86.22	21.73	22.20	55.13	55.48	14.00	15.88
乐山市中区	52.48	52.98	19.82	20.41	31.56	31.68	8.76	8.35
夹江县	34.66	34.73	4.56	4.65	20.30	20.50	4.44	4.40
眉山县	80.03	80.45	11.37	11.77	51.97	52.05	9.58	9.60
彭山县	31.59	32.01	5.42	5.87	17.88	19.13	4.13	4.92
丘陵县								
龙泉驿区	46.55	47.31	12.16	12.79	36.93	37.48	7.33	7.36
金堂县	82.95	83.31	9.08	9.27	50.98	49.89	12.35	13.82
蒲江县	25.37	25.45	3.00	3.38	16.13	15.89	4.28	4.63
自流井区	20.31	20.31	20.31	20.31	13.56	13.63	4.24	5.11
贡井区	13.49	13.53	7.32	7.32	7.82	7.52	1.62	1.76

11—3 续表 1

县(市、区)名	年末总人口(万人)		# 非农业人口		从业人员(万人)		#第三产业从业人员	
	1997	1998	1997	1998	1997	1998	1997	1998
大安区	33.08	33.57	13.29	13.75	18.72	18.38	3.38	3.75
沿滩区	37.38	37.53	4.97	5.07	21.68	21.76	4.51	3.76
荣　县	88.74	88.76	9.83	9.99	53.22	50.01	9.34	6.83
富顺县	119.96	120.59	12.62	12.98	67.50	67.40	11.26	6.50
江阳区	57.89	58.26	19.64	20.03	33.35	35.91	8.78	9.95
纳溪区	46.30	46.47	7.97	8.08	29.72	28.99	7.35	6.29
龙马潭区	30.24	30.36	8.75	9.07	18.71	18.89	5.67	5.02
泸　县	102.82	103.16	6.58	6.80	60.32	60.75	14.55	14.07
中江县	137.70	138.18	11.34	11.67	86.00	88.00	22.00	24.00
三台县	143.69	147.01	13.55	16.00	84.62	84.05	13.71	18.97
盐亭县	60.21	61.06	5.57	5.92	38.62	38.74	4.66	4.85
梓潼县	38.22	38.08	3.45	3.62	21.24	19.55	4.23	4.15
遂宁市中区	137.95	139.12	21.63	22.93	93.93	96.27	13.18	18.05
蓬溪县	76.54	77.13	7.33	7.54	40.97	41.06	9.21	9.36
射洪县	102.00	102.87	15.65	16.81	62.37	58.60	22.29	20.15
大英县	51.91	52.30	4.12	4.58	24.95	25.25	3.29	3.59
内江市中区	52.91	53.18	22.04	22.26	31.75	29.78	11.53	11.39
东兴区	83.29	83.36	9.65	9.82	44.40	48.26	7.30	14.74
威远县	74.25	74.47	12.22	12.48	49.48	48.29	5.80	6.41
资中县	129.85	130.21	13.39	13.76	66.39	64.07	7.69	10.30
隆昌县	75.13	75.32	11.70	12.09	46.06	47.20	10.99	8.20
五通桥区	32.71	32.73	11.59	11.60	19.43	19.17	3.59	3.27
犍为县	56.89	56.93	8.20	8.27	33.60	32.50	7.50	7.40
井研县	42.03	41.96	4.59	4.70	24.28	24.26	3.69	3.68
顺庆区	55.64	56.05	25.70	26.34	30.14	29.02	9.04	9.10
高坪区	55.20	55.51	9.33	10.02	33.95	33.15	10.68	10.90
嘉陵区	66.46	66.57	2.83	3.11	40.75	41.52	8.81	10.31
南部县	128.58	128.99	10.17	11.00	83.75	82.90	15.07	15.63
营山县	87.10	86.88	6.71	6.96	45.26	45.06	6.93	7.21
蓬安县	67.18	67.28	5.90	6.47	41.26	41.33	9.36	10.16
仪陇县	97.86	97.50	6.88	7.15	48.96	49.93	3.50	3.69
西充县	65.27	65.28	5.83	6.24	36.96	41.10	3.89	3.81
阆中市	85.19	84.85	10.80	11.21	59.29	58.97	5.03	5.22
翠屏区	73.31	74.04	28.05	28.80	46.17	43.13	11.90	10.35
宜宾县	97.36	97.76	8.62	8.80	55.51	55.55	7.70	7.84
南溪县	40.51	40.64	6.57	6.66	25.46	25.64	4.43	6.09
江安县	51.66	51.90	5.65	5.75	28.95	28.98	3.80	3.82

11—3 续表 2

县(市、区)名	年末总人口(万人)		# 非农业人口		从业人员(万人)		#第三产业从业人员	
	1997	1998	1997	1998	1997	1998	1997	1998
长宁县	41.83	42.01	3.93	3.98	25.68	25.62	2.97	3.12
高　县	49.42	49.75	4.80	4.90	30.15	31.66	3.82	5.33
达川市	35.12	35.66	19.59	20.08	24.81	25.04	9.16	9.25
达　县	123.87	123.94	12.97	13.34	72.20	72.40	11.31	11.76
宣汉县	112.06	112.65	11.44	11.89	50.05	50.47	8.32	8.84
开江县	52.89	53.22	6.36	6.63	31.12	31.36	9.23	9.91
大竹县	102.67	102.84	10.79	11.20	51.13	51.26	15.40	15.53
渠　县	130.17	130.68	13.43	13.72	63.30	63.82	17.47	17.96
名山县	25.85	25.86	2.40	2.46	15.28	15.75	2.36	2.74
华蓥市	33.86	33.98	8.05	8.01	24.25	25.36	4.48	4.53
岳池县	109.53	110.25	8.50	8.82	61.40	61.70	15.20	15.30
广安区	114.82	115.67	12.56	13.36	80.91	81.60	18.45	19.64
武胜县	77.74	78.33	6.34	6.56	41.60	40.12	6.06	6.97
邻水县	87.73	88.87	7.55	7.78	39.64	39.51	6.76	6.94
巴中市	119.35	120.64	12.99	13.76	59.04	60.05	11.78	13.56
平昌县	87.27	88.44	10.98	11.64	40.49	41.26	12.93	14.38
仁寿县	150.21	153.68	12.74	13.30	75.20	74.29	11.38	12.05
丹棱县	16.11	16.18	1.58	1.60	10.15	9.51	1.69	1.93
青神县	20.10	20.05	2.66	2.65	13.24	13.16	2.49	2.42
资阳市	104.24	104.71	14.24	20.03	53.20	53.51	8.79	10.29
简阳市	142.93	143.30	15.79	16.15	70.88	69.04	13.21	12.15
安岳县	153.11	153.22	10.78	11.21	86.07	85.83	20.72	20.82
乐至县	86.76	86.86	7.73	7.98	46.24	46.29	9.10	9.11
盆周山地县								
合江县	83.78	83.88	8.82	8.95	50.21	49.31	5.58	5.41
叙永县	64.25	64.61	8.62	8.83	35.27	34.84	6.12	6.43
古蔺县	72.10	72.71	5.44	5.53	39.48	39.58	6.38	6.45
北川县	16.04	16.06	1.80	1.84	9.78	9.66	1.00	0.98
平武县	18.61	18.72	2.17	2.21	10.55	10.60	1.50	1.66
广元市中区	41.73	42.31	21.87	22.70	24.08	24.68	5.79	6.28
元坝区	24.09	24.05	1.94	1.98	11.93	11.79	2.41	2.57
朝天区	20.19	20.34	1.03	1.06	11.80	11.90	1.65	2.20
旺苍县	44.12	44.33	9.12	9.25	24.36	24.23	4.33	4.82
青川县	24.85	24.92	2.86	2.91	13.51	13.88	1.20	1.31
剑阁县	66.59	66.92	5.40	5.58	29.02	30.34	4.29	5.61
苍溪县	76.30	76.28	7.29	7.60	39.08	41.25	3.31	3.97
沙湾区	20.82	20.83	7.50	7.46	14.72	12.64	1.73	1.72

11—3 续表 3

县(市、区)名	年末总人口(万人)		#非农业人口		从业人员(万人)		#第三产业从业人员	
	1997	1998	1997	1998	1997	1998	1997	1998
金口河区	5.52	5.39	1.55	1.57	3.24	3.19	0.48	0.50
沐川县	25.27	25.38	3.10	3.16	14.80	14.80	3.10	3.10
峨边县	14.26	14.48	2.54	2.59	7.87	8.03	1.20	1.30
马边县	16.81	16.90	1.65	1.74	10.08	10.14	1.47	1.51
峨眉山市	41.90	42.16	12.21	12.45	31.20	26.20	8.80	7.30
筠连县	36.86	37.40	3.88	3.88	19.83	20.98	4.28	4.55
珙　县	40.21	40.42	9.01	9.01	21.33	22.06	4.64	5.27
兴文县	42.02	42.20	4.56	4.56	23.90	23.50	4.30	1.85
屏山县	24.96	25.38	2.61	2.61	13.96	14.97	2.41	2.41
万源市	53.67	53.99	8.04	8.11	29.75	29.92	8.45	8.64
雅安市	31.71	31.92	11.78	11.93	18.97	18.76	4.94	5.18
荥经县	13.41	13.51	1.85	1.91	6.95	7.59	1.26	1.86
天全县	14.23	14.28	2.01	2.06	7.69	8.04	1.56	1.75
芦山县	12.11	12.13	1.38	1.41	5.27	5.56	0.82	1.06
宝兴县	5.40	5.44	0.88	0.92	3.03	3.06	0.55	0.64
通江县	69.29	69.90	7.18	7.29	36.66	37.12	6.98	7.78
南江县	59.61	60.28	6.27	6.28	35.36	36.68	9.73	11.30
洪雅县	33.96	34.07	3.41	3.51	18.90	18.99	3.05	3.20
川西南山区县								
仁和区	18.17	18.30	5.58	5.64	9.37	9.77	1.31	1.76
米易县	19.01	19.17	2.65	2.69	10.18	10.28	1.47	1.59
盐边县	17.61	17.79	1.83	1.91	10.11	10.03	0.62	0.86
汉源县	34.14	34.21	2.50	2.55	19.59	20.76	2.31	3.17
石棉县	11.51	11.56	3.39	3.42	6.36	6.40	0.98	1.49
泸定县	7.44	7.50	1.28	1.29	3.49	3.44	0.60	0.55
西昌市	53.09	54.01	16.96	17.48	32.08	32.67	9.15	10.56
盐源县	29.82	30.24	1.90	1.92	16.62	18.14	1.30	1.53
德昌县	17.86	18.05	1.94	1.96	11.33	11.30	1.24	1.22
会理县	41.77	41.95	4.60	4.66	24.73	27.63	1.62	4.79
会东县	34.93	35.28	2.18	2.23	20.27	20.81	1.55	1.69
宁南县	16.45	16.54	1.25	1.28	9.39	9.36	1.32	1.15
普格县	13.34	13.54	1.10	1.12	7.55	7.45	0.90	0.74
布拖县	13.31	13.38	0.93	0.95	7.11	7.22	0.69	0.69
金阳县	13.20	13.25	0.71	0.74	7.27	6.90	0.63	0.54
昭觉县	19.59	19.58	1.29	1.24	11.73	11.64	0.77	0.93
喜德县	12.58	12.67	1.01	1.04	7.41	7.34	0.77	0.82
冕宁县	30.12	30.39	3.05	3.15	18.30	19.05	1.50	2.29

11—3 续表 4

县(市、区)名	年末总人口(万人)		# 非农业人口		从业人员(万人)		#第三产业从业人员	
	1997	1998	1997	1998	1997	1998	1997	1998
越西县	22.84	23.14	2.12	2.17	13.88	13.80	1.70	1.81
甘洛县	17.34	17.37	1.53	1.58	9.77	10.25	1.15	1.67
美姑县	16.18	16.46	0.80	0.82	9.38	9.41	0.71	0.67
雷波县	22.11	22.10	1.70	1.72	12.23	12.07	1.90	1.52
川西高原县								
汶川县	10.73	10.83	3.66	3.75	6.83	6.02	1.94	1.48
理　县	4.28	4.27	0.76	0.77	2.55	2.54	0.38	0.50
茂　县	9.86	10.05	1.18	1.30	5.26	5.27	0.59	0.60
松潘县	6.58	6.60	0.89	0.89	3.83	3.70	0.75	0.67
九寨沟县	5.61	5.61	1.10	1.10	3.25	3.24	0.68	0.64
金川县	6.84	6.82	0.91	0.90	3.87	3.82	0.64	0.61
小金县	7.32	7.37	0.79	0.80	4.61	4.31	0.60	0.67
黑水县	5.57	5.57	0.75	0.74	3.33	3.40	0.39	0.47
马尔康县	5.47	5.46	2.14	2.13	3.38	2.99	1.57	1.12
壤塘县	3.10	3.12	0.52	0.52	1.89	1.91	0.37	0.38
阿坝县	5.68	5.82	0.68	0.70	2.67	2.95	0.50	0.50
若尔盖县	6.15	6.31	0.76	0.77	5.10	3.23	1.04	0.72
红原县	3.39	3.53	0.77	0.76	1.63	1.73	0.30	0.32
康定县	10.19	10.46	3.78	3.91	6.12	5.99	2.48	2.26
丹巴县	5.52	5.53	0.81	0.82	3.06	3.11	0.52	0.50
九龙县	4.79	4.87	0.54	0.57	3.08	3.23	0.38	0.35
雅江县	3.92	3.93	0.52	0.53	2.23	2.15	0.24	0.22
道孚县	4.53	4.52	0.80	0.79	2.66	2.52	0.48	0.48
炉霍县	3.74	3.76	0.53	0.53	2.26	2.34	0.35	0.41
甘孜县	5.59	5.59	0.57	0.57	2.87	2.96	0.33	0.37
新龙县	4.29	4.31	0.72	0.72	1.81	1.78	0.21	0.20
德格县	6.21	6.26	0.42	0.42	3.63	3.69	0.33	0.40
白玉县	4.07	4.09	0.40	0.42	2.29	2.25	0.21	0.21
石渠县	6.20	6.24	0.37	0.39	2.97	2.94	0.31	0.29
色达县	3.41	3.43	0.38	0.39	1.98	2.02	0.15	0.17
理塘县	4.60	4.61	0.55	0.52	2.45	2.44	0.26	0.23
巴塘县	4.41	4.42	0.58	0.56	2.55	2.62	0.31	0.37
乡城县	2.56	2.58	0.33	0.34	1.54	1.59	0.26	0.24
稻城县	2.72	2.74	0.27	0.27	1.64	1.66	0.21	0.20
得荣县	2.28	2.30	0.24	0.24	1.34	1.33	0.15	0.13
木里县	11.99	12.13	1.36	1.39	7.26	6.97	1.01	0.76

11—4 各县(市、区)农村经济情况

县(市、区)名	乡村劳动力(万人)		年末实有耕地面积(公顷)		农村用电量(万千瓦小时)		化肥施用折纯量(吨)	
	1997	1998	1997	1998	1997	1998	1997	1998
平原县								
锦江区	3.25	3.21	1 970	1 853	3 395	4 573	448	463
青羊区	3.70	3.60	2 534	2 098	4 752	5 466	1 190	922
金牛区	6.95	6.89	4 018	3 713	11 226	13 669	2 511	2 415
武侯区	4.62	4.46	2 735	2 434	10 132	11 314	891	909
成华区	6.79	6.72	3 048	2 927	6 559	6 942	3 200	2 610
高新区	4.77	4.66	2 060	1 771	2 936	2 932	246	394
青白江区	20.18	20.19	19 611	19 402	7 503	7 321	6 509	6 577
双流县	45.96	46.43	50 347	49 856	32 100	40 277	14 500	14 913
温江县	13.81	13.92	15 751	15 642	1 796	2 060	7 842	8 158
郫　县	25.43	25.54	27 589	27 588	9 051	9 061	12 954	13 163
新都县	29.70	29.67	27 747	27 457	15 380	15 732	14 931	14 999
大邑县	26.41	26.39	28 431	28 274	5 813	7 849	10 086	11 657
新津县	15.83	15.99	16 909	16 801	3 360	3 480	5 700	5 685
都江堰市	27.38	27.58	29 642	29 488	19 850	17 716	12 530	11 850
彭州市	42.12	41.91	46 067	45 512	8 002	8 176	18 660	19 134
邛崃市	30.60	30.67	40 131	39 977	6 193	6 741	17 292	19 835
崇州市	36.71	36.32	39 464	39 394	14 025	14 817	18 271	19 540
旌阳区	23.34	23.51	27 644	27 581	21 303	21 788	15 151	15 900
绵竹市	26.80	26.22	33 153	33 047	32 462	12 252	21 015	20 755
什邡市	23.41	23.15	24 670	24 473	15 000	15 010	17 553	18 348
罗江县	14.22	13.71	20 253	20 102	3 267	3 308	15 044	15 674
广汉市	28.87	29.39	31 428	31 298	17 536	18 537	16 620	17 371
涪城区	17.06	17.31	18 237	17 741	4 634	5 435	16 053	15 880
游仙区	19.46	19.25	30 466	30 067	4 427	5 290	22 630	22 626
安　县	23.42	23.63	38 134	37 817	7 382	7 973	13 824	14 376
江油市	39.08	39.29	43 759	43 146	7 975	8 649	25 190	25 129
乐山市中区	20.45	20.54	21 100	20 895	5 064	5 478	7 999	8 351
夹江县	16.26	16.34	18 310	18 010	6 150	6 550	9 241	9 950
眉山县	41.37	41.60	50 432	49 998	10 702	11 049	28 436	29 433
彭山县	15.45	15.69	18 318	18 256	2 560	2 680	10 914	10 879
丘陵县								
龙泉驿区	18.83	18.97	16 574	16 240	13 110	13 118	8 706	9 348
金堂县	46.97	46.29	52 727	52 390	4 149	4 190	27 074	27 910
蒲江县	12.38	11.98	18 097	17 831	1 391	1 340	8 430	9 428
自流井区								
贡井区	3.70	3.73	3 668	3 641	1 906	1 956	1 440	1 485

11—4 续表 1

县(市、区)名	乡村劳动力(万人)		年末实有耕地面积(公顷)		农村用电量(万千瓦小时)		化肥施用折纯量(吨)	
	1997	1998	1997	1998	1997	1998	1997	1998
大安区	11.40	11.48	9 789	9 737	4 000	4 600	3 022	3 507
沿滩区	16.89	16.53	14 422	14 351	1 252	1 077	7 748	7 750
荣　县	46.02	54.05	59 689	59 608	10 851	10 851	19 317	22 271
富顺县	60.80	60.61	55 538	55 388	5 327	6 306	26 576	26 098
江阳区	23.67	23.91	19 652	19 578	3 384	3 122	7 544	9 633
纳溪区	24.59	24.58	23 975	23 877	1 262	1 375	7 472	7 524
龙马潭区	13.63	13.45	11 813	11 745	1 035	1 214	5 577	5 596
泸　县	56.40	56.54	47 752	47 333	7 325	6 913	21 089	22 331
中江县	80.64	80.64	74 467	74 039	9 373	10 310	45 495	49 590
三台县	77.47	77.26	84 640	83 699	8 329	8 812	62 056	55 230
盐亭县	28.50	28.60	38 992	38 371	3 848	3 801	24 896	27 345
梓潼县	18.89	17.94	34 007	33 793	4 600	4 982	10 621	11 066
遂宁市中区	58.96	64.94	71 168	70 604	5 250	7 218	63 681	66 166
蓬溪县	36.60	29.83	39 674	39 376	2 918	3 087	25 648	25 223
射洪县	44.82	44.17	44 835	44 321	3 885	3 768	23 161	23 693
大英县	25.27	22.79	24 979	24 409	2 513	2 762	15 937	16 831
内江市中区	18.39	18.71	16 006	15 891	4 979	4 738	7 613	8 091
东兴区	40.17	41.14	41 356	41 275	4 708	4 710	24 461	18 493
威远县	33.26	33.45	36 540	36 424	9 120	6 878	11 140	9 418
资中县	56.74	56.36	65 401	68 560	18 887	15 478	31 091	31 340
隆昌县	39.55	39.74	30 346	30 142	4 513	9 375	12 784	12 941
五通桥区	13.70	13.78	12 571	12 374	3 699	3 613	5 121	4 909
犍为县	24.80	24.21	32 498	32 417	3 268	3 452	9 605	10 761
井研县	22.99	22.99	31 808	31 794	4 805	5 020	13 427	13 517
顺庆区	16.90	17.72	17 806	17 469	4 378	8 503	11 982	12 536
高坪区	27.61	25.87	22 608	22 509	3 104	3 217	10 307	10 306
嘉陵区	34.19	33.98	40 779	39 268	3 634	3 547	17 612	18 762
南部县	80.95	81.36	61 253	61 253	4 860	5 100	17 373	19 370
营山县	39.10	39.55	41 649	41 639	3 587	4 031	25 292	27 614
蓬安县	31.09	30.63	36 221	36 052	5 241	5 332	19 690	20 218
仪陇县	47.86	48.20	43 275	42 979	2 848	2 950	29 262	30 835
西充县	37.05	37.10	35 442	35 278	2 500	2 700	12 666	13 140
阆中市	46.49	45.78	40 587	40 353	3 211	3 185	25 238	25 847
翠屏区	28.57	28.74	23 568	23 423	4 957	6 330	10 791	11 638
宜宾县	47.21	47.52	57 044	56 928	6 380	10 185	20 650	21 635
南溪县	20.21	20.39	20 340	20 311	3 102	3 145	7 693	7 616
江安县	25.20	25.41	26 332	26 117	1 340	1 410	13 172	17 076

11—4 续表 2

县(市、区)名	乡村劳动力(万人)		年末实有耕地面积(公顷)		农村用电量(万千瓦小时)		化肥施用折纯量(吨)	
	1997	1998	1997	1998	1997	1998	1997	1998
长宁县	23.13	23.29	23 610	23 588	2 182	2 325	6 736	6 782
高　县	26.58	27.47	28 649	28 495	2 240	2 888	8 366	9 142
达川市	8.66	8.78	7 779	7 655	1 640	1 339	4 285	4 549
达　县	58.90	59.93	66 794	66 588	7 103	7 459	27 968	28 711
宣汉县	47.30	47.30	58 636	58 494	5 426	4 777	30 193	30 428
开江县	23.55	23.44	24 928	24 882	1 885	1 831	14 622	15 356
大竹县	42.10	41.66	62 496	61 964	4 167	4 358	28 292	34 103
渠　县	53.14	52.06	61 647	61 966	5 823	4 586	35 455	36 585
名山县	13.81	13.75	16 077	16 022	1 034	1 833	7 066	7 561
华蓥市	13.48	13.49	11 055	10 944	735	945	8 122	8 429
岳池县	54.85	54.89	53 161	53 110	4 586	4 925	18 938	20 211
广安区	51.36	51.14	51 466	51 169	3 512	3 751	28 474	29 181
武胜县	35.98	36.93	34 799	34 689	3 657	6 427	12 370	12 662
邻水县	38.48	38.66	46 890	46 350	2 058	2 184	43 855	39 382
巴中市	54.02	54.35	55 481	55 015	4 054	4 173	46 732	49 497
平昌县	33.46	33.78	44 994	44 664	2 387	2 408	25 639	25 608
仁寿县	63.85	64.95	90 187	90 198	12 231	12 376	50 193	49 639
丹棱县	8.50	8.49	12 398	12 283	1 073	2 140	4 930	5 580
青神县	12.25	12.02	11 129	10 927	3 330	3 345	5 698	5 795
资阳市	45.76	45.66	75 427	75 124	5 121	6 467	21 859	22 485
简阳市	63.33	61.66	100 539	99 830	16 250	13 629	30 260	28 926
安岳县	81.34	81.26	88 134	88 004	6 340	5 278	30 544	27 366
乐至县	43.68	42.69	56 000	55 880	7 000	6 903	20 000	20 460
盆周山地县								
合江县	45.79	44.66	39 489	39 339	4 525	4 641	12 865	12 876
叙永县	30.81	30.62	42 701	42 505	4 570	8 010	12 262	12 510
古蔺县	35.73	35.97	47 097	47 041	1 904	2 117	9 489	10 937
北川县	7.64	7.73	15 794	15 743	1 015	1 050	5 571	5 748
平武县	9.42	9.61	27 367	27 367	1 728	1 811	4 124	4 612
广元市中区	12.30	12.48	10 373	10 286	1 509	1 712	5 033	5 201
元坝区	10.02	9.96	17 936	17 838	1 246	1 201	14 150	14 805
朝天区	10.52	10.48	16 607	16 553	565	569	4 585	5 025
旺苍县	19.74	19.73	19 128	18 997	1 834	1 899	7 751	7 933
青川县	11.51	11.60	26 088	26 018	1 568	1 328	4 869	5 404
剑阁县	27.47	28.29	53 962	53 824	2 501	2 471	21 241	21 999
苍溪县	39.47	39.06	37 578	37 585	3 572	3 534	26 026	26 933
沙湾区	8.52	8.62	9 523	9 451	1 265	952	4 161	3 864

11—4 续表 3

县(市、区)名	乡村劳动力(万人)		年末实有耕地面积(公顷)		农村用电量(万千瓦小时)		化肥施用折纯量(吨)	
	1997	1998	1997	1998	1997	1998	1997	1998
金口河区	2.42	2.40	3 501	3 533	208	273	605	514
沐川县	13.07	13.28	16 228	15 934	3 368	3 435	4 518	4 526
峨边县	6.20	6.27	10 351	10 313	17 97	1 844	2 049	2 030
马边县	8.80	8.68	17 106	17 129	600	715	2 816	2 497
峨眉山市	16.96	16.99	19 095	18 963	6 100	6 150	5 800	5 850
筠连县	17.50	17.82	21 339	21 213	1 300	1 528	4 196	3 744
珙　县	16.57	16.98	17 852	17 742	1 580	1 820	8 354	8 802
兴文县	22.26	22.95	23 490	23 444	1 683	1 683	5 315	5 266
屏山县	13.20	13.25	16 713	16 693	2 189	2 436	2 888	2 900
万源市	20.96	21.06	28 539	28 704	3 621	3 588	12 218	12 167
雅安市	12.59	12.72	13 485	13 424	2 735	3 212	5 145	5 310
荥经县	5.80	5.70	10 248	10 202	6 039	4 417	4 472	4 717
天全县	6.46	6.58	12 395	12 484	5 037	2 428	5 290	5 452
芦山县	4.49	4.51	7 437	7 430	2 518	2 227	4 473	4 428
宝兴县	2.43	2.35	4 904	4 884	656	2 412	1 620	1 393
通江县	33.19	33.21	38 189	38 188	1 178	1 209	16 125	16 179
南江县	27.33	27.29	31 060	30 883	2 094	2 314	14 437	14 210
洪雅县	17.15	17.38	17 689	17 666	1 987	2 183	13 587	14 161
川西南山区县								
仁和区	7.30	7.33	8 282	8 355	1 702	1 737	4 048	4 339
米易县	8.69	8.72	11 297	11 679	1 286	1 242	7 634	7 350
盐边县	9.06	9.14	11 308	11 057	926	1 118	4 998	5 255
汉源县	18.34	18.60	24 507	24 440	3 700	2 144	9 893	10 242
石棉县	4.71	4.69	6 352	6 286	1 949	2 106	2 530	2 843
泸定县	3.00	2.93	7 575	7 611	2 213	2 414	1 105	1 237
西昌市	21.07	21.39	25 870	25 536	4 164	4 298	10 918	12 651
盐源县	15.32	16.63	36 720	35 927	1 642	726	4 054	4 510
德昌县	10.06	9.89	14 324	14 023	1 537	1 443	7 649	7 963
会理县	22.19	22.28	33 010	32 732	2 171	2 500	12 397	12 721
会东县	18.85	19.05	23 688	23 683	1 561	1 467	8 298	7 322
宁南县	8.17	8.34	12 568	12 526	1 756	1 007	18 203	23 350
普格县	6.38	6.57	12 830	12 787	590	630	2 005	1 653
布拖县	6.50	6.63	15 238	15 228	230	268	1 220	1 069
金阳县	6.65	6.45	13 485	13 423	419	394	1 006	1 132
昭觉县	10.85	10.79	23 012	23 044	380	450	1 790	2 118
喜德县	6.65	6.50	14 419	14 050	304	381	2 523	1 903
冕宁县	16.56	16.59	20 299	19 280	1 909	3 496	4 310	4 493

11—4 续表 4

县(市、区)名	乡村劳动力(万人)		年末实有耕地面积(公顷)		农村用电量(万千瓦小时)		化肥施用折纯量(吨)	
	1997	1998	1997	1998	1997	1998	1997	1998
越西县	12.48	12.45	15 615	15 561	1 065	1 163	3 469	3 785
甘洛县	8.46	8.53	12 744	12 744	1 400	1 260	3 276	4 879
美姑县	8.46	8.66	16 156	16 156	106	118	1 242	1 181
雷波县	10.67	10.82	15 841	15 807	530	501	1 495	1 515
川西高原县								
汶川县	3.98	3.92	6 803	6 783	1 053	1 113	1 658	1 735
理　县	2.03	1.99	3 148	3 093	235	246	328	348
茂　县	4.49	4.55	8 328	8 332	870	843	1 449	1 778
松潘县	3.01	3.11	10 759	10 793	833	623	269	281
九寨沟县	2.54	2.58	5 879	5 928	493	486	454	458
金川县	3.15	3.14	5 742	5 724	251	263	675	838
小金县	3.78	3.61	9 692	9 713	620	345	343	391
黑水县	2.76	2.79	7 067	7 065	283	328	299	206
马尔康县	1.64	1.63	5 041	5 001	1 426	1 487	141	129
壤塘县	1.41	1.44	2 912	2 892	102	117	6	2
阿坝县	2.21	2.47	9 947	9 947	48	48	38	38
若尔盖县	2.96	2.57	5 110	5 111	105	95	14	19
红原县	1.24	1.25	435	434	25	26	129	112
康定县	4.00	3.57	9 858	9 688	763	766	218	232
丹巴县	3.00	2.55	5 224	5 216	1 052	1 072	488	224
九龙县	3.00	2.85	3 726	3 731	312	380	338	358
雅江县	2.00	1.89	3 266	3 260	88	84	37	46
道孚县	2.00	1.98	6 275	6 094	103	308	54	77
炉霍县	2.00	1.93	6 317	6 311	237	242	49	43
甘孜县	3.00	2.59	12 945	12 947	41	49	13	17
新龙县	1.00	1.49	3 700	3 680	200	204	12	16
德格县	3.00	3.38	5 826	6 003	86	122	28	15
白玉县	2.00	2.03	4 616	4 650	163	120	8	10
石渠县	2.73	2.72	3 527	3 259	26	36	16	29
色达县	2.00	1.82	802	774	16	16	5	5
理塘县	2.00	2.21	4 186	4 177	29	49	9	7
巴塘县	2.00	2.30	3 808	3 502	200	161	203	206
乡城县	1.00	1.40	2 329	2 328	191	508	88	65
稻城县	1.00	1.49	3 108	3 104	83	84	20	20
得荣县	1.00	1.20	1 851	1 877	3	10	70	72
木里县	5.79	5.81	12 457	12 283	1 147	142	447	571

11—4 续表 5

县(市、区)名	农林牧渔总产值(现价,万元)		#农业总产值		#种植业产值		农林牧渔总产值(1990不变价,万元)	
	1997	1998	1997	1998	1997	1998	1997	1998
平原县								
锦江区	15 211	15 925	9 922	10 535	9 354	9 771	7 812	8 016
青羊区	26 568	23 802	11 179	8 598	10 717	8 213	10 927	11 264
金牛区	26 832	27 298	12 247	12 982	12 151	12 898	12 767	13 008
武侯区	16 997	15 319	8 514	7 979	7 567	6 909	7 722	7 286
成华区	34 542	35 548	16 405	17 001	15 432	15 993	16 053	16 690
高新区	19 200	18 745	5 735	5 678	5 693	5 403	7 906	8 286
青白江区	70 411	68 858	47 055	46 710	42 231	41 893	31 261	32 522
双流县	176 076	188 143	94 253	108 897	91 405	105 847	86 465	90 243
温江县	80 590	84 875	41 205	47 507	37 545	41 663	33 208	34 761
郫　县	126 464	126 442	75 702	81 675	69 699	75 889	55 872	58 563
新都县	126 704	130 176	87 327	94 526	65 873	71 894	59 523	62 021
大邑县	99 982	106 995	60 326	63 502	54 326	56 590	52 347	54 492
新津县	72 238	77 418	40 002	43 331	34 914	36 299	36 650	38 224
都江堰市	121 432	126 187	81 480	89 706	59 846	68 311	62 265	65 233
彭州市	171 668	178 940	113 715	121 295	109 363	115 150	84 396	88 349
邛崃市	133 606	169 159	71 819	99 869	68 337	93 375	82 659	86 135
崇州市	141 551	147 689	83 906	87 434	69 682	72 119	80 743	84 000
旌阳区	126 371	131 149	69 979	71 065	66 785	67 871	66 542	69 073
绵竹市	157 079	166 323	95 314	99 447	89 153	92 380	81 261	84 084
什邡市	123 644	129 167	71 015	76 376	63 518	68 549	75 122	77 460
罗江县	81 017	85 067	42 786	50 170	41 421	47 743	41 635	43 397
广汉市	141 203	147 703	84 586	90 610	70 414	75 036	86 265	89 724
涪城区	84 370	86 274	49 490	52 241	47 671	50 266	40 313	42 752
游仙区	122 087	120 385	64 482	65 154	60 622	61 779	59 437	61 617
安　县	127 993	129 424	77 595	81 030	70 743	73 547	63 946	66 996
江油市	169 615	167 304	103 433	106 130	97 388	97 837	85 840	88 470
乐山市中区	65 706	66 234	32 992	33 963	32 357	33 328	39 353	40 790
夹江县	70 371	72 637	42 207	43 247	39 465	40 680	38 448	41 350
眉山县	129 077	137 057	76 401	79 767	73 101	76 464	86 001	89 027
彭山县	60 152	62 024	34 546	30 712	32 698	28 931	34 614	36 378
丘陵县								
龙泉驿区	137 075	143 187	82 612	91 743	82 408	91 587	71 477	74 866
金堂县	150 526	163 585	96 128	106 113	95 729	105 163	86 313	91 910
蒲江县	65 310	72 342	34 015	43 925	33 173	43 742	35 907	37 380
自流井区								
贡井区	13 534	14 240	7 241	7 456	6 738	6 937	6 416	6 714

11—4 续表 6

县(市、区)名	农林牧渔总产值(现价,万元)		#农业总产值		#种植业产值		农林牧渔总产值(1990不变价,万元)	
	1997	1998	1997	1998	1997	1998	1997	1998
大安区	33 824	36 662	20 650	21 428	20 160	20 789	17 295	18 115
沿滩区	47 591	51 285	28 963	31 653	26 871	29 236	24 419	25 459
荣　县	168 538	182 926	98 502	106 790	95 347	98 643	85 590	89 676
富顺县	221 129	224 893	125 649	122 653	117 548	112 082	102 640	106 357
江阳区	76 061	78 060	40 921	42 321	40 787	42 296	34 782	36 641
纳溪区	74 727	77 023	38 884	40 457	37 255	39 111	36 210	37 722
龙马潭区	38 604	41 239	22 072	21 874	20 759	20 793	19 956	20 903
泸　县	187 076	195 036	99 744	100 983	94 637	95 876	83 519	85 736
中江县	321 136	333 140	173 435	171 913	158 824	156 234	166 096	171 380
三台县	293 523	297 094	170 677	172 968	164 582	166 685	149 589	155 485
盐亭县	146 052	140 666	64 559	68 091	58 992	63 447	72 186	70 213
梓潼县	90 052	91 671	51 532	53 509	49 309	50 470	48 154	49 467
遂宁市中区	288 759	287 323	206 376	204 581	197 941	195 827	121 803	125 101
蓬溪县	129 198	129 285	79 194	79 494	77 257	77 353	59 188	60 673
射洪县	140 376	141 951	84 908	83 632	84 294	82 946	60 528	63 546
大英县	88 658	87 535	60 033	54 892	58 609	52 404	39 602	38 767
内江市中区	46 208	47 523	32 642	33 105	32 271	32 780	21 204	22 069
东兴区	142 320	134 135	98 528	92 578	93 423	88 268	69 622	67 804
威远县	107 423	110 016	62 502	63 311	62 269	63 056	51 691	53 679
资中市	153 812	159 107	84 658	84 426	83 849	83 510	88 894	92 040
隆昌县	84 469	78 381	46 333	43 437	43 465	41 369	44 933	44 688
五通桥区	47 972	50 679	27 079	27 862	26 679	27 362	26 671	29 274
犍为县	87 684	90 991	42 315	42 707	40 225	41 406	54 560	56 796
井研县	79 978	80 882	35 130	35 739	32 645	33 290	50 303	51 429
顺庆区	44 329	49 880	26 539	26 054	26 354	25 925	25 064	28 227
高坪区	58 705	67 751	32 764	35 826	30 537	35 264	40 327	41 323
嘉陵区	84 397	90 373	43 497	45 475	43 069	45 072	49 096	53 603
南部县	169 226	182 556	92 638	94 262	91 475	93 066	99 550	111 245
营山县	134 937	144 212	84 989	84 694	81 098	80 035	79 500	85 204
蓬安县	91 294	100 908	55 994	57 186	55 289	56 275	56 692	64 488
仪陇县	143 227	148 197	67 281	68 578	65 561	66 944	77 461	85 993
西充县	76 499	82 388	43 344	46 539	42 384	45 592	58 779	62 029
阆中市	96 387	107 979	51 097	56 381	47 388	52 161	62 870	67 375
翠屏区	75 103	77 674	35 428	37 244	34 375	36 187	41 148	43 520
宜宾县	154 324	157 496	89 363	90 539	81 396	82 405	85 926	88 158
南溪县	46 680	49 915	27 452	30 026	26 297	28 848	27 681	29 083
江安县	62 715	67 534	37 710	38 552	36 874	37 799	34 583	37 485

11－4 续表 7

县(市、区)名	农林牧渔总产值（现价，万元）		#农业总产值		#种植业产值		农林牧渔总产值（1990 不变价，万元）	
	1997	1998	1997	1998	1997	1998	1997	1998
长宁县	62 250	66 986	30 665	33 050	29 673	32 264	36 917	39 531
高　县	69 563	73 897	40 387	41 563	39 980	41 152	39 240	41 393
达川市	52 888	55 032	24 050	25 432	22 596	23 867	26 424	28 094
达　县	265 267	272 353	147 044	150 168	137 398	140 742	135 314	141 471
宣汉县	188 307	197 872	98 199	103 188	96 528	101 138	105 070	111 046
开江县	105 015	110 003	60 947	63 458	56 441	58 362	59 589	63 182
大竹县	205 505	210 404	119 930	119 257	116 496	113 963	98 353	104 318
渠　县	189 593	199 262	113 675	112 051	101 415	101 556	120 753	128 179
名山县	56 335	57 608	31 186	32 479	30 752	32 020	31 679	33 286
华蓥市	33 502	47 164	18 236	23 788	17 444	22 980	20 998	22 618
岳池县	124 361	136 710	72 930	77 735	70 219	74 789	81 976	86 610
广安区	107 429	147 260	64 833	82 949	61 830	79 607	82 750	87 750
武胜县	116 803	146 202	62 935	73 003	60 425	70 424	77 120	81 873
邻水县	117 584	141 260	63 655	75 544	61 486	73 171	80 783	82 929
巴中市	236 218	239 547	150 625	140 949	129 147	120 755	137 307	139 567
平昌县	117 450	135 448	64 993	75 755	57 313	68 494	67 005	77 229
仁寿县	246 113	259 178	138 817	134 819	136 048	132 349	144 984	147 258
丹棱县	39 804	40 926	18 645	19 480	18 225	19 045	26 890	28 164
青神县	35 558	37 147	22 205	21 655	18 175	18 156	23 220	24 270
资阳市	196 963	206 378	120 193	128 219	116 768	124 536	95 317	97 652
简阳市	265 909	264 025	156 818	148 869	151 078	143 273	131 244	136 095
安岳县	312 918	297 646	174 545	170 971	170 329	166 602	135 403	138 909
乐至县	203 366	193 664	102 472	99 063	99 584	96 017	102 014	98 517
盆周山地县								
合江县	132 412	132 893	60 634	60 961	56 622	57 807	79 282	83 473
叙永县	93 236	85 492	60 484	53 140	60 018	51 288	41 524	43 291
古蔺县	86 352	83 831	52 881	46 923	49 552	43 599	49 756	51 365
北川县	29 816	32 391	15 070	17 725	14 656	17 137	15 035	15 899
平武县	35 784	37 244	21 604	23 429	19 902	20 931	17 105	18 205
广元市中区	45 058	48 324	20 611	21 736	19 577	20 681	32 153	34 570
元坝区	47 947	54 571	29 330	34 446	23 902	28 446	30 755	33 567
朝天区	29 245	30 413	16 418	17 078	15 276	14 754	18 743	19 618
旺苍县	86 576	89 546	40 157	43 271	34 722	37 338	52 894	55 592
青川县	43 846	47 124	25 630	26 854	22 019	23 277	25 137	27 466
剑阁县	126 563	125 028	85 878	83 700	75 502	76 454	72 573	73 064
苍溪县	143 060	151 641	71 225	84 283	69 315	82 378	95 034	102 670
沙湾区	24 416	24 158	10 191	10 146	9 850	9 832	15 922	16 942

11—4 续表 8

县(市、区)名	农林牧渔总产值(现价,万元)		#农业总产值		#种植业产值		农林牧渔总产值(1990 不变价,万元)	
	1997	1998	1997	1998	1997	1998	1997	1998
金口河区	5 489	5 908	2 674	3 140	2 419	2 980	3 440	3 518
沐川县	39 872	42 337	23 836	25 159	21 716	22 806	23 200	24 125
峨边县	18 947	20 592	8 280	9 792	8 266	9 779	10 230	11 065
马边县	25 128	25 667	11 547	11 621	11 151	11 254	14 400	14 505
峨眉山市	59 674	61 145	30 593	31 498	27 890	28 520	37 770	40 354
筠连县	54 673	54 107	31 988	29 937	31 316	29 197	27 458	28 113
珙　县	48 165	53 889	25 072	27 353	24 442	26 702	27 705	30 281
兴文县	58 252	58 580	32 081	31 717	31 562	31 215	27 663	29 459
屏山县	32 098	32 682	17 903	18 070	17 030	17 196	20 552	21 205
万源市	97 499	98 800	63 146	64 597	55 646	56 727	57 918	60 196
雅安市	47 033	48 662	21 223	22 312	20 990	22 082	24 938	25 588
荥经县	29 424	29 854	16 197	16 131	16 130	16 056	12 294	12 564
天全县	30 627	31 666	18 075	18 791	17 391	18 092	15 699	15 913
芦山县	25 772	27 727	15 238	17 459	15 161	17 398	12 688	13 045
宝兴县	14 740	15 675	7 622	8 232	5 760	6 174	8 482	8 839
通江县	112 564	125 389	59 689	65 170	59 292	59 513	64 550	71 204
南江县	110 031	108 527	55 154	57 634	49 448	52 790	62 124	62 057
洪雅县	62 813	70 850	27 978	29 712	26 230	27 965	41 325	43 048
川西南山区县								
仁和区	28 742	32 484	17 134	18 122	16 363	17 376	18 562	19 600
米易县	47 485	48 665	30 980	31 651	29 701	30 284	24 925	24 023
盐边县	38 741	38 071	20 702	20 065	20 269	19 709	17 597	16 802
汉源县	52 672	56 731	34 596	37 406	34 532	37 343	29 255	32 093
石棉县	23 709	24 686	12 473	12 774	11 299	11 245	12 144	13 012
泸定县	10 151	10 197	6 081	6 078	5 758	5 782	5 392	5 488
西昌市	118 916	123 255	69 057	69 828	60 158	60 418	53 434	56 687
盐源县	47 225	47 860	33 086	31 190	30 582	28 183	28 583	28 029
德昌县	41 953	46 207	24 830	25 325	22 813	21 835	23 136	25 757
会理县	120 549	110 289	87 674	71 031	68 524	55 320	65 411	67 135
会东县	93 048	91 009	68 545	57 070	63 588	48 099	48 618	51 545
宁南县	37 846	38 453	25 926	23 002	24 867	21 886	23 144	25 290
普格县	24 442	23 314	14 946	12 952	13 847	11 195	12 897	13 439
布拖县	16 477	18 112	9 713	10 601	7 997	9 070	9 487	9 587
金阳县	22 007	22 414	12 548	12 918	9 965	10 209	14 515	15 213
昭觉县	25 517	28 028	13 551	13 929	11 762	12 111	18 356	19 840
喜德县	17 142	17 798	10 580	10 900	9 774	10 032	10 002	10 350
冕宁县	61 115	62 394	40 833	38 467	29 953	30 119	37 548	39 082

11—4 续表 9

县(市、区)名	农林牧渔总产值(现价,万元)		#农业总产值		#种植业产值		农林牧渔总产值(1990 不变价,万元)	
	1997	1998	1997	1998	1997	1998	1997	1998
越西县	31 091	32 294	15 727	15 767	15 480	15 514	17 557	18 732
甘洛县	24 353	25 814	13 285	13 720	11 499	12 076	12 310	13 225
美姑县	24 611	25 870	12 390	12 441	10 275	10 230	15 405	16 293
雷波县	28 490	32 230	14 201	17 946	12 604	15 338	16 160	17 053
川西高原县								
汶川县	14 464	15 146	10 117	10 823	8 331	8 344	6 607	6 888
理　县	5 318	6 135	3 287	4 070	2 496	3 322	4 169	4 623
茂　县	12 896	14 198	8 248	9 334	7 364	8 503	8 558	9 016
松潘县	10 332	12 412	5 183	6 225	4 009	4 550	6 811	7 230
九寨沟县	6 560	8 569	3 902	4 668	2 632	3 931	3 840	4 216
金川县	7 971	9 832	4 178	5 220	4 128	5 045	6 146	5 981
小金县	7 635	7 909	3 844	4 211	3 575	3 925	5 355	5 723
黑水县	5 996	6 532	4 095	4 604	3 261	3 836	4 209	4 401
马尔康县	5 292	6 701	2 206	2 340	2 093	2 211	3 934	4 480
壤塘县	4 899	5 513	964	978	695	662	3 134	3 493
阿坝县	11 252	12 676	2 293	2 947	1 614	1 808	6 562	6 522
若尔盖县	19 535	20 501	1 567	1 679	1 293	1 282	11 827	12 002
红原县	10 572	10 515	551	735	96	231	5 975	5 952
康定县	11 568	11 661	6 168	5 553	3 853	3 705	7 166	7 507
丹巴县	5 023	6 145	2 554	3 203	2 028	3 016	3 550	3 550
九龙县	5 880	5 773	3 018	2 700	2 395	2 377	3 810	3 955
雅江县	4 823	4 338	2 469	1 892	1 094	1 110	3 539	3 605
道孚县	6 677	6 666	2 360	2 133	1 785	1 637	4 833	4 840
炉霍县	5 758	7 011	1 807	1 827	1 651	1 671	4 023	4 554
甘孜县	7 787	7 729	3 350	3 151	3 157	2 953	5 623	6 024
新龙县	6 268	6 226	2 125	2 041	1 115	1 162	4 106	4 100
德格县	9 024	9 370	2 661	2 367	1 244	1 253	8 345	8 518
白玉县	5 742	6 024	2 129	2 226	1 086	1 072	4 949	5 168
石渠县	7 180	7 104	2 211	1 634	875	832	6 719	7 063
色达县	7 150	5 873	1 446	661	313	304	5 597	5 151
理塘县	6 674	6 697	1 956	1 546	1 299	1 172	6 084	6 583
巴塘县	4 324	4 234	2 055	1 899	1 665	1 538	2 877	2 892
乡城县	3 917	3 564	2 511	1 967	1 691	1 707	2 398	2 439
稻城县	5 454	5 036	2 848	2 233	1 495	1 494	3 264	4 022
得荣县	2 880	3 046	1 854	1 821	1 209	1 221	1 797	2 739
木里县	15 463	15 635	8 644	8 222	6 407	5 667	9 504	10 115

11—4 续表 10

县(市、区)名	粮食产量(吨)		油料产量(吨)		年末生猪存栏头数(头)		猪牛羊肉产量(吨)	
	1997	1998	1997	1998	1997	1998	1997	1998
平原县								
锦江区	11 004	10 695	133	86	27 347	28 692	2 987	3 316
青羊区	20 438	19 196	710	791	49 013	38 627	4 884	5 127
金牛区	27 660	27 937	1 154	1 127	57 179	60 927	6 111	6 382
武侯区	23 793	22 646	529	571	25 891	25 489	4 700	4 709
成华区	17 129	16 745			57 245	56 921	7 157	7 923
高新区	16 727	18 780	513	554	36 982	30 718	6 467	6 256
青白江区	160 677	162 409	7 419	8 937	208 511	209 213	16 155	17 338
双流县	422 736	422 402	19 142	19 981	387 144	380 314	37 255	37 575
温江县	168 885	164 785	4 431	4 680	219 711	196 149	19 637	18 527
郫　县	296 262	296 462	8 151	8 515	314 564	274 888	28 193	28 991
新都县	271 665	282 547	10 983	13 720	263 045	252 177	27 006	26 866
大邑县	279 322	281 596	10 080	11 962	307 484	326 380	25 188	27 287
新津县	151 981	151 657	5 250	5 060	195 955	195 555	16 296	17 978
都江堰市	266 650	266 727	8 341	9 377	302 100	302 800	27 194	27 092
彭州市	417 795	420 124	16 889	16 722	412 650	408 752	37 683	37 331
邛崃市	379 689	385 655	20 082	21 267	587 624	592 876	41 168	41 446
崇州市	385 032	385 121	12 672	13 208	562 315	562 042	47 237	50 182
旌阳区	281 988	282 271	19 411	19 470	289 718	290 180	36 982	37 150
绵竹市	321 235	322 564	17 738	19 746	530 756	545 440	47 501	49 024
什邡市	230 977	232 079	11 737	12 461	313 430	314 139	34 533	35 095
罗江县	174 729	175 512	12 795	13 330	216 281	210 378	19 548	19 879
广汉市	325 850	325 960	26 962	27 786	339 319	349 650	38 883	39 224
涪城区	166 565	157 106	13 311	13 172	210 035	193 509	19 909	20 127
游仙区	245 152	239 531	22 803	25 877	318 351	279 865	28 734	29 316
安　县	297 005	300 470	18 697	20 081	323 579	324 361	30 374	30 822
江油市	392 713	286 747	22 509	21 882	439 490	416 502	39 491	37 676
乐山市中区	153 021	155 215	5 920	6 672	266 023	267 653	25 267	24 914
夹江县	136 836	138 915	8 933	9 872	214 009	220 532	19 936	20 502
眉山县	420 656	425 341	21 280	24 587	509 098	490 660	42 903	46 098
彭山县	168 604	169 385	5 164	4 994	114 593	112 409	16 053	16 416
丘陵县								
龙泉驿区	172 240	171 150	2 545	2 123	182 536	204 683	28 661	28 500
金堂县	371 452	371 929	18 836	20 287	611 437	592 456	51 993	53 512
蒲江县	159 730	160 112	9 022	9 760	191 907	167 905	16 587	15 220
自流井区								
贡井区	27 347	27 520	793	819	32 041	30 267	4 006	4 216

11—4 续表 11

县(市、区)名	粮食产量(吨)		油料产量(吨)		年末生猪存栏头数(头)		猪牛羊肉产量(吨)	
	1997	1998	1997	1998	1997	1998	1997	1998
大安区	70 615	70 789	3 508	3 201	75 981	74 428	10 132	10 358
沿滩区	142 382	143 458	2 558	2 574	131 422	122 911	18 581	15 741
荣　县	51 023	517 860	17 365	16 486	564 841	590 915	57 774	66 092
富顺县	509 644	504 902	12 019	11 375	656 291	637 206	72 776	74 518
江阳区	193 019	195 304	1 975	1 989	295 348	295 110	25 759	27 862
纳溪区	206 140	208 259	1 703	1 717	387 883	376 619	26 771	27 609
龙马潭区	117 555	119 406	1 041	706	160 521	152 845	13 785	13 886
泸　县	518 999	524 375	4 993	4 810	628 854	607 210	51 465	53 414
中江县	714 005	715 140	35 515	37 935	1 074 216	1 052 754	118 745	120 156
三台县	731 781	733 852	61 181	65 546	910 840	852 209	85 609	88 177
盐亭县	256 227	245 999	14 310	15 462	552 842	534 224	43 695	44 238
梓潼县	191 194	185 999	21 031	22 387	254 837	263 695	23 282	24 097
遂宁市中区	587 183	606 436	31 698	36 934	792 073	778 667	67 505	72 554
蓬溪县	374 611	368 965	23 294	26 595	498 451	479 611	41 585	41 347
射洪县	399 105	421 155	15 434	16 494	558 684	523 494	49 378	51 106
大英县	265 519	248 479	10 559	10 059	319 128	300 308	25 003	23 282
内江市中区	132 916	134 022	6 872	6 342	132 797	124 295	9 118	10 025
东兴区	341 786	342 685	16 542	15 295	377 560	341 941	27 682	25 712
威远县	360 546	362 785	10 087	10 338	368 371	348 533	33 265	34 157
资中市	557 600	557 850	27 938	27 914	766 505	713 645	60 493	61 167
隆昌县	262 403	260 303	7 090	6 811	307 000	305 000	22 668	23 877
五通桥区	101 219	102 620	2 068	2 355	192 705	194 519	18 368	18 987
犍为县	246 649	251 664	4 790	4 755	448 866	474 891	41 303	42 253
井研县	206 284	208 908	2 498	2 212	389 269	370 157	33 485	33 945
顺庆区	150 448	156 112	7 091	7 810	169 793	191 904	16 023	19 950
高坪区	222 276	234 743	5 564	6 978	269 598	286 492	25 610	28 981
嘉陵区	277 699	302 618	8 257	13 760	334 995	411 402	41 546	50 902
南部县	458 315	483 449	24 519	32 581	704 385	738 284	72 940	86 332
营山县	385 376	413 996	11 864	13 448	593 674	705 619	51 929	61 369
蓬安县	288 975	305 791	14 634	21 587	459 210	500 000	34 031	41 070
仪陇县	371 795	424 238	13 472	18 402	608 122	619 654	59 270	68 319
西充县	280 801	295 041	10 750	17 738	410 544	406 773	36 537	46 018
阆中市	286 527	302 563	12 384	15 888	600 165	643 312	51 006	64 920
翠屏区	203 756	210 393	5 519	5 801	360 607	363 472	30 965	33 010
宜宾县	416 011	428 700	19 966	19 506	633 832	643 049	55 676	57 612
南溪县	157 263	162 503	3 664	4 010	207 214	207 328	16 196	17 218
江安县	206 332	213 803	2 305	2 350	238 348	250 814	19 538	24 315

11—4 续表 12

县(市、区)名	粮食产量（吨）		油料产量（吨）		年末生猪存栏头数（头）		猪牛羊肉产量（吨）	
	1997	1998	1997	1998	1997	1998	1997	1998
长宁县	193 210	199 220	1 461	1 825	286 900	295 000	22 130	24 195
高　县	208 406	215 764	5 314	5 507	283 212	281 088	24 568	27 211
达川市	74 850	77 505	3 007	3 335	184 413	188 752	17 953	18 793
达　县	616 326	631 818	22 275	26 551	971 834	982 708	80 813	85 134
宣汉县	500 251	525 257	30 088	36 930	859 254	881 004	76 917	83 983
开江县	249 974	262 773	15 569	17 861	320 648	321 526	29 745	31 592
大竹县	512 595	525 480	15 010	16 506	628 500	568 744	53 605	54 951
渠　县	561 502	581 266	14 326	16 336	903 575	928 556	82 718	95 582
名山县	148 967	149 528	7 767	8 286	202 019	191 357	19 209	19 920
华蓥市	105 046	102 747	1 164	1 074	184 697	188 714	16 764	17 456
岳池县	527 855	531 185	11 720	14 090	794 650	795 300	57 952	58 690
广安县	502 313	505 031	13 148	14 229	695 087	710 000	53 232	56 049
武胜县	394 741	393 209	9 475	12 232	663 262	668 300	58 559	58 991
邻水县	399 701	403 698	14 875	15 649	649 019	644 738	55 848	57 423
巴中市	591 243	599 125	15 713	16 183	961 980	942 272	71 703	73 556
平昌县	365 422	380 539	14 872	16 656	576 825	579 286	47 858	54 096
仁寿县	735 721	743 221	19 764	16 880	1 014 557	947 102	82 162	85 588
丹棱县	98 462	100 175	4 163	4 660	145 305	138 666	13 457	15 435
青神县	91 471	93 049	4 821	5 972	176 119	159 461	13 328	11 731
资阳市	520 824	526 635	35 008	38 265	807 037	770 720	55 035	60 103
简阳市	714 018	714 581	36 783	33 359	1 053 985	976 409	74 160	78 165
安岳县	801 699	808 809	16 553	20 924	1 253 905	1 241 780	95 426	98 672
乐至县	425 695	418 038	24 369	31 175	681 500	652 036	67 775	66 437
盆周山地县								
合江县	451 713	455 163	2 743	2 483	710 461	711 015	58 308	59 222
叙永县	265 191	276 826	1 290	1 287	463 059	494 569	27 054	27 324
古蔺县	229 431	248 311	2 460	4 664	450 164	484 492	33 797	38 354
北川县	61 969	65 195	1 991	1 487	138 862	145 930	10 805	11 736
平武县	77 038	80 875	4 140	3 812	117 049	120 992	9 101	11 590
广元市中区	103 007	105 105	2 218	1 856	179 328	184 591	16 174	17 620
元坝区	115 700	130 510	7 146	7 198	196 200	192 572	15 824	17 406
朝天区	100 200	101 212	2 660	2 874	107 987	111 072	9 946	10 156
旺苍县	170 129	185 019	4 487	4 625	303 739	307 561	28 764	29 179
青川县	102 868	109 739	3 886	3 548	130 276	138 074	11 490	12 005
剑阁县	324 524	370 217	31 188	27 505	736 503	665 730	61 535	54 131
苍溪县	281 009	362 514	12 303	14 757	632 003	660 050	64 927	62 815
沙湾区	61 704	62 343	1 720	1 920	123 684	123 785	10 968	11 291

11—4 续表 13

县(市、区)名	粮食产量(吨)		油料产量(吨)		年末生猪存栏头数(头)		猪牛羊肉产量(吨)	
	1997	1998	1997	1998	1997	1998	1997	1998
金口河区	15 719	15 742	170	179	31 913	31 444	2 486	2 609
沐川县	97 566	97 789	2 776	2 831	151 687	152 867	12 576	12 745
峨边县	48 976	50 008	652	754	136 377	136 469	8 765	9 046
马边县	74 024	73 115	1 456	1 553	157 226	158 436	9 467	10 330
峨眉山市	140 750	142 482	4 324	5 786	244 136	222 357	22 171	22 761
筠连县	151 113	153 952	1 245	1 245	221 326	230 148	21 009	22 970
珙　县	129 680	133 696	2 613	2 835	249 810	265 000	19 961	22 228
兴文县	162 337	167 426	807	852	259 214	263 417	18 311	21 087
屏山县	81 811	84 341	1 219	1 389	190 510	187 450	13 276	14 842
万源市	260 955	272 937	11 845	12 380	392 904	487 028	32 457	32 976
雅安市	119 509	120 590	4 621	5 094	150 500	148 000	15 600	18 153
荥经县	83 421	84 045	2 792	3 261	78 000	80 000	7 781	8 279
天全县	94 231	94 720	2 704	3 291	97 244	90 683	10 244	11 106
芦山县	70 330	71 056	2 158	2 232	80 997	80 755	8 001	8 417
宝兴县	28 278	28 415	215	194	50 695	51 075	5 249	5 777
通江县	322 890	332 310	15 004	15 852	582 975	628 030	48 782	54 380
南江县	281 091	288 500	9 291	11 033	501 032	518 502	39 100	44 124
洪雅县	173 774	175 013	5 097	5 604	269 954	265 642	22 411	23 393
川西南山区县								
仁和区	62 635	68 185	243	268	156 502	160 110	12 828	12 965
米易县	74 914	72 395	103	111	152 328	151 958	10 623	11 104
盐边县	77 797	70 428	336	302	184 641	184 954	11 938	11 329
汉源县	155 620	157 438	358	455	240 231	243 955	20 972	21 506
石棉县	52 370	53 952	482	522	80 851	86 005	7 725	8 361
泸定县	29 135	29 392	324	342	54 393	57 476	3 723	3 964
西昌市	215 002	215 152	1 915	1 925	293 571	303 684	29 624	31 956
盐源县	118 190	115 893	564	115	233 744	236 343	7 474	8 137
德昌县	75 408	80 509	355	365	152 261	159 238	12 288	13 629
会理县	192 253	196 865	1 023	757	495 023	540 475	34 571	38 606
会东县	137 450	144 300	731	449	294 345	298 237	21 714	25 688
宁南县	61 701	64 019	234	246	170 268	175 346	8 125	9 146
普格县	65 567	61 519	367	317	147 222	147 333	5 956	6 517
布拖县	54 942	51 503	70	42	113 908	118 246	3 129	4 908
金阳县	55 502	57 503	223	215	115 183	120 577	4 758	5 631
昭觉县	84 585	85 750	9	5	135 076	145 868	6 367	9 894
喜德县	60 004	60 305	39	56	122 725	122 689	4 793	4 891
冕宁县	134 931	137 506	2 361	2 340	286 230	291 384	16 344	17 143

11—4 续表 14

县(市、区)名	粮食产量(吨)		油料产量(吨)		年末生猪存栏头数(头)		猪牛羊肉产量(吨)	
	1997	1998	1997	1998	1997	1998	1997	1998
越西县	91 570	95 003	818	805	193 812	202 889	12 520	13 430
甘洛县	64 793	67 587	658	559	124 297	130 054	8 490	9 487
美姑县	68 250	69 179	71	41	154 771	154 952	8 806	9 500
雷波县	75 015	78 024	611	665	152 764	156 811	8 919	9 430
川西高原县								
汶川县	30 558	30 900	619	621	35 660	35 538	4 264	4 398
理　县	10 734	14 883	158	158	18 065	17 716	1 612	1 927
茂　县	31 890	33 563	229	322	49 647	50 981	4 186	4 542
松潘县	27 634	28 120	283	448	26 704	26 181	3 332	3 562
九寨沟县	13 439	19 595	249	268	21 123	21 411	1 901	1 989
金川县	23 907	25 401	101	96	56 878	59 586	2 855	3 352
小金县	21 209	24 445	936	1 036	41 797	41 911	3 143	3 288
黑水县	23 550	24 274	39	4	27 259	27 611	2 089	2 071
马尔康县	15 796	14 841	11	11	20 975	21 561	2 053	2 588
壤塘县	4 506	4 399	20	39	736	552	1 876	2 422
阿坝县	13 200	12 520	7	20	307	138	4 017	4 312
若尔盖县	7 612	7 819	704	635	7 716	8 184	8 005	8 246
红原县			213	128	216	214	4 062	3 907
康定县	20 283	20 332	18	20	28 882	28 534	6 665	7 032
丹巴县	13 161	19 498	46	30	46 041	48 174	2 628	2 673
九龙县	15 284	14 964			46 866	46 932	2 491	2 522
雅江县	7 457	7 476			15 359	15 573	2 171	2 253
道孚县	10 587	10 662	9	9	9 735	8 049	3 344	3 473
炉霍县	10 903	10 916	126	134	5 910	5 173	3 667	4 254
甘孜县	20 811	20 966			5 172	5 878	4 153	5 325
新龙县	7 493	7 568			773	976	3 840	4 025
德格县	8 066	8 078			303	241	5 392	5 480
白玉县	7 126	7 057			132	183	3 765	3 675
石渠县	5 114	4 856	27	30	1 518	1 631	4 246	4 350
色达县	1 960	1 960					4 337	4 400
理塘县	8 746	7 864			5 881	4 909	5 002	5 320
巴塘县	10 926	10 091			13 061	12 475	1 912	2 126
乡城县	9 654	9 654			20 693	21 880	932	1 111
稻城县	10 000	10 005			22 134	20 916	2 488	2 526
得荣县	7 417	7 652			28 432	26 685	839	891
木里县	40 011	35 438	128	28	145 273	144 831	4 655	4 999

11—4 续表 15

县(市、区)名	乡镇企业单位数(个)		乡镇企业职工人数(人)		乡镇企业总产值(现价、万元)		乡镇企业总产值(1990年不变价、万元)	
	1997	1998	1997	1998	1997	1998	1997	1998
平原县								
锦江区	449	1 337	14 336	16 260	132 977	157 176	138 010	162 968
青羊区	455	2 490	17 198	27 313	185 947	227 046	177 584	216 678
金牛区	5 726	8 390	42 556	50 186	339 147	453 228	332 598	441 653
武侯区	1 907	2 642	32 450	40 185	349 472	450 968	360 151	459 807
成华区	8 382	8 176	62 414	58 048	343 883	415 881	340 284	409 797
高新区	1 485	2 454	21 048	24 114	148 360	190 778	144 827	184 733
青白江区	1 055	1 748	36 251	36 866	244 008	296 868	223 216	277 025
双流县	1 287	2 505	58 528	68 050	927 963	1 112 951	786 731	970 419
温江县	2 319	2 209	22 324	22 643	155 325	194 603	144 901	182 232
郫　县	2 650	3 032	42 731	47 968	556 799	683 605	524 998	653 288
新都县	3 689	6 275	77 043	93 131	548 451	664 348	520 000	628 124
大邑县	2 627	3 579	36 492	42 171	362 934	470 972	350 755	442 335
新津县	333	621	26 579	29 405	245 638	298 395	240 601	261 728
都江堰市	949	2 051	32 752	40 540	140 765	206 141	143 078	194 617
彭州市	1 183	18 475	46 863	94 188	614 000	701 738	588 000	664 524
邛崃市	6 439	9 544	55 836	62 232	570 001	703 472	542 729	647 602
崇州市	4 329	5 949	63 098	65 640	598 424	720 923	585 175	704 343
旌阳区	8 754	9 396	70 035	72 461	490 756	578 128	452 185	539 112
绵竹市	12 239	14 663	70 652	79 176	706 757	835 499	682 468	833 145
什邡市	14 051	16 117	119 055	104 880	758 218	911 277	705 346	865 868
罗江县	2 168	2 319	11 650	13 725	100 246	106 004	80 590	83 132
广汉市	12 405	12 157	90 963	90 025	746 305	923 130	740 758	947 019
涪城区	12 869	13 041	69 668	68 081	926 654	1 175 822	884 946	1 086 377
游仙区	589	549	25 309	24 176	188 389	242 514	178 705	232 539
安　县	9 005	9 823	30 562	31 623	140 621	186 152	140 835	186 824
江油市	21 937	23 007	78 994	78 216	322 785	342 744	315 526	337 257
乐山市中区	6 918	7 205	30 765	33 850	132 680	162 560	130 881	165 403
夹江县	4 068	7 573	31 329	38 765	112 976	129 466	143 324	197 295
眉山县	14 519	14 836	91 990	67 044	325 282	372 591	310 910	386 774
彭山县	9 453	10 530	35 712	36 409	214 716	261 997	207 556	251 160
丘陵县								
龙泉驿区	10 539	11 315	82 433	74 976	376 951	452 527	370 145	447 715
金堂县	10 348	15 776	44 461	66 077	331 212	435 285	321 182	401 985
蒲江县	352	1 232	15 367	14 849	127 269	166 419	121 140	157 029
自流井区								
贡井区	2 125	1 728	77 833	10 049	67 273	81 980	65 880	80 021

11—4 续表 16

县(市、区)名	乡镇企业单位数(个)		乡镇企业职工人数(人)		乡镇企业总产值(现价、万元)		乡镇企业总产值(1990年不变价、万元)	
	1997	1998	1997	1998	1997	1998	1997	1998
大安区	6 755	6 812	38 952	39 266	262 305	291 834	240 765	274 650
沿滩区	9 799	7 030	46 152	36 801	396 488	284 725	389 845	280 002
荣　县	16 723	13 728	80 061	61 107	265 074	299 584	247 603	299 584
富顺县	13 912	17 041	61 627	60 689	231 544	296 212	230 898	294 040
江阳区	3 321	3 274	19 739	18 408	44 775	65 095	42 018	59 329
纳溪区	6 377	7 028	25 765	26 032	104 445	132 647	99 381	124 333
龙马潭区	3 043	3 493	19 538	21 595	95 054	119 490	88 477	116 594
泸　县	8 651	9 534	76 127	77 901	291 333	379 297	307 894	373 688
中江县	14 415	15 337	76 317	75 226	251 239	291 084	245 019	271 251
三台县	17 156	19 903	58 230	62 813	179 510	223 224	169 348	218 111
盐亭县	8 236	8 033	21 792	18 005	34 345	41 762	30 898	40 065
梓潼县	4 529	5 054	15 516	13 502	49 740	59 889	47 097	58 466
遂宁市中区	15 988	17 681	110 825	97 903	363 436	486 698	357 872	482 617
蓬溪县	11 395	10 198	33 478	31 201	117 167	98 630	111 067	95 501
射洪县	25 554	24 129	72 798	68 559	355 975	352 638	336 014	331 393
大英县	8 847	9 648	22 541	28 937	122 541	141 327	119 304	138 331
内江市中区	5 425	5 537	25 063	26 676	148 952	179 733	145 767	178 401
东兴区	6 957	4 208	32 085	26 612	155 791	185 039	149 498	182 543
威远县	12 016	11 985	71 603	65 894	350 176	382 625	348 746	388 288
资中市	16 294	18 519	82 130	85 773	278 523	336 197	277 357	335 763
隆昌县	8 689	10 137	60 557	59 547	269 750	327 345	262 908	320 238
五通桥区	8 606	8 647	36 644	35 865	152 991	191 451	151 021	193 033
犍为县	4 871	4 428	33 173	31 852	69 350	87 427	66 941	87 122
井研县	3 177	3 114	18 751	19 273	54 500	74 785	62 362	80 059
顺庆区	4 268	4 748	23 368	25 478	140 244	208 270	125 959	197 973
高坪区	6 043	8 087	26 839	30 584	97 411	154 236	93 611	151 625
嘉陵区	6 095	6 541	25 750	31 841	81 509	126 592	78 307	125 461
南部县	12 978	18 830	57 536	63 284	146 110	231 229	140 040	220 487
营山县	13 726	12 516	41 598	38 199	112 309	163 519	105 600	156 288
蓬安县	6 741	7 100	25 734	36 695	119 092	169 632	114 084	162 866
仪陇县	5 249	6 110	47 800	52 026	69 791	91 866	68 709	90 168
西充县	9 168	9 577	29 153	30 297	110 916	160 374	107 581	156 323
阆中市	12 970	16 081	40 413	47 867	112 772	140 777	105 217	139 888
翠屏区	13 057	11 985	79 496	73 511	426 467	558 875	416 698	544 940
宜宾县	11 041	11 588	32 406	32 445	191 578	248 197	189 321	246 127
南溪县	2 099	2 136	14 092	13 966	41 004	56 951	40 941	55 782
江安县	3 288	3 168	25 399	27 376	81 163	107 741	80 578	106 203

11—4 续表 17

县(市、区)名	乡镇企业单位数（个）		乡镇企业职工人数（人）		乡镇企业总产值（现价、万元）		乡镇企业总产值（1990 年不变价、万元）	
	1997	1998	1997	1998	1997	1998	1997	1998
长宁县	5 452	4 583	28 323	24 768	77 061	105 277	78 941	104 382
高　县	7 213	7 738	33 733	32 008	74 342	100 059	74 791	99 650
达川市	8 251	7 200	31 001	30 682	205 847	238 500	193 200	235 900
达　县	16 056	14 938	88 580	95 494	540 554	639 600	533 131	635 703
宣汉县	9 657	9 780	78 311	82 540	241 000	285 500	232 500	283 900
开江县	5 890	6 044	57 252	53 249	191 426	226 700	170 200	218 800
大竹县	15 379	14 305	98 457	104 286	481 055	556 466	466 950	555 327
渠　县	15 729	14 293	105 313	89 500	313 974	388 600	302 105	371 103
名山县	6 719	7 269	25 991	26 582	127 790	139 349	110 060	138 188
华蓥市	5 474	6 109	56 317	52 230	250 721	323 621	236 788	311 394
岳池县	9 377	13 969	46 786	48 986	272 955	346 188	269 287	337 188
广安区	14 708	14 794	58 331	52 279	280 401	139 114	269 975	133 956
武胜县	9 982	11 164	44 047	49 181	204 806	331 416	198 770	260 270
邻水县	15 020	15 188	74 009	73 629	285 508	423 460	241 364	413 204
巴中市	26 814	26 229	70 513	74 320	179 128	209 513	170 402	203 244
平昌县	19 167	19 230	51 900	48 664	130 361	133 340	127 251	132 006
仁寿县	13 661	15 480	54 434	57 870	158 240	229 108	152 348	216 215
丹棱县	2 977	2 926	11 080	12 029	24 678	29 339	24 223	30 061
青神县	4 258	5 521	14 537	18 129	76 124	88 922	73 540	87 216
资阳市	12 693	15 187	62 497	68 946	358 726	422 833	345 961	415 753
简阳市	18 556	19 335	66 172	65 294	387 262	448 099	364 624	458 287
安岳县	8 246	9 728	31 431	35 823	153 903	195 738	141 267	181 428
乐至县	9 145	9 055	39 573	42 013	188 677	226 921	168 655	219 263
盆周山地县								
合江县	14 106	19 831	43 646	63 410	174 437	216 758	160 078	211 542
叙永县	8 198	10 130	32 798	39 199	102 025	128 855	91 710	116 456
古蔺县	3 576	4 378	11 488	13 909	45 854	48 510	43 858	45 546
北川县	442	1 131	5 195	6 593	13 955	21 233	14 363	21 487
平武县	2 561	2 707	5 817	5 685	23 429	32 560	22 200	30 350
广元市中区	16 972	15 424	55 522	49 829	202 927	209 048	199 899	206 883
元坝区	5 565	6 242	16 570	16 022	49 799	59 000	47 058	57 100
朝天区	2 987	3 077	13 541	18 766	45 600	54 316	42 000	50 821
旺苍县	19 082	14 106	66 095	57 475	198 679	251 108	196 800	241 410
青川县	5 291	4 402	12 870	10 204	37 905	43 538	36 100	43 500
剑阁县	12 715	12 876	25 897	24 991	66 538	78 848	57 546	72 308
苍溪县	12 527	17 384	50 538	55 005	94 531	112 687	91 007	110 467
沙湾区	2 214	2 639	13 297	14 276	62 668	81 120	64 628	81 471

11—4 续表 18

县(市、区)名	乡镇企业单位数(个)		乡镇企业职工人数(人)		乡镇企业总产值(现价、万元)		乡镇企业总产值(1990 年不变价、万元)	
	1997	1998	1997	1998	1997	1998	1997	1998
金口河区	404	615	3 249	3 390	21 367	21 378	16 872	19 018
沐川县	5 265	4 386	15 801	14 085	35 513	38 319	29 505	33 950
峨边县	1 379	1 245	6 254	5 636	27 028	26 142	22 112	21 953
马边县	1 625	1 415	5 245	3 988	6 904	7 322	6 651	6 724
峨眉山市	9 962	10 498	47 702	49 078	227 273	301 280	215 002	281 392
筠连县	3 824	3 514	16 346	15 329	30 721	41 079	29 906	39 713
珙　县	6 629	7 343	36 343	37 244	177 316	226 870	174 980	230 128
兴文县	6 790	6 570	30 375	29 727	93 383	129 070	100 327	135 308
屏山县	3 755	3 770	10 705	30 661	39 098	51 451	37 619	49 302
万源市	8 306	9 653	54 019	53 698	182 800	214 700	179 000	210 700
雅安市	12 173	13 063	40 940	40 515	268 384	290 417	251 460	272 400
荥经县	6 652	7 416	27 973	30 807	169 001	201 874	178 132	206 000
天全县	5 408	6 069	19 911	22 866	157 264	205 335	155 600	194 800
芦山县	3 466	3 446	17 002	14 095	119 190	42 749	125 628	43 638
宝兴县	1 563	1 608	6 882	6 595	65 478	78 982	88 025	106 400
通江县	11 697	11 896	38 109	39 846	106 291	118 285	100 930	112 058
南江县	10 895	11 162	28 225	29 372	113 264	132 773	107 311	124 249
洪雅县	3 896	4 145	17 157	16 956	36 255	40 919	34 085	37 543
川西南山区县								
仁和区	3 698	4 635	24 135	27 156	161 660	200 939	151 507	188 456
米易县	3 147	3 817	11 834	12 375	53 582	67 816	52 753	68 112
盐边县	77	60	5 047	3 744	36 840	40 976	34 659	37 893
汉源县	8 589	7 954	47 786	48 690	164 690	171 227	155 100	169 500
石棉县	4 180	4 667	13 463	12 644	121 583	156 049	119 668	151 100
泸定县	2 318	2 365	4 473	4 074	6 945	6 357	7 009	5 862
西昌市	8 038	8 947	22 862	25 880	109 914	154 100	100 215	140 798
盐源县	3 511	3 511	6 750	6 750	10 496	16 298	10 200	13 699
德昌县	3 914	5 185	8 856	10 274	17 224	22 662	16 103	21 119
会理县	10 062	11 518	37 556	39 849	94 527	123 636	91 153	120 122
会东县	4 337	4 311	12 487	13 642	48 099	64 650	47 363	64 036
宁南县	3 221	3 422	9 577	9 330	32 849	36 368	23 031	30 002
普格县	1 174	1 312	2 379	2 855	3 842	4 458	3 612	4 410
布拖县	442	447	2 318	2 335	4 151	4 889	4 007	4 819
金阳县	877	950	1 779	1 588	3 472	4 241	2 953	3 600
昭觉县	926	926	2 184	2 190	2 631	3 597	2 132	3 102
喜德县	1 500	1 705	3 632	3 534	22 592	27 149	20 371	24 370
冕宁县	5 416	6 144	15 569	15 427	34 751	42 973	30 892	41 607

11—4 续表 19

县(市、区)名	乡镇企业单位数(个)		乡镇企业职工人数(人)		乡镇企业总产值(现价、万元)		乡镇企业总产值(1990年不变价、万元)	
	1997	1998	1997	1998	1997	1998	1997	1998
越西县	4 327	4 522	11 820	13 741	17 223	22 699	16 679	21 721
甘洛县	1 740	1 867	12 270	12 849	76 852	99 724	77 779	101 101
美姑县	809	889	1 936	2 187	2 205	3 006	2 033	2 822
雷波县	1 417	1 407	4 480	4 453	6 160	7 507	5 760	7 048
川西高原县								
汶川县	2 028	2 007	8 011	8 136	14 469	15 759	13 619	15 381
理　县	1 417	1 398	2 284	2 147	3 352	3 682	3 517	3 668
茂　县	1 680	2 174	3 274	3 620	3 175	3 593	2 990	3 570
松潘县	1 558	1 598	3 070	3 293	2 636	3 077	2 588	3 061
九寨沟县	1 453	1 538	2 755	3 028	3 124	3 870	2 925	3 678
金川县	775	1 076	5 763	6 189	4 315	5 070	4 040	4 872
小金县	1 287	1 498	2 183	2 360	2 605	3 085	2 443	2 890
黑水县	600	600	1 455	1 455	1 530	1 888	1 502	1 847
马尔康县	1 195	609	2 651	2 085	3 930	3 392	3 916	3 481
壤塘县	262	262	590	437	728	871	559	679
阿坝县	919	786	1 176	1 020	2 134	2 290	2 144	2 269
若尔盖县	894	909	1 657	1 651	1 500	1 693	1 490	1 603
红原县	377	381	932	950	908	1 126	904	1 069
康定县	2 113	2 097	9 239	9 451	7 913	7 916	7 600	7 495
丹巴县	1 283	1 356	3 015	3 345	5 148	5 966	4 978	5 166
九龙县	588	549	1 495	1 069	6 963	4 641	6 892	4 387
雅江县	971	830	2 829	2 162	4 804	4 764	4 030	4 355
道孚县	841	913	5 455	7 926	3 778	3 721	3 433	3 660
炉霍县	460	466	1 204	1 224	1 249	1 665	1 299	1 534
甘孜县	413	413	850	756	4 301	4 367	3 817	4 003
新龙县	345	338	1 810	1 845	1 689	1 715	1 430	1 474
德格县	577	462	649	629	1 609	1 852	1 608	1 140
白玉县	736	1 586	2 580	3 245	1 820	1 785	1 769	1 857
石渠县	355	296	612	512	779	913	721	861
色达县	193	93	1 268	527	3 899	1 630	3 800	1 536
理塘县	1 196	1 260	1 691	1 735	2 184	2 712	2 347	2 821
巴塘县	514	500	919	815	1 841	1 995	2 457	1 697
乡城县	650	650	686	686	1 705	2 130	1 805	2 110
稻城县	304	304	898	898	1 310	1 512	1 310	1 550
得荣县	260	186	810	615	1 750	1 480	1 695	1 415
木里县	1 093	1 008	5 094	4 869	3 646	3 816	3 509	3 500

11—5 各县(市、区)工业经济情况

县(市、区)名	全部工业总产值(现价,万元)		#轻工业		#国有工业		#集体工业	
	1997	1998	1997	1998	1997	1998	1997	1998
平原县								
锦江区		648 218		186 710		132 955		183 537
青羊区		410 519		152 975		65 601		92 699
金牛区		561 844		301 435		137 516		130 310
武侯区		628 787		393 828		125 175		192 632
成华区		921 309		374 548		391 278		144 149
高新区	371 819	443 527	206 085	243 750	97 943	110 080	79 259	46 513
青白江区	548 750	586 649	181 552	211 621	271 136	257 701	104 872	93 645
双流县	998 033	1 157 026	386 248	440 550	76 015	70 470	630 614	499 497
温江县	288 584	328 373	185 613	235 661	71 175	82 256	80 396	77 246
郫　县	507 634	583 189		389 464	38 681	18 502	255 133	211 874
新都县	585 182	666 530	315 136	366 881	105 807	67 122	260 345	199 168
大邑县	295 005	355 762	158 571	176 810	33 182	26 770	52 518	21 227
新津县	171 665	234 196	126 025	151 603	13 159	9 354	42 176	36 126
都江堰市	199 829	192 530	62 152	59 882	52 808	51 983	90 903	90 489
彭州市	499 685	603 191	178 766	267 795	73 882	90 960	103 610	93 833
邛崃市	535 846	592 069	459 047	459 608	36 182	21 352	209 894	61 214
崇州市	303 612	584 843	206 308	392 271	40 990	27 753	108 636	44 088
旌阳区	664 026	732 601	177 228	245 666	215 316	194 850	278 660	182 175
绵竹市	522 181	577 898	282 909	279 752	203 894	233 261	172 156	203 369
什邡市	544 242	661 341	268 903	431 527	213 012	190 389	102 280	65 374
罗江县	103 289	108 993	57 030	89 174	13 691	9 386	37 272	21 915
广汉市	578 207	561 240	347 255	310 696	50 999	14 712	117 817	138 428
涪城区	2 488 432	2 775 086	2 083 498	2 326 135	2 090 262	119 556	129 910	99 861
游仙区	176 775	207 871	98 252	115 535	27 162	9 575	71 980	55 568
安　县	146 255	166 230	73 640	100 143	14 093	2 922	36 315	28 872
江油市	576 073	602 415	145 245	147 489	169 675	174 218	106 053	103 116
乐山市中区	275 143	289 280	160 494	160 090	92 564	51 905	58 059	20 171
夹江县	107 850	149 305	41 072	39 368	36 973	25 043	22 966	16 781
眉山县	405 551	468 082	218 070	270 208	118 977	92 416	45 957	33 405
彭山县	155 163	172 880	62 058	86 586	9 556	3 251	88 360	62 423
丘陵县								
龙泉驿区	176 005	197 146	69 253	95 170	24 939	25 052	40 902	46 992
金堂县	240 768	257 904	116 564	172 917	50 572	36 319	33 368	36 786
蒲江县	166 219	186 996	125 198	155 047	19 467	11 864	50 517	30 748
自流井区	273 560	279 320	44 784	35 590	62 194	33 891	37 377	32 067
贡井区	136 416	138 521	51 878	58 630	42 279	36 647	36 232	24 200

11—5 续表 1

县(市、区)名	全部工业总产值(现价,万元)		#轻工业		#国有工业		#集体工业	
	1997	1998	1997	1998	1997	1998	1997	1998
大安区	359 953	352 231	129 344	117 324	122 050	29 976	73 873	54 547
沿滩区	241 410	168 610	122 311	114 642	15 372	8 859	88 494	44 160
荣　县	279 332	299 863	181 394	194 726	24 041	23 991	83 059	80 545
富顺县	232 858	236 982	134 885	167 252	43 017	30 371	57 545	31 887
江阳区	334 587	210 456	182 959	148 009	101 762	45 890	73 297	38 321
纳溪区	195 152	191 295	44 117	38 581	125 788	117 428	40 607	20 465
龙马潭区	137 568	130 023	76 808	73 601	49 858	32 390	42 456	22 025
泸　县	173 073	190 479	88 581	112 533	11 696	13 247	68 284	104 811
中江县	230 391	265 368	202 783	220 563	54 506	15 941	60 563	78 870
三台县	247 829	293 719	179 414	220 484	24 896	9 684	58 843	36 465
盐亭县	28 189	29 596	23 662	23 773	2 927		6 563	8 243
梓潼县	52 929	58 000	39 354	44 080	4 235	1 588	10 432	12 495
遂宁市中区	350 525	387 473	238 664	270 341	80 422	48 696	154 751	84 793
蓬溪县	95 440	76 806	81 716	71 717	13 198	12 543	16 145	9 742
射洪县	404 616	398 586	271 728	327 270	187 320	186 725	208 276	74 075
大英县	93 233	79 647	57 568	65 557	11 104	5 840	24 765	14 146
内江市中区	237 465	230 849	87 856	99 653	128 033	116 136	51 933	33 592
东兴区	193 694	247 538	121 215	172 630	50 227	48 975	34 628	43 294
威远县	324 258	325 820	77 375	86 115	159 358	164 512	117 306	82 955
资中市	197 219	213 737	68 895	86 516	36 002	6 711	26 399	53 708
隆昌县	200 317	227 446	107 816	154 254	25 110	26 448	58 304	68 194
五通桥区	217 821	226 313	96 710	112 757	79 256	56 372	68 059	47 313
犍为县	117 073	124 859	72 057	70 510	13 231	9 170	26 772	13 504
井研县	71 892	86 252	52 321	61 665	21 534	3 036	41 838	16 707
顺庆区	204 823	200 682	109 111	113 284	81 728	50 773	51 837	20 441
高坪区	124 410	140 541	85 061	98 846	39 117	33 266	31 007	38 853
嘉陵区	37 094	44 860	25 679	30 893	4 903	3 759	15 999	3 505
南部县	133 365	151 059	99 485	120 251	32 019	28 810	66 052	39 489
营山县	71 503	81 958	43 840	48 670	21 880	15 249	20 438	14 089
蓬安县	71 174	88 490	47 462	39 015	19 790	18 747	19 961	22 501
仪陇县	26 327	25 000	19 361	17 560	9 204	7 792	12 307	11 845
西充县	56 687	71 289	47 549	56 826	6 103	4 966	28 598	33 810
阆中市	120 000	115 163	99 807	101 006	37 050	16 567	32 960	21 630
翠屏区	825 822	882 611	599 596	638 498	493 002	118 601	82 451	84 099
宜宾县	162 822	179 784	72 036	77 953	60 655	70 595	32 615	10 771
南溪县	77 112	87 118	15 433	28 850	47 434	43 703	12 598	24 804
江安县	73 333	77 166	32 874	35 899	18 724	13 478	29 636	34 157

11—5 续表 2

县(市、区)名	全部工业总产值(现价,万元)		#轻工业		#国有工业		#集体工业	
	1997	1998	1997	1998	1997	1998	1997	1998
长宁县	68 055	77 371	45 319	50 352	13 876	8 439	9 615	12 406
高　县	60 113	69 194	34 792	46 556	4 228	3 978	15 565	13 172
达川市	241 397	279 398	84 520	81 250	118 108	51 323	47 740	43 119
达　县	422 997	457 046	188 296	236 237	76 020	57 617	116 257	84 793
宣汉县	221 068	238 964	127 873	114 673	32 328	11 766	81 351	50 982
开江县	142 559	160 279	64 507	79 875	8 787	3 839	39 874	16 467
大竹县	323 848	357 831	144 201	151 795	47 486	12 905	59 819	62 440
渠　县	246 791	249 080	99 569	119 887	70 188	54 265	16 251	24 607
名山县	91 681	88 377	50 082	38 572	15 305	3 771	25 027	19 580
华蓥市	201 435	209 515	43 500	48 259	66 927	76 534	36 867	32 806
岳池县	92 937	106 134	62 702	62 459	13 816	2 107	27 339	10 460
广安区	139 834	117 838	59 097	61 028	22 533	12 055	35 745	30 744
武胜县	86 277	101 808	46 415	57 052	14 944	10 956	17 648	18 538
邻水县	219 308	201 365	80 112	74 171	34 071	7 185	82 766	57 012
巴中市	104 999	94 748	68 040	77 079	23 678	9 252	26 761	12 812
平昌县	76 283	70 152	64 030	57 928	32 863	12 356	10 755	19 749
仁寿县	214 490	215 540	153 182	161 315	75 243	36 283	56 517	33 145
丹棱县	25 041	18 913	2 775	1 639	1 322	650	8 414	2 220
青神县	64 842	64 958	38 551	34 712	11 960	3 980	29 694	3 504
资阳市	375 770	401 393	176 279	236 904	174 832	163 821	136 551	48 310
简阳市	341 845	335 771	142 225	155 222	99 048	36 595	144 758	119 006
安岳县	117 510	124 198	80 136	107 095	10 009	1 873	59 672	15 634
乐至县	165 556	192 723	115 759	159 146	19 079	11 216	92 852	40 809
盆周山地县								
合江县	162 446	156 146	57 373	54 758	30 577	11 044	30 969	32 082
叙永县	69 587	71 550	35 777	27 555	14 747	12 181	17 460	1 425
古蔺县	74 663	81 133	58 191	62 876	51 388	52 990	8 443	7 887
北川县	29 383	28 833	11 999	11 333	7 727		9 602	8 234
平武县	23 741	27 610	12 052	14 013	7 514	2 536	6 827	6 798
广元市中区	114 228	124 762	34 268	37 429	1 688	1 022	51 037	51 622
元坝区	23 920	25 701	16 482	18 619	813	673	9 213	6 899
朝天区	30 210	33 427	23 173	25 950	10 641	43	12 221	9 900
旺苍县	145 371	169 550	19 683	19 474	31 250	22 375	58 134	42 757
青川县	18 090	20 503	6 188	8 710	3 516	973	5 577	4 581
剑阁县	68 356	63 925	53 095	44 315	15 269	12 147	19 171	12 365
苍溪县	52 205	51 746	43 440	43 085	20 194	8 925	16 320	12 962
沙湾区	89 635	159 244	7 024	20 164	54 431	81 591	18 061	12 468

11—5 续表 3

县(市、区)名	全部工业总产值(现价,万元)		#轻工业		#国有工业		#集体工业	
	1997	1998	1997	1998	1997	1998	1997	1998
金口河区	50 523	49 134	1 360	2 912	39 101	31 673	10 031	10 905
沐川县	42 870	40 713	26 019	24 104	6 698	2 602	6 868	6 190
峨边县	38 534	42 618	1 387	1 545	12 714	8 974	7 908	10 275
马边县	8 710	10 880	866	2 673	3 314	3 064	1 581	2 269
峨眉山市	257 739	280 847	74 390	71 742	27 745	17 149	60 764	21 044
筠连县	25 976	29 827	9 594	10 115	3 360	2 000	4 813	5 683
珙　县	114 893	129 132	33 452	40 569	38 244	30 213	21 581	23 054
兴文县	64 784	79 244	16 044	12 778	4 327	1 537	25 624	24 654
屏山县	26 267	28 162	12 992	18 223	3 675	3 603	11 502	7 586
万源市	129 417	113 073	38 428	39 274	33 715	24 010	45 588	29 071
雅安市	243 541	292 717	88 246	159 801	64 222	52 937	96 887	79 941
荥经县	118 920	134 927	6 000	6 655	4 132	4 762	56 854	54 415
天全县	91 460	104 915	12 578	14 466	19 705	19 405	22 625	24 690
芦山县	100 020	36 023	2 714	6 140	6 477	389	8 005	4 256
宝兴县	62 975	69 998	6 611	7 483	8 405	1 441	21 521	24 107
通江县	49 555	45 829	30 988	33 892	9 387	7 609	8 687	6 836
南江县	61 632	56 524	16 447	16 158	4 817	3 773	11 778	6 854
洪雅县	54 363	48 846	13 850	12 456	9 312	5 440	16 006	1 657
川西南山区县								
仁和区	91 833	127 179	5 969	9 846	781	17 333	77 648	73 005
米易县	50 556	51 420	18 213	16 184	5 603	1 885	20 089	14 620
盐边县	31 073	25 009	9 428	2 562	4 820	4 959	14 864	9 734
汉源县	67 386	62 492	20 590	20 069	6 072	3 715	19 473	23 916
石棉县	132 148	138 068	20 973	849	30 669	1 4797	70 170	75 822
泸定县	9 688	8 981	1 211	721	5 282	5 001	2 163	1 678
西昌市	216 413	234 665	117 000	134 308	109 547	78 923	35 930	46 354
盐源县	15 884	17 569	3 272	4 328	10 334	9 265	3 834	4 796
德昌县	25 495	26 201	12 144	10 316	15 221	4 582	2 737	3 296
会理县	83 594	107 231	20 673	47 027	26 001	11 111	19 191	21 176
会东县	47 157	58 610	16 127	18 573	26 063	27 245	10 669	17 424
宁南县	33 308	32 868	26 255	23 705	11 738	3 611	8 645	6 763
普格县	9 164	10 841	6 836	8 140	1 607	407	353	947
布拖县	2 341	2 702	1 199	1 900	774		765	846
金阳县	2 288	2 726	418	420	304	370	580	781
昭觉县	3 932	4 370	1 437	1 100	1 992	1 992	93	653
喜德县	18 133	19 926	2 611	113	957		354	524
冕宁县	42 872	46 115	3 600	4 138	9 553	7 766	10 029	17 341

11—5 续表 4

县(市、区)名	全部工业总产值(现价,万元)		#轻工业		#国有工业		#集体工业	
	1997	1998	1997	1998	1997	1998	1997	1998
越西县	13 617	18 364	7 067	9 140	4 494	6 640	2 875	3 091
甘洛县	74 506	89 417	645	261	3 238	2 776	66 950	81 916
美姑县	6 354	7 202	370	465	5 295	5 503	311	709
雷波县	12 841	11 375	2 147	2 146	9 919	5 783	1 740	1 748
川西高原县								
汶川县	121 602	121 695	4 546	4 026	68 023	69 122	5 744	4 866
理　县	10 716	12 202	642	790	9 455	10 913	834	653
茂　县	4 100	4 415	1 683	2 230	3 263	3 040	585	1 022
松潘县	5 974	5 633	411	384	4 897	4 697	675	517
九寨沟县	6 741	7 821	459	427	4 964	5 742	144	187
金川县	5 121	4 531	482	464	3 672	2 918	618	839
小金县	2 445	2 226	76	83	1 142	1 221	1 243	510
黑水县	5 402	4 988	453	432	4 786	4 654	561	294
马尔康县	7 732	7 245	1 263	1 433	6 583	6 017	766	574
壤塘县	2 782	2 390	118	232	2 012	1 710	665	462
阿坝县	2 036	1 787	500	517	1 383	1 233	243	245
若尔盖县	4 542	3 013	2 319	983	2 354	2 210	1 858	645
红原县	5 111	5 060	4 246	4 507	5 004	4 899	77	101
康定县	18 537	22 784	1 064	2 379	13 901	9 747	3 557	3 491
丹巴县	5 599	6 824	854	769	3 123	3 999	1 436	1 495
九龙县	10 684	10 750	85	141	7 167	3 895	3 149	1 841
雅江县	2 288	2 412	47	48	2 108	2 223	91	94
道孚县	6 181	5 456	197	290	5 035	4 906	899	219
炉霍县	4 535	4 862	652	444	3 731	3 858	683	822
甘孜县	2 416	1 943	879	622	655	447	760	656
新龙县	4 599	3 406	566	541	3 733	2 530	153	9
德格县	662	513	34	37	619	444	11	10
白玉县	2 513	2 370	6	8	2 500	2 353	8	
石渠县	331	261	152	116	64	67	81	12
色达县	1 887	1 194	25		1 631	1 194	40	
理塘县	2 739	2 022	6	6	2 145	1 848	541	121
巴塘县	1 685	1 673	37	20	1 563	1 533	112	91
乡城县	1 594	1 354	180		399	535	65	100
稻城县	916	676			807	273	11	
得荣县	204	236	13	14	165	191	9	9
木里县	13 889	16 929	2 398	1 406	12 887	15 396	587	509

11—5 续表 5　　　　　　　　　　(1998 年)

县(市、区)名	全部国有及年销售收入 500 万元以上非国有工业企业主要经济指标							
	工业总产值(现价，万元)	资产合计(万元)	负责合计(万元)	所有者权益合计(万元)	产品销售收入(万元)	利润总额(万元)	亏损企业亏损额(万元)	利税总额(万元)
平原县								
锦江区	463 554	1 114 143	772 519	341 624	912 840	—1 824	11 935	16 976
青羊区	263 766	760 453	389 314	371 138	268 672	5 373	2 252	14 408
金牛区	390 153	732 488	375 951	356 537	462 864	45 790	4 318	85 630
武侯区	355 887	568 464	361 962	206 502	332 192	5 691	11 562	20 948
成华区	734 632	1 866 137	1 212 061	654 076	719 248	—31 734	64 194	82 077
高新区	333 319	573 223	242 373	330 850	294 240	51 236	679	68 312
青白江区	412 452	632 510	319 136	313 374	392 740	9 489	3 855	28 694
双流县	763 132	627 144	346 165	280 979	668 265	24 782	10 120	41 203
温江县	212 056	441 473	255 129	186 344	201 848	15 803	5 650	27 416
郫　县	267 584	331 341	178 984	152 357	212 178	—148	8 950	8 676
新都县	369 483	670 040	484 994	185 046	360 655	—7 962	20 028	7 769
大邑县	82 056	157 076	120 194	36 882	92 092	3 427	3 232	11 778
新津县	123 563	130 147	79 947	50 200	119 424	3 629	1 667	7 782
都江堰市	103 200	301 833	202 769	99 064	123 341	—11 614	13 062	—4 971
彭州市	181 664	350 986	237 241	113 745	176 073	3 730	5 763	15 043
邛崃市	123 798	145 690	101 285	44 405	114 295	—4 148	6 780	6 050
崇州市	127 301	155 436	104 484	50 952	118 066	1 855	3 410	6 458
旌阳区	411 300	1 043 076	622 280	364 606	412 142	7 461	8 783	43 269
绵竹市	421 398	710 404	457 282	253 122	389 904	33 791	6 426	70 513
什邡市	453 126	609 260	455 855	153 405	464 743	19 140	13 941	12 995
罗江县	23 564	31 368	17 971	13 397	21 108	192	201	1 553
广汉市	212 060	319 935	235 710	84 225	209 915	—733	14 303	6 663
涪城区	2 510 439	3 421 918	2 091 925	1 329 993	1 854 504	279 165	11 969	332 839
游仙区	99 450	161 929	111 598	50 331	90 109	449	1 516	4 195
安　县	60 009	78 878	60 301	18 577	62 681	—1 119	2 133	2 281
江油市	370 170	1 036 181	887 500	148 681	338 080	—20 715	25 812	2 494
乐山市中区	224 578	610 554	465 030	145 524	210 349	6 242	7 534	20 742
夹江县	74 405	108 472	87 721	20 751	70 467	—1 442	2 292	3 137
眉山县	252 024	260 780	161 963	98 817	231 078	—370	7 043	6 236
彭山县	68 777	106 571	67 261	39 310	69 317	—343	1 607	3 587
丘陵县								
龙泉驿区	105 046	222 939	152 251	70 688	93 497	—1 429	5 996	3 724
金堂县	86 245	204 239	119 497	84 742	75 938	4 578	1 923	8 942
蒲江县	62 145	86 852	60 427	26 425	65 148	127	993	3 258
自流井区	277 495	518 468	343 591	174 877	233 469	—1 066	1 972	11 901
贡井区	83 658	168 052	117 626	50 426	82 406	2 557	5 980	7 078

11—5 续表 6　　　　　　　　　　(1998 年)

县(市、区)名	全部国有及年销售收入500万元以上非国有工业企业主要经济指标							
	工业总产值(现价,万元)	资产合计(万元)	负责合计(万元)	所有者权益合计(万元)	产品销售收入(万元)	利润总额(万元)	亏损企业亏损额(万元)	利税总额(万元)
大安区	239 283	479 735	323 577	156 158	229 630	—4 457	9 545	7 233
沿滩区	54 127	80 519	55 396	25 123	49 678	—761	1 522	1 736
荣　县	50 423	74 247	62 352	11 895	41 761	—3 408	3 696	—2 062
富顺县	78 973	139 888	122 220	17 668	66 007	—8 856	10 006	—5 300
江阳区	156 810	368 256	226 130	142 126	141 580	—23 153	46 883	760
纳溪区	121 674	230 160	103 815	126 345	107 107	4 398	1 780	11 461
龙马潭区	79 493	138 806	83 070	55 736	75 247	—2 386	3 924	4 064
泸　县	55 270	106 895	81 799	25 096	55 391	—920	2 625	2 994
中江县	56 338	88 154	57 769	30 385	51 222	807	1 622	2 594
三台县	67 793	167 471	96 450	71 021	71 417	1 584	2 788	5 737
盐亭县	5 462	19 098	17 475	1 623	8 740	—1 381	1 469	—827
梓潼县	12 848	11 877	10 138	1 739	11 164	—520	585	—138
遂宁市中区	128 424	316 762	198 876	117 886	121 852	8 278	8 192	15 479
蓬溪县	23 597	54 815	58 066	—3 251	22 944	—3 692	3 819	—2 476
射洪县	211 560	388 142	168 752	219 390	182 222	26 106	2 601	37 224
大英县	18 507	41 036	27 495	13 541	18 374	22	163	1 332
内江市中区	154 039	162 797	113 171	49 626	70 833	—5 618	7 257	—1 501
东兴区	110 038	160 421	95 503	64 918	104 953	—1 386	9 361	1 174
威远县	200 467	485 868	290 533	195 335	207 965	3 863	5 050	13 480
资中市	72 816	141 262	100 016	41 246	70 653	—83	3 278	2 945
隆昌县	81 959	129 501	102 069	27 432	65 913	—3 184	4 635	2 171
五通桥区	122 567	259 243	188 693	70 550	98 804	—10 956	13 807	—5 161
犍为县	72 058	161 036	85 768	75 268	63 378	2 017	1 884	6 209
井研县	42 661	37 331	28 912	8 419	35 364	—2 346	2 435	—1 073
顺庆区	104 944	251 802	169 116	82 686	106 703	—1 463	10 313	2 350
高坪区	70 832	117 053	99 372	17 681	61 266	—3 043	3 653	—473
嘉陵区	25 333	35 811	24 311	11 500	25 304	—463	658	461
南部县	33 186	69 491	64 425	5 066	28 376	—2 274	2 693	—585
营山县	18 362	22 057	13 455	8 602	17 724	—429	730	706
蓬安县	29 743	81 604	66 828	14 776	26 500	—1 514	1 709	2 406
仪陇县	12 303	14 143	10 710	3 433	11 705	89	352	373
西充县	10 491	14 923	13 177	1 746	8 377	—726	820	—222
阆中市	55 383	100 100	103 236	—3 136	46 676	—4 925	5 326	—2 510
翠屏区	636 610	1 246 797	720 345	526 452	696 432	70 209	8 919	137 906
宜宾县	97 630	61 434	42 616	18 818	36 835	1 162	275	3 498
南溪县	49 590	104 850	67 266	37 584	47 230	—1 744	2 082	955
江安县	21 254	35 362	30 595	4 767	24 122	—504	974	388

11—5 续表 7 （1998 年）

县(市、区)名	全部国有及年销售收入 500 万元以上非国有工业企业主要经济指标							
	工业总产值(现价，万元)	资产合计（万元）	负责合计（万元）	所有者权益合计（万元）	产品销售收入（万元）	利润总额（万元）	亏损企业亏损额（万元）	利税总额（万元）
长宁县	26 409	53 642	37 856	15 786	27 842	1 105		2 731
高　县	14 861	42 156	29 465	12 691	15 467	368	575	1 414
达川市	150 212	272 289	203 295	68 994	148 380	−915	3 021	7 961
达　县	115 740	195 632	183 973	11 659	101 232	−4 762	6 874	−205
宣汉县	22 694	61 660	42 529	19 131	17 781	−213	504	1 056
开江县	18 187	24 949	19 637	5 312	13 660	−67	97	454
大竹县	44 593	79 458	61 796	17 662	41 110	311	543	3 001
渠　县	65 365	81 413	59 640	21 773	36 956	−1 170	1 333	1 908
名山县	12 681	26 079	21 601	4 478	14 239	−1 281	1 729	−505
华蓥市	72 630	200 552	139 252	61 300	67 962	−2 725	5 555	3 494
岳池县	24 256	48 402	46 297	2 105	24 561	−1 708	2 205	939
广安区	48 599	98 284	78 161	20 123	45 068	−986	1 774	1 260
武胜县	49 676	190 396	185 868	4 528	44 179	−3 568	3 820	2 256
邻水县	28 493	48 916	39 880	9 036	25 748	−1 191	1 465	301
巴中市	19 378	59 563	46 111	13 452	21 493	−1 821	1 880	−587
平昌县	18 323	35 072	31 283	3 789	14 467	−1 455	1 742	139
仁寿县	113 612	115 993	94 217	21 776	99 025	−1 853	2 804	1 512
丹棱县	9 261	36 938	23 184	13 754	8 940	−3 545	3 570	−2 621
青神县	27 691	44 392	63 366	−18 974	26 940	−3 776	4 515	−2 572
资阳市	244 632	249 578	158 129	91 449	228 702	2 604	3 338	37 561
简阳市	106 053	215 550	166 891	48 659	99 940	−7 763	10 130	−436
安岳县	16 135	27 386	24 448	2 938	20 306	−1 390	1 507	−416
乐至县	26 224	37 148	30 961	6 187	27 420	−2 582	2 623	−778
盆周山地县								
合江县	81 630	294 908	219 142	75 766	79 272	−2 123	4 350	1 352
叙永县	13 369	486 617	43 801	4 816	14 133	−1 941	1 948	−947
古蔺县	53 971	96 420	48 085	48 335	43 973	8 390	405	15 656
北川县	9 831	22 261	19 641	2 620	10 047	238	20	1 070
平武县	7 205	17 004	14 196	2 808	16 425	188		885
广元市中区	6 641	10 069	10 257	−188	4 748	−117	132	56
元坝区	1 937	6 394	6 497	−103	1 743	−235	248	−157
朝天区	13 634	11 376	7 122	4 254	12 956	491	20	777
旺苍县	42 037	85 202	73 201	12 001	37 597	−2 381	3 000	674
青川县	2 949	9 869	3 003	6 866	2 514	19	211	244
剑阁县	5 545	12 864	10 076	2 788	6 587	−211	297	226
苍溪县	18 427	41 581	41 446	135	17 762	−3 268	3 356	−2 336
沙湾区	133 751	463 459	425 546	37 913	127 523	34 507	5 875	41 906

11—5 续表 8　　(1998 年)

县(市、区)名	全部国有及年销售收入 500 万元以上非国有工业企业主要经济指标							
	工业总产值(现价,万元)	资产合计(万元)	负责合计(万元)	所有者权益合计(万元)	产品销售收入(万元)	利润总额(万元)	亏损企业亏损额(万元)	利税总额(万元)
金口河区	41 853	117 067	49 720	67 347	35 886	634	570	1 534
沐川县	27 976	103 179	61 816	41 363	25 297	1 475	688	4 193
峨边县	29 406	83 953	47 397	36 556	32 660	1 117	806	3 870
马边县	5 545	14 706	12 697	2 009	8 217	—438	529	754
峨眉山市	156 699	338 520	174 066	164 454	125 551	2 693	5 754	10 963
筠连县	6 910	18 156	12 712	5 444	8 535	—96	286	788
珙　县	36 615	114 093	67 860	46 233	34 668	—3 984	4 624	—1 541
兴文县	7 646	17 651	14 488	3 163	7 539	38	347	727
屏山县	6 344	17 440	14 653	2 787	6 711	357	48	908
万源市	38 198	78 190	80 600	—2 410	33 920	—4 509	4 655	—1 758
雅安市	128 916	385 748	268 029	117 719	138 116	7 895	7 181	19 738
荥经县	6 633	37 002	26 239	10 763	7 887	292	164	1 017
天全县	21 459	49 363	31 838	17 525	17 335	769	548	2 299
芦山县	5 578	20 522	10 204	10 318	4 877	—85	270	216
宝兴县	10 725	27 173	17 863	9 310	10 489	609	13	1 492
通江县	9 401	27 110	27 424	—314	7 695	—217	403	269
南江县	15 801	48 697	38 533	10 164	14 695	—324	863	770
洪雅县	26 640	135 035	107 493	27 542	23 921	—11 217	11 286	—7 929
川西南山区县								
仁和区	42 545	74 585	60 218	14 367	31 881	—2 645	3 357	—759
米易县	19 814	37 970	30 130	7 840	17 539	—2 071	2 302	—396
盐边县	8 403	26 647	18 011	8 636	9 252	—483	570	482
汉源县	21 001	50 199	38 248	11 951	20 536	—401	907	633
石棉县	37 029	114 443	95 272	19 171	25 468	3 342	1 819	5 613
泸定县	5 873	17 259	10 947	6 312	3 917	—123	456	642
西昌市	162 755	318 044	212 827	105 217	162 354	4 323	1 856	39 574
盐源县	9 917	19 020	10 226	8 794	10 026	567	80	2 390
德昌县	18 837	35 862	25 760	10 102	20 243	570	300	3 077
会理县	41 849	104 487	52 988	51 499	44 285	—150	1 391	3 556
会东县	28 025	51 285	31 531	19 754	22 338	819		3 242
宁南县	20 837	37 217	32 861	4 356	21 725	—613	1 252	2 706
普格县	7 741	9 572	7 167	2 405	7 405	1 268		1 889
布拖县	902	933	641	292	585	4		28
金阳县	370	2 245	881	1 364	349	—1	13	36
昭觉县	2 073	7 034	5 269	1 765	1 937	192		382
喜德县	5 707	19 098	10 276	8 822	5 912	—178	302	462
冕宁县	25 484	71 369	50 878	20 491	23 639	5 189	170	6 969

11—5 续表 9　　　　　　　　　　（1998 年）

县(市、区)名	全部国有及年销售收入 500 万元以上非国有工业企业主要经济指标							
	工业总产值(现价，万元)	资产合计（万元）	负责合计（万元）	所有者权益合计（万元）	产品销售收入（万元）	利润总额（万元）	亏损企业亏损额（万元）	利税总额（万元）
越西县	6 640	18 751	16 432	2 319	5 743	—126	344	377
甘洛县	13 913	16 083	11 954	4 129	11 063	488	10	970
美姑县	5 503	7 762	4 061	3 701	5 205	176		699
雷波县	5 783	13 437	7 113	6 324	3 954	126	71	718
川西高原县								
汶川县	111 772	330 943	232 254	98 689	83 411	3 067	5 027	12 570
理　县	10 913	41 830	19 366	22 464	10 465	201	2 060	1 978
茂　县	3 301	15 310	9 902	5 408	2 613	—56	396	279
松潘县	4 698	10 785	7 142	3 643	4 938	18	298	490
九寨沟县	6 117	16 809	14 913	1 896	6 163	—781	1 072	—199
金川县	2 918	9 264	11 112	—1 848	2 977	—428	670	—69
小金县	1 221	6 169	7 343	—1 174	1 040	—1 087	1 138	—997
黑水县	4 520	10 271	10 320	—49	4 547	—1 512	1 643	—1 023
马尔康县	5 936	18 499	12 545	5 954	5 286	—1 715	1 886	—928
壤塘县	1 710	5 876	4 736	1 140	1 857	—523	611	—312
阿坝县	1 221	4 559	1 956	2 603	1 223	379	13	481
若尔盖县	2 401	8 943	4 441	4 502	2 366	274	103	454
红原县	4 899	9 372	6 065	3 307	4 078	304	3	691
康定县	16 658	42 280	27 704	14 576	14 819	23	696	1 163
丹巴县	3 999	6 416	3 842	2 574	3 911	189		491
九龙县	10 060	31 674	11 990	19 684	9 525	1 426		2 537
雅江县	2 223	4 436	1 877	2 559	1 374	156		412
道孚县	4 906	21 021	15 900	5 121	3 331	151	193	602
炉霍县	3 858	14 203	6 767	7 436	4 132	492	63	917
甘孜县	447	3 245	1 715	1 530	432	56		91
新龙县	2 530	17 520	14 835	2 685	2 495	—472	618	—154
德格县	444	1 169	405	764	385	—65	69	1
白玉县	2 353	11 644	6 264	5 380	2 353	—190	342	134
石渠县	58	1 310	22	1 288	61	—11	12	—4
色达县	1 194	4 982	1 281	3 701	1 194	551	57	636
理塘县	1 710	8 800	5 167	3 633	1 662	124	156	263
巴塘县	1 532	4 859	1 338	3 521	1 318	299	15	403
乡城县	535	1 735	347	1 388	221	111		140
稻城县	273	1 012	178	834	148	—17	18	1
得荣县	191	948	125	823	120	—11	13	1
木里县	15 568	53 551	35 317	18 234	8 958	112	1 004	981

11—6 各县(市、区)交通运输和邮电业情况

县(市、区)名	交通系统公路货物周转量(万吨公里)		公路通车里程(公里)		邮电业务总量(1990年不变价,万元)		年末电话机数(部)	
	1997	1998	1997	1998	1997	1998	1997	1998
平原县								
锦江区	1 952	704	45	53				
青羊区	6 839	8 609	23	76				
金牛区								
武侯区								
成华区	504	507						
高新区								
青白江区	6 528	6 813	179	237	1 611	4 721	17 536	21 808
双流县	39 862	42 585	673	689	6 168	9 190	24 124	35 751
温江县	3 284	2 912	261	268	2 919	5 602	16 649	21 717
郫　县	5 488	6 505	285	285	2 790	6 490	12 833	21 063
新都县	11 555	14 601	1 329	1 329	3 976	7 168	19 622	29 727
大邑县	4 424	12 373	402	1 197	2 835	4 863	11 160	15 859
新津县	12 392	4 691	155	138	1 795	3 514	6 883	12 529
都江堰市	16 614	14 122	460	460	5 078	8 004	23 846	32 756
彭州市	40 784	45 311	505	505	2 992	6 689	17 320	23 306
邛崃市	20 910	29 971	415	498	2 384	4 911	11 382	19 466
崇州市	20 308	25 462	378	780	2 292	5 575	14 385	19 950
旌阳区	26 446	31 653	315	311	12 867	19 194	64 331	71 440
绵竹市	14 303	11 352	279	326	4 672	6 579	19 504	30 065
什邡市	12 446	19 123	453	496	4 534	6 459	19 682	24 208
罗江县	3 732	3 929	153	255	919	1 470	4 761	6 583
广汉市	9 793	17 954	352	352	6 585	9 277	27 391	34 178
涪城区	50 207	52 717	233	233	12 489	20 961	55 856	72 937
游仙区	2 820	4 473	368	368	5 354	8 984	23 469	31 259
安　县	34 000	34 000	363	363	1 716	2 641	8 175	10 735
江油市	11 598	12 668	810	810	5 855	8 199	44 237	53 453
乐山市中区	32 785	17 460	232	327	8 507	12 621	37 004	48 519
夹江县	6 532	6 592	219	219	1 852	3 132	8 665	11 864
眉山县	16 662	20 474	495	561	4 759	7 453	14 801	22 345
彭山县	8 668	8 059	192	350	1 973	2 451	7 787	9 650
丘陵县								
龙泉驿区	3 026	3 657	224	550	2 356	4 955	11 497	18 770
金堂县	55 675	61 355	513	536	2 096	3 817	12 363	17 239
蒲江县	5 538	6 402	289	1 938	1 277	2 205	4 605	6 392
自流井区	13 613	19 285	32	40	9 605	14 283	37 803	42 250
贡井区	5 107	257	71	147	859	1 100	5 653	9 891

11—6 续表 1

县(市、区)名	交通系统公路货物周转量(万吨公里)		公路通车里程(公里)		邮电业务总量(1990 年不变价,万元)		年末电话机数(部)	
	1997	1998	1997	1998	1997	1998	1997	1998
大安区	6 779	54	216	288	757	810	13 214	15 020
沿滩区	6 330	3 415	97	97	718	775	6 952	6 619
荣　县	3 365	3 290	84	584	2 425	3 921	13 105	17 147
富顺县	1 612	6 178	624	624	2 900	4 417	14 453	18 880
江阳区	25 299	19 093	218	218	9 335		48 792	
纳溪区	2 241	3 720	358	571	1 552	2 501	11 479	14 550
龙马潭区	10 202	10 260	150	208				
泸　县	13 088	13 844	525	525	2 473	3 028	5 973	7 454
中江县	18 137	20 707	715	737	4 200	5 746	20 780	24 398
三台县	14 329	16 861	1 127	1 124	2 987	3 927	12 853	16 853
盐亭县	4 458	4 559	704	741	1 738	1 982	9 212	11 822
梓潼县	2 429	3 184	515	515	1 050	1 824	7 206	9 132
遂宁市中区	32 458	30 492	842	842	5 672	9 321	22 231	36 502
蓬溪县	9 378	9 500	613	613	2 217	3 185	9 149	10 240
射洪县	12 928	13 900	628	628	3 540	5 129	18 615	22 332
大英县	6 048	4 406	277	277	749	1 340	5 668	5 290
内江市中区	14 088	12 326	79	79	9 220	12 675	43 841	50 748
东兴区	11 150	13 053	411	411	644	717	3 111	
威远县	40 942	52 915	1 128	1 188	2 687	4 117	14 473	20 238
资中市	15 625	16 647	2 330	862	3 034	4 749	13 417	18 838
隆昌县	16 742	10 068	250	250	3 060	4 247	12 232	13 415
五通桥区	12 430	10 637	215	215	1 920	3 027	10 542	14 761
犍为县	25 825	20 938	453	453	1 567	2 524	8 286	11 298
井研县	5 811	6 143	26	27	1 388	2 293	7 676	10 466
顺庆区	8 316	36 641	689	689	8 639	13 294	43 838	58 230
高坪区	7 923	6 846	303	314	730	860	6 718	7 548
嘉陵区	18 651	18 665	367	489	1 150	2 356	2 948	5 576
南部县	20 672	39 866	985	985	3 775	4 755	16 167	24 646
营山县	7 558	7 444	542	542	1 721	2 797	8 873	13 443
蓬安县	8 361	15 926	398	398	1 547	2 721	6 807	8 581
仪陇县	8 369	7 062	716	743	1 682	2 539	8 338	12 845
西充县	8 493	8 470	549	550	14 792	20 485	7 234	12 126
阆中市	9 616	4 757	801	801	2 916	4 164	13 259	18 081
翠屏区	57 193	48 126	409	409	9 170	15 841	42 168	52 754
宜宾县	14 650	15 266	796	828	1 390	2 160	6 227	10 550
南溪县	2 007	2 570	203	240	1 049	1 620	5 457	8 313
江安县	1 925	1 742	290	290	1 136	1 835	7 517	10 321

11—6 续表 2

县(市、区)名	交通系统公路货物周转量(万吨公里)		公路通车里程(公里)		邮电业务总量(1990年不变价,万元)		年末电话机数(部)	
	1997	1998	1997	1998	1997	1998	1997	1998
长宁县	4 500	6 425	336	336	896	1 523	5 789	7 757
高　县	6 167	6 417	455	470	782	1 661	7 183	10 047
达川市	60 400	70 415	741	885	8 788	14 363	47 177	58 741
达　县	19 662	25 783	836	957				
宣汉县	7 633	9 728	1 198	1 284	1 358	2 348	13 527	17 981
开江县	4 960	6 833	985	994	1 114	1 925	7 438	9 461
大竹县	7 406	9 386	580	656	2 276	3 877	12 885	17 393
渠　县	15 778	22 123	635	758	2 756	4 457	17 055	22 988
名山县	5 635	6 632	147	147	921	1 114	4 640	5 848
华蓥市	12 488	16 589	629	734	1 871	2 774	4 445	12 297
岳池县	10 091	7 374	467	467	1 965	2 905	8 820	11 709
广安区	13 268	16 708	593	594	3 958	6 827	15 710	23 110
武胜县	14 817	9 782	347	347	1 385	2 454	6 498	9 194
邻水县	7 419	15 047	486	489	1 966	3 593	7 520	14 148
巴中市	25 408	26 694	1 077	1 077	3 444	4 908	16 046	22 969
平昌县	16 432	5 073	1 350	2 040	1 585	2 514	7 981	9 830
仁寿县	16 850	16 548	1 025	1 030	2 727	4 877	14 780	21 507
丹棱县	2 618	2 673	108	108	700	993	2 738	3 846
青神县	4 378	11 451	80	90	595	1 134	3 544	4 491
资阳市	28 550	33 244	997	1 000	2 934	4 783	25 172	33 184
简阳市	7 877	7 360	750	787	3 407	5 096	21 516	27 972
安岳县	21 043	18 846	767	772	2 297	3 828	12 388	18 347
乐至县	17 570	17 491	470	470	1 824	2 695	10 439	12 893
盆周山地县								
合江县	1 850	1 012	785	819	1 950	2 840	7 476	12 971
叙永县	6 255	6 230	975	975	1 316	2 236	9 555	14 042
古蔺县	4 044	2 782	797	956	858	1 299	5 815	8 376
北川县	5 082	5 229	625	670	328	475	2 779	3 485
平武县	4 913	4 228	1 342	1 367	369	635	3 894	5 156
广元市中区			397	397				
元坝区	2 371	2 877	495	519	294	269	2 104	2 486
朝天区	2 586	2 015	435	435	354	385	2 035	2 427
旺苍县	7 691	9 507	985	1 027	1 306	1 973	10 817	13 074
青川县	1 228	1 304	682	690	597	725	5 487	6 074
剑阁县	12 149	17 028	984	984	1 321	1 799	8 705	10 753
苍溪县	11 900	12 300	1 054	1 054	1 682	2 469	11 205	13 145
沙湾区	371	373	189	200	1 748	2 238	8 257	10 633

11—6 续表 3

县(市、区)名	交通系统公路货物周转量(万吨公里)		公路通车里程(公里)		邮电业务总量(1990年不变价,万元)		年末电话机数(部)	
	1997	1998	1997	1998	1997	1998	1997	1998
金口河区	568	400	289	289	460	533	3 434	5 437
沐川县	4 923	3 430	678	697	583	849	3 213	4 446
峨边县	3 128	3 218	382	382	545	875	3 612	4 979
马边县	1 519	1 807	225	235	383	666	2 666	3 591
峨眉山市	22 445	18 650	240	240	3 629	4 818	15 573	22 305
筠连县	2 905	3 312	357	357	696	1 102	5 427	6 641
珙　县	10 068	13 919	576	549	1 641	2 172	6 898	10 582
兴文县	14 395	23 908	361	361	583	1 076	4 398	6 525
屏山县	5 659	2 380	375	378	497	769	3 911	4 787
万源市	8 900	9 972	1 744	1 845	1 099	1 874	10 187	12 439
雅安市	43 524	42 657	303	303	4 092	5 312	22 237	27 378
荥经县	31 261	24 973	499	499	993	1 322	5 467	6 754
天全县	10 720	7 836	420	421	468	608	3 076	4 263
芦山县	1 058	1 518	348	348	452	573	3 326	3 923
宝兴县	2 795	2 599	318	318	427	544	2 456	3 084
通江县	3 044	3 306	2 600	2 710	1 463	1 960	7 858	10 384
南江县	6 565	6 865	1 334	1 334	1 425	1 721	7 845	9 985
洪雅县	7 614	6 167	740	806	1 099	1 812	5 150	7 191
川西南山区县								
仁和区	9 169	9 436	970	970				
米易县	21 209	15 200	1 604	1 611	980	1 342	5 007	6 410
盐边县	348	321	453	486	376	464	1 874	3 781
汉源县	5 074	5 562	518	518	848	1 189	5 726	7 123
石棉县	6 698	6 698	590	590	740	1 093	5 022	5 780
泸定县	63	792	269	269	252	348	1 166	2 091
西昌市	8 982	14 988	310	310	5 544	8 820	24 927	31 510
盐源县	3 538	1 767	1 091	1 219	339	408	2 987	3 344
德昌县	5 730	5 261	550	550	593	765	4 894	3 890
会理县	9 682	11 113	856	856	793	966	6 471	7 716
会东县	8 468	6 613	1 050	1 127	429	603	3 581	4 440
宁南县	3 213	6 765	600	600	258	359	2 323	3 059
普格县	1 088	73	432	439	157	234	1 721	2 237
布拖县	106	210	566	566	93	110	1 081	1 316
金阳县	594	2 092	386	416	123	139	1 322	1 725
昭觉县	1 008	1 597	675	728	234	259	1 736	2 010
喜德县	1 430	145	366	366	175	253	1 680	2 095
冕宁县	4 268	4 310	488	488	918	1 067	6 461	7 802

11—6 续表 4

县(市、区)名	交通系统公路货物周转量(万吨公里)		公路通车里程(公里)		邮电业务总量(1990 年不变价,万元)		年末电话机数(部)	
	1997	1998	1997	1998	1997	1998	1997	1998
越西县	1 052	3 982	658	673	257	420	2 568	3 306
甘洛县	1 426	2 804	480	480	385	574	2 768	3 871
美姑县	830	2 321	436	436	154	179	1 593	2 002
雷波县	3 729	4 004	1 177	1 188	261	275	2 418	2 439
川西高原县								
汶川县	13 386	11 826	266	266	612	864	3 348	4 865
理　县	1 080	460	202	202	119	181	1 340	1 627
茂　县	1 310	1 420	263	268	143	321	1 530	2 148
松潘县	143	240	494	494	143	166	1 073	1 603
九寨沟县	850	3 330	425	425	138	287	1 128	2 032
金川县	946	823	360	360	109	126	732	990
小金县	90	85	404	404	93	139	955	1 445
黑水县	990	816	274	274	73	95	699	1 063
马尔康县	450	2 780	470	470	591	806	3 756	4 155
壤塘县	1 312	911	290	290	51	55	597	604
阿坝县	1 003	1 008	428	428	116	143	846	1 029
若尔盖县	526	629	629	629	64	81	616	902
红原县	4	8	523	523	102	113	792	899
康定县	816	553	556	556	875	1 229	4 652	7 103
丹巴县	67		339	339	89	160	642	830
九龙县		2 676	326	326	80	109	846	886
雅江县		1 750	415	415	95	124	600	831
道孚县			487	487	85	122	654	891
炉霍县		705	403	403	79	103	572	789
甘孜县		1 444	415	415	56	96	765	812
新龙县			286	286	58	58	365	381
德格县			469	469	35	35	428	482
白玉县			335	335	36	44	503	586
石渠县			680	680	33	37	332	470
色达县			384	384	37	43	363	460
理塘县			603	665	93	119	551	853
巴塘县			374	374	74	85	529	629
乡城县			314	314	46	46	370	419
稻城县			481	481	38	37	420	445
得荣县			246	246	24	29	304	363
木里县	5856	1 435	1545	1545	204	310	1 782	2 087

11—7 各县(市、区)固定资产投资情况

县(市、区)名	全社会固定资产投资总额(万元)		#国有单位投资		全社会新增固定资产投资(万元)		#国有单位	
	1997	1998	1997	1998	1997	1998	1997	1998
平原县								
锦江区	28 854	51 075	12 997	33 162	19 085	40 373	8 875	11 706
青羊区	49 777	71 089	7 451	10 045	25 600	49 601	7 745	6 229
金牛区	124 105	128 228	10 172	50 983	130 899	69 645	5 728	12 865
武侯区	101 335	131 795	33 047	25 979	105 995	105 880	28 241	13 041
成华区	60 508	78 217	6 498	11 428	47 189	46 655	7 558	6 720
高新区	57 464	113 283	7 619	32 514	44 818	65 438	14 698	6 070
青白江区	47 190	51 031	17 552	20 984	47 190	38 879	17 833	16 021
双流县	90 854	109 110	21 627	26 612	83 335	79 554	17 843	11 107
温江县	57 164	68 354	14 237	28 263	27 002	54 960	8 201	13 258
郫　县	95 877	122 197	17 679	30 314	108 024	95 722	28 541	15 868
新都县	65 485	84 237	7 165	21 755	41 758	71 735	5 610	25 003
大邑县	46 708	63 228	19 209	44 096	46 601	45 754	21 021	25 252
新津县	24 453	55 361	3 371	22 652	22 786	38 532	4 149	9 925
都江堰市	70 340	90 173	23 290	25 855	55 109	64 045	12 824	14 028
彭州市	64 231	78 459	36 505	43 000	42 488	83 088	15 391	47 148
邛崃市	45 653	58 603	10 504	22 062	41 668	25 307	9 839	9 596
崇州市	35 484	59 381	12 408	33 007	30 399	37 460	12 234	13 281
旌阳区	102 340	113 321	48 880	47 910	74 766	76 001	30 901	25 889
绵竹市	59 425	700 344	16 037	18 936	46 679	49 853	10 193	11 015
什邡市	51 100	69 702	31 181	34 877	37 125	45 798	26 193	18 402
罗江县	20 517	27 160	9 910	16 322	20 184	9 570	9 710	712
广汉市	38 205	68 769	13 226	36 651	55 618	58 831	7 855	30 049
涪城区	311 440	445 684	239 213	295 824	270 763	287 665	232 296	209 951
游仙区	47 010	49 000	23 362	18 709	25 217	35 057	7 943	19 115
安　县	16 921	31 850	6 285	8 627	15 457	27 446	4 874	8 627
江油市	81 125	104 482	56 016	59 849	32 567	59 330	15 237	39 181
乐山市中区	79 835	113 314	29 534	52 991	61 022	70 824	20 472	41 208
夹江县	25 796	36 917	9 592	6 081	25 192	26 720	5 408	4 967
眉山县	71 075	94 520	26 963	47 083	66 737	74 210	24 574	27 476
彭山县	37 784	45 467	12 543	16 590	17 980	29 272	10 621	14 797
丘陵县								
龙泉驿区	49 306	115 011	10 237	51 018	15 124	24 980	5 053	21 530
金堂县	74 144	81 968	27 087	32 633	44 525	51 711	7 171	10 419
蒲江县	34 279	48 643	8 038	27 930	30 566	38 390	7 526	8 335
自流井区	71 394	103 397	40 796	52 520	52 631	40 352	33 283	28 908
贡井区	11 230	9 886	5 472	3 631	10 645	8 934	5 151	4 968

11—7 续表 1

县(市、区)名	全社会固定资产投资总额(万元)		# 国有单位投资		全社会新增固定资产投资(万元)		# 国有单位	
	1997	1998	1997	1998	1997	1998	1997	1998
大安区	42 051	34 312	13 684	8 710	34 238	24 165	11 987	3 057
沿滩区	18 407	15 173	2 175	1 996	19 264	14 404	3 832	1 658
荣　县	38 623	30 015	15 218	6 430	37 889	31 594	16 307	7 128
富顺县	43 784	44 101	22 946	39 312	60 878	37 605	40 465	14 944
江阳区	65 725	113 264	28 348	67 184	40 171	67 649	34 102	64 467
纳溪区	28 410	25 722	7 439	3 520	27 161	31 823	13 545	11 881
龙马潭区	67 295	110 671	5 599	26 398	38 042	42 362	21 533	21 443
泸　县	68 027	81 009		29 588	53 309	66 723	10 105	18 028
中江县	45 158	58 184	22 943	27 063	38 760	49 503	17 734	25 104
三台县	46 199	50 792	15 187	17 673	51 563	84 986	8 543	21 856
盐亭县	10 715	14 988	4 988	6 691	7 313	7 691	3 712	5 609
梓潼县	14 727	15 190	8 663	3 603	11 060	13 563	5 280	3 088
遂宁市中区	64 926	143 710	15 209	61 913	33 586	98 388	12 106	30 847
蓬溪县	33 118	31 132	15 201	17 455	15 567	14 843	5 475	10 648
射洪县	84 917	91 463	59 156	67 853	58 432	42 263	30 145	18 964
大英县	27 373	30 100	16 901	14 728	2 071	24 214	800	9 350
内江市中区	83 292	65 191	50 393	36 676	83 292	47 743	67 699	40 364
东兴区	20 705	50 995	5 477	18 560	20 705	46 546	5 477	28 079
威远县	56 307	56 715	21 979	25 634	54 836	47 476	21 448	16 000
资中市	37 270	52 191	12 094	17 243	34 769	34 285	8 155	10 652
隆昌县	33 608	36 751	15 119	18 501	25 528	28 553	15 300	20 122
五通桥区	22 263	26 780	7 384	15 083	10 764	20 528	4 400	10 808
犍为县	39 805	62 574	27 636	39 053	39 090	12 826	24 993	5 625
井研县	21 823	22 466	6 313	13 497	15 565	18 908	4 812	11 764
顺庆区	50 537	78 625	30 545	58 832	50 132	84 077	34 799	63 426
高坪区	14 450	23 127	6 942	13 483	13 756	18 619	11 874	9 673
嘉陵区	18 382	24 928	6 631	14 320	3 272	21 389	2 869	10 810
南部县	47 680	63 253	32 847	27 301	47 177	48 011	38 472	12 099
营山县	26 700	31 500	6 978	9 897	26 347	29 849	6 095	8 871
蓬安县	20 297	26 683	10 170	12 934	8 733	11 118	7 453	10 958
仪陇县	12 277	22 686	6 358	14 786	20 365	15 946	13 707	8 206
西充县	10 654	17 085	7 962	13 965	10 334	11 047	6 294	8 012
阆中市	29 790	44 997	11 335	22 143	21 287	33 532	10 927	15 051
翠屏区	135 674	201 977	103 101	152 915	102 999	194 440	78 039	156 722
宜宾县	13 956	19 216	6 890	4 364	8 273	9 535	6 789	9 367
南溪县	10 082	10 939	7 543	8 110	7 779	9 692	4 954	6 588
江安县	9 542	12 712	3 865	5 104	8 691	11 109	3 267	3 552

11—7 续表 2

县(市、区)名	全社会固定资产投资总额(万元)		#国有单位投资		全社会新增固定资产投资(万元)		#国有单位	
	1997	1998	1997	1998	1997	1998	1997	1998
长宁县	11 078	13 765	4 725	6 274	9 698	11 796	9 452	5 547
高　县	9 376	19 180	4 627	10 108	5 267	10 686	1 241	2 280
达川市	59 762	80 071	21 508	18 460	58 434	27 467	24 205	11 705
达　县	40 402	58 605	24 167	24 067	32 986	47 023	17 285	25 178
宣汉县	23 160	27 144	8 266	5 085	22 550	14 057	7 646	7 774
开江县	21 040	25 319	5 211	5 332	19 518	7 394	5 500	2 757
大竹县	52 907	62 640	8 893	13 800	52 376	23 576	8 662	9 188
渠　县	33 235	44 885	11 842	15 739	25 558	17 163	5 595	8 708
名山县	19 211	28 472	6 951	14 240	18 520	20 230	6 261	6 996
华蓥市	47 885	61 169	22 976	23 540	58 856	51 156	37 595	16 250
岳池县	30 839	39 978	14 018	14 821	27 153	39 855	10 226	15 821
广安区	133 897	250 731	48 985	74 663	57 965	73 987	29 259	35 479
武胜县	55 473	48 743	14 003	23 863	43 100	40 958	4 854	24 805
邻水县	39 171	43 149	8 394	15 931	38 327	30 962	16 815	15 804
巴中市	36 079	59 666	22 778	37 240	27 928	30 620	20 747	23 281
平昌县	168 10	24 096	5 105	11 983	14 958	16 897	8 889	9 496
仁寿县	75 640	93 124	21 679	45 227	60 892	72 403	20 892	36 096
丹棱县	6 373	9 736	856	5 871	6 007	8 455	750	4 590
青神县	11 210	19 053	4 289	12 076	10 937	18 853	4 016	12 776
资阳市	39 925	55 515	19 253	35 016	30 184	54 414	13 667	32 407
简阳市	31 337	47 744	12 241	18 346	23 623	43 013	4 825	15 785
安岳县	45 252	46 508	20 148	15 315	45 177	43 672	19 404	13 606
乐至县	22 587	36 308	6 832	17 736	20 229	22 369	6 183	6 955
盆周山地县								
合江县	61 369	31 159	12 159	15 230	212 115	21 400	17 814	9 206
叙永县	21 227	25 560	9 963	12 835	21 252	20 978	9 115	9 971
古蔺县	30 180	32 030	12 470	8 048	28 101	26 450	14 993	5 251
北川县	6 180	8 191	2 193	5 381	6 927	5 227	2 960	2 979
平武县	8 085	8 996	6 579	7 809	4 160	5 685	2 655	4 878
广元市中区	8 772	11 743	1 096	1 501	676	3 268		2 418
元坝区	8 175	8 205	3 082	1 888	6 018	6 714	2 710	3 180
朝天区	3 848	7 546	1 334	1 611	3 303	6 700	839	2 488
旺苍县	20 653	26 048	10 653	10 235	15 747	21 780	6 549	8 469
青川县	13 984	15 048	6 020	4 427	16 080	13 350	9 102	2 837
剑阁县	29 036	31 604	11 993	3 670	30 766	29 045	13 202	3 419
苍溪县	26 943	37 904	10 780	16 753	24 165	34 694	7 977	13 786
沙湾区	13 470	24 397	7 380	8 380	11 325	16 542	2 365	2 768

11—7 续表 3

县(市、区)名	全社会固定资产投资总额(万元)		#国有单位投资		全社会新增固定资产投资(万元)		#国有单位	
	1997	1998	1997	1998	1997	1998	1997	1998
金口河区	5 151	11 703	1 316	6 713	4 591	2 785	1 461	1 935
沐川县	19 934	21 591	8 525	3 947	6 808	15 997	4 495	15 586
峨边县	12 313	19 078	5 610	6 388	18 958	15 334	18 674	13 419
马边县	9 919	17 650	10 018	17 020	3 912	9 428	1 687	5 861
峨眉山市	40 319	46 373	16 446	24 665	37 139	33 511	25 200	22 739
筠连县	9 925	7 844	6 268	1 791	6 714	7 842	6 548	3 006
珙　县	19 456	19 975	13 848	12 457	21 485	12 287	16 251	4 890
兴文县	7 938	15 090	4 379	3 854	6 331	13 705	4 329	4 196
屏山县	6 609	7 203	2 334	2 730	5 957	6 064	2 769	1 853
万源市	16 908	21 022	8 248	13 542	16 421	20 818	7 985	20 177
雅安市	79 399	77 777	52 401	40 015	125 500	58 167	102 679	36 905
荥经县	22 920	25 377	13 731	13 357	12 144	13 569	2 955	1 749
天全县	9 773	12 155	5 589	8 286	7 263	11 259	3 805	7 590
芦山县	7 363	4 872	383	2 463	3 883	2 715	279	510
宝兴县	10 182	34 683	4 760	2 764	1 313	7 190		1 421
通江县	13 786	25 439	8 119	9 795	12 669	17 319	7 002	5 503
南江县	22 176	32 095	16 030	19 844	9 819	21 474	9 009	16 474
洪雅县	44 205	36 033	35 894	28 032	17 178	18 247	7 569	11 429
川西南山区县								
仁和区	7 244	9 173	2 346	4 978	5 357	5 903	1 408	4 978
米易县	10 620	24 440	4 921	7 189	8 654	12 458	3 173	4 762
盐边县	12 923	5 159	5 725	1 916	12 923	5 159	5 725	1 916
汉源县	17 126	14 680	9 855	5 415	15 571	13 166	8 339	5 461
石棉县	19 688	27 043	12 100	7 993	15 659	9 729	10 799	5 127
泸定县	3 395	6 381	2 548	4 231	3 254	3 952	2 409	2 602
西昌市	44 753	115 688	34 565	93 054	29 888	65 851	19 471	49 030
盐源县	8 271	10 079	4 123	6 112	3 036	7 417	1 187	3 421
德昌县	14 441	13 560	3 649	5 062	11 360	11 274	3 125	3 376
会理县	32 112	23 511	2 915	8 220	31 239	18 283	2 628	3 592
会东县	16 712	20 731	12 102	17 114	7 855	9 481	3 245	5 864
宁南县	7 583	7 699	4 895	2 556	7 854	8 553	4 729	3 191
普格县	4 161	4 151	3 786	2 011	4 052	3 114	3 677	1 402
布拖县	857	7 314	775	459	892	3 669	810	429
金阳县	1 564	3 911	1 222	2 624	1 564	3 788	1 222	2 501
昭觉县	2 003	2 611	1 756	729	1 895	2 678	1 648	796
喜德县	2 164	2 890	1 504	1 267	1 621	1 975	1 041	352
冕宁县	23 815	52 909	15 013	42 581	8 965	13 216	2 806	3 757

11—7 续表 4

县(市、区)名	全社会固定资产投资总额(万元)		#国有单位投资		全社会新增固定资产投资(万元)		#国有单位	
	1997	1998	1997	1998	1997	1998	1997	1998
越西县	1 087	5 534	485	3 845	997	3 191	395	1 502
甘洛县	7 772	6 502	2 892	2 620	5 899	5 092	1 919	1 901
美姑县	1 592	3 655	1 245	1 969	1 278	2 730	851	1 527
雷波县	1 728	3 780	858	2 063	1 728	2 188	858	471
川西高原县								
汶川县	19 757	42 992	6 358	13 256	14 448	30 101	14 158	6 385
理　县	11 541	4 883	5 412	1 904	5 144	15 075	2 741	14 593
茂　县	5 814	8 706	5 639	5 476	6 256	3 787	5 247	2 212
松潘县	8 390	5 750	8 173	2 992	2 243	436	915	436
九寨沟县	8 972	17 488	8 439	10 138	2 627	5 891	2 324	4 884
金川县	1 289	4 678	749	3 989	1 089	2 491	549	891
小金县	2 605	3 386	1 752	2 216	3 475	2 618	2 296	1 881
黑水县	1 538	3 376	851	2 453	1 506	2 453	700	1 520
马尔康县	8 476	12 430	8 284	11 792	3 219	2 936	2 928	2 567
壤塘县	849	2 504	849	2 497	643	1 741	252	1 704
阿坝县	812	1 138	638	224	731	529	557	278
若尔盖县	2 761	2 499	1 090	632	2 245	2 235	1 445	1 582
红原县	1 997	990	1 552	893	1 921	770	1 476	643
康定县	14 445	47 601	10 356	23 632	10 376	19 922	9 967	19 123
丹巴县	1 161	1 001	431	448	1 161	958	431	405
九龙县	2 627	2 871	2 353	2 687	1 514	980	1 270	866
雅江县	1 028	1 298	779	1 104	505	896	329	702
道孚县	1 772	1 612	1 370	1 257	1 687	721	1 212	366
炉霍县	1 494	997	1 395	813	1 714	1 217	1 615	1 033
甘孜县	1 498	3 764	1 274	3 218	628	4 932	404	4 386
新龙县	997	649	667	258	1 287	1 069	957	678
德格县	1 719	1 777	349	784	1 621	1 181	251	188
白玉县	1 683	2 783	1 473	2 531	3 947	2 661	3 737	2 409
石渠县	3 459	2 386	834	921	3 467	2 386	842	921
色达县	394	154	340	117	366	154	342	117
理塘县	483	279	345	108	483	279	345	108
巴塘县	1 163	1 277	478	957	768	396	83	76
乡城县	217	2 428	217	499	307	2 133	307	204
稻城县	637	1 095	443	787	637	625	443	357
得荣县	884	1 047	578	849	1 115	887	809	729
木里县	2 233	2 615	2 042	1 645	1 061	1 991	870	1 267

11—8 各县(市、区)商业经济情况

县(市、区)名	全社消费品零售总额(万元)		#国有经济		#集体经济		#个体经济	
	1997	1998	1997	1998	1997	1998	1997	1998
平原县								
锦江区	606 973	650 830	10 472	12 837	138 130	162 910	89 141	90 272
青羊区	297 274	325 859	6 590	5 759	211 914	223 152	27 852	28 837
金牛区	270 767	279 894	11 424	5 366	77 128	91 809	55 400	59 822
武侯区	239 771	279 573	11 333	7 740	46 887	45 974	51 985	58 471
成华区	200 154	220 265	7 116	4 347	68 842	77 074	90 925	92 696
高新区	51 644	71 092	276	226	7 076	3 995	37 665	56 594
青白江区	79 203	88 525	8 428	9 185	14 491	12 755	32 463	34 206
双流县	156 242	175 007	31 277	26 260	23 653	18 708	78 422	100 139
温江县	68 431	73 972	13 990	17 920	16 304	14 360	19 366	21 003
郫　县	100 950	116 192	14 452	13 274	27 285	29 392	33 728	42 474
新都县	160 412	178 903	19 887	22 247	36 320	18 209	73 369	85 494
大邑县	94 100	108 528	6 149	5 500	38 913	25 718	33 667	58 300
新津县	65 008	73 606	5 719	9 914	7 764	13 526	26 576	26 286
都江堰市	154 501	168 909	15 513	19 833	23 484	22 088	68 418	73 863
彭州市	167 343	185 914	18 771	19 868	20 828	14 969	74 053	78 013
邛崃市	103 010	120 874	26 553	10 889	15 877	9 893	13 850	75 134
崇州市	115 142	132 106	11 745	9 317	36 992	38 622	47 092	53 316
旌阳区	136 365	146 774	43 280	35 816	21 523	18 316	38 667	37 523
绵竹市	103 357	111 009	29 145	28 009	25 586	22 826	31 733	38 225
什邡市	112 740	121 157	31 291	27 361	37 691	30 064	23 400	30 431
罗江县	18 356	21 400	2 028	2 202	2 518	2 189	10 549	9 771
广汉市	120 709	136 643	17 444	19 824	46 668	47 188	40 070	49 064
涪城区	243 602	257 329	34 211	32 946	38 473	29 231	46 987	48 631
游仙区	71 712	80 314	17 998	16 843	16 730	15 741	4 939	13 803
安　县	65 138	73 391	15 138	12 145	14 810	13 847	24 750	31 580
江油市	160 014	172 001	32 016	28 175	25 502	21 472	32 347	38 556
乐山市中区	108 529	113 482	19 861	16 936	25 971	12 085	28 349	52 020
夹江县	34 696	41 296	9 361	12 454	5 341	4 568	12 381	14 750
眉山县	92 551	103 740	10 899	11 596	4 469	4 739	73 248	76 047
彭山县	47 760	51 686	5 678	5 501	3 080	1 527	28 565	30 767
丘陵县								
龙泉驿区	131 980	149 269	7 103	8 039	38 295	43 039	30 425	34 238
金堂县	91 525	106 927	21 416	22 327	16 580	20 161	32 737	41 809
蒲江县	50 165	56 881	13 131	11 770	3 965	7 088	15 630	21 430
自流井区	103 204	123 105	30 905	31 314	20 222	8 824	9 551	5 100
贡井区	32 638	26 508	10 541	2 788	7 049	2 787	9 614	12 279

11—8 续表 1

县(市、区)名	全社消费品零售总额(万元) 1997	全社消费品零售总额(万元) 1998	#国有经济 1997	#国有经济 1998	#集体经济 1997	#集体经济 1998	#个体经济 1997	#个体经济 1998
大安区	44 190	35 663	15 638	3 309	11 330	3 989	13 930	17 566
沿滩区	37 296	39 989	6 228	1 865	16 641	3 434	8 604	34 525
荣　县	60 370	62 021	1 733	9 498	20 715	15 897	19 091	22 508
富顺县	100 614	103 736	14 443	7 404	15 399	9 704	42 500	54 412
江阳区	135 898	137 214	29 162	24 625	43 200	40 328	21 055	21 518
纳溪区	49 498	57 065	5 126	3 317	6 185	3 403	7 424	9 108
龙马潭区	44 667	46 980	5 602	2 518	11 254	8 851	16 157	21 719
泸　县	56 327	72 180	8 093	6 301	10 550	6 852	9 516	42 998
中江县	134 808	150 060	30 142	23 543	38 997	28 169	40 453	61 500
三台县	135 954	145 005	22 882	22 769	38 576	40 419	47 668	48 716
盐亭县	45 823	49 940	7 284	6 776	4 463	2 211	17 974	22 415
梓潼县	57 390	63 129	14 194	5 587	18 906	19 321	11 218	16 010
遂宁市中区	147 031	160 788	45 652	38 163	16 373	33 572	80 944	56 956
蓬溪县	62 005	67 615	9 798	7 919	5 010	5 103	39 659	48 953
射洪县	120 733	127 030	17 424	15 460	8 061	7 878	57 414	65 620
大英县	40 866	45 786	6 631	4 874	3 287	1 484	26 128	33 304
内江市中区	107 023	115 161	43 022	44 806	13 859	15 827	31 220	19 646
东兴区	28 189	30 967	5 738	4 632	7 149	5 395	7 962	8 761
威远县	66 854	71 860	13 618	10 570	14 616	13 413	31 575	37 251
资中市	77 073	80 930	17 574	15 686	14 360	14 459	36 144	40 782
隆昌县	72 706	79 263	16 731	6 318	18 761	7 684	19 718	26 296
五通桥区	62 111	69 591	21 973	21 508	16 495	19 715	23 643	28 368
犍为县	70 615	75 265	14 787	4 313	7 422	13 078	34 399	32 272
井研县	37 569	41 996	8 564	7 628	13 726	14 548	14 593	19 615
顺庆区	145 028	174 079	27 254	22 127	13 609	10 912	56 964	71 228
高坪区	53 068	67 205	19 005	16 214	9 636	14 441	14 880	23 548
嘉陵区	27 043	35 282	5 976	3 510	5 611	1 259	7 256	19 149
南部县	55 116	72 284	13 502	11 358	9 904	10 883	22 924	37 405
营山县	62 560	69 500	17 038	5 280	5 994	5 945	30 610	45 607
蓬安县	37 604	42 741	9 589	6 642	5 737	4 676	12 589	24 835
仪陇县	43 590	44 895	11 024	8 031	6 733	8 351	18 592	21 397
西充县	46 092	50 080	8 230	8 797	5 624	6 235	25 728	28 463
阆中市	58 332	69 426	15 592	11 252	7 259	12 522	22 498	28 506
翠屏区	216 201	231 100	44 788	34 015	13 817	13 883	67 312	66 272
宜宾县	48 466	53 137	10 025	6 736	7 412	10 883	16 283	24 445
南溪县	43 749	46 175	5 791	6 214	7 855	8 903	21 190	19 982
江安县	41 346	47 614	4 896	6 872	3 677	5 223	24 802	27 963

11—8 续表 2

县(市、区)名	全社消费品零售总额（万元）		#国有经济		#集体经济		#个体经济	
	1997	1998	1997	1998	1997	1998	1997	1998
长宁县	35 706	39 134	5 040	5 495	2 259	2 351	23 793	25 665
高 县	38 479	41 178	3 660	3 393	5 648	5 559	20 808	23 267
达川市	113 657	130 231	38 283	32 561	5 515	5 137	38 724	34 225
达 县	77 221	77 848	12 909	9 056	6 851	7 360	43 374	36 727
宣汉县	78 594	84 582	14 700	9 042	12 150	6 519	26 871	35 697
开江县	45 012	50 041	9 770	7 776	9 480	4 795	24 091	35 920
大竹县	78 603	85 792	33 738	31 330	16 065	9 602	18 135	25 474
渠 县	68 269	79 683	11 468	10 051	29 745	17 568	21 303	37 218
名山县	17 813	17 789	4 620	3 355	1 987	3 292	9 686	9 751
华蓥市	50 179	54 996	14 251	15 278	5 704	6 328	16 574	17 229
岳池县	57 347	65 629	13 296	11 794	7 923	9 767	28 124	36 250
广安区	90 609	100 170	22 085	15 228	19 038	8 470	28 429	43 357
武胜县	41 879	46 158	12 005	9 686	5 786	11 064	14 551	12 197
邻水县	51 354	59 484	13 012	10 966	11 625	10 971	23 286	24 424
巴中市	69 209	75 527	25 214	25 959	11 133	10 392	18 010	25 788
平昌县	40 049	43 531	10 992	9 826	7 898	6 606	14 841	18 796
仁寿县	110 765	117 411	24 435	17 939	48 797	41 662	37 533	55 621
丹棱县	16 556	17 505	4 299	3 870	4 071	3 400	6 586	8 345
青神县	30 753	30 796	3 821	1 824	6 547	3 995	16 629	19 988
资阳市	83 418	91 759	15 801	13 637	10 718	10 762	46 937	57 314
简阳市	102 394	107 913	20 212	12 802	32 322	29 712	42 756	55 108
安岳县	64 090	69 075	17 613	8 897	19 205	18 741	21 016	31 592
乐至县	57 779	62 362	14 375	5 084	13 026	3 326	25 543	45 526
盆周山地县								
合江县	56 037	59 101	14 619	15 421	14 399	11 994	17 615	20 530
叙永县	45 996	50 667	3 818	3 617	5 997	9 662	18 345	18 846
古蔺县	25 579	28 087	5 512	4 779	2 699	2 660	8 648	9 432
北川县	15 300	16 400	3 354	2 733	2 509	1 861	4 804	6 099
平武县	15 410	16 950	4 706	3 518	2 285	1 578	2 658	2 803
广元市中区	46 527	25 870	10 082	2 822	8 172	6 824	13 604	6 862
元坝区	22 636	24 152	3 360	2 485	5 558	3 777	3 248	8 959
朝天区	13 656	14 518	1 255	2 578	5 155	4 372	3 272	4 245
旺苍县	49 352	60 156	9 088	6 010	5 422	11 303	26 566	26 513
青川县	18 037	18 517	4 923	2 814	5 724	5 741	5 816	6 815
剑阁县	42 647	49 509	5 033	4 609	4 898	4 752	21 128	24 817
苍溪县	47 260	49 928	7 864	4 378	5 880	5 475	20 205	21 703
沙湾区	31 381	28 209	6 252	2 483	5 888	2 417	9 441	10 437

11—8 续表 3

县(市、区)名	全社消费品零售总额(万元)		#国有经济		#集体经济		#个体经济	
	1997	1998	1997	1998	1997	1998	1997	1998
金口河区	5 100	5 322	642	583	587	552	1 644	1 581
沐川县	22 537	24 610	4 697	4 375	5 410	4 604	5 260	7 305
峨边县	14 518	17 122	6 073	5 227	3 896	1 485	4 222	9 860
马边县	7 355	6 785	1 102	1 138	564	960	4 874	3 811
峨眉山市	80 308	85 809	26 608	25 913	9 533	9 090	25 759	25 587
筠连县	23 701	25 673	3 212	2 808	2 125	2 406	13 225	15 907
珙　县	40 281	45 290	4 941	2 246	3 588	2 600	13 583	20 172
兴文县	25 316	28 897	4 085	2 463	3 473	4 418	11 388	15 338
屏山县	12 887	15 001	2 941	2 784	1 954	2 084	5 141	6 315
万源市	46 500	48 559	4 070	3 231	4 354	3 977	32 043	34 112
雅安市	66 890	71 438	19 286	18 734	10 986	10 362	22 392	26 449
荥经县	20 791	22 942	3 513	2 510	1 880	1 966	12 175	13 389
天全县	21 243	22 951	6 207	5 020	2 819	1 555	10 560	13 946
芦山县	12 612	13 282	4 749	4 515	1 324	1 136	4 767	5 304
宝兴县	7 054	7 780	1 020	1 125	1 511	1 609	2 890	3 014
通江县	38 116	40 412	6 147	5 397	4 396	3 890	23 356	27 758
南江县	42 593	46 298	9 503	7 005	6 042	3 886	15 414	35 407
洪雅县	25 859	26 081	5 816	4 182	3 015	2 615	8 991	11 969
川西南山区县								
仁和区	32 909	37 863	5 123	388	2 965	10 186	10 452	15 528
米易县	35 248	32 009	4 699	4 145	2 325	1 727	7 912	8 744
盐边县	11 525	12 590	2 593	3 037	1 126	1 301	7 606	4 498
汉源县	27 135	29 445	5 741	6 234	5 497	5 945	11 862	13 072
石棉县	22 882	24 735	6 526	6 096	4 392	4 723	7 691	7 802
泸定县	8 493	7 604	1 889	1 660	280	244	3 413	2 899
西昌市	139 667	155 603	41 876	33 693	9 999	8 731	49 587	62 024
盐源县	10 835	10 954	4 870	7 151	155	227	4 500	1 659
德昌县	18 538	20 773	6 241	4 695	1 891	2 828	4 650	6 765
会理县	19 572	21 130	4 496	4 105	3 073	2 993	7 220	8 649
会东县	18 918	21 250	5 924	5 928	2 687	1 665	5 959	8 104
宁南县	13 850	15 015	4 650	3 543	835	658	4 683	5 296
普格县	7 965	8 625	1 483	1 204	720	287	3 540	4 494
布拖县	4 013	4 199	336	324	278	340	2 444	3 027
金阳县	4 098	4 390	810	1 113	42	35	2 071	1 586
昭觉县	5 605	5 818	1 302	639	72	42	3 181	3 431
喜德县	5 937	6 150	1 361	886			2 869	3 380
冕宁县	17 198	20 411	1 460	2 649	1 138	911	6 797	7 957

11—8 续表 4

县(市、区)名	全社消费品零售总额（万元）		#国有经济		#集体经济		#个体经济	
	1997	1998	1997	1998	1997	1998	1997	1998
越西县	10 051	10 885	2 424	2 613	1 384	921	4 334	4 864
甘洛县	13 871	14 042	2 001	1 460	52	59	4 048	4 100
美姑县	4 130	4 359	947	419	163	59	1 012	1 678
雷波县	6 542	6 038	1 710	1 588	160	213	2 519	1 874
川西高原县								
汶川县	18 505	17 946	8 522	8 173	1 134	1 012	6 407	6 326
理　县	5 747	5 812	1 271	1 127	243	223	750	3 506
茂　县	8 555	9 173	1 337	2 161	1 061	566	3 211	3 319
松潘县	4 902	5 692	1 075	1 180	221	172	3 138	3 525
九寨沟县	8 455	11 760	1 728	1 777	95	321	3 980	5 647
金川县	3 991	4 098	1 177	1 018	420	503	964	927
小金县	4 073	4 059	672	721	452	386	2 787	2 774
黑水县	2 749	2 900	985	929	139	131	1 328	1 505
马尔康县	8 227	8 661	1 618	1 870	823	874	4 673	5 122
壤塘县	1 531	1 604	472	303	7	218	1 021	1 038
阿坝县	3 867	4 418	473	451	482	331	1 175	1 350
若尔盖县	3 866	4 160	905	710	183	190	2 658	3 082
红原县	1 820	1 821	907	949	87	62	416	378
康定县	24 646	20 303	8 756	3 301	275	133	7 380	8 680
丹巴县	4 595	4 824	998	756	23	33	2 117	2 575
九龙县	2 693	2 569	514	494			1 912	1 815
雅江县	1 358	1 173	500	240			584	752
道孚县	4 026	3 855	639	503			1 421	1 729
炉霍县	2 622	3 282	753	712			1 469	1 606
甘孜县	2 948	3 001	1 272	756			1 557	2 162
新龙县	1 152	1 093	549	358	44	55	230	272
德格县	2 192	2 218	519	481			1 028	1 239
白玉县	2 124	2 554	774	541			1 277	1 975
石渠县	3 253	3 298	1 213	608			1 595	2 016
色达县	3 250	2 503	1 456	820			1 480	1 608
理塘县	6 888	7 850	1 036	732	73	78	4 483	4 344
巴塘县	5 877	5 567	1 431	1 289			2 518	1 177
乡城县	1 458	1 689	1 118	1 127			170	386
稻城县	1 545	971	350	282			1 103	662
得荣县	1 187	957	397	327			718	527
木里县	5 982	5 819	2 740	2 678	161	128	2 061	1 778

11—9 各县(市、区)职工人数、工资总额和城乡居民储蓄情况

县(市、区)名	全部职工年平均人数(万人)		全部职工工资总额(万元)		年末城乡居民储蓄存款余额(万元)		#年末城镇居民储蓄余额	
	1997	1998	1997	1998	1997	1998	1997	1998
平原县								
锦江区	3.48	3.27	17 346	18 194				
青羊区	3.17	3.09	17 283	17 921				
金牛区	3.05	2.93	18 263	19 523	152 900	188 000	97 717	122 300
武侯区	2.31	2.17	14 013	15 082				
成华区	1.59	1.61	10 535	11 397				
高新区	0.71	1.33	6 492	14 191				
青白江区	5.05	4.60	39 058	39 729	181 520	220 109	83 175	98 308
双流县	5.36	5.57	36 597	40 918	349 868	389 982	173 185	183 872
温江县	3.07	3.02	21 978	25 190	120 942	144 339	75 766	91 049
郫　县	2.24	3.74	12 620	26 687	163 725	195 782	116 559	145 685
新都县	5.35	5.57	30 278	33 894	221 025	264 359	137 516	165 357
大邑县	3.11	3.16	14 984	16 226	107 643	120 381	68 276	74 719
新津县	1.83	1.53	10 249	10 136	100 205	116 076	69 638	72 222
都江堰市	6.86	4.85	37 555	13 984	180 466	219 089	110 417	124 726
彭州市	5.26	5.30	29 156	32 029	199 941	214 945	101 566	116 976
邛崃市	3.37	3.32	14 994	15 347	113 637	145 236	62 513	
崇州市	3.71	3.27	16 786	16 712	161 162	201 910	83 070	108 942
旌阳区	13.28	12.42	100 324	97 911	238 599	281 939	148 512	199 392
绵竹市	5.28	5.25	33 169	36 234	100 824	118 779	71 713	85 103
什邡市	4.28	4.26	26 521	28 004	95 405	127 261	50 310	67 241
罗江县	0.78	1.11	3 963	6 810	34 392	38 086	8 640	8 955
广汉市	5.42	5.23	29 844	30 038	188 026	230 286	128 225	158 581
涪城区	14.06	15.05	87 731	96 266	319 242	410 706	238 811	347 011
游仙区	6.06	5.87	37 198	38 949	136 817	176 017	96 947	148 719
安　县	2.6	2.32	12 808	13 245	62 739	78 134	28 595	33 992
江油市	11.52	9.20	73 151	63 998	213 292	275 364	128 229	150 180
乐山市中区	8.71	8.54	43 345	46 342	371 917	268 687	221 450	223 128
夹江县	1.9	1.87	9 027	9 978	76 601	98 408	44 380	62 003
眉山县	4.93	4.05	28 558	24 351	164 098	230 643	88 735	124 229
彭山县	1.82	1.62	8 322	9 547	67 450	82 004	43 836	59 529
丘陵县								
龙泉驿区	1.72	1.73	8 448	9 772	154 434	190 478	64 818	141 043
金堂县	3.6	3.44	19 382	19 966	97 407	113 139	56 856	57 666
蒲江县	1.28	1.35	6 577	7 950	48 932	59 613	27 104	30 731
自流井区	11.93	10.36	63 342	64 636	169 773	1 821 356	169 773	1 687 301
贡井区	3.38	2.26	16 089	10 232	37 760	39 863	26 412	24 575

11—9 续表 1

县(市、区)名	全部职工年平均人数(万人)		全部职工工资总额(万元)		年末城乡居民储蓄存款余额(万元)		#年末城镇居民储蓄余额	
	1997	1998	1997	1998	1997	1998	1997	1998
大安区	4.74	3.83	24 132	24 594	63 102	62 236	44 690	36 391
沿滩区	2.35	1.93	11 312	10 243	45 097	54 576	25 432	28 575
荣　县	3.64	3.12	16 013	16 423	78 776	141 778	53 027	70 831
富顺县	5.17	5.31	19 861	20 836	122 716	145 416	72 696	83 117
江阳区	8.47	7.92	61 956	57 575	112 276	173 413	79 016	112 444
纳溪区	3.58	3.50	20 811	22 394	80 680	95 670	62 140	76 700
龙马潭区	3.26	3.88	14 616	18 139	81 502	96 754	13 794	24 626
泸　县	3.30	3.28	16 461	17 108	117 379	140 867	59 636	72 181
中江县	3.89	3.79	19 178	19 060	113 845	157 758	36 701	68 362
三台县	6.40	5.75	27 867	28 091	103 019	149 677	52 583	61 160
盐亭县	2.35	2.66	9 145	10 412	62 579	64 303	55 762	36 949
梓潼县	1.85	1.77	7 408	7 672	41 946	42 658	20 966	25 827
遂宁市中区	8.06	8.22	36 962	36 570	225 873	277 690	102 178	132 281
蓬溪县	3.14	2.81	13 631	11 663	113 728	113 560	90 982	90 848
射洪县	6.82	6.74	28 978	31 398	120 434	143 790	93 906	97 309
大英县	2.08	1.85	9 624	7 897	50 127	62 918	47 241	56 626
内江市中区	6.49	6.44	47 740	46 177	197 882	240 567	184 106	222 883
东兴区	1.98	3.33	8 475	17 161	84 371	96 186	62 743	70 253
威远县	5.16	4.75	24 656	23 855	81 568	107 864	52 453	68 570
资中市	5.21	4.95	21 550	23 095	127 982	160 966	82 403	98 990
隆昌县	4.26	3.55	18 169	18 418	105 970	134 936	71 489	96 237
五通桥区	5.22	4.84	22 886	20 572	71 393	87 537	53 810	68 041
犍为县	4.02	3.72	17 513	17 306	54 621	69 528	37 282	49 165
井研县	1.81	1.63	7 976	7 363	74 974	81 231	40 885	48 030
顺庆区	10.59	9.94	48 556	48 540	240 279	254 407	182 500	184 760
高坪区	4.01	3.82	15 662	15 197	85 400	93 460	62 395	67 296
嘉陵区	1.83	1.51	7 268	7 297	60 845	68 807	27 638	14 044
南部县	5.50	5.59	21 744	22 244	131 115	137 027	80 276	79 456
营山县	2.83	2.33	11 698	11 217	116 884	143 643	69 313	88 166
蓬安县	3.12	2.98	12 378	12 758	79 047	91 192	47 253	51 681
仪陇县	3.96	4.59	16 454	19 302	66 250	85 239	46 839	49 798
西充县	2.47	2.46	9 407	10 770	83 516	90 844	43 245	57 713
阆中市	5.13	4.64	18 555	17 511	129 387	138 920	49 381	52 078
翠屏区	14.82	14.48	78 546	83 993	261 742	308 255	225 211	261 457
宜宾县	3.53	3.54	17 083	18 656	89 263	111 412	48 366	57 885
南溪县	3.65	2.90	14 305	16 395	52 435	62 302	39 198	45 820
江安县	2.18	2.38	7 865	8 248	48 269	59 908	32 040	38 524

11—9 续表 2

县(市、区)名	全部职工年平均人数(万人)		全部职工工资总额(万元)		年末城乡居民储蓄存款余额(万元)		#年末城镇居民储蓄余额	
	1997	1998	1997	1998	1997	1998	1997	1998
长宁县	1.65	1.61	6 834	7 858	29 497	34 850	17 825	21 043
高　县	1.91	1.94	8 032	9 132	32 431	36 811	22 192	21 484
达川市	9.47	9.28	46 821	47 663	203 101	279 625	201 087	266 761
达　县	6.60	6.70	25 824	29 372	187 515	210 303	111 933	118 944
宣汉县	4.36	4.56	17 979	18 159	89 741	114 080	54 656	65 584
开江县	2.73	2.75	10 023	10 335	71 833	81 864	50 602	58 079
大竹县	4.49	4.33	18 820	18 419	160 314	191 827	114 388	127 430
渠　县	5.89	6.28	22 040	23 626	211 587	253 692	139 958	165 765
名山县	1.34	1.27	5 545	5 994	32 899	37 832	16 632	19 623
华蓥市	3.52	3.41	18 990	17 643	78 729	91 697	61 288	82 842
岳池县	3.50	3.65	14 529	15 778	157 120	182 444	104 237	120 837
广安区	5.28	5.32	24 422	26 027	198 124	269 348	126 102	181 299
武胜县	2.75	2.79	12 490	14 720	113 247	140 079	65 039	80 449
邻水县	3.62	3.71	13 158	15 203	126 364	131 036	75 508	92 564
巴中市	5.53	5.74	20 579	22 633	114 252	124 305	77 220	97 605
平昌县	3.64	3.81	13 204	14 161	43 522	53 204	35 237	38 431
仁寿县	5.73	5.11	24 922	25 278	189 127	205 208	91 020	118 855
丹棱县	0.86	0.72	4 246	3 440	25 718	31 427	14 384	19 403
青神县	1.47	1.09	5 933	5 413	38 573	43 325	18 928	21 962
资阳市	6.40	6.34	38 390	39 171	140 953	181 907	90 426	122 771
简阳市	6.70	6.62	34 187	35 037	223 349	258 702	106 171	137 010
安岳县	4.44	4.00	17 995	18 242	144 166	172 519	75 570	89 165
乐至县	2.69	3.19	12 246	14 839	97 166	121 619	57 691	74 364
盆周山地县								
合江县	3.73	3.75	17 260	18 839	98 512	120 471	63 541	78 081
叙永县	2.84	2.80	11 166	11 933	41 613	50 176	30 271	35 729
古蔺县	2.20	2.36	9 696	11 574	30 223	34 731	22 459	25 779
北川县	1.03	0.88	4 830	4 427	16 479	23 493	3 677	5 342
平武县	1.07	1.07	4 825	5 125	22 568	28 115	12 452	13 941
广元市中区	1.09	0.96	4 445	4 885	75 750	94 410	60 890	75 889
元坝区	0.60	0.63	2 295	2 747	6 724	7 210	3 707	4 107
朝天区	0.54	0.53	2 275	2 575	10 934	14 050	4 672	6 003
旺苍县	4.09	3.41	20 734	19 607	43 022	56 757	34 772	41 853
青川县	1.24	1.12	4 820	4 743	22 929	26 141	15 017	15 913
剑阁县	2.26	2.20	8 855	10 166	45 719	62 969	21 031	29 893
苍溪县	3.31	2.89	13 028	14 644	66 689	84 244	42 555	50 456
沙湾区	4.09	3.52	17 744	14 846	47 847	55 977	37 092	44 397

11—9 续表 3

县(市、区)名	全部职工年平均人数(万人)		全部职工工资总额(万元)		年末城乡居民储蓄存款余额(万元)		#年末城镇居民储蓄余额	
	1997	1998	1997	1998	1997	1998	1997	1998
金口河区	0.80	0.79	5 959	5 014	16 071	19 063	13 541	16 080
沐川县	1.23	1.09	5 325	5 339	16 785	20 925	8 135	10 146
峨边县	1.36	1.34	6 625	7 765	25 675	31 424	17 769	22 320
马边县	0.77	0.79	3 584	3 917	13 500	18 294	9 215	11 790
峨眉山市	5.91	5.15	31 897	31 487	136 093	161 636	99 352	120 894
筠连县	1.24	1.24	5 281	5 776	18 290	22 258	13 823	16 296
珙　县	3.95	3.71	18 336	18 095	47 610	54 100	37 456	42 921
兴文县	1.87	1.54	7 014	6 988	22 527	21 783	13 834	11 361
屏山县	1.03	1.02	4 179	4 574	17 783	24 104	9 881	18 137
万源市	3.72	3.65	13 669	15 185	51 489	57 437	17 261	19 862
雅安市	5.63	5.40	26 593	28 630	158 618	154 996	85 050	131 042
荥经县	1.02	1.03	4 924	5 168	41 016	48 315	21 481	25 776
天全县	1.16	1.12	5 383	6 080	27 654	31 513	17 557	19 829
芦山县	0.73	0.72	3 355	3 564	23 181	22 478	19 227	21 233
宝兴县	0.60	0.57	3 172	3 580	12 350	14 204	9 102	8 934
通江县	2.54	2.77	9 948	11 184	32 284	34 643	22 907	23 414
南江县	2.65	2.82	10 389	12 304	40 999	49 861	27 706	27 920
洪雅县	1.70	1.47	8 110	8 391	53 341	59 447	33 207	35 368
川西南山区县								
仁和区	0.66	0.61	3 499	3 605	49 001	58 245	32 644	39 031
米易县	1.06	1.03	6 003	6 741	50 278	54 645	30 105	33 747
盐边县	1.03	0.98	5 374	5 281	38 281	40 257	24 247	25 608
汉源县	1.11	1.15	4 981	5 904	46 628	57 324	23 258	29 494
石棉县	1.49	1.54	6 659	8 142	28 771	33 239	21 569	24 920
泸定县	0.51	0.50	2 594	2 766	16 699	19 412	12 753	14 806
西昌市	8.21	8.25	54 942	58 983	216 884	258 460	180 461	218 978
盐源县	1.11	1.07	5 659	6 113	15 125	17 521	11 914	13 646
德昌县	1.05	1.03	5 234	5 771	24 226	25 520	16 113	16 999
会理县	2.42	2.35	12 742	13 018	45 625	51 195	34 547	39 679
会东县	1.50	1.52	8 406	9 067	20 763	22 638	15 530	17 059
宁南县	0.72	0.69	4 195	4 373	12 190	12 833	7 877	7 623
普格县	0.71	0.70	3 575	3 709	8 263	9 927	6 851	7 884
布拖县	0.37	0.39	2 190	2 448	4 457	4 816	3 484	3 385
金阳县	0.46	0.46	2 418	2 604	3 088	3 469	2 404	2 373
昭觉县	0.72	0.72	3 466	4 103	10 039	11 014	6 825	6 850
喜德县	0.53	0.54	2 637	2 910	10 280	10 721	6 862	7 126
冕宁县	1.66	1.62	8 873	9 649	34 627	40 947	23 396	26 538

11—9 续表 4

县(市、区)名	全部职工年平均人数(万人)		全部职工工资总额(万元)		年末城乡居民储蓄存款余额(万元)		#年末城镇居民储蓄余额	
	1997	1998	1997	1998	1997	1998	1997	1998
越西县	1.06	1.02	5 231	5 111	16 702	19 379	11 215	12 862
甘洛县	0.67	0.68	3 842	4 256	20 144	21 440	15 221	13 802
美姑县	0.53	0.54	2 846	3 093	8 585	10 047	5 367	5 994
雷波县	0.96	1.04	5 117	5 497	12 794	13 785	9 051	9 630
川西高原县								
汶川县	2.39	2.34	13 831	14 021	27 931	31 358	20 243	22 479
理　县	0.45	0.46	2 554	2 768	7 591	8 475	4 989	5 623
茂　县	0.54	0.54	2 875	3 175	11 800	12 859	5 715	8 733
松潘县	0.50	0.52	2 876	3 143	6 911	7 964	4 799	5 455
九寨沟县	0.58	0.59	3 457	3 846	9 547	13 551	7 547	10 525
金川县	0.55	0.54	2 894	3 050	9 159	8 966	5 841	4 611
小金县	0.45	0.45	2 589	2 304	11 053	9 911	5 215	5 145
黑水县	0.46	0.44	2 721	2 995	6 041	6 779	5 094	4 812
马尔康县	1.24	1.22	7 822	8 373	15 948	19 083	12 917	15 330
壤塘县	0.33	0.33	2 146	2 154	2 799	2 448	1 997	1 714
阿坝县	0.27	0.28	1 938	2 055	5 885	5 942	3 768	3 562
若尔盖县	0.56	0.55	3 202	3 128	6 728	7 264	3 826	4 280
红原县	0.39	0.38	2 672	2 787	3 894	4 269	2 839	2 965
康定县	2.25	2.18	14 656	15 719	36 074	41 373	30 483	34 881
丹巴县	0.43	0.45	2 236	2 635	6 547	7 516	4 639	5 345
九龙县	0.37	0.38	2 314	2 494	3 658	3 904	2 854	2 994
雅江县	0.39	0.27	1 729	1 612	4 037	4 345	3 148	3 265
道孚县	0.41	0.47	1 798	2 810	3 282	3 862	2 841	3 395
炉霍县	0.32	0.32	2 238	2 512	2 716	3 343	2 307	2 512
甘孜县	0.27	0.26	1 692	1 644	2 953	3 531	2 797	3 315
新龙县	0.35	0.30	1 834	1 572	1 384	1 470	1 294	1 387
德格县	0.19	0.19	1 301	1 473	1 057	1 137	1 027	1 105
白玉县	0.23	0.24	1 453	1 569	1 881	2 299	1 515	1 693
石渠县	0.19	0.18	1 227	1 276	775	820	671	715
色达县	0.19	0.20	1 264	1 535	1 513	2 111	1 387	1 940
理塘县	0.23	0.22	1 488	1 583	2 277	2 622	1 843	2 052
巴塘县	0.25	0.25	1 464	1 577	3 606	4 080	2 774	3 166
乡城县	0.18	0.18	1 081	1 112	2 211	2 250	1 792	1 857
稻城县	0.14	0.16	828	1 123	1 419	1 333	1 019	1 065
得荣县	0.14	0.15	823	1 019	1 449	1 547	990	1 068
木里县	1.09	1.06	5 597	5 611	9 728	12 702	8 605	10 305

11—10 各县(市、区)教育和卫生情况

县(市、区)名	各类学校在校学生数(人)		医院数(所)		医院床位数(张)		医生数(人)	
	1997	1998	1997	1998	1997	1998	1997	1998
平原县								
锦江区	34 183	32 659	13	13	2 709	2 701	1 918	1 882
青羊区	44 304	43 353	10	7	740	667	345	339
金牛区	57 532	58 718	20	20	4 030	3 919	2 181	2 161
武侯区	33 971	34 978	24	29	3 985	4 260	3 622	3 621
成华区	46 813	45 400	24	24	2 823	2 832	1 684	1 414
高新区	10 502	12 004	3	3	70	70	383	378
青白江区	44 273	44 236	5	5	478	478	623	582
双流县	101 633	99 968	7	7	923	951	1 063	1 098
温江县	40 803	42 230	5	5	811	786	764	769
郫　县	50 702	50 370	26	26	1 148	1 140	843	836
新都县	70 283	71 381	4	4	525	525	790	758
大邑县	61 019	62 669	6	5	600	590	606	579
新津县	42 038	35 030	9	9	522	418	410	421
都江堰市	87 575	97 035	35	32	1 519	1 115	982	1 095
彭州市	99 416	101 438	9	9	628	613	978	908
邛崃市	71 480	73 791	3	3	402	522	839	1 001
崇州市	79 484	81 097	5	5	727	732	711	758
旌阳区	86 598	90 490	11	15	1 593	1 676	1 413	1 428
绵竹市	61 056	61 185	8	8	912	705	676	767
什邡市	55 458	53 717	5	5	594	610	604	618
罗江县	31 348	30 690	3	3	264	264	146	178
广汉市	69 853	69 984	6	6	817	777	846	868
涪城区	93 048	122 197	30	26	2 497	2 611	1 576	1 653
游仙区	55 506	56 178	6	6	1 338	1 362	798	812
安　县	62 014	62 934	7	7	246	246	493	523
江油市	113 762	115 041	16	16	1 784	1 770	1 203	1 201
乐山市中区	74 421	75 276	12	12	1 781	1 727	1 428	1 554
夹江县	40 901	40 779	5	5	562	602	578	633
眉山县	120 013	126 784	5	5	524	535	983	1 026
彭山县	36 974	36 971	25	25	497	497	460	470
丘陵县								
龙泉驿区	46 274	47 490	23	23	893	900	490	504
金堂县	102 957	100 840	7	7	745	725	799	829
蒲江县	32 261	32 182	2	2	200	200	418	413
自流井区	39 001	40 820	8	8	1 602	1 579	1 121	1 140
贡井区	19 855	19 241	8	8	1 168	1 128	484	458

11—10 续表 1

县(市、区)名	各类学校在校学生数（人）		医院数（所）		医院床位数（张）		医生数（人）	
	1997	1998	1997	1998	1997	1998	1997	1998
大安区	46 489	40 407	22	22	862	862	674	676
沿滩区	55 357	46 196	19	19	442	443	328	325
荣　县	105 458	101 210	83	83	1 288	580	734	710
富顺县	163 077	169 989	80	79	1 132	1 057	1 015	1 026
江阳区	91 390	92 579	11	11	2 074	2 040	1 546	1 790
纳溪区	55 796	54 278	7	7	538	525	533	569
龙马潭区	36 604	37 728	3	3	274	274	289	360
泸　县	126 996	125 786	2	2	300	300	679	774
中江县	184 344	187 671	2	2	376	376	1 007	972
三台县	254 840	229 014	4	4	702	682	642	644
盐亭县	79 512	82 287	64	64	890	891	401	565
梓潼县	58 964	58 993	37	37	810	810	456	498
遂宁市中区	226 467	233 586	83	83	3 006	3 414	1 580	1 705
蓬溪县	121 018	129 463	2	2	395	395	615	615
射洪县	151 293	160 859	84	83	1 809	1 816	1 104	1 137
大英县	89 704	88 635	3	3	215	215	312	333
内江市中区	83 869	84 443	29	14	1 718	1 714	1 160	1 077
东兴区	137 509	141 305	6	6	902	905	827	988
威远县	118 433	115 077	78	78	1 692	1 024	1 070	1 121
资中市	209 812	216 282	121	9	1 391	588	1 236	1 352
隆昌县	124 259	123 497	62	10	989	979	729	722
五通桥区	36 952	36 019	8	8	841	861	624	631
犍为县	74 009	73 994	5	5	563	523	731	761
井研县	46 952	47 058	2	2	287	282	450	489
顺庆区	95 277	96 005	10	10	2 393	2 280	2 064	2 082
高坪区	85 083	86 500	3	3	918	998	522	526
嘉陵区	99 948	98 642	2	2	405	408	314	316
南部县	172 898	183 467	2	2	436	458	820	794
营山县	133 748	137 691	2	2	1 404	838	640	608
蓬安县	99 467	103 167	2	2	370	360	545	550
仪陇县	146 280	151 572	4	4	380	370	629	601
西充县	103 525	108 455	2	2	1 054	1 054	768	770
阆中市	104 882	107 451	5	5	661	661	851	925
翠屏区	114 215	116 539	21	20	2 606	2 685	1 459	1 439
宜宾县	128 294	133 313	6	5	440	450	261	273
南溪县	62 158	62 440	6	6	646	534	556	623
江安县	73 903	79 372	4	4	344	344	215	210

11—10 续表 2

县(市、区)名	各类学校在校学生数（人）		医院数（所）		医院床位数（张）		医生数（人）	
	1997	1998	1997	1998	1997	1998	1997	1998
长宁县	51 873	53 819	2	2	200	205	320	322
高　县	64 514	69 714	9	8	553	520	317	317
达川市	58 836	61 785	13	13	1 542	1 606	1 362	1 304
达　县	155 574	164 104	7	7	570	570	1 363	1 425
宣汉县	167 601	175 383	3	3	495	495	1 155	1 193
开江县	75 687	79 280	2	2	380	380	612	640
大竹县	152 872	157 103	6	5	900	700	1 111	1 053
渠　县	194 989	210 130	2	2	495	495	1 158	1 164
名山县	31 757	32 490	2	2	185	185	429	454
华蓥市	50 843	51 994	4	4	483	507	360	438
岳池县	151 760	153 050	3	3	636	636	602	788
广安区	145 779	152 368	3	3	623	628	747	1 000
武胜县	120 906	124 779	2	2	335	366	617	833
邻水县	154 793	160 357	3	3	357	415	758	1 114
巴中市	155 477	166 580	3	3	474	416	1 913	1 976
平昌县	116 648	123 544	2	2	385	400	1 428	1 429
仁寿县	216 047	212 778	6	6	606	604	1 375	1 436
丹棱县	20 888	21 544	14	14	291	291	201	198
青神县	22 914	23 218	20	19	495	488	312	316
资阳市	176 850	181 077	89	89	1 851	1 908	1 260	1 269
简阳市	191 360	195 015	111	111	2 210	2 060	2 078	2 193
安岳县	264 509	272 354	108	108	1 861	1 859	1 231	1 279
乐至县	107 172	108 323	77	77	1 026	981	710	767
盆周山地县								
合江县	90 323	93 428	3	3	395	375	608	634
叙永县	82 443	82 563	3	3	398	398	429	441
古蔺县	103 683	112 065	3	3	254	284	526	526
北川县	21 078	22 045	3	3	190	190	189	185
平武县	24 990	25 706	9	9	165	173	218	220
广元市中区	48 463	48 413	17	17	2 831	2 808	2 860	2 656
元坝区	33 517	34 253	29	29	263	270	364	380
朝天区	26 457	28 547	1	1	60	74	135	122
旺苍县	51 891	54 413	11	11	1 030	1 030	594	593
青川县	46 171	43 388	43	44	479	469	360	362
剑阁县	108 174	116 873	2	2	340	350	648	636
苍溪县	102 242	103 682	12	12	738	738	427	427
沙湾区	22 047	21 777	7	7	647	587	441	470

11—10 续表 3

县(市、区)名	各类学校在校学生数（人）		医院数（所）		医院床位数（张）		医生数（人）	
	1997	1998	1997	1998	1997	1998	1997	1998
金口河区	7 548	7 053	1	1	20	20	60	79
沐川县	31 057	30 696	3	3	235	235	271	295
峨边县	17 887	18 369	5	5	340	340	262	289
马边县	19 270	19 134	2	2	140	140	268	272
峨眉山市	52 588	53 247	14	14	1 070	1 001	881	935
筠连县	56 055	53 594	2	2	214	214	89	85
珙　县	57 117	59 288	8	8	707	778	331	373
兴文县	44 859	48 261	5	5	365	365	191	197
屏山县	30 655	31 129	2	2	174	160	103	94
万源市	78 175	82 694	6	6	696	630	801	834
雅安市	46 696	49 748	12	11	1 129	1 155	973	915
荥经县	15 701	17 194	3	3	204	204	227	266
天全县	18 659	19 153	2	2	280	280	314	325
芦山县	12 780	13 301	3	3	300	300	243	222
宝兴县	6 727	7 003	3	3	120	120	137	136
通江县	100 909	104 316	2	2	263	274	748	800
南江县	82 938	84 279	2	2	671	681	588	613
洪雅县	36 782	38 974	31	31	474	489	455	388
川西南山区县								
仁和区	24 235	24 691	1	1	641	620	198	288
米易县	26 769	27 221	32	32	342	346	278	269
盐边县	25 065	24 827	35	35	414	424	230	225
汉源县	49 363	51 057	2	2	283	283	495	487
石棉县	16 226	15 995	5	5	433	427	319	348
泸定县	11 264	11 203	3	3	410	410	191	184
西昌市	94 553	98 904	54	52	1 917	1 937	1 500	1 517
盐源县	46 067	47 506	52	52	441	440	251	276
德昌县	27 187	28 612	25	25	300	304	273	276
会理县	59 561	60 946	59	59	928	905	519	543
会东县	48 558	45 906	56	56	588	613	297	281
宁南县	21 696	22 181	27	27	288	285	211	195
普格县	17 351	15 405	41	41	280	280	191	186
布拖县	11 993	12 257	48	48	255	248	149	157
金阳县	14 162	14 704	37	37	262	240	150	183
昭觉县	24 240	26 897	57	57	256	240	231	246
喜德县	17 949	18 151	34	34	243	228	182	200
冕宁县	47 869	48 848	57	57	590	637	354	369

11—10 续表 4

县(市、区)名	各类学校在校学生数(人)		医院数(所)		医院床位数(张)		医生数(人)	
	1997	1998	1997	1998	1997	1998	1997	1998
越西县	25 423	30 686	52	52	287	293	286	320
甘洛县	24 370	24 270	38	38	262	302	241	222
美姑县	14 818	15 234	45	45	229	219	179	175
雷波县	31 061	33 925	57	57	544	512	270	279
川西高原县								
汶川县	20 364	19 725	6	6	210	250	295	325
理　县	6 254	6 300	2	2	205	145	173	148
茂　县	17 254	17 846	3	3	185	160	148	168
松潘县	10 858	10 180	2	2	110	110	109	152
九寨沟县	9 472	9 841	3	3	224	140	160	171
金川县	12 397	10 464	3	3	214	170	131	107
小金县	10 336	11 596	2	2	160	120	143	120
黑水县	6 761	6 885	2	2	140	90	66	107
马尔康县	8 698	8 176	3	3	250	250	203	314
壤塘县	2 072	2 076	2	2	84	70	120	124
阿坝县	5 214	60 79	20	20	140	140	108	125
若尔盖县	6 555	6 993	2	2	145	92	172	132
红原县	4 108	4 309	2	2	50	50	109	134
康定县	18 395	18 965	7	7	531	531	567	558
丹巴县	8 888	8 357	3	3	114	107	139	155
九龙县	6 872	6 542	1	1	50	50	143	145
雅江县	3 076	3 451	1	1	60	60	75	79
道孚县	3 460	3 298	2	2	100	100	103	112
炉霍县	4 849	5 123	2	2	100	96	107	111
甘孜县	7 922	8 073	1	1	70	70	82	86
新龙县	4 025	4 526	2	2	80	80	79	87
德格县	4 471	4 720	2	2	40	60	80	111
白玉县	2 566	2 889	2	2	65	65	101	97
石渠县	3 621	3 595	1	1	50	50	97	111
色达县	2 304	2 394	1	1	40	40	57	62
理塘县	3 114	3 268	1	1	40	40	101	89
巴塘县	5 414	5 209	1	1	40	40	106	106
乡城县	2 966	2 951	1	1	50	50	79	84
稻城县	2 643	3 314	1	1	45	45	79	85
得荣县	2 063	2 576	1	1	40	40	71	63
木里县	12 730	14 056	35	35	372	364	272	267

AGRICULTURE

十二 农 业

12—1 农村基层组织和人口情况

指 标	单位	1993	1994	1995	1996	1997	1998
一、农村基层组织							
1.镇政府	个	1 388	1 500	1 588	1 641	1 665	1 684
2.村民委员会	个	55 032	54 986	55 033	54 994	55 024	55 042
二、乡村户数、人口、劳动力							
乡村户数	万户	1 903.42	1 918.14	1 929.20	1 942.45	1 951.40	1 958.93
乡村人口数	万人	6 910.03	6 921.42	6 928.13	6 931.12	6 940.89	6 946.95
乡村劳动力	万人	3 820.21	3 812.70	3 827.05	3 822.22	3 823.62	3 829.47
1.按性别分							
男劳动力	万人	2 000.45	2 001.66	2 006.11	2 002.00	2 007.33	2 011.41
女劳动力	万人	1 819.76	1 811.05	1 820.94	1 820.22	1 816.29	1 818.06
2.按行业分							
农林牧渔业	万人	3 070.36	2 997.41	2 963.65	2 912.02	2 859.62	2 811.89
工业	万人	174.29	184.38	188.23	187.44	183.81	173.39
建筑业	万人	128.04	140.91	154.08	162.71	170.79	180.62
交通运输和邮电业	万人	31.91	37.75	40.84	43.59	46.34	49.15
批发零售贸易业、饮食业及仓储业	万人	60.74	68.08	74.30	78.94	87.44	95.83
金融、保险业	万人	1.85					
其它	万人	354.03	384.17	405.95	437.52	475.63	518.59

12—2 各市地州分行业乡村劳动力

(1998 年末)　　单位:万人

地 区	合 计	农林牧渔业	工 业	建筑业	交通运输和邮电通讯业	批发、零售餐饮及仓储业	其它行业
全省总计	3 829.47	2 811.89	173.39	180.62	49.15	95.83	518.59
成都市	421.38	267.11	41.78	31.73	9.63	23.32	47.81
自贡市	138.13	104.33	5.50	7.45	1.29	3.12	16.45
攀枝花市	26.17	23.17	0.92	0.16	0.65	0.34	0.93
泸州市	229.73	172.94	7.37	12.00	1.69	4.11	31.62
德阳市	196.61	124.45	19.68	11.99	3.69	7.08	29.72
绵阳市	240.67	170.30	12.15	8.68	3.82	6.86	38.87
广元市	131.57	105.31	4.39	4.28	1.74	2.26	13.59
遂宁市	161.73	111.93	2.88	11.29	1.95	3.25	30.43
内江市	189.40	134.02	10.41	12.68	2.04	4.58	25.67
乐山市	154.12	120.28	7.45	5.77	2.08	3.35	15.18
南充市	359.70	256.28	12.88	19.12	2.41	8.30	60.71
宜宾市	244.01	192.21	8.90	5.88	2.73	5.24	29.05
广安市	195.11	132.81	10.56	17.60	2.19	3.72	28.23
达川地区	254.23	169.58	7.22	9.17	2.59	3.71	61.96
巴中地区	153.83	112.50	2.15	3.22	1.29	2.47	32.21
雅安地区	68.90	54.39	4.76	2.74	1.72	1.98	3.30
眉山地区	160.14	124.48	5.45	7.96	2.37	3.57	16.31
资阳地区	231.28	180.50	5.53	7.53	2.09	5.33	30.28
阿坝州	35.04	31.93	0.35	0.15	0.77	0.49	1.36
甘孜州	40.34	38.06	0.46	0.31	0.61	0.37	0.54
凉山州	197.38	185.31	2.58	0.92	1.81	2.39	4.38

12—3 农林牧渔业总产值

（当年价） 单位：亿元

年　份	农林牧渔业总产值	农　业	林　业	牧　业	渔　业
1980	136.92	98.07	4.21	34.07	0.57
1981	147.02	105.41	5.34	35.63	0.64
1982	177.53	133.84	5.81	37.07	0.81
1983	193.77	142.76	7.02	42.83	1.16
1984	211.93	151.54	12.21	46.79	1.39
1985	234.82	161.14	13.09	58.74	1.85
1986	254.33	168.46	13.18	69.74	2.95
1987	294.59	187.84	13.66	89.18	3.91
1988	361.11	213.69	15.99	126.02	5.41
1989	400.40	238.04	16.75	139.24	6.37
1990	484.31	301.46	18.51	157.04	7.30
1991	513.43	317.43	19.43	168.41	8.16
1992	565.62	344.52	22.23	189.41	9.46
1993	660.69	389.21	24.90	234.30	12.28
1994	930.80	521.00	28.48	365.33	15.99
1995	1 113.96	645.17	34.32	413.84	20.63
1996	1 274.32	750.07	38.58	461.32	24.35
1997	1 395.43	798.22	41.31	527.60	28.30
1998	1 455.19	823.72	45.87	554.15	31.45

12—4 农林牧渔业总产值指数

(1952 年=100)

年 份	农林牧渔业总产值	农 业	林 业	牧 业	渔 业
1952	100	100	100	100	
1957	143.2	139.6	172.7	160.7	100
1962	117.0	113.7	389.4	91.3	210.3
1965	142.6	126.0	462.4	196.1	286.2
1970	160.8	151.5	422.0	176.1	258.6
1975	174.1	150.6	436.5	282.3	358.6
1978	206.0	186.8	330.9	306.7	372.4
1979	224.3	192.1	301.1	420.3	372.4
1980	242.2	201.9	373.4	482.9	400.0
1981	251.0	205.0	552.5	501.6	410.3
1982	279.4	232.2	597.5	533.7	486.2
1983	300.8	244.6	694.3	601.6	579.3
1984	323.1	257.4	864.5	656.3	965.5
1985	332.7	251.1	933.0	756.5	1 272.4
1986	351.5	261.0	841.8	847.3	1 582.8
1987	363.7	267.0	790.8	908.3	1 748.3
1988	375.1	265.4	769.5	1 006.9	2 051.7
1989	385.4	272.5	760.6	1 037.8	2 293.1
1990	409.4	290.8	742.2	1 104.3	2 386.2
1991	427.6	300.5	742.9	1 179.3	2 589.7
1992	445.7	308.2	800.4	1 255.7	2 831.0
1993	450.2	299.4	812.4	1 341.1	3 210.3
1994	465.3	297.1	859.6	1 461.1	3 586.2
1995	504.9	321.2	932.6	1 584.8	4 369.0
1996	533.3	338.0	1 004.6	1 674.3	4 893.1
1997	559.4	351.8	1 031.2	1 772.2	5 481.2
1998	584.5	361.4	1 061.6	1 889.9	6 126.0

注:本表指数按可比价格计算。

12—5 各市地州农林牧渔业总产值

（当年价，1998年） 单位：亿元

地区	农林牧渔业总产值	农业	林业	牧业	渔业
全省总计	1 455.19	823.72	45.87	554.15	31.45
成都市	191.91	118.71	2.85	66.74	3.61
自贡市	50.30	28.30	0.97	19.57	1.46
攀枝花市	12.54	7.23	0.67	4.32	0.32
泸州市	69.36	36.67	2.40	28.88	1.41
德阳市	99.26	55.96	1.23	40.57	1.50
绵阳市	110.57	64.04	3.75	40.84	1.94
广元市	58.33	33.29	5.83	18.68	0.53
遂宁市	64.61	42.26	1.15	19.87	1.33
内江市	52.92	31.69	0.86	18.17	2.20
乐山市	54.12	27.48	2.69	22.78	1.17
南充市	97.31	51.52	1.72	41.47	2.60
宜宾市	69.28	37.81	2.67	27.06	1.74
广安市	61.86	33.30	0.94	26.20	1.42
达川地区	114.37	63.81	3.16	45.24	2.16
巴中地区	60.89	33.95	3.27	22.28	1.39
雅安地区	29.26	16.56	1.27	10.99	0.44
眉山地区	60.71	31.61	1.46	25.92	1.72
资阳地区	96.17	54.71	2.39	35.47	3.60
阿坝州	13.66	5.78	0.79	7.09	
甘孜州	11.67	4.49	0.60	6.57	0.01
凉山州	76.10	44.53	5.21	25.45	0.91

12—6 各市地州农林牧渔业总产值指数

(1998年,上年=100)

地 区	农林牧渔业总产值	农 业	林 业	牧 业	渔 业
全省总计	104.50	102.72	102.96	106.64	111.75
成都市	104.34	105.12	105.03	102.95	107.54
自贡市	104.22	101.57	101.69	106.99	115.25
攀枝花市	99.31	100.05	81.63	103.64	93.91
泸州市	104.09	100.61	91.66	109.95	114.47
德阳市	103.52	104.08	94.48	103.07	105.66
绵阳市	103.54	104.75	103.74	101.86	108.94
广元市	105.27	109.96	103.85	100.51	107.72
遂宁市	102.48	98.74	117.38	107.63	112.57
内江市	101.42	98.48	113.29	103.45	119.90
乐山市	105.04	102.08	108.99	107.40	114.03
南充市	109.44	102.66	97.95	116.99	123.50
宜宾市	105.25	102.66	100.70	109.04	106.90
广安市	105.28	102.85	112.62	107.91	104.75
达川地区	105.48	104.27	95.23	107.86	109.62
巴中地区	105.76	101.90	104.49	111.77	108.74
雅安地区	104.87	105.53	94.02	105.90	100.28
眉山地区	103.10	99.30	97.12	107.44	113.69
资阳地区	101.55	101.05	98.98	101.63	109.53
阿坝州	104.41	105.33	114.60	102.28	117.65
甘孜州	104.91	100.97	109.68	106.33	155.56
凉山州	105.12	99.44	115.30	112.51	146.93

注:本表指数按可比价格计算。

12—7 农业机械和农产品加工机械拥有量

年份	农业机械总动力（万千瓦）	农用大中型拖拉机（台）	农用大中型拖拉机（万千瓦）	农用小型及手扶拖拉机（万台）	农用小型及手扶拖拉机（万千瓦）	大中型机引农具（万部）	农用排灌动力机械（万台）	农用排灌动力机械（万千瓦）
1978	350.21	14 571	42.52	5.22	45.91	2.71	14.18	144.27
1979	434.74	17 790	48.18	6.99	61.47	3.17	17.67	179.07
1980	500.34	19 233	52.59	8.37	74.19	3.29	19.58	197.15
1981	548.37	20 076	55.29	9.00	80.70	3.40	20.78	209.30
1982	575.65	20 034	55.24	9.35	84.66	3.28	20.99	213.02
1983	609.82	19 932	55.15	9.97	91.78	2.96	20.18	207.50
1984	649.40	19 099	53.34	10.70	100.31	2.40	18.62	195.82
1985	700.42	18 496	51.67	11.53	109.74	2.08	17.60	193.99
1986	772.77	18 469	51.55	13.10	127.54	1.90	18.97	198.19
1987	828.98	17 939	50.57	14.56	145.39	1.79	20.05	205.03
1988	887.72	16 900	48.36	15.69	160.88	1.60	20.52	209.75
1989	918.92	15 064	43.51	15.90	163.74	1.36	20.37	211.46
1990	956.00	12 788	37.64	15.51	161.06	1.16	20.18	215.61
1991	1 007.23	10 553	31.62	15.17	159.81	0.99	20.85	220.83
1992	1 035.60	8 662	25.81	14.75	156.59	0.88	21.86	222.39
1993	1 066.35	7 545	23.28	14.47	154.38	0.70	21.13	221.63
1994	1 165.11	6 625	21.17	14.16	152.45	0.65	24.62	238.58
1995	1 209.73	5 632	18.05	13.78	149.09	0.57	23.47	233.12
1996	1 263.26	4 997	16.13	13.81	149.98	0.54	22.11	228.91
1997	1 348.21	6 644	18.16	13.84	151.56	0.63	23.93	237.21
1998	1 468.33	10 144	23.48	13.98	155.43	0.59	28.67	268.37

年份	农用载重汽车（辆）	农用载重汽车（万千瓦）	渔用机动船（艘）	渔用机动船（千瓦）	联合收割机（台）	机动脱粒机（万台）	谷物烘干机（台）	碾米机、磨面机（万部）
1978	1 175	7.90	17	254	21	6.69	75	18.39
1979	2 256	15.17	20	306	39	7.99	140	22.45
1980	3 911	25.34	13	165	51	9.04	2 890	24.71
1981	5 080	32.75	23	337	50	9.77	3 730	26.11
1982	5 542	35.67	28	351	51	8.14	1 737	27.76
1983	7 408	47.84	91	1 504	49	6.80	628	29.39
1984	12 781	84.97	93	1 172	46	5.37	393	29.86
1985	18 807	126.52	142	939	32	4.47	229	29.31
1986	22 645	154.24	175	1 077	36	4.04	60	31.39
1987	25 395	171.77	229	1 260	31	3.80	81	32.19
1988	28 336	190.77	289	1 700	38	3.78	43	33.79
1989	30 568	202.99	267	1 454	52	4.09	19	34.45
1990	29 707	209.45	291	1 741	127	5.05	22	35.11
1991	32 288	236.01	402	2 581	147	5.86	123	36.23
1992	33 063	247.08	352	2 545	210	6.72	7	36.46
1993	34 571	263.71	432	3 200	321	7.76	6	36.20
1994	39 253	304.55	456	3 226	368	11.80	13	35.86
1995	42 563	330.07	521	3 391	428	12.81	11	35.70
1996	42 878	343.77	437	2 735	738	13.67	8	37.22
1997	44 970	361.96	659	4 158	1 450	19.19	13	37.58
1998	47 137	374.06	1 213	10 639	2 150	27.62	6	39.05

12—8 各市地州农业机械和农产品加工机械拥有量

(1998年)

地 区	农业机械总动力（万千瓦）	农用大中型拖拉机		大中型机引农具（部）				小型及手扶拖拉机机引农具（台）
		（台）	（万千瓦）		#机引犁（台）	#机引耙（台）	#机引播种机（台）	
全省总计	1 468.33	10 144	23.48	5 868	1 734	776	66	109 539
成都市	192.06	2 118	6.58	1 844	424	25	5	54 697
自贡市	39.18	132	0.19					
攀枝花市	33.98	142	0.48	146	4			1 758
泸州市	62.80	133	0.21					
德阳市	95.20	1 483	4.58	2 264	655	431	12	18 873
绵阳市	109.80	301	0.92	547	176	170	2	5 340
广元市	70.49	219	0.33	91	44	16	4	1 219
遂宁市	61.05	20	0.06	8	7			1 220
内江市	76.77	4	0.01					214
乐山市	70.96	253	0.52	48	28	7	2	5 351
南充市	86.93	447	0.67	67			1	1 878
宜宾市	70.03	3 897	5.88					293
广安市	52.85	8	0.02	2				2 443
达川地区	67.29	145	0.31					84
巴中地区	37.89	25	0.07					929
雅安地区	57.65	6	0.02					1 256
眉山地区	76.18	238	0.66	93	30	36	5	4 317
资阳地区	83.13	42	0.15	11	5	3		1 966
阿坝州	41.15	104	0.41	331	207	42	24	720
甘孜州	25.65	218	0.83	159	81	35	11	3 229
凉山州	57.28	209	0.59	257	73	11		3 752

12—8 续表 1

(1998 年)

地区	小型及手扶拖拉机		机耕船		农用排灌动力机械		#柴油机	
	(万台)	(万千瓦)	(艘)	(千瓦)	(万台)	(万千瓦)	(万台)	(万千瓦)
全省总计	13.98	155.43	1 092	3 956	28.67	268.37	21.68	142.14
成都市	3.68	40.14			1.70	17.71	0.82	6.21
自贡市	0.10	1.12	32	122	1.75	11.80	1.65	7.62
攀枝花市	0.32	3.58			0.16	2.41	0.11	0.94
泸州市	0.07	0.77	202	731	1.92	11.99	1.81	8.42
德阳市	1.50	16.83			1.91	17.76	0.58	4.99
绵阳市	1.26	13.90			1.57	25.70	0.82	7.35
广元市	0.67	7.42			1.21	14.36	0.94	8.48
遂宁市	0.47	5.26	1	4	1.01	15.14	0.69	4.26
内江市	0.14	1.66			2.81	21.95	2.64	15.60
乐山市	0.47	5.70	223	826	1.47	14.13	1.24	9.59
南充市	0.31	3.47	29	256	2.24	20.43	1.86	11.33
宜宾市	0.34	3.74	331	1 203	2.51	17.18	2.12	12.60
广安市	0.18	2.26			1.26	9.91	0.99	5.56
达川地区	0.27	2.89			1.46	13.42	1.13	7.75
巴中地区	0.15	1.68	1	5	1.45	11.74	1.08	10.01
雅安地区	0.62	7.01	2	7	0.28	2.68	0.17	1.31
眉山地区	0.61	6.89			1.44	15.00	1.02	7.44
资阳地区	0.47	5.16	271	802	1.80	17.74	1.56	9.31
阿坝州	0.67	7.42			0.04	1.98	0.02	0.13
甘孜州	0.59	6.59			0.04	0.34	0.02	0.16
凉山州	1.07	11.93			0.63	5.00	0.42	3.09

12—8 续表 2 (1998 年)

地 区	碾米机、磨面机（万部）	轧花机（部）	榨油机（部）	农用载重汽车		大中型拖车（辆）	机动脱粒机（台）	谷物烘干机（台）
				（辆）	（万千瓦）			
全省总计	39.05	5 753	15 632	47 137	374.06	9 784	276 206	6
成 都 市	2.60	106	1 189	6 367	50.49	3 212	43 367	
自 贡 市	1.06	9	181	1 002	7.71	132	6 982	
攀枝花市	0.61		36	1 771	13.50	77	706	
泸 州 市	2.33	6	218	1 815	12.95	6	5 902	
德 阳 市	1.76	457	733	2 558	20.71	1 176	7 066	
绵 阳 市	2.29	787	1 553	2 233	17.75	147	26 293	
广 元 市	2.85	567	2 180	2 197	17.56	86	10 859	
遂 宁 市	1.28	1 563	522	1 853	12.73	206	23 478	
内 江 市	1.56	20	347	2 876	21.97	4	2 146	
乐 山 市	1.59	34	561	2 075	13.31	139	12 505	
南 充 市	3.41	827	1 625	2 110	16.68	248	23 409	
宜 宾 市	2.92	25	703	1 731	12.94	2 967	3 548	
广 安 市	1.35	40	414	2 084	15.43	8	14 653	4
达川地区	2.54	54	1 258	2 253	16.62	145	7 790	
巴中地区	3.10	344	1 992	485	3.39	25	6 160	
雅安地区	1.05	23	302	2 976	26.86	6	4 617	2
眉山地区	2.23	325	536	2 409	20.62	322	49 406	
资阳地区	2.19	554	691	2 357	19.68	49	16 544	
阿 坝 州	0.44		150	2 822	26.59	79	1 800	
甘 孜 州	0.21		37	1 163	10.90	564	4 012	
凉 山 州	1.68	12	404	2 000	15.68	186	4 963	

12—8 续表 3 (1998 年)

地区	机动喷雾(粉)器		饲料粉碎机	牧草收割机	渔用机动船		
	(部)	(千瓦)	(部)	(部)	(艘)	(吨)	(千瓦)
全省总计	**47 149**	**70 024**	**178 174**	**210**	**1 213**	**2 349**	**10 639**
成都市	7 345	10 984	10 171				
自贡市	337	537	5 647		67	36	317
攀枝花市	523	925	5 509		7	9	78
泸州市	1 263	1 588	12 024		303	311	1 929
德阳市	4 682	7 958	7 091				
绵阳市	4 780	8 167	12 982				
广元市	1 498	2 645	11 924		30	261	274
遂宁市	2 176	3 062	5 151		20	15	164
内江市	424	703	9 327		108	140	612
乐山市	1 447	2 722	7 593		9	17	120
南充市	6 922	8 482	15 905		255	336	2 586
宜宾市	1 880	2 949	11 079		276	711	3 586
广安市	802	1 253	7 088	202	83	228	301
达川地区	1 644	2 525	7 559		31	60	115
巴中地区	1 325	1 740	11 310				
雅安地区	2 621	3 311	3 965				
眉山地区	2 143	2 859	8 813		21	176	431
资阳地区	1 286	2 039	14 040		3	49	126
阿坝州	1 625	2 013					
甘孜州	604	975	530	8			
凉山州	1 822	2 587	10 466				

12—9 机耕面积、灌溉面积、化肥施用量、农村小水电站和农村用电量

年 份	机耕面积（万公顷）	有效灌溉面积（万公顷）	化肥施用量（万吨）	氮 肥（万吨）	磷 肥（万吨）	钾 肥（万吨）
1952		59.3	0.4	0.4		
1957	0.4	86.4	1.0	0.7	0.3	
1962	2.6	106.9	4.0	3.0	1.0	
1965	2.6	120.9	11.3	8.4	2.8	0.1
1970	4.6	139.3	11.5	8.5	2.8	0.2
1975	45.3	175.0	23.0	17.1	5.6	0.3
1978	86.5	198.9	62.5	46.4	15.7	0.4
1979	85.6	206.5	75.6	56.2	18.6	0.8
1980	67.9	211.4	80.4	52.6	24.0	1.0
1981	65.1	213.1	88.8	64.0	22.8	1.1
1982	67.7	214.9	88.1	73.8	23.0	2.0
1983	58.6	216.0	100.2	75.3	22.2	1.5
1984	58.0	215.9	98.0	78.7	16.2	2.0
1985	51.7	215.4	103.1	82.6	16.4	1.7
1986	52.6	216.0	120.7	93.2	23.3	1.6
1987	51.7	217.6	110.7	80.7	24.9	1.7
1988	55.2	219.1	111.8	78.0	24.2	2.1
1989	56.8	220.9	125.7	91.8	24.0	1.6
1990	59.2	222.6	143.9	101.4	28.2	2.6
1991	64.3	224.1	154.3	103.0	32.0	3.5
1992	66.3	225.3	154.0	100.2	32.2	4.3
1993	65.4	226.5	158.1	99.5	33.2	5.4
1994	70.8	227.9	170.0	104.9	35.1	6.2
1995	71.6	230.1	182.9	111.0	37.4	7.0
1996	70.1	232.5	192.8	117.8	38.4	7.4
1997	84.4	239.1	201.3	121.3	40.0	8.4
1998	85.6	239.1	205.3	123.7	40.3	8.8

12—9 续表

年　份	复合肥（万吨）	每公顷耕地施用化肥（千克）	乡村办水电站		农村用电量（亿千瓦小时）
			个　数（个）	发电能力（万千瓦）	
1952					
1957		1.8			
1962		7.8			
1965		21.8			
1970		22.5			
1975		46.3			
1978		127.3	6 692	18.2	7.7
1979		155.3	6 779	23.2	10.1
1980	1.1	165.0	6 670	27.6	9.4
1981	1.4	183.0	6 437	31.2	12.5
1982	1.2	182.0	5 859	30.7	13.7
1983	1.2	207.5	5 426	31.3	14.1
1984	1.0	206.0	5 183	33.4	16.1
1985	2.1	217.5	4 808	33.9	19.3
1986	2.8	257.8	4 620	36.3	23.6
1987	4.1	237.1	4 541	38.4	24.4
1988	7.3	239.9	4 367	40.8	26.5
1989	8.3	270.0	4 070	45.3	31.0
1990	11.7	310.0	4 035	47.0	33.0
1991	15.7	333.1	4 146	50.9	37.4
1992	17.2	333.9	4 130	52.4	40.6
1993	20.0	344.2	4 038	56.8	46.2
1994	23.7	371.2	3 872	64.3	53.8
1995	27.3	400.8	3 710	68.9	61.2
1996	29.2	422.8	3 563	72.6	64.1
1997	31.6	445.4	3 493	76.6	68.4
1998	32.5	456.7	3 358	76.3	73.5

注:1、化肥施用量,1965 年以前各年为销售量,1978 年及以后的施用量,均按折纯量计算。2、农村用电量包括国家电网和农村自办电站的供电量,不包括在农村的全民所有制单位的用电量。

12—10 各市地州农业机械化、电气化情况

（1998年）

地 区	农业机械化情况			农村电气化情况		
					乡、村办水电站	
	机耕面积（千公顷）	机播面积（千公顷）	机收面积（千公顷）	农村用电量（亿千瓦小时）	个 数（个）	发电量（万千瓦小时）
全省总计	855.57	96.53	72.93	73.45	3 358	290 529
成 都 市	262.97	2.34	31.09	19.53	336	90 383
自 贡 市	13.38			2.48	15	980
攀枝花市	9.75	0.39	0.41	0.49	161	3 220
泸 州 市	18.18		0.33	2.72	220	15 125
德 阳 市	111.57	25.24	18.75	8.12	72	6 675
绵 阳 市	76.78	7.46	2.72	4.79	147	10 485
广 元 市	12.82	8.56	2.15	1.27	81	2 096
遂 宁 市	35.03	8.45	0.10	1.68	22	2 164
内 江 市	22.13			4.15	50	2 772
乐 山 市	41.67	1.57	0.43	3.75	93	27 319
南 充 市	53.67	21.59	0.20	3.57	18	368
宜 宾 市	25.30	1.08	0.03	3.38	173	11 123
广 安 市	26.31	0.39	0.32	1.82	47	3 414
达川地区	11.72	0.53	0.15	2.79	93	6 740
巴中地区	13.40		0.14	1.01	149	4 790
雅安地区	12.83		0.45	2.08	200	33 490
眉山地区	40.20	1.21	2.73	3.38	84	9 016
资阳地区	18.70	0.13	0.73	3.16	40	1 085
阿 坝 州	10.60	2.01	1.76	0.60	306	12 023
甘 孜 州	19.59	8.39	3.88	0.66	219	7 512
凉 山 州	18.97	7.19	6.56	2.02	832	39 749

12—11 各市地州农用化肥施用量

(1998年) 单位:万吨

地区	化肥施用量	氮肥	磷肥	钾肥	复合肥
全省总计	**205.32**	**123.66**	**40.27**	**8.83**	**32.56**
成都市	19.99	9.83	4.14	1.41	4.61
自贡市	6.11	4.62	1.18	0.04	0.27
攀枝花市	1.73	1.04	0.10	0.04	0.55
泸州市	8.14	4.60	1.48	0.38	1.68
德阳市	13.76	8.09	2.53	0.34	2.80
绵阳市	18.07	10.00	4.35	0.77	2.95
广元市	8.73	5.30	1.72	0.30	1.41
遂宁市	13.19	8.41	3.20	0.47	1.11
内江市	8.03	5.47	1.80	0.10	0.66
乐山市	6.68	3.92	1.10	0.17	1.49
南充市	17.86	10.32	3.79	0.67	3.08
宜宾市	9.46	5.82	1.74	0.58	1.32
广安市	10.99	8.08	2.03	0.46	0.42
达川地区	16.19	10.72	2.33	0.76	2.38
巴中地区	10.55	5.37	1.82	0.65	2.71
雅安地区	4.19	2.63	0.66	0.18	0.72
眉山地区	11.55	6.47	2.03	1.08	1.97
资阳地区	9.92	6.91	2.30	0.07	0.64
阿坝州	0.63	0.41	0.15	0.02	0.05
甘孜州	0.27	0.20	0.02		0.05
凉山州	9.28	5.44	1.82	0.35	1.67

12—12 各市地州耕地面积和有效灌溉面积

(1998 年)　　单位:千公顷

地 区	年末实有耕地面积	水 田	旱 地	年内减少耕地面积	#国家基建占地	#乡村集体占地	#个人建房占地	有效灌溉面 积
全省总计	4 494.94	2 283.67	2 211.27	36.06	16.07	7.18	1.26	2 390.53
成 都 市	440.65	328.47	112.18	4.94	3.23	0.68	0.14	377.66
自 贡 市	142.73	89.70	53.03	0.39	0.23	0.12	0.03	69.70
攀枝花市	31.82	15.77	16.05	1.33	0.77	0.02		22.66
泸 州 市	231.42	158.92	72.50	1.13	0.20	0.49	0.05	103.75
德 阳 市	210.54	135.38	75.16	1.15	0.65	0.31	0.03	163.31
绵 阳 市	327.74	141.65	186.10	3.86	2.53	0.90	0.17	176.62
广 元 市	181.16	76.99	104.17	0.64	0.14	0.20	0.02	79.34
遂 宁 市	178.71	61.29	117.42	2.34	1.11	0.05	0.01	106.84
内 江 市	192.29	96.84	95.45	1.22	0.24	0.81	0.06	95.79
乐 山 市	190.81	103.10	87.71	1.58	0.86	0.06	0.03	97.11
南 充 市	336.69	162.26	174.44	2.96	0.64	0.80	0.11	186.69
宜 宾 市	257.95	155.27	102.69	1.05	0.54	0.25	0.05	97.87
广 安 市	196.26	131.25	65.01	1.17	0.60	0.25	0.13	88.84
达川地区	310.25	175.59	134.66	1.66	0.76	0.51	0.15	137.40
巴中地区	168.75	103.01	65.74	1.23	0.14	0.86	0.09	66.46
雅安地区	95.17	36.95	58.22	0.53	0.18	0.03	0.02	41.32
眉山地区	199.33	125.28	74.05	0.88	0.67	0.10	0.03	178.74
资阳地区	318.84	114.73	204.11	1.30	0.43	0.66	0.08	140.44
阿 坝 州	80.82	0.02	80.80	0.32	0.02	0.02	0.01	16.48
甘 孜 州	88.21	0.75	87.47	1.18	0.04	0.03	0.01	25.36
凉 山 州	314.79	70.46	244.33	5.21	2.11	0.05	0.07	118.15

12—13 耕地面积和总播种面积

单位:万公顷

年 份	耕地面积总计	水 田	旱 地	农作物总播种面积	#粮食作物	#经济作物
1952	547.85	272.31	275.54	827.66	686.3	66.05
1957	569.13	276.06	293.07	968.20	784.9	81.50
1962	510.07	246.92	263.15	805.65	674.7	52.85
1965	518.96	249.05	269.91	789.59	622.5	76.20
1970	510.66	247.74	262.92	819.65	674.8	66.90
1975	497.21	245.45	251.76	903.94	728.9	75.87
1978	490.91	242.20	248.71	885.91	744.1	82.79
1979	486.67	241.29	245.38	891.45	756.3	81.47
1980	487.16	241.16	246.00	861.90	746.1	87.80
1981	485.12	240.76	244.36	874.19	723.0	93.98
1982	484.19	240.42	243.77	877.49	720.7	94.37
1983	482.82	240.77	242.05	854.48	707.3	85.01
1984	475.84	239.52	236.32	854.20	693.4	95.47
1985	474.12	238.25	235.87	855.80	663.6	91.02
1986	468.12	237.78	230.34	862.60	667.8	73.90
1987	466.92	237.01	229.91	871.30	671.5	84.61
1988	466.11	236.80	229.31	881.90	679.8	127.33
1989	465.48	236.78	228.70	892.60	688.7	119.21
1990	464.71	236.89	227.82	905.00	698.5	121.05
1991	463.23	236.44	226.79	920.70	704.8	117.31
1992	461.19	235.44	225.75	921.90	702.9	116.64
1993	459.38	234.04	225.34	915.20	705.0	114.58
1994	457.96	233.20	224.76	916.40	701.5	113.69
1995	456.04	232.06	223.98	930.24	705.5	112.23
1996	454.31	231.66	222.65	940.08	713.8	111.95
1997	451.99	229.97	222.02	949.75	721.1	120.17
1998	449.49	228.37	221.12	971.44	733.8	113.39

12—14 农作物播种面积和产量

单位：面积：万公顷
产量：万 吨

年 份	粮 食		#稻 谷		#小 麦	
	播种面积	产 量	播种面积	产 量	播种面积	产 量
1952	686.3	1 170.1	253.1	769.2	79.4	65.3
1957	784.9	1 531.0	280.6	939.6	104.6	123.5
1962	676.7	1 054.7	203.1	572.8	114.5	94.7
1965	622.5	1 489.4	241.0	869.2	93.5	113.1
1970	674.8	1 756.1	233.7	937.7	107.3	187.6
1975	728.9	1 976.8	264.8	1 035.4	139.8	248.8
1978	744.1	2 381.8	226.9	1 086.4	165.4	368.6
1979	756.3	2 483.2	218.7	1 093.7	186.3	440.1
1980	746.1	2 599.7	225.5	1 207.4	182.6	410.2
1981	723.0	2 551.3	230.4	1 251.6	171.0	398.8
1982	720.7	2 866.4	231.9	1 396.2	170.8	501.8
1983	707.3	3 008.9	233.7	1 483.8	171.5	585.4
1984	693.4	3 023.9	233.9	1 532.5	168.1	569.9
1985	663.6	2 875.1	230.8	1 463.3	151.6	506.7
1986	667.8	2 913.7	229.2	1 509.3	152.1	525.0
1987	671.5	2 913.4	222.2	1 480.1	154.5	538.0
1988	679.8	2 912.7	225.5	1 540.4	159.7	466.4
1989	688.7	3 026.2	229.2	1 591.3	163.8	515.7
1990	698.5	3 269.2	230.0	1 700.8	168.0	570.9
1991	704.8	3 315.2	229.3	1 663.6	171.6	619.2
1992	702.9	3 371.3	229.8	1 720.4	173.4	634.3
1993	705.0	3 174.8	223.7	1 586.8	177.9	569.3
1994	701.5	3 098.1	218.4	1 525.0	176.8	641.9
1995	705.5	3 395.3	220.3	1 657.8	178.0	682.4
1996	713.8	3 483.1	221.8	1 705.7	181.0	656.9
1997	721.1	3 554.4	219.6	1 700.2	182.4	687.3
1998	733.8	3 626.3	216.7	1 685.3	186.5	673.2

12—14 续表1

单位：面积：万公顷；产量：万　吨

年　份	#豆　类		#玉　米		#薯　类	
	播种面积	产　量	播种面积	产　量	播种面积	产　量
1952	105.9	76.1	93.4	91.8	108.9	138.8
1957	114.9	96.5	103.9	157.5	125.3	220.5
1962	90.7	64.1	81.3	95.1	121.9	217.4
1965	92.7	93.3	84.4	150.7	102.5	214.1
1970	83.9	107.6	95.4	196.4	103.9	260.2
1975	70.8	86.9	104.2	248.6	105.3	289.8
1978	60.0	79.9	117.1	360.6	134.3	412.1
1979	57.7	72.0	125.8	391.6	129.1	414.1
1980	55.0	77.3	124.5	457.3	117.1	349.4
1981	49.8	72.9	120.3	416.6	115.9	325.9
1982	46.5	77.5	122.5	456.4	113.3	346.8
1983	45.3	83.5	116.3	426.4	105.6	343.5
1984	45.1	80.3	112.9	437.3	99.8	311.5
1985	39.9	71.0	107.2	418.7	99.4	325.2
1986	38.6	71.6	112.0	409.5	102.2	311.4
1987	37.6	68.0	115.4	376.8	107.2	360.1
1988	36.6	64.4	115.8	438.5	107.0	308.4
1989	35.7	58.5	116.6	442.6	110.1	328.8
1990	34.3	63.4	119.9	486.1	113.6	279.6
1991	33.3	63.3	122.8	487.1	114.4	306.3
1992	37.7	70.8	121.1	476.2	113.3	388.4
1993	37.3	66.2	120.0	456.8	117.5	416.6
1994	39.1	69.4	119.8	399.8	121.7	390.2
1995	38.4	74.0	120.2	471.6	122.9	433.4
1996	37.9	74.8	124.7	548.6	123.5	422.1
1997	38.6	77.8	129.0	605.7	124.6	400.6
1998	38.9	76.9	136.5	659.4	128.5	452.7

12—14 续表 2

单位：面积：万公顷 产量：万 吨

年 份	棉 花		油 料		#花 生	
	播种面积	产 量	播种面积	产 量	播种面积	产 量
1952	22.5	4.0	34.3	25.2	7.6	8.4
1957	30.7	6.6	40.3	35.1	9.8	11.4
1962	21.0	2.6	27.5	14.8	7.3	6.2
1965	26.5	10.6	38.8	35.4	10.2	10.7
1970	25.7	12.7	32.0	34.5	6.9	9.1
1975	25.7	12.3	36.2	39.9	7.3	10.8
1978	25.6	14.4	38.6	52.8	7.4	12.4
1979	24.7	10.9	40.4	56.1	7.4	10.6
1980	24.6	9.4	47.0	68.4	8.4	11.8
1981	23.4	8.6	55.0	81.8	8.2	10.5
1982	13.7	8.2	61.2	113.7	9.5	14.2
1983	13.4	10.8	54.5	98.2	9.5	16.4
1984	16.4	15.8	59.2	103.5	11.4	21.0
1985	12.6	11.3	84.2	133.1	13.5	23.6
1986	11.7	9.8	84.3	138.1	13.9	22.9
1987	11.4	10.2	82.5	140.6	13.1	23.3
1988	13.2	8.8	79.5	126.6	13.1	23.3
1989	11.5	8.5	77.5	121.9	12.7	23.6
1990	12.3	11.5	79.7	133.5	12.6	23.7
1991	14.6	14.6	83.9	148.7	12.5	24.6
1992	15.9	15.0	81.9	136.6	12.8	25.1
1993	13.1	8.2	70.8	112.0	13.9	26.4
1994	13.0	6.7	75.2	119.6	15.2	20.8
1995	14.0	11.2	84.6	145.1	15.3	25.9
1996	15.3	12.3	82.2	133.2	15.2	28.1
1997	13.9	10.7	79.9	134.2	15.4	28.8
1998	14.0	10.2	83.6	146.4	16.6	33.3

12—14 续表 3

单位：面积：万公顷
产量：万　吨

年　份	#油　菜　籽		#芝　麻		黄　红　麻	
	播种面积	产　量	播种面积	产　量	播种面积	产　量
1952	25.8	16.5	0.8	0.3	0.1	…
1957	29.5	23.4	1.0	0.5	…	0.1
1962	19.0	8.3	0.8	0.3	…	…
1965	27.1	24.3	0.8	0.3	0.2	0.1
1970	23.9	24.5	0.3	0.2	0.6	0.2
1975	28.2	28.7	0.3	0.1	0.8	0.8
1978	30.3	38.1	0.5	0.3	1.9	5.9
1979	32.1	45.2	0.5	0.2	2.2	3.8
1980	39.5	56.4	0.5	0.2	2.4	10.3
1981	46.0	70.6	0.5	0.6	2.4	5.3
1982	50.7	98.7	0.4	0.4	2.3	4.9
1983	44.3	81.2	0.4	0.2	2.1	4.7
1984	47.2	81.9	0.3	0.2	3.2	7.4
1985	70.1	109.0	0.2	0.2	6.8	12.4
1986	70.0	114.7	0.2	0.1	4.5	8.0
1987	68.9	116.9	0.1	0.2	3.7	5.9
1988	66.0	102.5	0.2	0.2	3.5	5.4
1989	64.3	97.9	0.1	0.2	3.6	7.1
1990	66.9	109.5	0.1	0.1	4.2	8.2
1991	71.0	123.7	0.1	0.1	4.1	8.3
1992	68.6	111.1	0.1	0.1	3.7	7.7
1993	56.4	84.9	0.1	0.1	3.7	7.3
1994	59.8	98.4	0.1	0.1	3.2	4.3
1995	68.8	118.7	0.2	0.2	2.5	4.0
1996	66.4	104.6	0.1	0.2	2.2	3.7
1997	64.0	104.8	0.2	0.2	1.9	2.9
1998	66.4	112.6	0.2	0.2	1.1	1.8

12—14 续表 4

单位：面积：万公顷
产量：万 吨

年 份	甘 蔗		烟 叶		#烤 烟	
	播种面积	产 量	播种面积	产 量	播种面积	产 量
1952	3.00	115.30	4.17	4.25	2.08	2.04
1957	3.84	164.40	4.00	4.38	1.97	2.12
1962	1.41	28.30	1.63	1.14	0.38	0.41
1965	3.61	133.25	3.25	3.45	0.75	1.29
1970	3.35	107.61	2.13	2.32	0.47	0.48
1975	4.50	139.63	3.65	3.98	1.07	1.49
1978	4.65	154.11	5.20	6.94	1.83	2.58
1979	4.89	172.97	3.60	4.78	1.57	2.30
1980	3.70	141.77	4.19	5.73	1.35	1.81
1981	4.00	142.58	4.67	6.83	1.72	2.19
1982	3.92	176.35	7.50	12.47	1.97	3.35
1983	3.96	163.59	4.59	7.14	1.47	1.69
1984	4.13	195.25	5.16	7.79	2.27	3.04
1985	4.62	233.98	6.83	10.68	2.90	3.87
1986	4.48	215.58	6.71	9.94	2.46	2.78
1987	4.45	210.98	6.65	8.20	2.09	2.74
1988	4.40	204.22	8.81	11.80	3.46	4.00
1989	4.18	204.95	10.26	14.68	7.45	4.78
1990	4.24	218.15	8.35	13.26	4.91	4.32
1991	4.60	244.96	8.04	12.68	5.16	6.08
1992	4.11	211.67	9.52	15.83	5.19	8.00
1993	3.21	167.80	9.88	15.33	5.46	7.24
1994	3.19	155.55	6.31	8.67	3.15	3.57
1995	3.25	170.73	5.87	7.77	3.11	3.50
1996	3.11	164.16	6.97	12.93	3.90	7.48
1997	3.09	155.66	10.02	18.56	6.88	12.33
1998	2.96	161.48	7.24	10.67	4.62	5.89

12—14 续表 5 单位：万吨

年 份	蚕茧产量	茶叶产量	水果产量	苹 果	柑 桔	梨	其 他	水产品产量
1952	0.98	0.79	10.30					0.81
1957	0.94	1.21	10.80					1.11
1962	0.77	0.70	8.60					1.10
1965	0.97	0.90	11.70					1.56
1970	1.84	1.01	7.90					1.66
1975	2.55	1.31	15.20					3.01
1978	3.66	1.90	17.80					3.06
1979	5.37	1.90	17.90					3.30
1980	6.60	1.98	27.50	4.00	9.90	5.10	8.50	3.69
1981	6.37	2.22	24.60	2.60	10.5	4.20	7.30	4.02
1982	6.75	2.50	29.10	3.30	14.70	5.50	5.60	4.80
1983	7.10	2.82	42.20	3.50	25.90	5.70	7.10	5.69
1984	7.22	3.37	48.60	4.30	27.90	7.20	9.20	7.17
1985	7.39	3.71	57.00	4.60	37.70	6.30	8.40	9.27
1986	7.03	3.51	59.80	4.70	37.80	6.70	10.60	11.31
1987	7.73	3.57	76.00	6.10	47.50	7.90	14.50	12.26
1988	8.63	3.73	62.30	6.00	35.80	8.80	11.70	14.47
1989	9.10	3.83	87.50	5.80	59.50	9.30	12.90	16.07
1990	10.00	4.00	92.00	6.10	62.40	9.10	14.40	16.83
1991	11.70	4.20	106.50	6.50	71.90	10.20	17.90	18.31
1992	13.50	4.30	109.20	7.60	73.64	10.60	17.36	20.02
1993	15.00	4.40	131.90	7.80	89.00	11.40	23.70	22.40
1994	15.66	4.35	132.94	8.45	83.50	13.16	27.83	25.78
1995	15.16	4.35	155.76	12.26	93.33	17.26	32.91	29.86
1996	9.46	4.39	168.48	13.47	101.01	18.17	35.83	33.26
1997	8.53	4.52	185.13	16.12	106.89	20.04	42.08	37.20
1998	9.28	5.09	212.92	17.74	117.84	24.97	52.37	42.29

12—15 各市地州农作物播种面积和产量

(1998年)

单位：面积：万公顷
产量：万 吨

地 区	农作物总播种面积	粮食作物		#稻 谷		#小 麦	
		播种面积	产量	播种面积	产量	播种面积	产量
全省总计	**971.44**	**733.81**	**3 626.33**	**216.74**	**1 685.34**	**186.47**	**673.23**
成都市	101.52	70.26	403.86	30.97	252.12	20.83	91.71
自贡市	28.31	22.9	126.45	8.52	71.76	5.67	17
攀枝花市	5.59	4.21	21.59	1.43	11.75	0.91	2.67
泸州市	46.61	38.84	202.76	15.77	125.6	7.02	18.21
德阳市	45.16	31.29	205.35	13.33	111.46	9.21	45.93
绵阳市	67.72	48.39	239.58	13.37	108.94	14.52	54.36
广元市	37.46	28.19	136.43	5.97	50.92	9.31	34.63
遂宁市	42.19	31.09	164.5	5.51	47.27	10.01	41.54
内江市	42.35	32.9	165.76	9.34	72.95	8.63	25.88
乐山市	42.64	31.85	129.88	9.94	70.65	5.18	14.56
南充市	87.26	67.46	291.86	13.75	102.61	20.1	75.54
宜宾市	47.61	40.01	196.98	14.91	107.64	8.61	24.54
广安市	45.12	35.32	193.59	12.68	105.18	8.33	27.54
达川地区	76.06	58.14	287.7	17.7	130.36	13.83	45.57
巴中地区	40.53	31.87	160.05	9.63	56.52	8.51	35.95
雅安地区	21.25	16.47	75.97	3.63	29.81	3.05	11.41
眉山地区	44.32	32.21	170.62	12.58	99.66	9.65	34.52
资阳地区	74.4	55.31	246.81	10.94	84.49	15.61	47.22
阿坝州	9.23	8.07	24.08	0.01	0.05	0.35	1.24
甘孜州	9.48	8.54	20.9	0.06	0.41	0.59	2.08
凉山州	56.65	40.5	161.61	6.73	45.19	6.55	21.13

12—15 续表 1 (1998 年) 单位：面积：万公顷 产量：万 吨

地 区	#玉 米		#豆 类		#薯 类		油 料	
	播种面积	产量	播种面积	产量	播种面积	产量	播种面积	产量
全省总计	**136.49**	**659.35**	**38.93**	**76.86**	**128.51**	**452.74**	**83.56**	**146.39**
成都市	6.41	28.3	2.61	5.56	9.25	25.32	8.89	16.9
自贡市	3.3	16.97	1.07	3.49	3.79	15.09	1.95	3.45
攀枝花市	0.92	4.5	0.38	0.58	0.29	0.95	0.07	0.07
泸州市	5.26	22.22	2.97	5.82	6.74	27.39	1.34	1.77
德阳市	2.17	21.37	0.41	1.76	4.12	15.99	5.88	13.07
绵阳市	9.92	42.84	1.88	2.92	6.6	23.92	9.68	18.97
广元市	7.35	36.04	1.44	2.03	3.59	11.41	4.58	6.23
遂宁市	7.66	36.74	0.62	1.96	6.38	33.46	4.58	9.01
内江市	6.63	34.26	1.4	3.74	6.77	28.56	3.89	6.67
乐山市	6.84	23.15	2.88	3.82	6.71	17.31	2.91	3.89
南充市	17.37	67.93	2.34	6.81	13.31	35.62	8.11	14.82
宜宾市	6.98	29.35	2.3	4.74	6.65	28.34	2.76	4.53
广安市	5.34	30.88	1.86	3.4	6.34	23.54	4.13	5.72
达川地区	9.98	60.62	3.15	5.86	11.75	39.96	7.33	12.99
巴中地区	5.93	41.05	1.1	2.75	6.47	23.13	3.62	5.97
雅安地区	4.49	24.9	1.93	2.57	3.2	7.1	1.81	2.33
眉山地区	3.94	17.54	1.12	2.02	4.77	16.41	4.33	6.27
资阳地区	12.32	61.28	3.04	4.13	12.93	47.94	6.72	12.37
阿坝州	2.14	9.56	1.36	3.12	1.17	3.52	0.31	0.38
甘孜州	1.51	5.16	1.07	1.58	0.68	1.69	0.05	0.06
凉山州	10.02	44.69	4.02	8.17	7.01	26.09	0.65	0.89

12—15 续表 2　　(1998 年)　　单位：面积：万公顷　产量：万 吨

地区	#油菜籽		棉花		麻类		#黄红麻	
	播种面积	产量	播种面积	产量	播种面积	产量	播种面积	产量
全省合计	**66.45**	**112.59**	**13.96**	**10.16**	**3.11**	**4.28**	**1.11**	**1.84**
成都市	8.08	15.06	0.33	0.21				
自贡市	1.16	1.86			0.13	0.33	0.13	0.32
攀枝花市	0.02	0.01						
泸州市	1.14	1.4			0.01	0.02	…	0.01
德阳市	5.03	11.15	0.67	0.46				
绵阳市	7.59	14.15	1.92	1.39	0.13	0.26	0.11	0.21
广元市	3.61	4.37	0.71	0.47	0.06	0.06	0.06	0.05
遂宁市	3.77	7.42	2.8	1.79	0.09	0.2	0.08	0.19
内江市	2.42	3.73	0.02	0.04	0.02	0.04	0.02	0.04
乐山市	2.54	3.22	0.1	0.06				
南充市	5.72	10.48	2.2	1.52	0.44	0.67	0.43	0.66
宜宾市	1.41	1.93			0.06	0.1	0.05	0.09
广安市	3.54	4.77			0.25	0.15	0.1	0.06
达川地区	6	10.84	0.12	0.06	1.79	2.28	0.06	0.08
巴中地区	3.09	5.06	0.39	0.21	0.04	0.04	0.03	0.02
雅安地区	1.78	2.29						
眉山地区	3.79	5.03	1.43	1.16				
资阳地区	5.02	8.78	3.28	2.8	0.05	0.11	0.05	0.11
阿坝州	0.30	0.37						
甘孜州	0.02	0.02						
凉山州	0.43	0.65			0.05	0.03		

12—15 续表 3 (1998 年) 单位:面积:万公顷 产量:万 吨

地区	糖料		#甘蔗		烟叶		#烤烟	
	播种面积	产量	播种面积	产量	播种面积	产量	播种面积	产量
全省总计	**3.00**	**161.73**	**2.96**	**161.48**	**7.24**	**10.67**	**4.62**	**5.89**
成都市	0.11	7.24	0.11	7.24	0.13	0.28		
自贡市	0.14	3.59	0.14	3.59				
攀枝花市	0.32	27.57	0.32	27.57	0.03	0.06	0.02	0.06
泸州市	0.14	3.66	0.14	3.66	1.38	1.91	1.28	1.74
德阳市	0.07	4.1	0.07	4.1	0.38	1.18		
绵阳市	0.05	2.1	0.05	2.1	0.01	0.03		
广元市	0.01	0.24	0.01	0.24	0.26	0.31	0.21	0.27
遂宁市	…	0.05	…	0.05				
内江市	0.16	6.5	0.16	6.5		0.01		
乐山市	0.21	7.74	0.21	7.74	0.17	0.3		
南充市	0.04	0.88	0.04	0.88	0.09	0.18		
宜宾市	0.32	9.2	0.32	9.2	0.69	1.01	0.44	0.53
广安市	0.07	1.09	0.07	1.09	0.1	0.16		
达川地区	0.08	2.11	0.08	2.11	0.59	0.85	0.02	0.02
巴中地区	0.09	1.64	0.07	1.61	0.34	0.56		
雅安地区	0.01	0.2	0.01	0.2	0.07	0.12		
眉山地区	0.21	11.66	0.21	11.66	0.15	0.22		
资阳地区	0.19	9.91	0.19	9.91	0.03	0.08	0.01	0.02
阿坝州	0.02	0.22				0.01		
甘孜州								
凉山州	0.76	62.05	0.76	62.05	2.82	3.4	2.65	3.25

12—16 各市地州主要农作物单位面积产量

(1998 年)　　　　单位:公斤/公顷

地　区	粮　食	棉　花	花　生	油菜籽	黄红麻	甘　蔗	烤　烟
全省总计	**4 942**	**726**	**2 000**	**1 696**	**1 666**	**54 529**	**1 279**
成都市	5 748	617	2 302	1 864		65 056	
自贡市	5 522		2 018	1 605	2 580	25 691	
攀枝花市	5 128		1 051	836		86 810	2 527
泸州市	5 221		1 918	1 225	2 905	25 515	1 363
德阳市	6 563	679	2 278	2 216	2 000	59 987	
绵阳市	4 951	728	2 334	1 865	1 923	39 698	
广元市	4 839	671	1 923	1 207	922	18 068	1 295
遂宁市	5 292	639	1 960	1 970	2 365	17 346	
内江市	5 039	1 616	1 994	1 543	2 139	40 088	
乐山市	4 077	604	1 819	1 269	3 000	36 613	
南充市	4 326	690	1 826	1 834	1 522	22 053	
宜宾市	4 923		1 956	1 367	1 947	28 526	1 213
广安市	5 482		1 640	1 345	570	15 290	
达川地区	4 948	477	1 658	1 806	1 467	26 751	977
巴中地区	5 022	534	1 762	1 638	589	23 545	
雅安地区	4 612		979	1 286		40 592	
眉山地区	5 297	814	2 402	1 326		56 980	
资阳地区	4 462	855	2 109	1 749	2 302	52 744	2 545
阿坝州	2 983			1 237			
甘孜州	2 448	583	780	1 304			
凉山州	3 991		1 430	1 524		81 598	1 227

12—17 林产品产量及造林面积

单位:吨

年　份	生　漆	油桐籽	油茶籽	核　桃	竹　笋	造林面积（万公顷）
1952	85	94 011	5 643	2 933	279	2.13
1957	128	80 337	15 276	8 703	604	10.18
1962	43	36 729	2 793	3 075	2 046	12.72
1965	114	47 777	2 223	1 750	604	11.57
1970	175	57 101	1 141	4 162	976	15.41
1975	132	63 946	3 288	5 474	1 022	21.59
1978	160	114 035	8 439	9 060	906	20.05
1979	216	63 531	3 636	6 597	780	22.76
1980	313	61 994	5 282	9 468	1 119	20.29
1981	225	67 149	3 941	6 960	1 242	17.56
1982	266	52 163	3 277	8 378	1 794	16.86
1983	188	55 842	2 883	6 082	714	25.49
1984	177	66 329	2 160	5 730	1 557	51.60
1985	127	53 921	2 242	7 222	1 437	47.44
1986	211	54 019	2 392	8 738	1 532	26.04
1987	256	36 836	1 878	10 622	1 797	26.98
1988	218	53 624	1 930	12 748	2 749	26.00
1989	277	57 853	1 243	14 190	3 181	22.90
1990	507	49 580	1 878	15 655	2 946	26.50
1991	301	53 539	1 800	12 736	3 574	27.00
1992	300	61 264	1 960	13 740	3 236	27.40
1993	327	67 628	1 854	16 284	3 591	26.30
1994	565	70 442	3 049	21 928	4 563	25.10
1995	302	60 726	4 047	22 928	5 378	25.00
1996	377	54 743	2 922	24 819	6 146	25.60
1997	472	41 498	3 903	22 059	5 593	28.15
1998	549	40 544	6 479	28 711	6 100	38.51

12—18 畜牧业生产情况

年份	猪牛羊肉产量(万吨)	#猪肉	禽蛋产量(万吨)	奶类产量(万吨)	#牛奶	蜂蜜产量(吨)	绵羊毛产量(吨)	肉猪出栏头数(万头)	猪年末头数(万头)
1952	17.1	15.6						393	943
1957	35.2	33.4						733	1 754
1962	8.0	6.9						276	982
1965	52.2	49.8						1 130	1 804
1970	52.8	51.5						1 195	2 244
1975	59.6	57.3						1 314	2 988
1978	78.0	76.0						1 614	3 243
1980	125.4	119.8		11	11		2 602	2 264	3 823
1985	208.4	202.5		19	19	11 584	2 392	3 223	4 370
1986	233.4	226.6	21	22	22	12 075	2 402	3 551	4 491
1987	249.8	242.3	30	22	22	14 281	2 551	3 745	4 587
1988	281.2	272.8	32	22	22	12 561	2 481	4 189	4 731
1989	285.5	275.9	33	22	22	15 926	2 530	4 307	4 756
1990	301.0	292.3	35	22	22	14 763	2 729	4 507	4 842
1991	319.0	300.1	38	23	23	16 044	2 779	4 699	4 887
1992	333.0	321.9	43	23	23	15 514	2 866	4 887	4 933
1993	347.0	333.4	48	23	23	14 702	3 021	5 010	4 948
1994	373.0	355.6	54	23	23	15 535	3 008	5 363	5 107
1995	414.0	392.0	60	24	24	17 922	3 265	5 844	5 284
1996	434.0	409.0	67	24	24	18 541	3 269	6 068	5 277
1997	453.7	424.4	74	26	25	19 403	3 434	6 234	5 280
1998	481.2	447.1	80	27	27	21 414	3 760	6 402	5 271

12—18 续表

年份	羊年末只数(万只)	#山羊	#绵羊	大牲畜年末头数(万头)	#役畜	#牛	#马	#驴	#骡
1952	262	138	124	500	377	474	23	1	3
1957	438	279	159	556	291	527	25	1	3
1962	482	306	176	508	227	488	17	1	2
1965	578	340	238	615	246	591	20	2	2
1970	682	412	270	726	291	698	23	2	2
1975	800	446	355	769	296	737	27	3	2
1978	861	503	358	781	293	745	30	3	2
1980	923	535	388	809	287	773	32	3	2
1985	786	446	340	855	317	808	41	4	2
1986	770	431	339	877	323	828	44	4	2
1987	785	450	335	895	336	842	46	5	3
1988	821	481	340	910	339	854	48	5	3
1989	834	494	340	921	344	863	50	5	3
1990	833	487	346	936	352	876	51	6	3
1991	836	483	353	953	357	888	53	6	4
1992	828	478	350	947	358	883	54	6	4
1993	852	495	357	999	373	905	57	6	4
1994	913	552	361	1 000	381	931	58	6	4
1995	1 000	633	366	1 035	402	963	60	6	4
1996	1 095	731	363	1 049	403	976	61	6	4
1997	1 178	806	372	1 073	414	996	64	7	6
1998	1 282	902	380	1 092	411	1 012	67	7	6

12—19 各市地州牲畜饲养情况

(1998 年)　　单位:万头

地 区	大牲畜年末头数	#役 畜	#牛	#黄 牛	#良种牛	#水 牛	#马
全省总计	1 092.23	410.68	1 011.94	766.14	4.28	232.03	66.70
成都市	15.52	10.73	15.40	5.09	1.17	9.11	0.06
自贡市	4.93	4.16	4.75	0.18	0.09	4.48	0.17
攀枝花市	16.94	7.58	14.10	6.35	0.04	7.70	1.08
泸州市	33.76	22.70	32.78	15.18	0.07	17.53	0.92
德阳市	15.08	9.62	15.04	11.22	0.10	3.73	0.03
绵阳市	39.89	29.33	39.14	28.74	0.22	9.85	0.71
广元市	51.93	37.79	51.53	28.45	0.04	23.05	0.34
遂宁市	7.85	5.86	7.82	3.96	0.02	3.84	0.03
内江市	4.28	3.24	4.08	1.00	0.06	3.02	0.19
乐山市	26.18	17.48	26.05	8.17	0.01	17.86	0.11
南充市	35.27	26.76	35.21	20.01	0.13	15.07	0.06
宜宾市	32.31	25.87	32.15	8.95	0.05	23.15	0.16
广安市	12.36	9.70	11.90	2.85	0.06	8.80	0.41
达川地区	62.75	40.65	62.55	42.93	0.41	19.20	0.20
巴中地区	57.26	37.00	57.25	38.41	0.35	18.49	0.01
雅安地区	21.34	11.52	19.25	13.37	1.03	4.85	1.55
眉山地区	9.26	5.47	9.25	0.38	0.27	8.59	0.01
资阳地区	8.70	4.90	8.67	0.41	0.02	8.24	0.02
阿坝州	206.61	23.34	191.02	182.11			14.63
甘孜州	295.38	14.72	268.28	267.96	0.03	0.28	25.01
凉山州	134.63	62.26	105.72	80.41	0.11	25.19	20.99

12—19续表　　(1998年)　　单位:万头、万只

地　区	生猪年末存栏头数	#能繁母猪	#仔　猪	羊年末存栏只数	#山　羊	#绵　羊
全省总计	5 270.82	435.34	1 124.93	1 282.38	901.82	380.56
成都市	490.76	35.54	117.06	33.64	33.64	
自贡市	145.57	14.19	30.21	26.94	26.94	
攀枝花市	52.91	3.92	13.28	34.14	28.69	5.45
泸州市	312.19	20.57	74.50	37.73	37.69	0.04
德阳市	276.25	23.65	63.11	8.96	8.96	
绵阳市	313.13	25.39	65.84	40.78	40.46	0.32
广元市	224.49	20.47	76.82	39.99	39.66	0.33
遂宁市	208.21	14.90	34.73	20.49	20.49	
内江市	183.34	16.42	26.18	19.46	19.46	
乐山市	235.31	18.89	25.72	36.00	31.85	4.16
南充市	450.34	35.86	63.81	51.30	51.30	
宜宾市	298.68	22.27	92.21	25.55	25.33	0.22
广安市	300.71	21.09	31.98	7.63	7.63	
达川地区	435.83	34.70	69.93	45.42	45.42	
巴中地区	263.81	23.32	74.86	40.27	40.27	
雅安地区	97.18	7.11	37.56	24.83	19.75	5.09
眉山地区	211.39	15.33	35.99	26.35	26.35	
资阳地区	364.09	29.47	59.35	66.89	66.89	
阿坝州	31.16	3.09	6.02	110.25	29.65	80.60
甘孜州	30.57	5.61	7.62	162.06	70.17	91.89
凉山州	344.90	43.54	118.16	423.68	231.22	192.46

12—20 各市地州畜产品产量

(1998年)

单位:万吨

地区	猪牛羊肉产量	猪　肉	牛　肉	羊　肉	奶　类	#牛　奶
全省总计	**481.17**	**447.10**	**21.33**	**12.74**	**27.33**	**26.69**
成都市	46.16	44.82	0.65	0.69	4.28	4.28
自贡市	17.09	16.07	0.29	0.74	0.38	0.38
攀枝花市	3.99	3.71	0.11	0.17	0.08	0.08
泸州市	24.77	23.49	0.64	0.65	0.21	0.21
德阳市	29.82	29.12	0.59	0.11	0.4	0.4
绵阳市	29.78	28.24	0.78	0.75	0.47	0.47
广元市	20.28	18.44	1.32	0.51	0.02	0.02
遂宁市	18.83	18.23	0.31	0.29	0.04	0.04
内江市	15.39	15.00	0.14	0.25	0.15	0.15
乐山市	20.94	19.53	0.90	0.51	0.05	0.05
南充市	46.66	44.76	0.94	0.97	0.36	0.36
宜宾市	26.47	25.31	0.85	0.31	0.14	0.14
广安市	24.86	24.56	0.18	0.12	0.03	0.03
达川地区	40.30	37.07	2.52	0.71	0.35	0.35
巴中地区	22.40	20.14	1.71	0.54	0.02	0.02
雅安地区	10.15	9.10	0.78	0.26	0.62	0.3
眉山地区	19.44	18.55	0.28	0.62	0.95	0.95
资阳地区	30.34	28.67	0.33	1.34	0.06	0.06
阿坝州	4.66	2.06	2.14	0.47	7.16	7.16
甘孜州	6.54	1.19	4.76	0.60	11.11	10.79
凉山州	22.30	19.05	1.13	2.12	0.47	0.47

12—20续表　　(1998年)　　单位:吨

地区	绵羊毛	#细羊毛	山羊毛	禽蛋	蜂蜜	蚕茧
全省总计	**3 760**	**296**	**412**	**803 536**	**21 414**	**92 848**
成都市				136 142	5 795	1 471
自贡市				20 397	253	1 984
攀枝花市	34		4	1 218	97	973
泸州市				19 332	956	3 683
德阳市				73 002	1 676	6 685
绵阳市	3			88 682	1 064	15 714
广元市	3		3	23 699	507	5 308
遂宁市				25 000	444	4 781
内江市				26 266	223	1 490
乐山市	47			43 026	640	2 601
南充市				83 743	526	16 764
宜宾市	1			22 577	594	7 650
广安市				36 130	202	3 391
达川地区				58 063	630	1 921
巴中地区				32 953	555	3 135
雅安地区	36		11	9 171	169	571
眉山地区				37 519	4 704	2 951
资阳地区				52 616	964	4 296
阿坝州	650	2	59	553	110	
甘孜州	681	4	272	453	46	32
凉山州	2 305	290	63	12 994	1 259	7 447

12—21 受灾面积和成灾面积

单位:万公顷

年　份	受灾面积	成灾面积	水　灾		旱　灾	
			受灾面积	成灾面积	受灾面积	成灾面积
1952	53.8	30.1	7.6	4.2	46.2	25.9
1957	28.8	16.3	2.6	1.5	25.0	14.2
1962	193.6	109.9	22.0	10.2	157.1	94.2
1965	80.6	45.5	11.1	6.3	55.9	37.9
1975	110.0	62.1	13.8	7.5	92.7	51.4
1978	302.7	273.5	7.0	4.0	273.4	185.8
1979	250.6	140.4	29.2	16.3	140.3	78.5
1980	201.5	112.9	51.8	26.9	83.0	42.3
1981	223.5	118.9	109.2	71.0	30.0	14.4
1982	127.6	70.2	51.3	28.7	16.1	9.0
1983	136.2	73.9	57.1	33.1	24.1	10.5
1984	147.1	82.4	49.5	32.2	39.3	22.0
1985	299.3	168.2	30.5	18.4	137.5	83.3
1986	276.8	171.9	23.3	12.7	175.4	114.6
1987	298.1	161.6	75.9	42.0	163.1	91.4
1988	298.7	166.0	69.8	35.3	92.1	54.2
1989	267.6	145.6	103.5	52.8	17.6	9.7
1990	322.8	169.4	63.7	33.0	181.5	93.2
1991	320.2	166.5	90.1	50.3	124.8	65.7
1992	343.2	185.5	73.3	39.9	131.8	84.4
1993	412.6	247.2	82.0	42.7	224.3	142.9
1994	437.4	302.6	19.2	11.8	336.7	243.5
1995	288.1	185.7	89.3	51.7	163.0	92.8
1996	393.2	221.9	56.3	31.8	174.3	103.5
1997	311.5	174.9	47.2	22.3	194.9	117.5
1998	316.3	172.7	141.6	81.9	141.6	71.2

12—22 农垦系统国营农场基本情况

指 标	单 位	1993	1994	1995	1996	1997	1998
农垦企业个数	个	123	123	122	123	122	117
#农场	个	109	110	109	110	87	85
年末职工人数	个	17 114	12 721	12 417	11 471	11 834	14 935
年末耕地面积	亩	23 646	23 689	37 646	37 650	31 613	32 715
#当年开荒面积	亩					762	208
工农业总值(按1990年不变价计算)	万元	37 820	37 544	37 039	33 367	23 396	21 073
粮食产量	吨	433	842	817	925	1 366	1 037
猪出栏头数	头	3 491	3 500	3 601	2 667	2 348	2 546
猪年末头数	头	3 599	3 690	3 710	2 694	2 761	2 709
猪肉产量	吨	229	230	240	214	175	278
牛年末头数	万头	17.01	18.05	18.50	19.00	19.26	19.16
羊年末只数	万只	11.02	11.02	11.06	12.55	13.45	13.32
牛奶产量	吨	12 410	17 055	14 521	20 891	23 338	26 538
羊毛产量	吨	98	105	101	89	112	114
茶叶产量	吨	924	884	882	926	848	1 151
水果产量	吨	91 23	6 925	4 531	4 602	5 136	5 353
大中型拖拉机拥有量	台	30	27	18	15	13	15
手扶拖拉机拥有量	台	19	18	13	11	8	7
农垦载重汽车拥有量	辆	160	159	71	78	58	28

12—23 农村乡镇企业基本情况

指　　标	1998
一、乡镇企业单位数(万个)	121.2
1. 按经济类型分	
集体企业	4.5
私有企业	116.7
2. 按国民经济部门分	
农业企业	0.9
工业企业	31.7
交通运输企业	25.0
建筑企业	3.0
其他	60.6
二、乡镇企业人数(万人)	571.1
1. 按经济类型分	
集体企业	200.2
私有企业	370.9
2. 按国民经济部门分	
农业企业	8.2
工业企业	274.7
交通运输企业	40.1
建筑企业	112.0
其他	136.1
三、乡镇企业营业收入(亿元)	2 827.0
四、乡镇企业主要财务指标(亿元)	
1. 营业收入	2 827.0
2. 成本费用总额	2 682.1
3. 税金总额	47.7
所得税	7.4
4. 净利润	67.7
5. 工资总额	203.7
6. 年底固定资产原值	661.5
7. 年底固定资产净值	487.7
8. 年底占用流动资金	595.3
9. 年底银行贷款余额	209.5
10. 主要分析指标	
每100元固定资产原值实现利润	10.2
每100元资金实现利润	5.4
每100元资金实现的利润税金	9.2
每100元营业收入实现的利润	2.5
每100元固定资产原值实现营业收入	427.4
每100元营业收入占用的流动资金	18.8
五、乡镇企业主要产品产量	
发电量(亿千瓦小时)	37.9
原煤(万吨)	3 981.0
硫铁矿石(万吨)	346.0
氮、磷、钾肥(万吨)(折纯)	44.6
中小农具(万件)	7 331.0
水泥(万吨)	1 032.0
砖(万块)	3 396 771
丝制品(万米)	11 930
机制纸及纸板(万吨)	61.0
糖(万吨)	3.3
食用植物油(万吨)	20.0

12—24 各市地州乡镇企业主要指标

(1998 年)

地　区	企业个数(万个)	从业人数(万人)	总产值(亿元)
全省总计	121.18	571.06	3 435.45
成都市	9.82	94.28	899.93
自贡市	4.63	20.79	127.15
攀枝花市	1.37	6.35	42.54
泸州市	5.77	26.05	109.07
德阳市	7.00	43.55	364.51
绵阳市	8.32	30.87	232.61
广元市	7.58	23.90	84.03
遂宁市	6.16	22.66	107.93
内江市	5.04	26.45	141.09
乐山市	5.18	25.01	112.12
南充市	8.95	35.61	144.65
宜宾市	6.24	29.71	162.56
广安市	6.07	27.63	156.38
达川地区	7.62	50.94	255.01
巴中地区	6.85	19.97	59.37
雅安地区	5.15	20.28	128.60
眉山地区	5.34	20.84	103.71
资阳地区	5.33	21.21	129.36
阿坝州	1.48	3.64	4.94
甘孜州	1.47	4.15	5.71
凉山州	5.81	17.17	64.18

主要统计指标解释

农林牧渔业增加值 是指各种经济类型的农业生产单位和农户从事农业生产经营活动所提供的社会最终产品的货币表现。增加值的计算方法有两种，一是生产法：农林牧渔业增加值＝农林牧渔业总产出－农林牧渔业中间消耗；二是分配法：农林牧渔业增加值＝固定资产折旧＋劳动者报酬＋生产税净额(生产税－生产补贴)＋营业盈余。

农林牧渔业总产值 以货币表现的农林牧渔业全部产品的总量，它反映一定时期内农业生产的总规模和总成果。农、林、牧、渔业的计算范围是：

(1)农业，包括粮、棉、油料、糖料、麻类、烟叶、蔬菜、瓜类、药材、饲料、绿肥和其他农作物，以及桑园、果园等的生产经营和其他农业。

(2)林业，包括林木的栽培(不包括茶园、桑园和果园的栽培、管理和收获等活动)、林产品的采集和村及村以下合作组织和农户的竹木采伐。

(3)牧业，包括除渔业养殖以外的一切动物饲养和放牧以及捕猎野兽、野禽。

(4)渔业，水生动物的养殖和捕捞。

粮食产量 指全社会的产量。包括国营农场等全民所有制经营的、集体统一经营的和农民家庭经营的产量，还包括工矿企业家属办的农场和其他生产单位的产量。粮食包括稻谷、小麦、玉米、高粱、谷子、其他杂粮和大豆、薯类。

①谷物产量：是指主要供作粮食的作物产量，这类作物包括稻谷、小麦、玉米、谷子、高粱和其它谷物。

②豆类作物产量：是以食用种籽或及其制成品为主的一类豆料作物产量，包括大豆和杂豆，大豆具体指黄豆、黑豆、青豆三类。

水产品产量 指人工养殖和天然生长的水产品的捕捞量。包括鱼类、虾蟹类、贝类，不包括淡水水生植物。

猪、牛、羊肉产量 指当年出栏并已屠宰的猪、牛、羊的肉产量。即屠宰后除去头蹄下水后带骨肉(即胴体重)的产量。

灌溉面积 指有效灌溉面积，即具有一定的水源，地块比较平整，灌溉工程或设备已经配套，在一般年景下当年能够正常灌溉的耕地面积。

农业机械总动力 指主要用于农、林、牧、渔业的各种动力机械的动力总和。包括耕作机械、排灌机械、收获机械、农产品加工机械、运输机械、植物保护机械、牧业机械、林业机械、渔业机械和其他农业机械。不包括专门用于乡办工业、基本建设、非农业运输、科学实验和教学等非农业生产方面用的动力机械与作业机械。

乡镇企业 凡是乡(包括区、镇)、村、组(原生产队)办、联户和个体办的农业、工业、建筑业、交通运输业、商业饮食业、服务业和其他企业均属于乡镇企业统计范围。

乡镇企业必须同时具备以下四个条件：

(1)有固定的生产经营组织、场所、设备和从事生产经营的人员；

(2)常年从事生产经营活动。或从事季节性生产经营，全年开工时间在三个月以上；

(3)具备独立核算的条件，或虽非独立核算单位，但有单独的帐目；

(4)应持有当地工商行政部门颁发的营业执照，承担经济责任和纳税义务(农业企业除外)。

耕地面积 是指种植农作物，经常进行耕锄的田地。包括熟地，当年新开荒地，连续撂荒未满三年的耕地和当年的休闲地(轮歇地)。以种植农作物为主并附带种植桑树、茶树、果树和其他林木的土地以及沿海、沿湖地区已围垦利用的“海涂”、“湖田”等也应包括在内。但专业性的桑园、茶园、果园、果木苗圃、林地、芦苇地、天然草原等不应包括在内。

农用化肥施用量 是指在本年度内实际用于农业生产的化肥数量。包括氮肥、磷肥、钾肥及复合肥。施用量要求按实物量及折纯量两种方法计算。按折纯法计算化肥数量,即把氮肥、磷肥、钾肥分别按含氮、含五氧化二磷、含氧化钾百分之一百折算。

乡村实有劳动力合计 指乡村中实际参加各种行业劳动并取得实物或货币收入的劳动力人数。包括劳动年龄内实际参加劳动的人口和不足或超过劳动年龄实际参加劳动的人口数。不包括户口在家的在外学生和丧失劳动能力的人,也不包括待业人员和家务劳动者。

农林牧渔业劳动力 指直接从事农业、林业、牧业、渔业生产活动的劳动力,不包括从事工业、建筑业、运输与邮电业、批发零售贸易和餐饮业、金融业及以其他非农行业的劳动力,也不包括已统计为临时工(合同工)的劳动力。

INDUSTRY

十三 工 业

13—1 各种经济类型工业企业单位数

单位:个

分　类	1993	1994	1995	1996	1997	1998
全省总计	478 702	488 830	379 557	330 281	368 214	363 010
#大中型工业企业	632	702	796	803	818	870
国有工业	5 180	4 898	5 826	5 252	4 289	4 230
集体工业	79 084	81 116	76 154	64 853	63 776	62 781
乡办工业	14 636	13 462	21 609	16 645	14 225	13 963
村办工业	40 546	40 527	35 182	29 019	26 328	25 953
城乡合作经营工业	12 387	16 037	10 247	11 085	16 203	15 975
城镇合作经营工业	823	1 001	1 683	2 388	4 195	4 136
农村合作经营工业	11 564	15 036	8 564	8 697	12 008	11 839
城乡个体工业	393 873	402 052	280 087	258 492	297 013	292 804
城镇个体工业	30 272	33 824	20 588	25 374	33 630	33 145
农村个体工业	363 601	368 228	259 499	233 118	263 383	259 659
其他工业	565	764	17 490	1 684	3 136	3 195
轻工业	354 906	358 513	268 536	218 634	237 568	234 206
村办工业	27 536	27 289	23 115	16 196	14 736	14 526
城乡合作经营工业	7 723	11 013	5 247	6 933	9 720	9 584
城镇合作经营工业	608	769	969	1 411	2 811	2 772
农村合作经营工业	7 115	10 244	4 278	5 522	6 909	6 812
城乡个体工业	301 066	304 959	211 037	179 948	199 441	196 613
城镇个体工业	27 467	30 925	16 835	19 656	25 240	24 875
农村个体工业	273 599	274 034	194 202	160 292	174 201	171 738
重工业	123 796	130 317	111 021	111 647	130 646	128 804
村办工业	13 010	13 238	12 067	12 823	11 592	11 427
城乡合作经营工业	4 664	5 024	5 000	4 152	6 483	6 391
城镇合作经营工业	215	232	714	977	1 384	1 364
农村合作经营工业	4 449	4 792	4 286	3 175	5 099	5 027
城乡个体工业	92 807	97 093	69 050	78 544	97 572	96 191
城镇个体工业	2 805	2 899	3 753	5 718	8 390	8 270
农村个体工业	90 002	94 194	65 297	72 826	89 182	87 921

注:1997 年乡办工业企业数是乡属企业数。

13—2 各种经济类型工业总产值

（当年价） 单位：亿元

分　类	1993	1994	1995	1996	1997	1998
全省总计	1 818.76	2 394.98	2 743.89	2 967.67	3 469.08	3 821.95
#大中型企业	738.48	825.82	961.73	1 053.85	1 197.70	1 302.83
#乡及乡以上工业	1 477.10	1 833.71	1 941.25	2 069.02	2 299.95	2 533.95
国有经济	840.43	1 001.28	1 013.64	1 076.86	1 159.52	1 242.13
集体经济	636.43	918.18	944.37	990.31	1 093.32	1 200.09
乡及乡以上集体工业	484.08	655.36	653.01	657.55	661.25	729.99
#乡办工业	233.81	323.13	446.55	400.14	450.94	497.85
村办工业	135.78	236.82	256.04	293.86	372.70	405.51
城乡合作经营工业	16.57	26.00	35.32	38.90	59.37	64.59
城镇合作经营工业	2.40	2.19	4.82	6.96	11.52	12.53
农村合作经营工业	14.17	23.81	30.50	31.94	47.85	52.06
城乡个体工业	189.31	298.45	431.82	565.89	737.06	817.90
城镇个体	3.25	10.67	16.86	32.55	85.42	94.79
农村个体	186.06	287.78	414.96	533.34	651.64	713.11
其他工业	152.59	177.07	354.06	334.61	479.18	561.83
轻工业	713.75	1 004.87	1 213.72	1 410.04	1 728.52	1 959.13
乡及乡以上	504.07	669.62	745.27	887.95	1 029.25	1 166.47
村办工业	64.50	114.21	126.74	130.72	200.89	227.65
城乡合作	9.57	15.36	15.14	20.17	32.94	37.42
城镇合作经营工业	1.37	1.50	1.66	3.18	6.47	7.35
农村合作经营工业	8.20	13.86	13.48	16.99	26.47	30.07
城乡个体	135.61	205.68	281.52	371.20	465.44	527.59
城镇个体	2.51	8.78	12.21	22.31	54.39	61.68
农村个体	133.10	196.90	269.31	348.89	411.05	465.91
重工业	1 105.01	1 390.11	1 530.17	1 557.63	1 740.56	1 862.82
乡及乡以上	973.03	1 164.09	1 195.98	1 181.07	1 270.70	1 367.48
村办工业	71.28	122.61	129.30	163.14	171.81	177.86
城乡合作	7.00	10.64	20.18	18.73	26.43	27.17
城镇合作经营工业	1.03	0.69	3.16	3.78	5.05	5.18
农村合作经营工业	5.97	9.95	17.02	14.95	21.38	21.99
城乡个体	53.70	92.77	150.30	194.69	271.62	290.31
城镇个体	0.74	1.89	4.65	10.24	31.03	33.11
农村个体	52.96	90.88	145.65	184.45	240.59	257.20

注：1997 年乡办工业产值是乡属企业产值。

13—3 全部工业总产值

（当年价）　　单位：亿元

年　份	工业总产值	#乡及乡以上	国有工业	集体工业	城乡个体工　业	其他工业	轻工业	重工业
1952	7.91	2.92	2.90	0.02	4.99		4.97	2.94
1957	21.29	19.82	16.35	3.47	1.47		15.75	5.54
1962	21.48	20.98	18.62	2.79	0.07		10.84	10.64
1965	37.68	36.21	32.22	5.46			23.43	14.25
1970	66.59	64.39	56.95	9.64			32.76	33.83
1975	102.14	100.45	87.98	14.16			46.21	55.93
1978	157.72	152.49	132.58	25.14			62.77	94.95
1979	175.93	168.82	146.43	29.50			72.23	103.70
1980	184.77	178.71	154.45	29.90	0.21	0.21	80.23	104.54
1981	185.42	179.26	148.50	35.80	0.56	0.56	91.27	94.15
1982	207.93	199.54	163.82	42.56	1.01	0.54	98.69	109.24
1983	232.77	223.39	183.11	47.03	1.89	0.74	106.38	126.39
1984	278.35	263.41	210.04	63.78	3.64	0.89	124.35	154.00
1985	353.72	326.88	253.03	93.06	6.71	0.92	153.06	200.66
1986	401.31	361.79	275.07	111.29	13.91	1.04	177.22	224.09
1987	488.84	434.10	326.56	137.40	22.60	2.28	219.14	269.70
1988	656.65	576.93	427.85	189.96	35.38	3.46	304.26	352.39
1989	780.85	682.60	511.66	216.53	48.44	4.22	350.30	430.55
1990	840.05	726.95	527.11	250.42	57.44	5.08	382.70	457.35
1991	992.87	853.70	612.12	298.01	73.51	9.23	455.86	537.01
1992	1 276.17	1 051.27	723.36	411.90	121.45	19.46	557.51	718.66
1993	1 818.76	1 477.10	840.43	636.43	189.31	152.59	713.75	1 105.01
1994	2 394.98	1 833.71	1 001.28	918.43	298.45	177.07	1 004.87	1 390.11
1995	2 743.89	1 941.25	1 013.64	944.37	431.82	354.06	1 213.72	1 530.17
1996	2 967.67	2 069.02	1 076.86	990.31	565.89	334.61	1 410.04	1 557.63
1997	3 469.08	2 299.95	1 159.52	1 093.32	737.06	479.18	1 728.52	1 740.56
1998	3 821.95	2 533.95	1 242.13	1 200.09	817.90	561.83	1 959.13	1 862.82

13—4 全部工业总产值指数

(1952 年=100)

年份	工业总产值	#乡及乡以上	国有工业	集体工业	城乡个体工业	其他工业	轻工业	重工业
1952	100	100	100		100		100	100
1957	291.6	759.6	609.4	100	24.7		281.7	347.9
1962	252.7	680.5	627.5	44.7	2.1		167.0	740.7
1965	474.8	1 267.0	1 170.0	94.4			360.0	1 128.1
1970	864.8	2 301.5	2 122.6	177.4			521.2	2 821.0
1975	1 479.9	4 034.0	3 749.6	228.3			815.2	5 264.7
1978	2 293.5	6 176.8	5 622.8	474.7			1 136.6	8 881.4
1979	2 539.0	6 801.2	6 185.1	551.0			1 264.5	9 797.0
1980	2 631.3	7 110.8	6 612.7	433.3	3.7	100	1 405.7	9 610.8
1981	2 603.3	7 025.1	6 232.5	615.5	9.4	263.6	1 542.8	8 642.5
1982	2 879.8	7 717.7	6 816.9	723.4	17.1	268.2	1 662.7	9 810.8
1983	3 250.3	8 710.1	7 707.9	791.7	32.2	336.4	1 810.4	11 449.7
1984	3 778.1	9 991.1	8 544.7	1 158.1	61.8	413.6	2 101.4	13 326.3
1985	4 532.5	11 695.1	9 662.5	1 725.0	113.9	404.5	2 462.1	16 322.2
1986	5 019.9	12 625.1	10 133.7	2 150.3	236.0	450.0	2 786.5	17 737.7
1987	5 834.0	14 381.0	11 361.5	2 626.4	383.4	968.0	3 220.2	20 718.6
1988	7 102.3	17 072.4	13 160.3	3 476.3	600.3	1 195.5	3 938.2	25 121.0
1989	7 448.6	17 841.4	13 675.9	3 615.3	714.9	1 668.2	4 018.1	26 983.8
1990	8 005.0	19 249.0	14 139.2	4 178.3	807.6	2 386.4	4 328.5	28 941.3
1991	9 297.2	22 033.3	15 796.8	5 016.9	1 082.0	4 872.7	5 115.9	33 108.4
1992	11 380.6	25 867.5	17 626.3	6 714.6	1 685.4	9 240.9	6 027.8	41 862.9
1993	14 515.2	32 453.9	17 804.5	9 513.7	2 383.0	62 795.5	7 295.1	55 631.1
1994	17 459.7	36 764.5	18 460.3	12 818.9	3 502.7	69 827.3	9 312.4	63 855.1
1995	19 851.5	38 849.5	19 439.5	12 785.5	4 852.0	130 727.3	10 272.5	74 400.6
1996	21 771.0	41 800.7	21 039.0	13 554.8	6 517.3	123 118.2	12 742.4	73 185.6
1997	25 276.1	47 666.3	23 568.5	14 463.1	7 885.8	184 686.4	15 349.1	81 806.6
1998	28 890.6	54 479.8	26 277.2	16 458.4	9 005.6	225 550.0	18 045.0	90 652.1

注:集体工业以 1957 年为 100,其他经济类型工业以 1980 年为 100。

13—5 各市地州按轻重工业分的全部国有及销售收入500万元及以上的非国有工业企业单位数和工业总产值

(1998年)

地区	轻工业			重工业		
	企业单位数(个)	1990年不变价格总产值(亿元)	当年价格总产值(亿元)	企业单位数(个)	1990年不变价格总产值(亿元)	当年价格总产值(亿元)
全省总计	**2 296**	**873.91**	**849.32**	**2 684**	**831.06**	**1 069.05**
成都市	652	216.42	242.02	694	279.16	320.17
自贡市	119	25.19	25.31	149	47.17	53.19
攀枝花市	23	2.69	3.27	68	66.10	116.70
泸州市	77	13.37	25.81	67	22.91	30.41
德阳市	161	54.49	71.89	187	78.29	86.24
绵阳市	113	371.90	230.72	139	52.53	66.84
广元市	74	6.84	8.56	75	11.44	15.62
遂宁市	87	20.15	28.23	29	6.92	9.98
内江市	92	15.63	18.19	100	33.33	43.74
乐山市	139	28.66	31.30	200	55.38	61.85
南充市	136	19.17	22.75	76	10.61	13.37
宜宾市	95	31.69	54.02	114	27.24	36.37
广安市	57	4.87	7.36	69	9.65	15.00
达川地区	86	11.69	14.10	109	21.28	31.40
巴中地区	57	2.28	3.53	44	1.49	2.76
雅安地区	50	3.26	4.85	109	15.17	19.52
眉山地区	94	20.04	25.32	98	20.72	24.48
资阳地区	55	13.74	15.78	59	20.15	23.53
阿坝州	43	0.80	1.09	86	9.24	15.07
甘孜州	18	0.18	0.24	78	4.61	5.64
凉山州	68	10.86	14.99	132	16.29	22.21

13—6 各市地州按企业规模分的全部国有及销售收入500万元及以上的非国有工业企业单位数和工业总产值

(1998年)

地区	特大型企业			大一型企业			大二型企业		
	企业单位数(个)	1990年不变价格总产值(亿元)	当年价格总产值(亿元)	企业单位数(个)	1990年不变价格总产值(亿元)	当年价格总产值(亿元)	企业单位数(个)	1990年不变价格总产值(亿元)	当年价格总产值(亿元)
全省总计	15	462.22	405.04	71	210.36	285.37	206	227.95	276.25
成都市	4	28.03	30.75	31	87.74	105.46	98	106.50	120.33
自贡市				5	20.96	24.87	11	14.66	13.45
攀枝花市	2	44.52	83.13				3	3.96	9.17
泸州市	1	8.00	10.37	3	3.26	4.45	2	4.20	14.03
德阳市	2	12.25	15.96	4	12.66	21.77	13	13.99	14.95
绵阳市	1	339.07	193.34	5	20.50	30.73	13	13.77	13.96
广元市				1	1.49	1.85	4	2.56	4.33
遂宁市							5	9.95	15.31
内江市				5	10.45	15.14	7	12.01	14.59
乐山市	2	6.95	10.58	5	12.85	15.59	6	5.04	6.86
南充市				2	1.99	2.45	8	4.44	4.95
宜宾市	1	2.03	5.95	3	22.43	42.34	11	12.90	14.90
广安市				1	1.35	2.21	3	2.11	2.47
达川地区				1			4	7.32	12.32
巴中地区									
雅安地区				2	2.93	2.60	6	1.60	1.75
眉山地区				1	3.46	5.50	3	4.27	3.49
资阳地区				2	8.29	10.41	5	4.97	4.47
阿坝州							1	1.61	2.46
甘孜州									
凉山州							3	2.09	2.47

13—6 续表

(1998 年)

地　区	中一型企业			中二型企业			小型企业		
	企业单位数(个)	1990年不变价格总产值(亿元)	当年价格总产值(亿元)	企业单位数(个)	1990年不变价格总产值(亿元)	当年价格总产值(亿元)	企业单位数(个)	1990年不变价格总产值(亿元)	当年价格总产值(亿元)
全省总计	**140**	**100.00**	**118.53**	**438**	**183.24**	**217.64**	**4 110**	**521.18**	**615.54**
成都市	53	38.84	41.23	135	56.55	65.44	1 025	177.92	198.99
自贡市	11	6.51	5.90	31	8.22	9.61	21	22.00	24.68
攀枝花市	4	10.42	14.03	4	1.14	2.11	78	8.75	11.52
泸州市	4	1.45	1.90	6	1.73	1.85	128	17.64	23.62
德阳市	9	17.93	20.14	24	24.16	28.95	296	51.78	56.36
绵阳市	8	2.70	3.94	25	19.01	20.05	200	29.39	35.53
广元市	5	1.12	1.43	15	4.79	5.53	124	8.31	11.04
遂宁市	8	3.39	4.10	12	4.49	7.01	91	9.24	11.78
内江市	9	2.79	2.91	17	5.42	7.36	154	18.30	21.92
乐山市	6	2.58	2.81	25	15.85	15.62	295	40.76	41.70
南充市	3	0.68	0.62	17	4.33	5.56	182	18.34	22.54
宜宾市	4	1.03	1.97	13	3.97	4.43	177	16.57	20.81
广安市	2	0.69	2.48	12	1.57	1.97	108	8.80	13.24
达川地区	6	1.59	2.70	22	7.79	8.83	162	16.27	21.65
巴中地区				21	1.92	2.89	80	1.85	3.40
雅安地区	2	0.83	1.74	13	3.79	6.64	136	9.29	11.63
眉山地区	2	1.45	1.43	10	3.94	4.86	176	27.62	34.51
资阳地区	1	4.37	5.11	8	1.01	1.58	98	15.24	17.73
阿坝州	1	0.87	3.30	6	2.43	2.68	121	5.14	7.71
甘孜州				1	0.14	0.13	95	4.65	5.75
凉山州	2	0.76	0.80	21	10.97	14.50	174	13.32	19.42

13—7 工业产品产量

产品名称	单位	1993	1994	1995	1996	1997	1998
化学纤维	万吨	3.60	4.12	3.83	4.13	5.26	5.29
#合成纤维	万吨			2.33	2.73	3.57	2.96
纱	万吨	9.51	11.82	12.17	11.91	12.59	13.15
#纯棉纱	万吨			5.43	5.09	4.54	
棉混纺纱	万吨			5.52	5.83	6.77	
布	亿米	5.34	5.89	7.04	6.68	6.60	6.05
#纯棉布	亿米			2.87	2.27	2.39	2.09
棉混纺交织布	亿米			3.38	3.48	3.57	3.44
印染布	亿米			3.24	2.69	2.97	1.63
#染色布	亿米			2.15	1.17	1.12	
针棉织品(折用棉纱线量)	万吨			0.58	0.7	1.32	1.07
毛巾	万条			12 160	10 651	11 269	
袜子	万双			4 014	2 210	1 270	
毛线	吨			2 479	1 229	1 434	
#纯毛毛线	吨			143	634	284	286
纯化纤毛线	吨			660	992	942	
呢绒	万米	193.52	279.88	276.00	260.34	194.88	155.58
#纯毛毛织品	万米			103.00	99.11	50.88	
毛混纺毛织品	万米			147.00	161.23	142	
毛毯	万条			32.69	19.78	43.89	
麻袋	万条			2 018.00	887.60	883.01	682.33
丝	吨	15 270	14 312	16 005	13 341	8 934	7 730
丝织品	万米	14 500	13 343	11 707	8 334	9 024	4 122
服装	万件			22 376	24 996	9 372	1 890
地毯	万平方米			283.69	237.26	195.64	
机制纸及纸板	万吨	54.90	93.04	102.85	93.09	85.00	73.19
#新闻纸	万吨			5.24	6.08	5.77	5.34
凸板纸	万吨			3.95	4.97	4.67	3.78
多色印刷品(彩色印刷)	万对开色令			1 566.01	367 687	21 409.98	1 158.23
本册	万本			42 663	18 097	27 033	8 571
自行车	万辆	4.19	5.97	2.09	1.33	0.11	
钟	万只			0.15		1.59	
日用搪瓷制品	吨			6 104		3 624	1 374
#搪瓷面盆	万个			341.88			

13—7 续表 1

产品名称	单位	1993	1994	1995	1996	1997	1998
日用陶瓷	万件			10 566	14 254	14 720	5 039
日用精铝制品	万吨			0.17	0.02	0.03	
日用玻璃制品	万吨			70.10	56.73	56.51	44.84
保温瓶及瓶胆	万个	98.00	58.00	416.75	376.96	351.80	380.76
园珠笔	万支			223.33		46.72	
铅笔	万支			2 316.23		689	
灯泡	万只	10 472	11 779	17 300	16 532	19 669	
灯具	万只			734	1 868	7 319	
合成洗涤剂	吨	88 400	96 400	154 000	113 056	126 098	163 517
肥皂	吨	42 100	37 900	33 559	20 690	18 468	12 899
牙膏	万支			93.46	56.00	16.53	14.36
火柴	万件	267.18	208.82	170.44	163.55	126.74	88.89
原电池	万只			37 712	48 140	39 312	39 434
原盐	万吨	213.48	226.96	199.75	199.56	234.96	195.78
糖	万吨	11.58	10.85	12.20	9.97	10.11	9.67
卷烟	万箱	123.73	122.11	117.48	125.06	125.29	126.54
罐头	万吨			14.07	9.60	6.04	3.36
饮料酒	万吨	115.80	125.86	174.37	150.05	179.22	133.60
#白酒(商品量)	万吨			130.20	100.65	120.24	54.85
啤酒	万吨			41.81	47.31	57.60	78.75
糖果	万吨			9.49	3.20	1.85	1.13
畜肉制品	万吨			31.77	34.95	24.82	32.35
乳制品	吨			4 416	5 195	3 411	2 471
味精	吨			7 610	6 577	9 658	7 757
软饮料	万吨			29.05	18.32	24.34	14.70
食用植物油	万吨			51.22	36.92	41.17	18.22
配、混合饲料	万吨			300.30	285.73	294.38	190.38
化学原料药	吨	22 875	20 289	19 824	19 122	14 938	6 005.87
中成药	吨			39 522	23 853	27 091	28 213
塑料制品	吨			616 850		296 229	132 975
鞣制皮革(折牛皮)	万张	388.91	467.38	821.14	819.73	334.65	
皮鞋	万双			5 912	3 866	2 694	95.84
轻革	万平方米			179.87		905.65	890.18
重革	万吨			0.41		0.01	

13—7 续表 2

产品名称	单位	1993	1994	1995	1996	1997	1998
家用电冰箱	万台	1.36	1.34	0.91	0.12	1.22	9.14
家用洗衣机	万台			0.88	1.57	0.21	
家用电冰箱压缩机	万台			7.67		4.46	
房间空气调节器	台			4 631	2 036	25 438	436 888
电风扇	万台			40.43	47.89	27.93	11.16
电熨斗	万个			9.37	8.96	9.54	
电视机	万台	199.40	260.95	371.41	520.42	603.98	779.72
#彩色电视机	万台	140.98	198.06	305.54	484.55	582.57	771.47
收音机	万台				0.38	0.10	
录音机	万台			2.01		0.25	
录相机	部			200 911	125 220	10 489	2 145
电话机(单机)	万部			2.74	1.18	2.82	
电度表	万只			20.26		12.49	
水表	万只			40.01		66.70	
煤气表	万只			10.15		0.24	
电子束管	万只			203.55	60.49	143.86	
原煤	万吨	5 567.34	5 887.86	6 482.30	6 115.54	6 222.68	5 696.42
原油	万吨	16.78	15.58	17.23	21.28	23.25	22.38
汽油	万吨			5.88	4.80	6.20	7.13
柴油	万吨			5.56	5.56	5.71	5.22
天然气	亿立方米	72.23	75.98	74.77	75.11	80.03	85.66
发电量	亿千瓦小时	317.83	400.82	448.34	475.53	491.97	475.87
#水电	亿千瓦小时	161.16	183.09	219.33	233.67	236.16	252.88
生铁	万吨	444.76	464.39	471.22	481.30	491.31	502.82
钢	万吨	469.14	526.43	534.10	545.88	548.84	567.91
成品钢材	万吨	329.42	396.93	437.33	430.83	440.53	465.87
铁合金	万吨			31.05	29.00	25.83	18.79
焦炭	万吨			565.95	598.27	563.98	366.05
#机制焦炭	万吨			332.30	343.40	347.24	
水泥	万吨	1 691.68	1 844.68	1 930.12	2 198.83	2 351.21	2 492.97
平板玻璃	万重量箱	279.67	244.88	336.34	441.38	670.55	649.52

13—7 续表 3

产品名称	单位	1993	1994	1995	1996	1997	1998
石棉	吨	39 800	28 549	29 137	31 723	26 865	20 112
木材	万立方米			315.04	395.59	403.14	311.41
#原木	万立方米	440.47	432.45	304.92	377.57	384.11	296.02
硫酸	万吨	118.19	128.42	146.81	143.65	166.08	182.04
浓硝酸	万吨			4.09	4.85	5.11	4.63
纯碱	万吨	42.01	43.96	43.36	44.32	46.29	40.73
烧碱	万吨	21.98	21.27	25.91	23.55	27.07	22.46
合成氨	万吨			203.06	281.77	237.63	255.06
农用化肥	万吨	175.84	194.11	234.74	272.62	252.33	245.60
#氮肥	万吨	139.28	139.60	152.91	197.17	183.26	187.38
化学农药	吨	11 892	10 230	11 528	15 372	15 249	10 931
电石(折合量)	万吨	10.65	11.23	12.40	6.26	13.28	
染料	吨			450		5	
油漆	吨			29 109	17 402	15 071	11 974
塑料	万吨	3.98	8.68	6.00	5.35	6.94	8.95
合成橡胶	吨	73	1 442	2 125	6 442	2 657	214
轮胎外胎	万条	52.18	67.88	86.62	102.07	115.57	128.02
矿山设备	吨	4 739	13 628	19 900	8 438	10 800	4 449
石油采钻设备	吨			1 828	2 059	5 004	4 681
炼油设备	吨			4 069	365	1 402	
化工设备	吨			11 809		15 805	5 721
发电设备(500千瓦及以上)	万千瓦	325.83	409.44	391.09	328.87	435.90	470.81
交流电动机	万千瓦			106.74	91.64	19.94	86.36
变压器	万千伏安			340.25		286.40	308.79
金属切削机床	万台	0.40	0.27	0.25	0.21	0.13	0.11
汽车	辆	25 438	17 878	50 494	24 037	23 027	19 701
#载货汽车	辆			19 022	7 096	12 269	9 754
摩托车	万辆			1.19	1.63	4.62	1.34
轴承	万套			8 090		5 319	2 782
小型拖拉机	台	16 000	23 562	56 338	50 369	38 078	34 448
内燃机(生产量)	万千瓦	565.52	427.62	592.00	527.72	533.45	438.36
机动脱粒机	台			83 635		27 022	
饲料加工机械	台			93 919		56 665	
民用钢质船舶	艘/吨			120/6 209		266/8 874	7 746

13—8 按各种分组的全部国有及销售收入500万元及以上的非国有工业企业主要财务指标

（1998年）　　单位：万元

行　　业	工业企业单位数(个)	工业总产值		工业增加值	产品销售收入
		1990年不变价	当　年　价		
总计	**4 980**	**17 049 688**	**19 183 726**	**5 930 113**	**18 388 610**
按经济类型分					
国有经济	1 944	5 091 581	7 295 725	2 549 428	7 778 255
集体经济	1 128	2 089 687	2 397502	659 080	2 153 142
股份制经济	847	7 102 412	6 570 889	1 386 991	5 797 561
外商投资经济	130	743 094	740 041	208 071	741 547
港、澳、台投资经济	106	367 947	387 718	111 625	341 992
按轻重工业分					
轻工业	2 296	8 739 136	8 493 210	2 547 936	7 451 844
以农产品为原料	1 717	4 132 037	5 435 977	1 699 208	5 236 468
以非农产品为原料	579	4 607 099	3 057 233	848 728	2 215 376
重工业	2 684	8 310 552	10 690 516	3 382 177	10 936 766
采掘工业	340	665 210	1 188 054	494 134	1 123 456
原料工业	977	3 100 427	4 751 302	1 552 821	5 344 168
加工工业	1 367	4 544 915	4 751 160	1 335 222	4 469 142
按企业规模分					
大型企业	292	9 005 382	9 666 659	3 116 929	9 514 171
中型企业	578	2 832 458	3 361 624	1 041 256	3 174 392
小型企业	4 110	5 211 848	6 155 443	1 771 928	5 700 047
按工业行业分					
煤炭采选业	154	235 087	383 151	156 355	350 874
石油和天然气开采业	4	216 074	552 297	221 551	544 154
黑色金属矿采选业	17	19 432	24 287	12 665	23 493
有色金属矿采选业	40	44 291	53 480	21 448	52 586
非金属矿采选业	63	133 965	148 408	50 999	133 329
木材及竹材采运业	81	87 986	109 197	64 880	103 864
食品加工业	515	921 299	1 313 536	229 795	1 213 636
食品制造业	158	170 027	221 888	66 227	183 675
饮料制造业	245	786 636	1 323 241	570 764	1 460 699

13—8 续表 1 （1998 年） 单位:万元

行 业	工业企业单位数(个)	工业总产值		工业增加值	产品销售收入
		1990 年不变价	当 年 价		
烟草加工业	14	363 642	505 487	206 672	508 558
纺织业	267	606 224	644 146	147 680	551 811
服装及其他纤维制品制造业	29	48 088	56 700	17 222	52 553
皮革、毛皮羽绒及其制品业	54	116 440	126 672	31 426	128 642
木材加工及竹、藤、棕、草制品业	66	112 771	107 692	31 377	99 630
家具制造业	20	45 028	45 740	13 313	43 724
造纸及纸制品业	178	358 068	394 588	107 457	355 643
印刷业、记录媒介的复制	105	126 533	159 892	63 771	158 671
文教体育用品制造	14	5 573	5 854	1 946	4 227
石油加工及炼焦业	18	32 882	38 957	8 777	41 186
化学原料及化学制品制造业	373	1 267 848	1 429 047	382 186	1 314 964
医药制造业	139	676 181	633 590	252 135	541 482
化学纤维制造业	15	146 481	110 341	15 312	108 768
橡胶制品业	24	73 545	62 450	20 514	61 505
塑料制品业	96	174 750	165 928	39 313	148 711
非金属矿物制品业	549	928 247	1 020 154	316 874	933 737
黑色金属冶炼及压延加工业	129	1 281 262	2 127 323	559 154	2 202 672
有色金属冶炼及压延加工业	75	364 716	391 142	95 186	354 383
金属制品业	147	240 853	282 081	91 059	243 928
普通机械制造业	239	695 664	807 581	220 599	740 329
专用设备制造业	171	391 239	450 988	121 646	439 664
交通运输设备制造业	210	871 090	947 010	250 125	898 269
电气机械及器材制造业	164	754 176	709 896	222 142	654 462
电子及通信设备制造业	88	4 080 346	2 467 252	664 337	1 736 744
仪器仪表及文化、办公用机械制造业	20	46 861	41 330	12 301	39 289
其他制造业	43	43 310	45 531	15 702	44 594
电力、蒸气、热水的生产和供应业	271	441 147	1 049 000	552 530	1 635 125
煤气生产和供应业	37	21 438	53 850	20 902	88 943
自来水的生产和供应业	140	24 714	69 189	33 086	67 170

13—8 续表 2 (1998 年) 单位:万元

行业	产品销售利润	资产总额	年末固定资产原价	固定资产净值年平均余额
总计	2 692 989	39 014 148	23 338 245	15 201 757
按经济类型分				
国有经济	1 118 370	20 389 998	14 045 942	8 878 463
集体经济	238 535	2 701 452	1 368 002	933 115
股份制经济	1 031 795	12 109 787	6 092 045	4 031 098
外商投资经济	48 969	1 289 615	608 193	474 515
港、澳、台投资经济	95 465	746 465	360 301	270 757
按轻重工业分				
轻工业	1 074 740	11 976 410	5 332 711	3 743 775
以农产品为原料	694 572	7 506 694	3 691 949	2 580 204
以非农产品为原料	380 168	4 469 716	1 640 762	1 163 571
重工业	1 618 249	27 037 738	18 005 534	11 457 982
采掘工业	162 348	3 024 267	2 618 543	1 344 863
原料工业	703 825	13 866 954	9 991 574	6 754 626
加工工业	752 076	10 146 517	5 395 417	3 358 493
按企业规模分				
大型企业	1 538 442	23 064 904	13 912 556	8 502 965
中型企业	482 473	6 320 072	3 873 466	2 656 952
小型企业	672 074	9 629 172	5 552 223	4 041 840
按工业行业分				
煤炭采选业	43 202	946 894	671 830	417 424
石油和天然气开采业	71 976	1 404 643	1 538 604	643 000
黑色金属矿采选业	6 395	71 160	44 576	29 208
有色金属矿采选业	11 117	125 356	96 285	70 472
非金属矿采选业	16 044	461 275	319 563	207 914
木材及竹材采运业	24 644	308 477	162 425	116 018
食品加工业	59 730	914 543	518 417	375 590
食品制造业	23 425	302 283	168 186	118 833
饮料制造业	294 935	2 093 786	797 116	527 277

13—8 续表 3　　(1998 年)　　单位:万元

行　　业	产品销售利润	资产总额	年末固定资产原价	固定资产净值年平均余额
烟草加工业	53 192	599 097	242 006	164 215
纺织业	23 158	1 219 895	774 676	544 313
服装及其他纤维制品制造业	7 330	118 251	55 419	45 442
皮革、毛皮羽绒及其制品业	11 786	204 317	84 700	60 779
木材加工及竹、藤、棕、草制品业	12 932	223 388	139 531	110 166
家具制造业	6 507	87 898	32 554	27 781
造纸及纸制品业	42 860	733 150	435 736	300432
印刷业、记录媒介的复制	38 540	310 098	214 484	137 625
文教体育用品制造	538	3 507	1 123	783
石油加工及炼焦业	4 552	99 799	56 209	41 196
化学原料及化学制品制造业	173 717	2 696 856	1 890 240	1 155 199
医药制造业	135 239	905 436	339 102	239 996
化学纤维制造业	6 483	333 555	237 081	207 903
橡胶制品业	6 582	80 371	39 362	26 045
塑料制品业	12 414	254 750	162 141	103 904
非金属矿物制品业	148 760	2 040 754	1 272 179	907 935
黑色金属冶炼及压延加工业	192 370	4 342 131	3 356 981	1 992 929
有色金属冶炼及压延加工业	35 532	682 675	414 874	206 449
金属制品业	29 904	382 605	191 465	120 910
普通机械制造业	133 272	1 744 441	781 682	467 159
专用设备制造业	75 804	1 079 938	518 406	296 411
交通运输设备制造业	141 003	1 984 817	1 058 178	680 324
电气机械及器材制造业	115 485	1 464 954	556 079	368 646
电子及通信设备制造业	7 695	3 362 121	874 820	546 948
仪器仪表及文化、办公用机械制造业	864	144 271	42 517	28 304
其他制造业	7 359	72 167	25 679	16 783
电力、蒸气、热水的生产和供应业	319 981	6 179 644	4 564 857	3 430 739
煤气生产和供应业	12 860	295 625	150 251	108 864
自来水的生产和供应业	12 149	383 960	333 736	239 357

13—8 续表 4　　(1998 年)　　单位:万元

类　别	流动资产全年平均余额	负债总额	利润总额	利税总额	所有者权益
总计	16 328 782	16 741 874	396 954	1 743846	13 674 153
按经济类型分					
国有经济	7 803 964	13 588 600	−105 498	714 534	6 801 398
集体经济	1 283 545	1 953 583	21 333	114 524	747 869
股份制经济	5 615 242	7 484 039	426 929	745 586	4 625 748
外商投资经济	506 615	774 760	16 318	46 239	514 855
港、澳、台投资经济	319 019	404 240	11 488	31 961	342 225
按轻重工业分					
轻工业	5 961 728	7 374 096	422 623	1 096 549	4 602 314
以农产品为原料	3 418 871	4 893 812	218 405	824 909	2 612 882
以非农产品为原料	2 542 857	2 480 284	204 218	271 640	1 989 432
重工业	10 367 054	17 965 898	−25 669	647 297	9 071 839
采掘工业	10 261 301	1 720 241	−26 834	73 975	1 304 027
原料工业	4 474 484	9 480 216	50 990	408 549	4 386 738
加工工业	4 866 439	6 765 441	−49 825	164 773	3 381 074
按企业规模分					
大型企业	10 090 696	14 061 102	456 061	1 155 119	9 003 802
中型企业	2 428 242	4 484 480	8 701	351 122	1 256 002
小型企业	3 809 844	6 794 412	−67 808	237 605	2 834 759
按工业行业分					
煤炭采选业	348 298	601 376	−25 616	899	345 518
石油和天然气开采业	409 290	655 334	5 517	58 301	749 309
黑色金属矿采选业	31 452	46 584	31	2 728	24 577
有色金属矿采选业	34 529	67 322	−156	3 665	58 034
非金属矿采选业	179 443	324 323	−5 755	8 542	136 952
木材及竹材采运业	135 967	225 247	−2 491	9 223	83 230
食品加工业	438 523	705 379	−21 147	−6 888	209 164
食品制造业	117 599	165 497	3 028	13 752	136 787
饮料制造业	969 466	1 061 505	181 313	381 855	1 032 281

13—8 续表 5　　(1998 年)　　单位:万元

类　别	流动资产全年平均余额	负债总额	利润总额	利税总额	所有者权益
烟草加工业	370 385	400 909	22 175	287 555	198 188
纺织业	500 077	1 100 116	−59 234	−29 745	119 779
服装及其他纤维制品制造业	50 559	58 005	−96	1 756	60 246
皮革、毛皮、羽绒及其制品业	97 447	143 110	2 468	5 577	61 207
木材加工及竹、藤、棕、草制品业	69 677	141 209	−3 254	1 841	82 179
家具制造业	37 540	50 433	3 766	6 296	37 465
造纸及纸制品业	284 526	567 649	−5 043	15 308	165 500
印刷业、记录媒介的复制	106 315	161 496	17 118	29 486	148 602
文教体育用品制造	2 393	2 479	152	415	1 028
石油加工及炼焦业	37 796	72 495	732	2 696	27 303
化学原料及化学制品制造业	957 747	1 768 742	−8 534	50 858	928 114
医药制造业	467 859	471 310	72 308	120 464	434 126
化学纤维的制造业	77 919	229 189	−6 441	−2 031	104 366
橡胶制品业	42 503	59 695	1 199	6 311	20 676
塑料制品业	106 847	146 856	1 231	6 608	107 894
非金属矿物制品业	703 861	1 296 618	−1 888	68 204	744 136
黑色金属冶炼及压延加工业	1 696 570	3 113 350	−1 308	103 595	1 228 781
有色金属冶炼及压延加工业	232 576	449 540	−7 804	2 678	233 134
金属制品业	206 888	272 120	−2 809	7 845	110 486
普通机械制造业	989 926	1 168 985	−36 537	3 397	575 456
专用设备制造业	605 526	803 323	−7 190	13 330	276 615
交通运输设备制造业	909 299	1 272 141	10 249	23 440	712 676
电气机械及器材制造业	786 675	844 820	23 048	68 780	620 133
电子及通信设备制造业	2 221 699	1 954 168	202 390	228 716	1 407 954
仪器仪表及文化、办公用机械制造业	61 085	120 757	19	2 747	23 514
其他制造业	38 884	43 140	2 519	5 170	29 027
电力、蒸气、热水的生产和供应业	1 625 582	4 181 920	67 683	231 394	1 997 724
煤气生产和供应业	120 271	166 519	5 071	10 474	129 105
自来水的生产和供应业	70 661	171 854	−3 110	2 511	212 106

13—9 各市地州全部国有及销售收入500万元及以上的非国有工业企业主要财务指标

(1998年)

地　区	企业单位数(个)	工业总产值(亿元)		工业增加值(亿元)	年末固定资产(亿元)		资产总额(亿元)
		1990年不变价	当年价格		原　价	净　值	
全省总计	4 980	1 704.97	1 918.37	593.01	2 333.82	1 580.59	3 901.41
成都市	1 346	495.58	562.19	171.97	544.72	368.00	1 004.90
自贡市	268	72.36	78.50	20.18	83.71	57.14	146.09
攀枝花市	91	68.79	119.97	49.93	236.05	146.73	268.75
泸州市	144	36.28	56.22	19.97	77.80	51.71	128.41
德阳市	348	132.77	158.14	50.18	145.56	102.21	281.35
绵阳市	252	424.43	297.55	70.83	125.85	84.90	397.79
广元市	149	18.28	24.18	6.70	31.47	21.40	59.96
遂宁市	116	27.07	38.21	14.46	39.86	28.95	80.08
内江市	192	48.97	61.93	21.98	63.31	45.14	107.98
乐山市	339	84.04	93.15	38.07	106.08	73.81	179.37
南充市	212	29.78	36.12	9.44	45.23	31.21	72.31
宜宾市	209	58.93	90.39	39.97	92.31	72.43	171.16
广安市	126	14.52	22.37	6.89	43.19	32.47	58.66
达川地区	195	32.97	45.50	14.70	50.85	35.32	79.36
巴中地区	101	3.77	6.29	1.89	11.96	8.64	16.98
雅安地区	159	18.44	24.36	10.71	40.94	30.13	67.06
眉山地区	192	40.75	49.80	11.87	44.39	33.39	69.97
资阳地区	114	33.88	39.30	11.55	32.01	20.24	52.97
阿坝州	129	10.04	16.16	9.44	35.47	27.05	48.86
甘孜州	96	4.79	5.88	3.41	13.14	10.48	19.45
凉山州	200	27.15	37.19	16.32	48.77	35.10	78.58

13—9 续表 (1998 年) 单位:亿元

地 区	流动资产余额	负债总额	产品销售收入	资本金总额	利润总额	利税总额	所有者权益
全省总计	1 632.88	2 534.00	1 838.86	842.69	39.70	174.38	1 367.42
成都市	449.15	617.58	530.90	247.37	11.93	46.57	387.31
自贡市	68.50	102.48	70.30	33.33	−1.60	2.06	43.61
攀枝花市	97.61	178.55	128.22	49.81	−0.68	8.05	90.20
泸州市	50.25	80.58	51.67	30.57	−1.77	3.53	47.82
德阳市	134.01	185.09	155.03	53.77	6.13	25.55	96.26
绵阳市	243.82	242.39	216.42	36.25	22.06	29.11	155.40
广元市	20.26	51.10	19.89	16.42	−3.20	−2.26	8.87
遂宁市	29.38	45.32	34.54	14.59	3.06	5.19	34.76
内江市	40.08	70.13	52.03	22.40	−0.58	1.92	37.86
乐山市	67.58	113.86	73.88	51.29	0.05	4.70	65.51
南充市	28.43	58.92	33.26	17.26	−1.49	0.31	13.39
宜宾市	73.61	103.79	90.54	31.74	6.69	14.82	67.37
广安市	16.58	48.95	20.75	10.53	−1.02	0.83	9.71
达川地区	28.57	65.15	39.30	16.68	−1.13	1.25	14.21
巴中地区	5.89	14.31	5.84	2.80	−0.49	−0.06	2.67
雅安地区	23.81	46.94	23.41	16.55	0.67	2.61	20.12
眉山地区	24.29	51.75	45.94	19.60	−2.11	−0.13	18.22
资阳地区	26.48	38.04	37.64	13.77	−0.91	3.60	14.92
阿坝州	14.35	34.21	13.10	12.00	−0.19	1.34	14.65
甘孜州	6.98	11.07	5.14	7.54	0.27	0.83	8.38
凉山州	30.88	51.62	35.57	22.11	1.28	6.81	26.96

13—10 分行业独立核算国有工业企业主要财务指标

(1998 年)

行业	企业单位数	工业增加值	产品销售收入	年末固定资产原价	固定资产净值年平均余额	流动资产全年平均余额
	(个)	(万元)	(万元)	(万元)	(万元)	(万元)
全省总计	**1 944**	**2 549 428**	**7 778 255**	**14 045 942**	**8 878 463**	**7 803 964**
按轻重工业分						
轻工业	907	714 420	2 051 751	2 234 045	1 580 897	1 693 403
重工业	1 037	1 835 008	5 726 504	11 811 897	7 297 566	6 110 561
按工业行业分						
煤炭采选业	73	102 530	227 970	564 863	347 987	265 225
石油和天然气开采业	3	220 677	542 535	1 535 582	641 167	408 540
黑色金属矿采选业	7	8 696	12 414	32 176	20 885	19 847
有色金属矿采选业	16	3 506	16 463	43 529	31 640	13 288
非金属矿采选业	35	29 193	69 040	210 801	136 189	104 368
木材及竹材采运业	77	62 982	100 199	158 312	113 446	133 167
食品加工业	216	47 660	260 468	194 091	135 222	128 649
食品制造业	86	12 502	38 095	60 213	43 052	29 841
饮料制造业	86	176 248	464 236	253 649	199 402	377 749
烟草加工业	11	195 472	491 501	226 869	149 492	351 698
纺织业	86	61 153	208 460	383 403	260 560	204 694
服装及其他纤维制品制造业	10	2 592	18 387	27 527	22 777	19 801
皮革、毛皮、羽绒及其他制品业	10	97	3 492	16 716	11 899	6 155
木材加工及竹、藤、棕、草制品业	32	5 411	17 142	44 071	31 843	22 768
家具制造业	1	1	117	95	76	36
造纸及纸制品业	31	14 719	62 170	119 119	87 506	60 172
印刷业，记录媒介的复制	76	45 025	108 687	175 573	115 098	80 502
文教体育用品制造业	10	366	1 003	624	435	945
石油加工及炼焦业	4	4 498	28 358	42 442	30 632	30 891
化学原料及化学制品制造业	101	135 323	444 682	802 728	409 137	364 558
医药制造业	37	70 251	157 157	113 083	74 009	169 649
化学纤维制造业	5	12 179	32 538	74 045	61 945	21 159
橡胶制品业	8	3 828	11 818	11 426	6 717	12 055
塑料制品业	11	−734	3 623	8 055	6 404	11 892
非金属矿物制品业	139	89 712	256 595	473 831	357 845	252 474
黑色金属冶炼及压延加工业	29	360 507	1 234 515	2 275 207	1 364 044	911 428
有色金属冶炼及压延加工业	18	32 212	113 697	279 029	114 275	111 542
金属制品业	28	32 219	46 036	73 638	43 149	84 215
普通机械制造业	76	87 709	253 191	435 991	254 087	464 360
专用设备制造业	82	62 856	234 996	366 298	209 076	411 242
交通运输设备制造业	93	121 073	453 968	614 509	410 388	463 716
电气机械及器材制造业	35	73 690	171 987	199 070	119 066	331 431
电子及通信设备制造业	36	41 211	125 244	236 006	140 895	213 651
仪器仪表及文化办公用机械制造业	10	−278	6 424	21 024	13 844	19 555
其他制造业	18	686	5 177	5 053	3 513	5 215
电力、蒸汽、热水生产和供应业	177	361 312	1 294 195	3 324 030	2 454 546	1 329 523
煤气生产和供应业	31	19 523	83 952	140 458	101 999	114 912
自来水生产和供应业	132	32 135	65 809	328 629	235 734	67 931

13—10续表　　(1998年)　　单位:万元

行　　业	资产总额	利润总额	利税总额	负债总额	所有者权益
全省总计	20 389 998	—105 498	714 534	13 588 600	6 801 398
按轻重工业分					
轻工业	3 971 796	20 352	421 105	2 740 609	1 231 187
重工业	16 418 202	—125 850	293 429	10 847 991	5 570 211
按工业行业分					
煤炭采选业	755 051	—27 230	—8 745	476 899	278 151
石油和天然气开采业	1 400 568	5 245	57 908	652 940	747 629
黑色金属矿采选业	47 404	—95	1 605	26 764	20 639
有色金属矿采选业	51 994	—2 173	—1 106	32 721	19 273
非金属矿采选业	277 670	—9 839	—1 449	209 517	68 154
木材及竹材采运业	301 009	—2 652	8 655	220 824	80 185
食品加工业	298 822	—26 939	—22 718	286 248	12 575
食品制造业	85 719	—3 436	—1 170	58 460	27 259
饮料制造业	766 636	66 745	137 909	404 214	362 422
烟草加工业	565 651	20 753	283 893	379 053	186 598
纺织业	557 435	—40 275	—28 795	561 136	—3 701
服装及其他纤维制品制造业	46 266	—2 429	—2 243	30 168	16 098
皮革、毛皮、羽绒及其他制品业	22 468	—2 229	—2 057	26 326	—3 857
木材加工及竹、藤、棕、草制品业	67 662	—1 334	—611	41 359	26 303
家具制造业	112		5	153	—41
造纸及纸制品业	191 744	—8 852	—3 968	169 705	22 039
印刷业,记录媒介的复制	240 062	8 659	17 943	119 501	120 560
文教体育用品制造业	1 422	15	125	999	422
石油加工及炼焦业	81 039	554	1 646	60 067	20 973
化学原料及化学制品制造业	987 113	—11 342	11 226	588 353	398 760
医药制造业	297 366	23 552	38 660	138 670	158 696
化学纤维制造业	91 177	764	2 241	70 515	20 662
橡胶制品业	21 975	—607	—330	19 984	1 990
塑料制品业	30 740	—472	—351	23 665	7 075
非金属矿物制品业	832 348	—3 188	14 602	520 450	311 898
黑色金属冶炼及压延加工业	2 611 719	—8 917	68 748	1 777 160	834 559
有色金属冶炼及压延加工业	399 333	—12 384	—8 479	273 823	125 511
金属制品业	147 566	—4 506	—1 466	108 005	39 561
普通机械制造业	836 054	—48 401	—31 786	597 510	238 544
专用设备制造业	725 286	—11 229	908	566 794	158 492
交通运输设备制造业	1 057 638	—12 661	7 265	690 431	367 207
电气机械及器材制造业	532 939	—84 07	15 515	325 517	207 422
电子及通信设备制造业	430 629	—9 527	—2 307	366 080	64 549
仪器仪表及文化办公用机械制造业	70 151	—4 059	—3 870	83 718	—13 567
其他制造业	11 293	—468	—239	7 889	3 403
电力、蒸汽、热水生产和供应业	4 535 589	36 840	159 686	3 090 994	1 444 595
煤气生产和供应业	281 793	4 448	9 360	160 085	121 708
自来水生产和供应业	375 293	—3 267	2 235	167 421	207 872

13—11 各市地州独立核算国有工业企业主要财务指标

(1998 年)　　单位:万元

地　区	企业单位数(个)	工业总产值		工业增加值	产品销售收　入	年末固定资产	
		1990 年不变价格	当年价格			原　价	净　值
全省总计	1 944	509.16	729.57	254.94	1 358.86	1 404.59	909.52
成都市	414	148.46	182.85	68.18	177.93	257.29	172.86
自贡市	94	14.10	16.37	5.64	13.71	27.27	18.68
攀枝花市	29	50.42	95.42	40.16	104.95	218.29	134.77
泸州市	78	19.37	28.52	8.70	25.69	36.92	18.35
德阳市	90	46.62	65.85	30.34	63.31	69.80	45.80
绵阳市	38	18.95	25.95	1.87	18.17	23.65	16.31
广元市	79	9.67	13.54	4.05	10.82	20.14	13.28
遂宁市	59	16.18	25.38	9.95	23.72	26.65	19.30
内江市	78	27.43	36.16	14.67	29.25	42.92	31.19
乐山市	99	20.61	28.20	16.91	16.43	33.80	19.21
南充市	105	12.64	15.76	3.73	14.96	22.59	15.05
宜宾市	74	19.27	27.54	13.00	22.00	39.04	27.69
广安市	56	6.26	8.97	3.10	8.02	16.08	10.37
达川地区	89	14.38	21.57	8.64	16.91	31.82	22.03
巴中地区	67	1.77	3.10	1.01	3.02	6.92	4.94
雅安地区	79	8.62	9.74	4.08	8.71	19.17	13.05
眉山地区	48	11.37	14.19	4.39	13.02	15.52	10.44
资阳地区	51	16.33	21.35	6.31	21.93	20.50	12.64
阿坝州	119	8.48	11.59	6.23	8.90	17.93	12.66
甘孜州	89	3.53	4.43	2.36	3.68	10.11	7.83
凉山州	107	13.632	18.14	8.92	17.18	27.02	18.92

13—11 续表 (1998 年) 单位:万元

地 区	资产总额	流动资产余额	资本金总额	利润总额	利税总额	负债总额	所有者权益
全省总计	2 039.00	780.40	444.72	−10.55	71.45	1 358.86	680.14
成都市	434.54	181.91	91.46	1.20	21.32	267.68	166.86
自贡市	39.39	15.93	7.60	−1.43	−0.36	29.76	9.62
攀枝花市	239.01	81.77	43.64	−0.76	6.53	158.90	80.10
泸州市	64.11	30.45	15.35	−3.91	−1.76	41.11	23.00
德阳市	141.90	78.53	22.66	2.14	16.71	95.85	46.05
绵阳市	42.36	18.06	10.46	−0.66	2.27	31.72	1064
广元市	38.86	12.24	8.87	−2.64	−2.19	37.41	1.45
遂宁市	51.60	18.60	10.07	2.95	4.35	25.84	25.76
内江市	77.07	27.45	14.28	−1.12	0.26	49.63	27.44
乐山市	48.42	19.53	13.18	−1.38	−0.34	34.58	13.84
南充市	34.31	12.68	8.41	−1.75	−0.85	32.22	2.08
宜宾市	64.07	29.09	17.57	−0.93	0.31	43.42	20.65
广安市	24.44	8.23	5.34	−0.62	0.10	18.79	5.65
达川地区	48.23	16.24	9.95	−0.98	0.25	39.62	8.61
巴中地区	9.61	3.36	1.51	−0.36	−0.09	8.79	0.83
雅安地区	32.38	14.00	7.29	−0.58	0.11	23.37	9.02
眉山地区	22.87	10.20	6.19	−0.80	−0.05	18.94	3.93
资阳地区	31.65	16.53	9.65	−0.84	2.60	21.63	10.02
阿坝州	25.14	9.46	8.79	−0.93	−0.13	18.19	6.95
甘孜州	15.38	6.26	5.30	0.18	0.62	9.49	5.90
凉山州	42.29	17.49	10.85	−0.05	4.04	29.75	12.54

13—12 分行业销售收入500万元及以上的集体工业企业主要财务指标

(1998年)

行业	企业单位数(个)	工业增加值(万元)	产品销售收入(万元)	年末固定资产原价(万元)	固定资产净值年平均余额(万元)	资产总额(万元)
全省总计	1 128	659 080	2 153 142	1 368 002	933 115	2 701 452
按轻重工业分						
轻工业	470	238 800	723 957	485 052	347 322	966 779
重工业	658	420 280	1 429 185	882 950	585 793	1 734 673
按工业行业分						
煤炭采选业	35	21 638	55 560	37 779	25 778	85 602
黑色金属矿采选业	6	2 257	6 009	3 181	1 826	10 258
有色金属矿采选业	19	9 167	19 574	13 166	8 086	24 382
非金属矿采选业	12	6 399	18 452	1 355	7 488	32 652
木材及竹材采运业	1	203	517	149	128	373
食品加工业	68	35 646	142 339	47 903	36 011	110 970
食品制造业	21	10 038	25 056	12 712	7 381	32 685
饮料制造业	50	25 169	75 607	52 595	36 682	119 737
烟草加工业	1	2 816	5 193	1 145	896	5 114
纺织业	87	39 140	109 381	127 049	92 628	211 044
服装及其他纤维制品制造业	7	4 872	12 566	18 014	15 660	35 267
皮革、毛皮、羽绒及其他制品业	17	10 202	42 137	16 411	12 691	42 729
木材加工及竹、藤、棕、草制品业	8	4 923	13 655	10 176	7 384	16 624
家具制造业	6	4 132	12 857	4 811	2 623	12 027
造纸及纸制品业	65	19 231	69 546	55 838	39 651	91 360
印刷业，记录媒介的复制	6	1 130	3 304	2 287	1 430	4 489
文教体育用品制造业	4	1 579	3 224	499	348	2 085
石油加工及炼焦业	9	2 642	7 468	2 624	1 939	5 005
化学原料及化学制品制造业	93	46 785	163 461	99 311	70 650	197 550
医药制造业	19	22 542	36 623	38 192	28 878	69 539
化学纤维制造业	1	197	1 113	1 618	1 291	1 821
橡胶制品业	8	1 977	8 919	5 230	3 924	9 475
塑料制品业	42	15 015	50 413	46 653	26 459	69 590
非金属矿物制品业	161	72 227	227 867	217 319	149 047	346 286
黑色金属冶炼及压延加工业	46	82 527	355 992	149 001	76 978	306 521
有色金属冶炼及压延加工业	31	23 201	79 412	34 060	25 862	67 349
金属制品业	66	29 613	96 465	51 136	34 113	102 136
普通机械制造业	68	41 976	130 162	72 907	46 645	173 989
专用设备制造业	26	12 530	38 741	33 469	22 477	76 649
交通运输设备制造业	55	26 682	98 668	43 297	26 324	101 106
电气机械及器材制造业	58	48 627	142 873	59 692	44 555	185 426
电子及通信设备制造业	8	25 743	70 452	43 178	39 780	83 981
仪器仪表及文化办公用机械制造业	3	1 504	6 640	2 702	2 088	7 394
其他制造业	10	2 312	12 719	6 646	4 103	15 787
电力、蒸汽、热水生产和供应业	10	3 682	8 647	38 090	28 313	39 778
煤气生产和供应业	1	757	1 531	4 613	2 999	4 675
自来水生产和供应业						

13—12 续表　　(1998 年)　　单位:万元

行　业	流动资产全年平均余额	利润总额	利税总额	负债总额	所有者权益	工业总产值(1990 不变价)	工业总产值(当年价)
全省总计	**1 283 545**	**21 333**	**114 524**	**1 953 583**	**747 869**	**2 089 687**	**2 397 502**
按轻重工业分							
轻工业	471 440	−321	34 375	787 612	179 167	741 629	830 871
重工业	812 105	21 654	80 149	1 165 971	568 702	1 348 058	1 566 631
按工业行业分							
煤炭采选业	44 570	1 449	4 808	52 208	33 394	54 377	67 414
黑色金属矿采选业	7 580	−1	517	8 489	1 769	6 945	6 262
有色金属矿采选业	11 752	1 162	2 713	13 328	11 054	19 571	21 899
非金属矿采选业	16 684	516	1 496	19 724	12 928	25 404	26 048
木材及竹材采运业	222	9	34	159	215	517	517
食品加工业	64 202	−1 279	803	99 295	11 675	137 231	174 082
食品制造业	15 444	471	1 489	21 384	11 301	23 648	26 601
饮料制造业	58 053	1 758	10 080	92 997	26 740	68 623	82 366
烟草加工业	4 024	284	459	3 397	1 718	6 332	5 327
纺织业	89 765	−8 942	−3 778	220 372	−9 328	119 869	136 416
服装及其他纤维制品制造业	11 583	829	1 426	12 631	22 635	14 561	14 537
皮革、毛皮、羽绒及其他制品业	24 221	−1 285	−612	39 361	3 368	31 442	35 344
木材加工及竹、藤、棕、草制品业	7 286	−148	547	8 314	8 310	30 866	17 422
家具制造业	7 280	371	776	7 339	4 688	14 183	14 506
造纸及纸制品业	41 246	−2 320	1 101	65 401	25 959	71 554	76 766
印刷业,记录媒介的复制	2 228	62	147	3 117	1 372	3 757	3 578
文教体育用品制造业	1 449	137	290	1 480	605	4 806	4 929
石油加工及炼焦业	3 262	117	696	3 453	1 552	6 336	8 186
化学原料及化学制品制造业	81 714	6 152	9 866	143 356	54 194	162 794	181 639
医药制造业	33 586	5 029	9 422	50 374	19 160	37 740	43 568
化学纤维制造业	513	−3	117	3 573	−1 752	2 002	956
橡胶制品业	4 695	−520	−123	6 938	2 537	8 784	9 141
塑料制品业	30 514	−166	2 032	44 958	24 632	55 247	54 658
非金属矿物制品业	128 136	455	16 019	269 358	76 928	220 795	25 968
黑色金属冶炼及压延加工业	157 626	8 450	16 062	182 554	123 967	237 560	368 683
有色金属冶炼及压延加工业	34 539	−202	1 163	48 508	18 842	95 058	97 097
金属制品业	54 686	777	4 023	77 643	24 492	90 993	105 975
普通机械制造业	98 771	2 351	8 798	115 076	58 913	127 919	139 261
专用设备制造业	42 895	−204	1 744	51 018	25 630	38 554	42 018
交通运输设备制造业	55 519	−1 162	3 772	74 492	26 614	108 061	107 317
电气机械及器材制造业	96 625	2 848	8 968	127 589	57 837	165 742	167 712
电子及通信设备制造业	30 272	3 658	6 864	45 824	38 158	73 925	75 209
仪器仪表及文化、办公用机械制造业	4 222	106	389	3 528	3 866	8 076	6 727
其他制造业	9 823	−189	380	11 451	4 336	11 295	12 424
电力、蒸汽、热水生产和供应业	7 272	733	1 679	22 835	16 943	4 344	8 344
煤气生产和供应业	1 290	31	355	2 062	2 613	778	1 607
自来水生产和供应业							

13—13 各市地州销售收入500万元及以上的集体工业企业主要财务指标

(1998年)

单位:亿元

地区	企业单位数(个)	工业总产值		工业增加值	产品销售收入	年末固定资产	
		1990年不变价格	当年价格			原价	净值
全省总计	1 128	208.97	239.75	65.91	215.31	136.80	97.18
成都市	378	96.55	111.09	30.38	100.14	50.46	36.54
自贡市	76	8.65	9.60	2.40	8.24	5.90	3.87
攀枝花市	37	12.59	16.53	5.88	16.95	7.44	5.03
泸州市	30	3.44	4.10	1.17	4.15	2.48	1.59
德阳市	113	25.56	28.07	3.66	10.46	7.46	4.88
绵阳市	75	10.96	12.04	3.66	10.46	7.46	4.88
广元市	14	1.07	1.30	0.38	1.17	1.14	0.94
遂宁市	34	5.19	5.97	2.39	4.43	4.81	3.44
内江市	52	7.53	7.95	2.01	7.06	4.16	2.79
乐山市	56	5.38	6.18	1.97	5.42	6.85	5.06
南充市	38	4.19	4.46	1.15	3.64	4.79	3.43
宜宾市	25	2.26	2.75	0.91	2.53	2.47	1.82
广安市	21	1.95	2.56	0.79	2.26	2.37	1.98
达川地区	37	5.91	6.90	1.49	5.70	5.01	3.68
巴中地区	8	0.61	0.69	0.16	0.79	1.08	0.86
雅安地区	39	4.51	5.25	1.47	4.21	2.89	1.95
眉山地区	27	3.22	3.75	1.38	3.25	2.80	2.31
资阳地区	29	5.52	6.04	1.38	5.18	4.35	2.95
阿坝州	4	0.21	0.24	0.09	0.16	0.41	0.34
甘孜州	1	0.13	0.14	0.09	0.13	0.23	0.16
凉山州	34	3.53	4.13	1.51	3.42	1.85	1.27

13—13 续表　　　　　　　　　　(1998年)　　　　　　　　　　单位:亿元

地　　区	资本金总　额	流动资产余　额	资产总额	利润总额	利税总额	负债总额	所有者权益
全省总计	59.58	128.35	270.15	2.13	11.45	195.36	74.79
成都市	27.74	53.41	108.49	3.33	6.93	69.88	38.62
自贡市	2.05	7.07	11.59	—0.35	0.25	9.70	1.89
攀枝花市	3.15	10.48	16.91	0.09	0.87	11.22	5.69
泸州市	1.04	2.67	4.71	—0.06	0.30	3.89	0.82
德阳市	6.09	15.48	35.58	0.62	1.62	25.10	10.47
绵阳市	3.03	6.37	13.33	—0.19	0.25	9.71	3.62
广元市	0.25	0.93	2.02	—0.04	0.03	1.98	0.04
遂宁市	1.60	3.50	9.13	—0.09	0.12	6.58	2.55
内江市	1.78	3.29	7.28	—0.03	0.35	6.06	1.22
乐山市	3.12	3.41	11.13	—0.28	—0.04	8.37	2.77
南充市	1.26	3.99	8.17	—0.36	—0.17	8.07	0.10
宜宾市	0.56	2.23	4.50	—0.03	0.10	3.98	0.53
广安市	0.27	1.14	3.87	—0.16		4.25	—0.38
达川地区	1.31	3.42	8.78	—0.17	0.15	8.71	0.07
巴中地区	0.11	0.56	1.87	—0.05	—0.02	1.57	0.29
雅安地区	1.61	2.80	5.45	0.11	0.31	3.39	2.07
眉山地区	1.29	1.91	4.80	—0.02	0.09	3.59	1.22
资阳地区	1.46	2.69	6.73	—0.24	—0.04	5.65	1.08
阿坝州	0.42	0.18	0.69	—0.01		0.27	0.43
甘孜州	0.13	0.06	0.35	—0.02	0.04	0.20	0.14
凉山州	1.33	2.77	4.76	—0.07	0.28	3.20	1.56

13—14 分行业全部国有及销售收入500万元及以上的非国有工业企业主要经济效益指标

(1998年)

行业	工业增加值率(%)	资金利税率(%)	产值利税率(%)	流动资产周转次数(次/年)	全员劳动生产率(元/人、年)
全省总计	30.91	5.53	9.09	1.13	13 175
按轻重工业分					
轻工业	29.99	11.30	12.91	1.25	9 029
重工业	31.64	2.97	6.05	1.05	1 647
按工业行业分					
煤炭采选业	40.81	0.12	0.23	1.01	7 755
石油和天然气开采业	40.11	5.54	10.56	1.33	21 089
黑色金属矿采选业	52.15	4.50	11.23	0.75	17 409
有色金属矿采选业	40.11	3.49	6.85	1.52	18 751
非金属矿采选业	34.36	2.21	5.76	0.74	9 179
木材及竹材采运业	59.42	3.66	8.45	0.76	17 743
食品加工业	17.49	−0.85	−0.52	2.77	31 919
食品制造业	29.85	5.82	6.20	1.56	24 494
饮料制造业	43.13	25.51	28.86	1.51	63 766
烟草加工业	40.89	53.79	56.89	1.37	206 238
纺织业	22.93	−2.85	−4.62	1.10	7 380
服装及其他纤维制品制造业	30.37	1.83	3.10	1.04	12 224
皮革、毛皮、羽绒及其他制品业	24.81	3.52	4.40	1.32	19 537
木材加工及竹、藤、棕、草制品业	29.14	1.02	1.71	1.43	21 629
家具制造业	29.11	9.64	13.77	1.16	28 979
造纸及纸制品业	27.23	2.62	3.88	1.25	16 272
印刷业,记录媒介的复制	39.88	12.09	18.44	1.49	29 188
文教体育用品制造业	33.24	13.07	7.09	1.77	29 566
石油加工及炼焦业	22.53	3.41	6.92	1.09	11 992
化学原料及化学制品制造业	26.74	2.41	3.56	1.37	20 133
医药制造业	39.79	17.02	19.01	1.16	62 541
化学纤维制造业	13.88	−0.71	−1.84	1.40	19 403
橡胶制品业	32.85	9.21	10.10	1.45	16 564
塑料制品业	23.69	3.14	3.98	1.39	20 581
非金属矿物制品业	31.06	4.23	6.69	1.33	14 831
黑色金属冶炼及压延加工业	26.28	2.81	4.87	1.30	25 094
有色金属冶炼及压延加工业	23.34	0.61	0.68	1.52	24 047
金属制品业	32.28	2.39	2.78	1.18	22 996
普通机械制造业	27.32	0.23	0.42	0.75	15 376
专用设备制造业	26.97	1.48	2.96	0.73	12 825
交通运输设备制造业	26.41	1.47	2.48	0.99	14 633
电气机械及器材制造业	31.29	5.95	9.69	0.85	29 511
电子及通信设备制造业	26.93	8.26	9.27	0.78	58 323
仪器仪表及文化、办公用机械制造业	29.76	3.07	6.65	0.64	12 591
其他制造业	34.49	9.29	11.36	1.15	19 099
电力、蒸汽、热水生产和供应业	52.67	4.58	22.06	1.01	47 603
煤气生产和供应业	38.82	4.57	19.45	0.74	32 869
自来水生产和供应业	47.82	0.81	3.63	0.95	21 818

注:全员劳动生产率按增加值计算。

13—15 分行业独立核算国有工业企业主要经济效益指标

(1998 年)

行 业	工业增加值率(%)	资金利税率(%)	产值利税率(%)	流动资产周转次数(次/年)
全省总计	34.94	4.28	9.79	0.99
按轻重工业分				
轻工业	33.68	12.86	19.85	1.21
重工业	35.46	2.19	5.67	0.94
按工业行业分				
煤炭采选业	41.74	−1.43	−3.56	0.86
石油和天然气开采业	40.08	5.52	10.52	1.33
黑色金属矿采选业	63.21	3.94	11.66	0.63
有色金属矿采选业	21.73	−2.46	−6.86	1.24
非金属矿采选业	37.43	−0.60	−1.86	0.66
木材及竹材采运业	60.01	3.51	8.25	0.75
食品加工业	16.69	−8.61	−7.95	2.02
食品制造业	30.90	−1.61	−2.89	1.28
饮料制造业	42.77	23.89	33.47	1.23
烟草加工业	40.16	56.64	58.83	1.40
纺织业	23.95	−6.19	−11.28	1.02
服装及其他纤维制品制造业	16.05	−5.27	−13.89	0.93
皮革、毛皮、羽绒及其制品业	2.45	−11.39	−51.86	0.57
木材加工及竹、藤、棕、草制品业	29.67	−1.12	−3.35	0.75
家具制造业	22.58	4.18	151.51	3.23
造纸及纸制品业	22.19	−2.69	−5.98	1.03
印刷业,记录媒介的复制	40.46	9.17	16.12	1.35
文教体育用品制造业	39.61	9.05	13.50	1.06
石油加工及炼焦业	18.20	2.67	6.66	0.92
化学原料及化学制品制造业	28.25	1.45	2.34	1.22
医药制造业	38.39	15.87	21.12	0.93
化学纤维制造业	31.52	2.70	5.80	1.54
橡胶制品业	28.91	−1.76	−2.49	0.98
塑料制品业	−21.83	−1.92	−10.42	0.30
非金属矿物制品业	31.80	2.39	5.18	1.02
黑色金属冶炼及压延加工业	33.34	3.02	6.36	1.35
有色金属冶炼及压延加工业	25.01	−3.75	−6.58	1.02
金属制品业	48.58	−1.15	−2.21	0.55
普通机械制造业	31.23	−4.42	−22.32	0.55
专用设备制造业	27.27	0.15	0.39	0.57
交通运输设备制造业	25.02	0.83	1.50	0.98
电气机械及器材制造业	41.96	3.44	8.83	0.52
电子及通信设备制造业	28.58	−0.65	−1.60	0.59
仪器仪表及文化、办公用机械制造业	−4.25	−11659	−59.09	0.33
其他制造业	17.43	−2.74	−6.06	0.99
电力、蒸汽、热水生产和供应业	48.72	4.22	21.53	0.97
煤气生产和供应业	39.34	4.32	18.86	0.73
自来水生产和供应业	47.57	0.74	3.31	0.97

主要统计指标解释

工业 指从事自然资源的开采，对采掘品和农产品加工和再加工的物质生产部门。具体包括：(1)对自然资源的开采，如采矿、晒盐、森林采伐等(但不包括禽兽捕猎和水产捕捞)；(2)对农副产品的加工、再加工，如粮油加工、食品加工、轧花、缫丝、纺织、制革等；(3)对采掘品的加工、再加工，如炼铁、炼钢、化工生产、石油加工、机器制造、木材加工等，以及电力、自来水、煤气的生产和供应等；(4)对工业品的修理、翻新，如机器设备的修理、交通运输工具(包括小卧车)的修理等。

轻工业 指提供生活的消费品和制作手工工具的工业。按其所使用的原料不同，又分为两大类：①以农产品为原料的轻工业；②以非农产品为原料的轻工业。

重工业 指生产生产资料的工业，是为国民经济各部门提供物质技术基础的工业。按其生产和产品用途，可以分为下列三类：①采掘(伐)工业；②原料工业；③制造工业。

独立核算法人工业企业 是指从事工业生产经营活动的单位。独立核算法人工业企业应同时具备以下条件：①依法成立，有自己的名称、组织机构场所，能够承担民事责任；②独立拥有和使用资产，承担负债，有权与其他单位签订合同；③独立核算盈亏，并能够编制资产负债表。

工业增加值 是工业企业在报告期内以货币表现的工业生产的最终成果。

工业增加值有两种计算方法：一是生产法，二是收入法。

工业总产值 是以货币表现的工业企业在一定时期内生产的已出售或可供出售的工业产品总量，它反映一定时间内工业生产的总规模和总水平，它包括：在本企业内不再进行加工，经检验、包装入库(规定不需包装的产品除外)的成品价值，工业性作业价值，自制半成品、在产品期末期初差额价值(生产周期较长的企业计算)。工业总产值采用"工厂法"计算，即以工业企业作为一个整体，按企业工业生产活动的最终成果来计算，企业内允许重复计算，不能把企业内部各个车间(分厂)生产成果相加。但在企业之间、行业之间、地区之间存在着重复计算。

资本金 是指企业在工商行政管理部门登记的注册资金。企业筹集的资本金主要分为国家资本金、法人资本金、个人资本金以及外商资本金等。

资产 是企业拥有或控制的能以货币计量的经济资源，包括各种财产、债权和其他权利。资产按流动性质一般分为流动资产、长期投资、固定资产、无形资产、递延资产和其他资产。

负债 是企业所承担的能以货币计量、将以资产或劳务偿付的债务。负债一般是按负债偿还期长短进行分类的，分为流动负债和长期负债。

流动资产 流动资产是指可以在一年或者超过一年的一个营业周期内变现或者耗用的资产，包括现金及各种存款、短期投资、应收及预付货款、存货等。流动资产的一个重要特点是它在参加生产经营时，其价值一次转移到产品成本或费用中去。

固定资产原值 固定资产原值指企业在建造、购置、安装、改建、扩建、技术改造某项固定资产时所支出的全部货币总额。它一般包括买价、包装费、运杂费和安装费等。

固定资产净值 指固定资产原值减去历年所提折旧后的净额。

产品销售收入 指企业销售产品的销售收入和提供劳务等主要经营业务取得的业务总额。

产品销售税金及附加 指企业销售产品和提供工业性劳务等主要经营业务应负担的城市维护建设税、消费税、资源税和教育费附加。

工业全员劳动生产率 指报告期工业企业

平均每个职工创造的工业增加值，是反映工业活劳动投入的经济效益指标。计算公式为：

$$\text{工业全员劳动生产率(元/人)}=\frac{\text{报告期累计工业增加值}}{\text{报告期全部职工平均人数}}\times\frac{12}{\text{累计月数}}$$

工业增加值率　指在一定时期内工业增加值占工业总产值的比重，是反映工业生产降低中间消耗的经济效益指标。计算公式为：

$$\text{工业增加值率(\%)}=\frac{\text{现价工业增加值}}{\text{现价工业总产值}}$$

总资产贡献率　指反映工业企业全部资产的获利能力，是企业经营业绩和管理水平的集中体现，是评价和考核企业盈利能力的核心指标。其计算公式为：

$$\text{总资产贡献率(\%)}=\frac{\text{利润总额}+\text{税金总额}+\text{利息支出}}{\text{平均资产总数}}\times\frac{12}{\text{累计月数}}$$

其中：税金总额为产品销售税金及附加与应交增值税之和。

资产负债率　指报告期流动负债和长期负债之和与同期的流动资产、长期投资、固定资产、无形及递延资产和其他长期资产之和之比，是反映企业偿债能力的主要指标，计算公式为：

$$\text{资产负债率(\%)}=\frac{\text{报告期的流动负债}+\text{长期负债}}{\text{流动资产}+\text{长期投资}+\text{固定资产}+\text{无形及递延资产}+\text{其他长期资产}}$$

成本费用利润率　指在一定时期已实现的利润与同期的成本费用之比，是反映工业生产成本及费用投入的经济效益指标，同时也是反映企业降低成本的经济效益的指标。计算公式为：

$$\text{工业成本费用利润率(\%)}=\frac{\text{实现利润总额}}{\text{成本费用总额}}$$

流动资金周转率　指一定时期内流动资产完成的周转次数，是反映工业企业投入流动资产的周转速度的指标，计算公式为：

$$\text{流动资金周转率(次)}=\frac{\text{报告期累计产品销售收入}}{\text{报告期流动资产平均余额}}\times\frac{12}{\text{累计月数}}$$

产品销售率　指一定时间内销售产值与同期全部工业总产值之比，反映工业产品生产已实现销售的程度。计算公式：

$$\text{工业产品销售率(\%)}=\frac{\text{报告期现价工业销售产值}}{\text{报告期现价工业总产值}}$$

资本保值增值率　指反映工业企业净资产的变动状况，是企业发展能力的集中体现。计算公式为：

$$\text{资本保值增值率(\%)}=\frac{\text{报告期期末所有者权益}}{\text{上年同期期末所有者权益}}$$

工业经济效益综合指数

工业经济效益综合指数是衡量工业经济效益各个方面在数量上总体水平的一种特殊相对数，是反映工业经济运行质量的综合指标。它是以每项指标的实际值分别除以该项指标的全国标准值，并乘以其权数，加总后再除以总权数而求得。工业经济效益综合指数的计算公式为：

$$\text{工业经济效益综合指数}=\sum\left(\frac{\text{某项指标报告期数值}}{\text{该项指标全国标准值}}\times\text{该项指标权数}\right)\div\text{总权数}$$

权数是根据上述各项指标在综合经济效益中的重要程度，由专家调查法确定的。其中：总资产贡献率20，资本保值增值率16，资产负债率12，流动资产周转率15，成本费用利润率14，全员劳动生产率10，产品销售率13。

各项指标的标准值，是参考了我国近期工业经济指标的实际水平及一般标准确定的。其数值分别为：总资产贡献率10.7%，资本保值增值率120%，资产负债率小于等于60%，流动资产周转率1.52次，成本费用利润率3.71%，全员劳动生产率16500元/人，产品销售率96%。

CONSTRUCTION

十四　建筑业

14—1 历年建筑业企业个数、产值、人数及竣工面积

年　份	企业个数（个）	总产值（亿元）	平均人数（万人）	竣工房屋建筑面积（万平方米）
1952	41	0.63	3.54	20.21
1957	87	2.82	14.61	136.38
1962	133	1.58	12.14	48.01
1965	187	7.82	28.93	218.01
1970	222	9.16	43.12	238.60
1975	252	10.36	43.05	272.03
1978	276	13.17	42.38	556.56
1979	304	12.21	40.34	444.55
1980	325	13.36	39.03	501.02
1981	432	13.71	40.60	579.97
1982	455	16.17	42.97	649.93
1983	466	19.40	44.79	712.90
1984	496	25.36	45.84	795.85
1985	555	31.85	49.45	835.24
1986	576	37.99	52.47	947.85
1987	593	44.91	56.95	1 007.36
1988	586	52.86	56.05	963.49
1989	574	55.78	52.32	904.67
1990	756	67.11	60.21	1 060.60
1991	829	77.09	62.97	581.90
1992	871	93.37	70.66	705.20
1993	1 090	181.79	80.10	1 734.00
1994	1 144	230.34	102.50	2 068.00
1995	1 144	279.10	89.70	2 081.00
1996	2 725	468.66	160.50	4 537.00
1997	2 779	520.64	154.24	5 638.48
1998	3 028	597.76	159.20	5 017.25

14—2 建筑业企业基本情况

(1998年)

指标名称	单 位	总 计	#国有企业	#城镇集体
企业个数	个	3 028	432	2 085
建筑业总产值	万元	5 977 644	2 754 139	2 505 344
竣工产值	万元	4 441 235	2 108 439	1 848 844
单位工程施工个数	个	41 713	15 397	21 362
#本年新开工	个	26 403	8 684	14 661
投标承包个数	个	18 486	7 832	8 473
#本年新开工	个	12 083	4 374	6 317
单位工程竣工个数	个	26 378	8 360	14 917
#优良单位工程	个	9 174	3 848	4 404
房屋建筑施工面积	万平方米	9 623.36	3 059.72	5 169.68
房屋建筑竣工面积	万平方米	5 017.25	1 150.38	3 115.73
#优良房屋面积	万平方米	1 855.81	523.56	1 033.45
自有机械设备年末总台数	台	374 026	103 895	215 051
自有机械设备年末总功率	万千瓦	578.64	261.56	252.3
#施工机械功率	万千瓦	456.33	190.37	211.63
计算建筑业劳动生产率的平均人数	万人	159.20	54.05	84.83

14—3 建筑业企业个数

（1998 年）

单位：个

地区及分组	总　计	国有经济	中央企业	地方企业	城镇集体经济	其它经济	#股份制
全省总计	3 028	432	63	369	2 085	511	215
一、按地区分							
成都市	716	113	33	80	485	118	54
自贡市	132	13	1	12	104	15	8
攀枝花市	111	28	3	25	59	24	10
泸州市	138	14	1	13	112	12	5
德阳市	220	26	5	21	147	47	12
绵阳市	216	26	4	22	138	52	16
广元市	151	16	2	14	82	53	26
遂宁市	107	15	1	14	83	9	4
内江市	153	19	3	16	118	16	10
乐山市	132	9	2	7	91	32	17
南充市	132	30	2	28	95	7	2
宜宾市	160	16		16	105	39	12
广安市	101	28	1	27	65	8	6
达川地区	146	19	2	17	104	23	13
巴中地区	59	13		13	42	4	3
雅安地区	73	10	1	9	52H]11	4	
眉山地区	71	5	2	3	48	18	8
资阳地区	104	7		7	92	5	1
阿坝州	36	7		7	28	1	1
甘孜州	16	5		5	10	1	
凉山州	54	13		13	25	16	3
二、按企业规模分							
大中型	239	108	31	77	95	36	20
小　型	2 789	324	32	292	1 990	475	195
三、按资质等级分							
一　级	101	82	30	52	14	5	3
二　级	488	137	14	123	260	91	43
三　级	1 473	161	16	145	1 066	246	99
四　级	966	52	3	49	745	169	70

14—4 建筑业企业施工、竣工单位工程个数

(1998 年)

地区及分组	单位工程施工个数(个)	#本年新开工	单位工程竣工个数(个)	#优良工程数	单位工程竣工率(%)	单位工程优良品率(%)
全省合计	41 713	26 403	26 378	9 174	63.24	34.78
一、按地区分						
成都市	12 857	7 647	7 870	3 044	61.21	38.68
自贡市	1 498	1 084	1 079	295	72.03	27.34
攀枝花市	1 692	1 163	1 164	285	68.79	24.48
泸州市	2 158	1 513	1 556	632	72.10	40.62
德阳市	3 963	2 578	2 377	1 064	59.98	44.76
绵阳市	2 241	1 221	1 284	420	57.30	32.71
广元市	989	576	663	131	67.04	19.76
遂宁市	978	683	715	223	73.11	31.19
内江市	2 978	1 410	1 574	432	52.85	27.45
乐山市	1 170	758	681	229	58.21	33.63
南充市	2 053	1 371	1 175	612	57.23	52.09
宜宾市	1 995	1 587	1 526	233	76.49	15.27
广安市	1 399	902	911	289	65.12	31.72
达川地区	1 400	919	871	325	62.21	37.31
巴中地区	335	181	206	71	61.49	34.47
雅安地区	802	611	615	86	76.68	13.98
眉山地区	1 258	926	949	496	75.44	52.27
资阳地区	1 160	696	695	201	59.91	28.92
阿坝州	139	105	100	34	71.94	34.00
甘孜州	128	92	64	27	50.00	42.19
凉山州	520	380	303	45	58.27	14.85
二、按企业规模分						
大中型	14 612	7 981	7 813	3 972	53.47	50.84
小　型	27 101	18 422	18 565	5 202	68.50	28.02
三、按资质等级分						
一　级	10 771	5 539	5 287	2 814	49.09	53.22
二　级	9 824	6 314	6 089	2 457	61.98	40.35
三　级	14 177	9 361	9 619	2 573	67.85	26.75
四　级	6 941	5 189	5 383	1 330	77.55	24.71

14—5 建筑业企业施工、竣工房屋面积

(1998年)　　单位:万平方米

地区及分组	房屋建筑施工面积	#本年新开工	房屋建筑竣工面积	#优良品面积	#住宅面积	房屋面积竣工率%	房屋面积优良品率%
全省总计	9 623	5 326	5 017	1 856	3 011	52.14	36.99
一、按地区分							
成都市	3 348	1 595	1 457	540	867	43.53	37.06
自贡市	286	155	155	63	98	54.31	40.52
攀枝花市	191	94	79	37	48	41.61	46.26
泸州市	680	477	454	187	268	66.73	41.23
德阳市	530	271	297	116	148	55.98	39.04
绵阳市	656	294	317	139	182	48.34	43.88
广元市	128	68	65	23	39	50.89	35.84
遂宁市	286	182	207	58	121	72.18	28.02
内江市	415	228	216	61	133	51.89	28.08
乐山市	325	193	167	54	109	51.36	32.11
南充市	627	392	336	161	202	53.57	47.88
宜宾市	293	203	170	39	102	57.82	23.20
广安市	467	281	276	79	175	59.11	28.49
达川地区	464	291	267	114	161	57.69	42.67
巴中地区	78	46	49	22	33	62.75	44.57
雅安地区	100	69	49	15	36	48.80	30.18
眉山地区	348	231	247	97	149	70.98	39.17
资阳地区	295	188	155	39	105	52.42	24.93
阿坝州	6	4	5	2	2	86.40	28.65
甘孜州	17	9	6	4	4	35.83	60.29
凉山州	82	55	43	9	29	52.45	19.90
二、按企业规模分							
大中型	3 626	1 691	1 538	721	805	42.43	46.83
小　型	5 998	3 635	3 479	1 135	2 206	58.00	32.63
三、按资质等级分							
一　级	2 310	841	722	372	316	31.24	51.59
二　级	3 266	1 915	1 772	737	1 078	54.25	41.61
三　级	3 096	1 914	1 936	592	1 258	62.51	30.59
四　级	950	656	588	154	359	61.86	26.19

14—6 建筑业企业动力装备情况

(1998 年)

地区及分组	自有机械设备年末总台数(台)	自有机械设备年末总功率(万千瓦)	#施工机械功率(万千瓦)	动力装备率(千瓦/人)
全省总计	**374 026**	**578.64**	**456.33**	**3.46**
一、按地区分				
成都市	115 222	198.97	156.57	3.59
自贡市	12 753	24.55	18.77	4.06
攀枝花市	12 553	35.77	25.85	6.09
泸州市	23 787	31.32	25.72	2.50
德阳市	22 556	34.38	25.63	3.43
绵阳市	25 098	31.54	24.97	3.16
广元市	9 976	23.32	14.93	6.21
遂宁市	14 835	18.92	17.51	2.91
内江市	14 946	24.88	17.82	3.02
乐山市	19 952	18.06	16.06	3.74
南充市	17 941	22.55	19.66	2.28
宜宾市	11 974	14.63	12.66	3.08
广安市	16 148	30.65	23.53	3.57
达川地区	18 312	18.27	15.26	2.69
巴中地区	2 988	3.17	2.84	2.80
雅安地区	4 042	4.11	3.42	2.52
眉山地区	16 509	20.88	16.90	3.59
资阳地区	8 641	13.69	11.34	3.68
阿坝州	1 211	2.61	2.04	10.02
甘孜州	669	1.15	0.99	5.18
凉山州	3 913	5.21	3.85	4.05
二、按企业规模分				
大中型	125 788	275.51	206.40	4.30
小　型	248 238	303.13	249.93	2.94
三、按资质等级分				
一　级	67 065	193.77	136.01	4.82
二　级	131 516	182.64	148.32	3.36
三　级	136 040	159.34	135.90	2.89
四　级	39 405	42.89	36.11	2.43

14—7 建筑业企业职工平均人数

(1998 年)　　　　单位:万人

地区及分组	总　计	国有经济	中央企业	地方企业	城镇集体经　济	其它经济	#股份制
全省总计	159.20	54.05	17.29	36.76	84.83	20.32	9.65
一、按地区分							
成都市	52.89	22.32	9.16	13.16	24.07	6.50	3.04
自贡市	5.62	1.45	0.04	1.41	3.39	0.79	0.55
攀枝花市	5.25	3.77	1.97	1.80	1.16	0.32	0.19
泸州市	10.83	2.28	0.02	2.25	8.32	0.23	0.09
德阳市	9.71	3.53	1.18	2.34	4.02	2.16	0.72
绵阳市	10.41	2.44	1.19	1.24	5.80	2.17	1.16
广元市	2.89	0.67	0.59	0.08	1.20	1.02	0.51
遂宁市	6.52	1.20	0.01	1.19	4.86	0.46	0.09
内江市	7.94	2.76	1.74	1.02	4.26	0.92	0.80
乐山市	4.56	0.45	0.03	0.42	3.00	1.11	0.65
南充市	9.77	3.02	0.38	2.64	6.36	0.39	0.08
宜宾市	4.61	0.98		0.98	2.33	1.29	0.45
广安市	8.60	4.49	0.15	4.33	3.78	0.34	0.15
达川地区	6.03	1.47	0.08	1.39	3.57	0.99	0.67
巴中地区	1.06	0.41		0.41	0.55	0.11	0.10
雅安地区	1.29	0.11	0.01	0.11	1.00	0.17	0.05
眉山地区	5.49	1.26	0.74	0.52	3.39	0.83	0.26
资阳地区	3.92	0.76		0.76	3.00	0.16	0.06
阿坝州	0.28	0.09		0.09	0.18	0.01	0.01
甘孜州	0.34	0.16		0.16	0.18	0.01	
凉山州	1.17	0.44		0.44	0.40	0.33	0.03
二、按企业规模分							
大中型	60.68	39.16	15.74	23.42	15.81	5.70	3.35
小　型	98.53	14.89	1.55	13.34	69.02	14.62	6.30
三、按资质等级分							
一　级	37.61	34.54	15.69	18.85	2.07	1.00	0.87
二　级	53.00	14.79	1.02	13.77	29.44	8.77	4.36
三　级	51.96	4.05	0.56	3.49	39.94	7.97	3.25
四　级	16.63	0.67	0.03	0.64	13.39	2.58	1.17

14—8 建筑业企业总产值

(1998 年)

单位:万元

地区及分组	总产值	国有经济	中央企业	地方企业	城镇集体经济	其它经济	#股份制
全省总计	5 977 644	2 754 140	1 158 846	1 595 294	2 505 344	718 161	368 632
一、按地区分							
成都市	2 554 676	1 448 912	676 529	772 383	854 553	251 211	134 014
自贡市	150 160	48 716	1 350	47 366	75 466	25 978	20 832
攀枝花市	235 260	191 512	106 000	85 512	36 200	7 548	4 221
泸州市	273 116	69 856	2 015	67 841	197 709	5 552	2 277
德阳市	361 765	185 008	68 894	116 114	110 831	65 926	27 959
绵阳市	377 037	106 387	57 640	48 747	170 322	100 328	55 350
广元市	105 432	41 852	38 621	3 231	33 570	30 011	14 834
遂宁市	163 391	32 533	240	32 293	111 732	19 126	7 398
内江市	305 854	163 252	127 695	35 557	113 267	29 335	23 797
乐山市	135 571	13 730	550	13 180	83 566	38 274	19 367
南充市	305 616	112 046	20 314	91 732	179 624	13 946	3 357
宜宾市	117 178	26 451		26 451	59 570	31 156	9 935
广安市	254 097	138 327	6 002	132 325	103 778	11 992	4 816
达川地区	195 728	48 268	4 031	44 237	115 098	32 362	23 936
巴中地区	26 645	9 442		9 442	13 638	3 564	3 378
雅安地区	40 259	6 277	567	5 710	27 872	6 110	1 643
眉山地区	202 789	61 956	48 398	13 558	111 306	29 527	8 010
资阳地区	114 161	27 501		27 501	79 262	7 398	2 662
阿坝州	9 393	4 291		4 291	4 834	268	268
甘孜州	14 851	5 183		5 183	9 364	303	
凉山州	34 666	12 640		12 640	13 781	8 245	579
二、按企业规模分							
大中型	3 017 341	2 221 867	1 089 073	1 132 794	563 232	232 243	153 282
小　型	2 960 303	532 273	69 773	462 500	1 942 112	485 918	215 350
三、按资质等级分							
一级	2 200 212	2 067 236	1 076 071	991 166	80 891	52 084	45 478
二级	1 847 178	530 619	54 018	476 601	995 103	321 457	175 073
三级	1 497 511	140 688	28 302	112 386	1 094 648	262 176	110 819
四级	432 743	15 596	455	15 141	334 702	82 444	37 261

14—8 续表 1　　(1998 年)　　单位:万元

地区及行业	总产值	建筑工程	安装工程	房屋构筑物修理	非标准设备制造	竣工产值
全省总计	**5 977 644**	**5 299 939**	**569 361**	**79 842**	**28 502**	**4 441 235**
一、按地区分						
成都市	2 554 676	2 224 970	287 311	34 316	8 079	1 798 645
自贡市	150 160	139 357	8 432	1 757	614	114 913
攀枝花市	235 260	191 790	37 575	3 215	2 680	212 210
泸州市	273 116	253 968	12 342	6 610	196	223 231
德阳市	361 765	328 184	26 516	3 136	3 929	234 943
绵阳市	377 037	353 010	19 048	2 903	2 076	266 873
广元市	105 432	98 518	5 186	1 461	267	201 346
遂宁市	163 391	153 899	3 442	5 394	657	128 863
内江市	305 854	258 072	41 819	3 168	2 795	202 499
乐山市	135 571	126 390	5 318	3 780	82	96 178
南充市	305 616	272 870	29 722	2 177	848	212 844
宜宾市	117 178	104 669	9 830	2 048	631	98 273
广安市	254 097	197 026	54 012	1 750	1 310	199 963
达川地区	195 728	179 242	12 998	2 318	1 171	142 426
巴中地区	26 645	23 907	1 940	167	631	21 711
雅安地区	40 259	34 245	3 888	1 597	528	26 383
眉山地区	202 789	196 456	3 928	2 284	120	137 170
资阳地区	114 161	107 708	3 542	1 086	1 824	79 116
阿坝州	9 393	8 365	686	298	45	8 423
甘孜州	14 851	14 494	348	9		8 459
凉山州	34 666	32 798	1 479	370	20	26 766
二、按企业规模分						
大中型	3 017 341	2 638 210	335 570	24 996	18 566	2 239 147
小　型	2 960 303	2 661 730	233 791	54 846	9 936	2 202 088
三、按资质等级分						
一　级	2 200 212	1 905 791	272 840	9 502	12 079	1 640 550
二　级	1 847 178	1 639 984	173 021	28 131	6 042	1 317 880
三　级	1 497 511	1 366 220	93 188	29 765	8 338	1 139 632
四　级	432 743	387 945	30 311	12 444	2 043	343 173

14—8 续表 2　　(1998 年)　　单位:万元

地区及行业	总产值	土木工程建筑业	房屋	矿山	线路管道设备安装业	#设备安装	建筑业装饰业
全省总计	**5 977 644**	**5 428 730**	**4 385 722**	**5 758**	**505 037**	**182 736**	**43 877**
一、按地区分							
成都市	2 554 676	2 233 094	1 660 673	160	292 241	116 274	29 341
自贡市	150 160	140 826	127 281	1 082	8 990		344
攀枝花市	235 260	219 664	170 701		13 960	2 972	1 635
泸州市	273 116	268 575	263 230		4 269	1 107	272
德阳市	361 765	343 552	243 431		14 344	9 626	3 869
绵阳市	377 037	367 643	347 413		7 905	3 338	1 489
广元市	105 432	102 573	56 953		1 890	175	970
遂宁市	163 391	157 665	150 064		5 091	1 648	635
内江市	305 854	222 263	136 330	440	83 266	36 310	325
乐山市	135 571	133 768	130 160		344	230	1 458
南充市	305 616	286 960	281 846		17 946	35	711
宜宾市	117 178	109 267	97 081		6 009	2 180	1 902
广安市	254 097	219 376	200 714		34 722		
达川地区	195 728	190 154	180 219	4 031	5 424	4 718	150
巴中地区	26 645	26 235	23 184		410	410	
雅安地区	40 259	37 521	33 187	46	2 572	444	166
眉山地区	202 789	202 188	151 235		560		41
资阳地区	114 161	109 442	88 357		4 191	3 267	527
阿坝州	9 393	8 617	4 610		734		43
甘孜州	14 851	14 681	11 575		170		
凉山州	34 666	34 666	27 478				
二、按企业规模分							
大中型	3 017 341	2 640 172	1 790 558		377 169	150 619	
小　型	2 960 303	2 788 558	2 595 164	5 758	127 868	32 117	43 877
三、按资质等级分							
一　级	2 200 212	1 870 120	1 102 858	4 900	319 734	136 072	10 358
二　级	1 847 178	1 722 524	1 564 404	374	109 207	27 289	15 448
三　级	1 497 511	1 428 187	1 344 079	440	58 223	15 104	11 101
四　级	432 743	407 900	374 381	46	17 873	4 271	6 970

14—9 建筑业企业增加值

(1998 年)

单位:万元

地区及分组	总　计	国有经济	中央企业	地方企业	城镇集体经济	其它经济	#股份制
全省总计	1 770 616	868 956	391 315	477 641	701 676	199 984	100 610
一、按地区分							
成都市	794 092	487 243	243 666	243 577	237 460	69 389	36 688
自贡市	41 830	15 283	619	14 664	20 053	6 494	4 886
攀枝花市	84 612	68 443	42 198	26 245	13 384	2 784	1 661
泸州市	84 984	22 196	420	21 776	61 125	1 662	515
德阳市	103 908	47 180	15 701	31 479	31 963	24 765	10 952
绵阳市	102 982	32 928	20 824	12 104	44 383	25 670	15 301
广元市	30 657	12 052	11 259	792	10 120	8 486	3 616
遂宁市	43 701	8 149	40	8 109	30 401	5 151	1 423
内江市	86 431	49 262	38 252	11 010	28 748	8 420	6 990
乐山市	38 940	3 447	234	3 214	26 764	8 729	4 451
南充市	75 039	25 294	2 440	22 854	45 684	4 061	1 116
宜宾市	34 258	6 939		6 939	18 353	8 966	3 018
广安市	71 403	38 660	1 111	37 548	30 004	2 739	1 140
达川地区	51 530	14 138	1 294	12 844	29 868	7 523	4 494
巴中地区	7 054	2 116		2 116	4 020	917	874
雅安地区	9 676	1 253	55	1 198	6 779	1 644	478
眉山地区	59 409	17 420	13 202	4 219	33 413	8 576	2 350
资阳地区	33 276	9 177		9 177	22 796	1 303	513
阿坝州	2 596	1 100		1 100	1 417	79	79
甘孜州	2 996	1 574		1 574	1 395	27	
凉山州	11 243	5 101		5 101	3 543	2 598	63
二、按企业规模分							
大中型	960 628	725 546	374 086	351 460	164 122	70 959	46 403
小　型	809 988	143 410	17 229	126 181	537 554	129 025	54 206
三、按资质等级分							
一级	722 185	678 909	369 547	309 362	25 615	17 661	16 078
二级	497 745	144 704	12 778	131 926	266 182	86 859	45 434
三级	423 114	40 374	8 750	31 624	309 662	73 078	28 775
四级	127 572	4 968	240	4 728	100218	22 386	10 322

14—10 建筑业企业实收资本

(1998 年)　　单位:万元

地区及分组	总　计	国有经济	中央企业	地方企业	城镇集体经济	其它经济	#股份制
全省总计	1 424 004	549 560	232 414	317 146	634 220	240 224	119 164
一、按地区分							
成都市	532 369	237 302	136 604	100 698	210 179	84 887	46 211
自贡市	54 891	13 136	1 233	11 903	29 225	12 530	5 608
攀枝花市	81 946	66 322	28 491	37 831	10 866	4 758	1 910
泸州市	63 175	11 284	516	10 767	48 484	3 408	1 037
德阳市	75 977	27 236	6 463	20 773	27 809	20 932	10 617
绵阳市	96 268	17 746	6 531	11 215	42 782	35 740	21 016
广元市	50 614	29 872	24 541	5 331	10 754	9 987	3 886
遂宁市	54 560	18 580	119	18 462	29 652	6 328	1 600
内江市	61 757	25 073	18 269	6 804	28 536	8 148	6 014
乐山市	39 803	2 796	557	2 238	26 667	10 340	6 345
南充市	52 767	18 182	1 767	16 415	30 480	4 104	1 657
宜宾市	36 555	6 534		6 534	16 393	13 628	3 747
广安市	59 976	34 668	1 632	33 036	22 986	2 321	883
达川地区	47 167	12 490	1 161	11 329	28 550	6 126	3 102
巴中地区	5 809	2 001		2 001	2 752	1 056	987
雅安地区	10 981	991	48	944	8 272	1 718	604
眉山地区	44 853	9 208	4 481	4 727	25 746	9 899	3 738
资阳地区	37 090	8 459		8 459	28 009	622	58
阿坝州	3 025	1 849		1 849	1 170	7	7
甘孜州	3 336	1 733		1 733	1 525	79	
凉山州	11 084	4 097		4 097	3 383	3 604	138
二、按企业规模分							
大中型	650 900	425 776	218 413	207 363	146 106	79 018	58 474
小　型	773 104	123 784	14 001	109 783	488 114	161 206	60 689
三、按资质等级分							
一级	363 005	312 037	163 606	148 431	26 695	24 273	17 394
二级	468 059	153 544	25 109	128 435	212 364	102 151	56 012
三级	458 721	78 034	43 396	34 638	300 510	80 177	33 758
四级	134 219	5 944	302	5 642	94 651	33 624	11 999

14—11 建筑业企业资产及负债

（1998 年）　　单位：万元

地区及分组	年末资产合计	负债年末合计	#流动负债	#长期负债	所有者权益
全省总计	5 389 052	3 528 752	3 245 839	282 913	1 860 300
一、按地区分					
成都市	2 407 967	1 636 322	1 524 775	111 547	771 645
自贡市	160 221	93 629	90 418	3 210	66 593
攀枝花市	352 765	250 564	240 876	9 688	102 200
泸州市	181 012	106 893	97 051	9 842	74 119
德阳市	351 235	262 434	242 962	19 472	88 800
绵阳市	410 444	290 612	252 693	37 919	119 832
广元市	131 962	73 683	68 694	4 990	58 279
遂宁市	116 324	51 274	46 584	4 689	65 050
内江市	237 434	156 398	148 116	8 281	81 037
乐山市	120 661	72 334	67 908	4 426	48 327
南充市	183 500	118 027	106 921	11 107	65 472
宜宾市	112 600	67 763	60 858	6 905	44 837
广安市	120 366	46 600	39 426	7 174	73 766
达川地区	140 361	72 889	57 035	15 854	67 472
巴中地区	34 007	26 941	24 443	2 497	7 066
雅安地区	38 232	26 263	15 870	10 392	11 969
眉山地区	110 114	56 590	50 558	6 032	53 524
资阳地区	100 104	56 580	53 750	2 830	43 524
阿坝州	12 389	10 943	9 116	1 826	1 447
甘孜州	18 235	15 534	14 604	930	2 701
凉山州	49 120	36 481	33 180	3 301	12 639
二、按企业规模分					
大中型	3 012 031	2 059 952	1 914 989	144 963	952 079
小　型	2 377 021	1 468 800	1 330 850	137 950	908 221
二、按资质等级分					
一　级	2 384 700	1 792 644	1 681 273	111 372	592 056
二　级	1 485 056	901 650	829 405	72 245	583 406
三　级	1 192 011	661 792	585 313	76 479	530 219
四　级	327 285	172 666	149 849	22 817	154 619

14—12 建筑业企业年末资产构成

（1998年）　　　　单位：万元

地区及分组	年末拥有资产合计	#流动资产	#固定资产	#无形及递延资产
全省总计	5 389 052	3 537 664	1 504 773	80 435
一、按地区分				
成都市	2 407 967	1 613 557	616 890	29 498
自贡市	160 221	97 207	47 576	4 469
攀枝花市	352 765	231 128	100 652	1 192
泸州市	181 012	117 770	57 016	1 599
德阳市	351 235	241 569	90 184	3 412
绵阳市	410 444	289 012	98 762	14 325
广元市	131 962	68 460	52 471	3 346
遂宁市	116 324	73 609	37 619	2 143
内江市	237 434	150 886	75 524	1 184
乐山市	120 661	79 987	33 451	1 901
南充市	183 500	124 139	50 209	1 381
宜宾市	112 600	72 682	33 748	2 991
广安市	120 366	66 051	45 675	2 936
达川地区	140 361	77 288	54 057	4 997
巴中地区	34 007	27 279	6 327	99
雅安地区	38 232	25 544	10 844	238
眉山地区	110 114	61 819	44 066	868
资阳地区	100 104	65 193	31 325	1 257
阿坝州	12 389	6 395	2 933	164
甘孜州	18 235	13 161	4 180	1
凉山州	49 120	34 928	11 264	2 436
二、按企业规模分				
大中型	3 012 031	1 952 572	848 456	34 453
小　型	2 377 021	1 585 092	656 317	45 983
三、按资质等级分				
一　级	2 384 700	1 645 847	564 556	22 145
二　级	1 485 056	955 712	427 324	34 268
三　级	1 192 011	735 244	406 138	17 531
四　级	327 285	200 861	106 756	6 492

14—13 建筑业企业利税总额

（1998 年）　　单位：万元

地区及分组	利税总额	利润总额	工程结算利润	税金总额	#工程结算税金及附加
全省总计	229 637	58 539	424 864	171 098	158 388
一、按地区分					
成都市	100 774	31 599	189 037	69 175	64 988
自贡市	3 683	—581	7 652	4 264	3 823
攀枝花市	2 462	—4 864	19 697	7 326	6 917
泸州市	9 394	1 759	11 980	7 635	7 254
德阳市	12 480	4 864	29 331	7 616	7 262
绵阳市	15 788	4 762	33 051	11 026	10 152
广元市	3 748	308	5 780	3 439	3 027
遂宁市	8 462	3 090	9 902	5 372	4 821
内江市	3 762	—4 087	22 735	7 849	7 483
乐山市	4 922	558	9 145	4 364	4 072
南充市	13 214	3 920	16 830	9 294	8 444
宜宾市	5 911	2 263	8 782	3 649	3 021
广安市	12 641	5 289	16 470	7 352	7 035
达川地区	10 730	3 431	12 736	7 299	6 788
巴中地区	1 266	218	2 037	1 048	999
雅安地区	1 971	822	2 685	1 149	1 011
眉山地区	14 441	6 901	17 126	7 540	6 823
资阳地区	3 445	413	6 389	3 032	2 812
阿坝州	—1 278	—1 487	482	209	183
甘孜州	200	—114	748	314	267
凉山州	1 622	—523	2 268	2 145	1 207
二、按企业规模分					
大中型	107 249	25 169	252 148	82 080	77 644
小　型	122 388	33 370	172 715	89 018	80 744
三、按资质等级分					
一　级	67 597	9 077	200 511	58 520	55 862
二　级	72 443	21 245	109 504	51 198	47 703
三　级	69 579	21 705	87 079	47 874	42 829
四　级	20 018	6 512	27 770	13 506	11 994

14—14 建筑企业材料消耗

(1998 年)

地区及分组	价值量(万元)				实物量		
	材料费用合计	钢材	木材	水泥	钢材(万吨)	木材(万立方米)	水泥(万吨)
全省总计	3 387 601	796 965	248 988	540 168	291	272	1 611
一、按地区分							
成都市	1 526 256	332 233	61 903	206 486	120	65	578
自贡市	73 953	20 422	6 580	15 241	8	6	52
攀枝花市	100 385	27 484	2 244	13 939	10	3	40
泸州市	168 152	54 906	33 098	33 216	20	40	111
德阳市	135 146	39 916	12 870	25 208	14	16	79
绵阳市	349 201	43 075	12 085	32 657	16	12	96
广元市	60 871	10 432	2 984	12 845	4	3	34
遂宁市	78 790	21 834	9 255	23 181	9	9	61
内江市	189 016	38 953	13 182	19 201	14	16	62
乐山市	64 495	18 810	7 493	14 724	7	8	49
南充市	151 754	47 670	32 541	40 211	17	34	103
宜宾市	62 028	18 126	10 208	14 685	7	12	50
广安市	111 472	37 289	13 252	22 717	13	13	67
达川地区	103 503	26 708	11 046	23 021	10	11	74
巴中地区	13 263	4 486	1 726	3 146	2	2	10
雅安地区	24 052	4 050	2 073	4 033	2	3	14
眉山地区	99 689	26 312	7 327	19 159	10	8	69
资阳地区	53 317	16 155	7 142	10 757	6	8	41
阿坝州	3 253	590	286	852			2
甘孜州	4 538	2 007	377	866	1	1	2
凉山州	14 368	5 505	1 315	4 021	2	2	13
二、按企业规模分							
大中型	1 377 222	372 865	68 296	220 472	134	73	626
小　型	2 010 379	424 100	180 692	319 696	157	199	985
三、按资质等级分							
一　级	1 276 856	254 953	25 383	136 069	90	26	368
二　级	941 661	245 706	98 596	183 466	91	104	546
三　级	889 844	220 493	95 314	172 320	83	111	538
四　级	279 239	75 813	29 695	48 314	26	31	159

主要统计指标解释

建筑业统计单位 指从事房屋、构筑物建筑和设备安装活动及建筑物装饰的生产单位。根据不同的方式，建筑业统计的调查单位可分为法人建筑业企业和附营建筑施工单位。法人建筑业企业是指专门的独立核算的法人建筑业企业，它应同时具备的条件是：①依法成立，有自己的名称、组织机构和场所，能够承担民事责任；②独立拥有和使用资产，承担负债，有权与其他单位签订合同；③独立核算盈亏，能够编制资产负债表。另一种调查单位是其他行业的企业、事业单位为完成本单位固定资产建造任务而自行组织的附营建筑施工单位，它应同时具备的条件是：①具有一个场所，从事或主要从事建筑安装活动；②单独生产经营活动；③在企业内部单独核算收支。

建筑业总产值(即自行完成施工产值) 指建筑业企业或附属施工单位自行完成的按工程进度计算的建筑安装生产总值。施工产值包括：

①建筑工程产值：指列入建筑工程预算内的各种工程价值。

②设备安装工程产值：指设备安装工程价值。

③房屋、构筑物修理产值：指房屋、构筑物修理所完成的价值，但不包括修理房屋、构筑物本身的价值和生产设备的修理价值。

④非标准设备制造产值：指加工制造没有定型的、非标准的生产设备的加工费和原材料价值，不论是现场还是附属加工厂为本单位承建工程制造的非标准设备的价值，都应计算产值。

房屋建筑施工面积 指在报告期内施工的全部房屋建筑面积。包括本期内新开工的、上期施工跨入本期继续施工、上期停建本期复工的房屋建筑面积；不包括上期开工后又停工，本期末施工的房屋建筑面积。

住宅竣工面积 指房屋建筑竣工面积中供居住用房屋建筑竣工面积。

自有机械设备年末总台数和总功率 指归本企业(或单位)自有施工机械、生产设备、运输设备以及其他设备等列为在册固定资产的生产性机械设备总的功率。年末总功率，按设计能力或查定能力计算。包括机械本身的动力和为该机械服务的单独动力设备，如电动机等。计量单位用千瓦，动力换算可按1马力=0.735千瓦折合成千瓦数。电焊机、变压器、锅炉不计算动力。

工程结算收入 指企业(或单位)按工程的分部分项自行完成的建筑产品价值并已与甲方在报告期内办理结算手续的工程价款收入，以及向甲方收取的除工程价款以外的按规定作营业收入的各种款项，如临时设施费、劳动保险费、施工机械调迁费等以及向甲方收取的各种索赔款。

工程结算利润 指已结算工程实现的利润。如为亏损以“－”号表示。其计算公式为：

工程结算利润=工程结算收入－工程结算成本－工程结算税金及附加

企业总收入 指与企业生产经营直接有关的各项收入，包括工程结算收入和其他业务收入，即：

企业总收入=工程结算收入+其他业务收入

材料消耗量 指建筑企业施工所耗用的工程材料和其他辅助材料。核算方法是建筑材料进入第一道生产工序，改变了原来的形态和性能或已实际投入使用即作为消耗统计。分价值量统计和实物量统计。

TRANSPORTATION, POSTAL AND TELECOMMUNICATIONS SERVICES

十五　交通运输、邮电和通讯

15—1 运输情况

项目	旅客运输量（万人）		旅客周转量（亿人公里）		货物运输量（万吨）		货物周转量（亿吨公里）	
	1997	1998	1997	1998	1997	1998	1997	1998
合计	133 889	130 189	566	563	52 736	52 289	692	674
铁路	3 876	4 063	126	128	7 314	6 983	452	444
公路	127 102	123 486	350	353	44 180	43 697	220	212
水运	2 262	2 048	4	3	1 229	1 596	18	12
民用航空	649	592	86	78	13	13	2	6

15—2 各市地州邮电业务量

（1998 年）

地区	邮电业务量（万元）	函件（件）	报刊期发数（份）	电报（份）	长途电话（次）	市内电话（户）	农村电话（户）
全省总计	719 460	259 466 822	11 875 418	3 437 569	638 259 259	2 266 890	530 513
成都邮政	10 257	102 566 913	800 112	257 360	425 661		
成都电信	281 968	2 819 680 408	493 113	261 470	218 124 063	813 411	94 306
自贡市	25 306	253 057 381	388 363	79 648	21 730 132	93 545	18 181
攀枝花市	19 172	191 722 209	283 352	98 400	17 106 317	81 141	3 163
泸州市	26 492	264 921 190	408 660	148 801	19 337 111	83 969	16 903
德阳市	48 725	487 251 160	1 069 473	125 795	40 146 106	119 770	52 283
绵阳市	52 159	521 593 706	565 734	212 481	42 785 586	128 676	34 015
广元市	16 432	164 317 043	228 095	86 301	16 868 973	60 451	26 058
遂宁市	18 976	189 758 068	251 381	133 963	19 931 691	57 306	17 056
内江市	43 987	439 865 313	487 010	285 481	45 500 473	120 906	47 776
乐山市	33 575	335 753 875	465 146	126 835	22 467 214	110 012	24 495
南充市	37 610	376 014 765	841 014	289 162	32 782 544	112 041	47 051
宜宾市	29 759	297 590 175	1 096 334	156 437	26 415 622	90 581	32 481
广安市	18 553	185 533 462	351 912	126 133	18 649 224	47 085	19 547
达川地区	30 980	309 804 404	1 424 177	194 277	26 842 831	105 694	33 316
巴中地区	9 964	99 636 829	617 873	100 656	11 873 248	37 580	15 588
雅安地区	11 755	117 548 144	278 020	81 235	11 517 147	52 354	6 910
眉山地区	18 893	188 928 608	1 234 858	72 533	16 893 286	50 567	18 317
阿坝州	3 487	34 868 524	99 658	119 272	6 317 602	19 639	3 699
甘孜州	2 025	28 253 952	77 133	271 457	4 667 885	16 122	2 208
凉山州	17 201	172 006 608	414 000	199 872	17 876 553	66 038	17 155

15—3 各地市州邮电通讯网及通讯工具拥有量

（1998年）

地区	邮电局、所(处)	邮路长度（公里，单程）	长话电路(路)	电报电路(路)
全省总计	8 750	190 729	98 855	783
成都邮政	154	142 420		
成都电信	773	2 283	74 397	209
自贡市	210	2 560	7 090	15
攀枝花市	83	1 220	4 386	27
泸州市	319	3 448	4 363	16
德阳市	345	2 299	4 031	69
绵阳市	467	4 663	6 704	34
广元市	261	3 512	3 328	28
遂宁市	207	1 754	3 256	5
内江市	526	4 520	15 191	26
乐山市	298	2 513	5 507	44
南充市	720	6 566	6 946	28
宜宾市	262	4 252	4 511	34
广安市	340	2 137	2 740	6
达川地区	479	5 167	3 430	24
巴中地区	363	4 175	1 384	10
雅安地区	92	2 903	2 258	36
眉山地区	245	19 54	810	6
阿坝州	149	2 336	1 331	15
甘孜州	180	5 533	1 051	57
凉山州	271	5 753	2 914	41

地区	邮运汽车（辆）	长途交换机容量（路端）	本地电话交换机容量(门)	电话机（部）	#农村电话
全省总计	1 833	192 670	4 038 249	2 185 034	537 117
成都邮政	266				
成都电信	95	60 000	2 057 982	770 127	93 898
自贡市	76	9 990	193 189	92 462	18 168
攀枝花市	97	3 300	126 912	80 286	2 850
泸州市	80	7 140	184 498	76 129	22 505
德阳市	57	17 130	246 766	118 989	51 459
绵阳市	112	10 000	274 240	126 903	28 264
广元市	53	4 770	133 094	58 161	27 993
遂宁市	24	5 820	107 432	58 043	16 321
内江市	93	8 430	252 684	119 860	47 650
乐山市	70	9 750	216 436	97 344	36 097
南充市	91	8 010	254 033	111 072	47 046
宜宾市	66	7 770	234 104	89 025	33 430
广安市	35	6 090	118 344	47 200	19 228
达川地区	96	8 900	210 762	105 072	33 248
巴中地区	42	3 000	72 032	32 484	13 780
雅安地区	77	6 030	129 176	51 180	7 726
眉山地区	36		111 030	50 340	18 287
阿坝州	38	2 400	40 520	19 661	3 705
甘孜州	63	5 160	34 844	16 397	1 872
凉山州	94	8 940	132 507	64 299	13 596

主要统计指标解释

公路里程　也称“公路通车里程”，是指实际达到交通部制定的公路工程技术标准规定的等级的公路长度。它包括大中城市的郊区公路以及通过小城镇街道的公路里程，也包括桥梁、渡口的长度。但不包括城市的街道以及厂矿、林区和农业生产用道的里程，两条或多条公路共同经由同一路段，只计算一次，不得重复计算里程长度。公路里程是反映公路建设发展规模的重要指标，也是计算运输网密度等指标的基础资料。

货(客)运量　指运输业实际运送的货物(旅客)数量。货运按吨计算，客运按人计算。货物不论运输距离长短，货物类别均按实际重量统计；旅客不论行程远近或票价多少，均按一人一次作为客运量统计。半价票、小孩票，也按一人统计。货(客)运量是反映运输业为国民经济和人民生活服务的数量指标，也是制定和检查运输生产计划、研究运输发展规模和速度的重要指标。

货物(旅客)周转量　指运输业运送的货物(旅客)数量与其相应运输距离和乘积之总和，通常以吨公里和人公里为计算单位。计算货物(旅客)周转量通常按发出站与达到站之间的最短距离，也就是计费距离计算。它是反映运输业生产总成果的重要指标，也是编制和检查运输生产计划、计算运输效率、劳动生产率以及核算运输单位成本的主要基础资料。

邮电业务总量　指以货币表现的邮电部门为用户传递信息和提供其他邮电服务的总量。它用各种邮电分类业务量，如函件件数、电报份数、长话张数、市内电话和农村电话的年均户数、订销报刊累计份数等，分别乘以相应的平均单价(1990年不变价格)加总后再加上出租电路和设备的收入、代用户维护电话交换机和线路等设备的收入、其他业务收入求得。邮电业务总量综合反映了一定时期邮电工作的总成果，是研究邮电业务量构成和发展趋势的重要指标。

DOMESTIC TRADE

十六 国内贸易

16—1 按行业分的社会消费品零售总额

单位:万元

年　　份	社会消费品零售总额	批发零售贸易业	餐饮业	制造业	其他行业	农民对非农业居民零售
1952	135 707	89 970	13 887	26 022	1 176	4 652
1957	240 789	190 914	21 612	16 218	1 878	10 167
1962	261 296	197 582	25 995	13 128	1 310	23 281
1965	318 204	270 032	27 598	9 402	1 526	9 646
1970	403 601	344 827	25 337	8 008	2 317	23 112
1975	521 324	431 832	34 322	19 177	5 393	30 600
1978	615 837	521 318	41 245	24 099	7 472	21 703
1979	774 058	634 144	60 989	35 635	8 593	34 697
1980	879 090	702 223	51 175	63 626	17 035	45 031
1981	119 1331	951 643	69 097	86 225	23 086	61 280
1982	1 263 139	997 879	73 262	90 946	23 999	77 053
1983	1 385 766	1 094 755	80 374	99 775	24 558	86 304
1984	1 623 342	1 282 440	94 153	116 881	30 843	99 025
1985	1 740 025	1 274 388	79 348	171 642	74 596	140 051
1987	2 318 403	1 682 339	117 778	240 105	57 605	220 576
1988	3 005 535	2 160 261	151 113	324 883	73 396	295 882
1989	3 284 198	2 334 542	170 102	336 911	87 245	355 398
1990	3 398 651	2 350 647	195 584	342 903	111 813	397 704
1991	3 877 233	2 655 979	220 437	400 401	123 645	476 771
1992	4 534 259	2 942 799	259 679	494 985	262 608	574 188
1993	5 548 467	3 528 132	342 233	675 523	259 429	743 150
1994	7 247 408	4 645 734	476 264	710 846	186 564	1 228 000
1995	9 363 651	5 880 823	698 435	824 582	407 559	1 552 252
1996	10 914 485	6 834 333	942 513	952 965	452 621	1 732 053
1997	12 123 699	6 932 147	1 198 065	996 803	691 165	2 305 519
1998	12 985 695	7 492 745	1 558 284	896 013	532 414	2 506 239

16—2 按销售地区和经济类型分的社会消费品零售总额

单位:万元

指　　标	1993	1994	1995	1996	1997	1998
社会消费品零售总额	5 548 467	7 247 408	9 363 651	10 914 485	12 123 699	12 985 695
1、按销售地区分						
(1)市的零售额	2 570 777	3 545 360	4 884 480	5 557 784	5 895 362	6 207 163
(2)县的零售额	1 055 202	1 277 718	1 541 520	1 849 006	2 056 231	2 181 597
(3)县以下的零售额	1 922 488	2 424 330	2 937 651	3 507 695	4 172 106	4 596 935
2、按经济类型分						
(1)国有经济	2 108 961	2 332 143	2 539 141	2 799 881	2 435 677	2 077 710
(2)集体经济	1 142 579	1 596 912	2 090 155	2 523 414	2 418 746	2 363 396
(3)私营经济	30 546	262 646	357 223	642 260	487 198	688 242
(4)个体经济	1 281 296	1 694 611	2 289 136	4 241 500	3 806 372	4 532 008
(5)联营经济	6 898	61 612	8 940	9 239	13 737	12 986
(6)股份制经济	93 092	234 582	324 369	332 016	399 997	454 499
(7)外商投资经济	3 048	14 711	24 964	38 736	47 470	64 929
(8)港澳台投资经济	892	1 775	28 436	49 396	55 380	77 914
(9)其他经济	881 155	1 048 416	1 701 287	278 043	2 459 122	2 714 011

16—3 城乡集市贸易情况

指　　标	1992	1993	1994	1995	1996	1997	1998
一、集市个数(个)	6 246	6 227	6 564	6 561	7 414	7 115	7 162
城市	668	704	862	1 036	1 135	1 173	1 346
乡村	5 578	5 523	5 702	5 525	6 279	5 942	5 816
二、成交额(万元)	1 711 181	2 173 582	3 471 212	7 572 992	7 688 887	8 829 263	9 852 466
城市	566 936	791 061	1 539 815	4 993 975	4 336 427	4 797 169	5 333 828
乡村	1 144 245	1 382 521	1 931 397	2 579 017	3 352 460	4 032 094	4 518 638
按类值分:							
粮食类	105 825	174 440	263 926	427 613	523 405	690 656	640 219
肉禽蛋类	537 314	659 347	976 077	1 307 888	1 604 755	2 435 973	2 449 812
水产品类	75 883	102 226	153 301	209 918	294 846	329 373	376 241
蔬菜类	229 749	266 395	354 067	507 672	654 442	714 354	816 251
干鲜果类	120 232	150 312	204 417	291 732	374 631	385 986	442 873
饲料农具类	25 105	28 019	34 431	50 155	58 356		30 067
大牲畜类	17 863	21 610	27 678	34 903	41 155	64 251	83 162

16—4 各市地州社会消费品零售总额

单位:万元

地　　区	1990	1991	1992	1993	1994	1995	1996	1997	1998
全省总计	3 398 651	3 877 233	4 530 659	5 548 467	7 247 408	9 363 651	10 914 485	12 123 699	12 985 695
成 都 市	856 919	1 022 264	1 188 406	1 449 028	2 204 903	2 859 688	3 470 809	4 099 934	4 511 917
自 贡 市	152 222	175 603	193 397	230 529	283 116	344 659	387 729	426 665	392 020
攀枝花市	93 437	107 755	130 963	160 886	199 365	242 025	278 400	321 093	345 702
泸 州 市	155 157	171 825	211 727	229 135	285 688	365 346	400 255	432 563	456 524
德 阳 市	187 019	215 321	266 039	331 099	453 557	540 874	593 638	627 145	687 043
绵 阳 市	226 306	258 535	326 475	378 597	501 992	615 134	725 969	810 403	875 963
广 元 市	101 164	110 301	141 337	162 073	224 390	290 566	344 717	368 369	389 872
遂 宁 市	108 316	120 879	143 989	147 051	187 451	268 173	324 405	370 639	401 219
内 江 市	262 732	296 576	346 813	400 083	446 475	524 985	591 407	659 526	378 182
乐 山 市	274 076	311 377	370 552	274 669	503 860	651 492	755 086	480 491	509 487
南 充 市	257 545	283 428	314 819	259 887	331 200	385 812	445 097	528 432	625 491
宜 宾 市	156 739	180 288	213 413	246 323	308 687	370 701	445 506	526 132	573 199
广 安 市	259 771		314 940		154 183	200 347	241 525	504 095	326 437
达川地区		284 818		245 040	298 531	339 903	435 203	189 967	556 736
巴中地区				81 081	115 614	145 503	125 259	196 420	205 768
雅安地区	66 430	74 765	87 598	100 069	122 416	148 928	169 644	76 289	210 362
眉山地区								291 367	347 219
资阳地区									331 108
阿 坝 州	35 774	38 031	41 697	44 756	58 626	69 828	71 007	80 307	82 104
甘 孜 州	39 270	39 462	43 967	50 615	56 198	69 972	78 354	306 772	75 311
凉 山 州	114 670	124 922	146 651	180 070	201 943	232 290	270 390	327 097	334 634

注:全省合计数有调整。

16—5 国内商业商品销售和库存数量

商品名称	计量单位	批　发	总购进	零　售	总销售	库　存	
		1997	1998	1997	1998	1997	1998
粮食	吨	1 969 823	1 064 686	1 589 476	816 476	1 485 402	1 540 402
食用油	吨	139 465	84 142	116 746	74 117	87 337	27 323
猪和猪肉	吨	435 248	381 683	68 838	310 50	130 816	10 408
食糖	吨	114 925	69 355	5 672	65 104	6 984	2 232
棉花	吨	84 739	99 788	3 251	122 942	46 116	54 945
布	百米	771 796	467 454	73 290	562 004	349 124	89 649
#棉布	百米	304 563	231 380	34 423	296 287	93 822	35 807
呢绒	百米	7 923	2 772	15 958	3 989	59 690	4 527
绸缎	百米	210 461	72 167	29 802	87 811	99 330	19 023
服装	百件	89 998	177 181	94 014	201 197	62 249	25 492
鞋	百双	141 835	125 693	107 513	169 857	132 173	86 301
#皮鞋	百双	5 697	40 820	32 206	50 345	20 395	14 086
黄金饰品	万元	19 429	172 720	220 303	200 711	60 168	55 037
自行车	辆	230 534	116 790	98 961	163 993	97 253	46 519
摩托车	辆	36 165	34 180	20 226	34 695	10 697	5 185
电视机	部	419 525	416 529	201 169	411 756	74 855	69 857
录音机	台	16 888	52 603	73 923	61 670	51 936	23 330
录像机	台	60 673	17 357		4 455		2 400
照相机	架	2 829	25 727	31 193	29 349	11 664	11 645
家用电风扇	台	746 931	285 296	198 646	494 212	411 088	228 203
家用洗衣机	台	208 924	239 730	113 351	246 125	77 860	69 800
家用电冰箱	台	137 274	167 826	90 442	170 693	61 340	42 886
房间空调器	台	44 003	105 638	33 235	107 188	24 733	14 211
抽油烟机	台	14 643	32 528	19 424	28 738	19 463	20 699
化学肥料	吨	7 413 934	6 129 398		6 252 756	818 931	654 406
化学农药	吨	50 901	73 355		75 205	20 336	15 499
家用电脑	台	112	9 571		9 135	450	722

注：由于国家统计局方法制度改革，1998 年年报就只有总购进、总销售指标。

16—6 大中型批发零售贸易企业主要财务指标

单位:万元

项目	流动资产		固定资产	
	1997	1998	1997	1998
批发零售贸易企业总计	3 360 801	3 212 936	1 350 597	1 319 182
国有经济	2 336 699	2 055 374	875 544	698 139
集体经济	663 659	570 004	268 191	269 637
私营经济	11 021	35 749	2 308	9 875
联营经济	7 302	18 682	4 231	22 120
股份制经济	292 878	287 484	191 395	184 739
外商投资经济	22 743	34 548	4 436	9 765
港澳台投资经济	12 532	11 164	768	3 057

16—6 续表 1

单位:万元

项目	固定资产原价		累计折旧		资产总计	
	1997	1998	1997	1998	1997	1998
批发零售贸易企业总计	1 369 159	1 309 659	300 192	310 226	5 167 787	4 977 608
国有经济	912 908	733 187	209 575	183 943	3 500 286	2 964 134
集体经济	245 630	253 896	54 267	56 253	1 002 928	899 300
私营经济	2 542	9 673	262	1 372	15 036	49 971
联营经济	1 640	16 358	411	2 458	14 557	41 199
股份制经济	192 835	178 631	33 831	40 782	559 825	549 236
外商投资经济	5 144	11 541	708	1 779	37 097	54 455
港澳台投资经济	1 145	3 751	377	694	16 677	18 675

16—6 续表 2

单位:万元

项　目	负债总计		所有者权益		商品销售收入	
	1997	1998	1997	1998	1997	1998
批发零售贸易企业总计	3 993 010	3 868 965	1 174 778	1 108 643	7 113 842	6 625 743
国有经济	2 802 439	2 438 874	697 847	525 259	4 954 001	4 359 507
集体经济	721 884	673 498	281 084	225 801	1 447 546	1 049 578
私营经济	10 085	40 192	4 951	9 778	33 707	81 897
联营经济	12 747	26 959	1 809	14 240	20 586	45 747
股份制经济	392 805	336 864	167 020	212 271	599 966	628 746
外商投资经济	22 808	39 915	14 289	14 540	16 207	78 065
港澳台投资经济	13 040	13 255	3 636	5 420	33 229	32 878

16—6 续表 3

单位:万元

项　目	商品销售收入净额		商品销售成本		经营费用	
	1997	1998	1997	1998	1997	1998
批发零售贸易企业总计	7 000 561	6 505 627	6 377 272	5 956 357	327 148	315 713
国有经济	4 864 033	4 269 279	4 438 882	3 929 529	225 183	194 656
集体经济	1 446 001	1 045 135	1 326 916	979 597	64 588	47 332
私营经济	33 113	80 706	27 067	71 216	1 428	4 450
联营经济	20 017	45 707	18 498	41 734	885	2 351
股份制经济	584 437	611 559	521 874	541 483	28 834	23 491
外商投资经济	16 207	75 635	11 534	63 445	3 818	15 162
港澳台投资经济	28 156	32 878	25 099	24 617	1 974	1 678

16—7 续表 4

单位:万元

项　目	商品销售税金及附加费		商品销售利润		管理费用	
	1997	1998	1997	1998	1997	1998
批发零售贸易企业总计	**15 992**	**13 241**	**280 148**	**220 315**	**266 710**	**251 582**
国有经济	10 675	8 054	189 292	137 039	177 942	151 618
集体经济	2 999	1 572	51 497	16 635	49 138	40 887
私营经济	246	332	4 372	4 706	742	1 907
联营经济	44	216	590	1 405	1 938	1 090
股份制经济	1 908	1 952	31 821	44 631	25 936	24 926
外商投资经济	15	136	839	—3 107	1 845	5 758
港澳台投资经济	56	49	1 027	6 533	8 164	8 670

16—7 续表 5

单位:万元

项　目	利　润　总　额		应　交　所　得　税		本　年　应　付　工　资	
	1997	1998	1997	1998	1997	1998
批发零售贸易企业总计	**—34 779**	**—83 857**	**20 296**	**17 720**	**129 800**	**123 023**
国有经济	—25 992	—43 321	17 145	14 618	81 148	70 880
集体经济	—11 438	—38 490	566	165	29 567	23 938
私营经济	2 776	1 622	33	7	387	901
联营经济	—1 536	564	—0.3	196	332	941
股份制经济	4 449	9 331	2 517	2 209	16 109	12 450
外商投资经济	—1 451	—9 072		14	710	2 028
港澳台投资经济	—934	—752	34	1	887	1 063

主要统计指标解释

社会消费品零售总额 指各种经济类型的批发零售贸易业、餐饮业、制造业和其他行业对城乡居民和社会集团的消费品零售额和农民对非农业居民零售额的总和。对居民的消费品零售额指售给城乡居民用于生活消费的商品。对社会集团的消费品零售额指售给机关、团体、部队、学校、企业、事业单位和城市街道居民委员会、农村村民委员会用公款购买的用作非生产、非经营使用的消费品。

批发零售贸易业零售额 指专门从事商品转卖业务的各种经济类型独立核算的批发零售贸易企业和其他行业附营的批发零售贸易单位直接售给居民和社会集团的消费品零售额。

餐饮业零售额 指专门从事食品的烹饪、调制并直接零售给居民饮食的各种饭馆、酒馆、茶馆等餐饮业的零售额。包括各种企业单位附设对外营业的饭馆、火车餐车、轮船餐厅、车站食堂、机场餐厅的零售额。不包括旅店(招待所)专供本店旅客食用,不对外营业的食堂,机关、团体、部队、学校、企业、事业单位的职工食堂出售饭菜的收入。

制造业零售额 指各种经济类型的制造(工业)生产单位(包括乡办、村办工业)直接售给居民(包括本企业职工)和社会集团的消费品。

其他行业零售额 指批发零售贸易业、餐饮业、工业制造业以外的其他行业的直接零售额。包括各种经济类型的农业(不包括农民)、交通、运输业、建筑业、服务业、公用事业、出版社等行业的零售额。

农民对非农业居民的零售额 指农民在集市和集市外售给非农业居民和社会集团的消费品。

城乡集市贸易成交额 指在农村集市和城市集市上买卖双方(包括农民、非农业居民、机关、团体、工商企业、个体商贩)成交的全部商品金额,是反映集市贸易规模的综合性指标。

企业财务状况主要指标:

资本金 指批发零售贸易业、餐饮企业在工商行政管理部门登记的注册资金。资本金按投资主体分为国家资本金、法人资本金、个人资本金和外商资本金等。

资产负债 资产是企业拥有或者控制的能以货币计量的经济资源,包括各种财产、债权和其他权利。资产按流动性质一般分为流动资产、长期投资、固定资产、无形资产、递延资产和其他资产。

负债是企业承担的能以货币计量、需以资产或劳务偿还的债务。债务一般是按负债的偿还期长短进行分类的,分为流动负债和长期负债。

损益及分配 商品销售收入(营业收入)是指批发零售贸易企业商品销售收入、接受其他单位委托代销商品的收入和餐饮企业的营业收入(包括餐费收入、冷热饮收入、服务收入和其他收入)。根据商品销售收入或营业收入发生额分别填列,或"损益表"中商品销售收入或营业收入项填列。

商品销售收入净额 指批发零售贸易企业商品销售收入减去商品销售折扣与折让后的净额。根据"损益表"中商品销售收入净额项填列。

利润总额 指企业全年实现的利润。包括营业利润、投资净收益以及营业外收支净额。根据"损益表"中利润总额项的发生额填列。

FOREIGN TRADE AND ECONOMIC COOPERATION, INTERNATIONAL TOURISM

十七　对外经济贸易和旅游

17—1 主要类别商品进口总值

单位:万美元

商品类别	1996	1997	1998
总计	98 308	54 096	92 174
一、活动物;动物产品	259	59	84
二、植物产品	20	101	1 011
三、动植物油脂及腊	682	300	482
四、食品;饮料;烟草	1 550	2 170	2 233
五、矿产品	2 536	2 651	2 022
六、化工及其相关产品	2 894	2 894	4 214
七、塑料;橡胶及其制品	1 421	2 085	1 845
八、生皮、皮革、毛皮及其制品	9	38	132
九、木、软木及制品;编结品	130	154	92
十、木浆、纸浆及其纸制品	2 571	2 372	2 635
十一、纺织原料及纺织制品	1 973	1 846	1 970
十二、鞋、帽、伞、杖及羽毛制品	11	7	5
十三、矿物材料制品;陶瓷品、玻璃制品	554	206	168
十四、珍珠;宝石;贵金属制品	186	244	88
十五、贱金属及其制品	6 270	4 604	4 858
十六、核反应堆;电机、声视频设备	45 677	28 955	32 170
十七、车辆、航空器、船舶等运输设备	26 704	2 342	33 070
十八、光学、医疗等仪器;钟表;乐器	3 301	2 725	5 031
十九、家具、玩具等杂项制品	1 560	344	66
二十、艺术品、收藏品及古物			

注:以上资料由成都海关提供。

17—2 主要类别商品出口总值

单位:万美元

商 品 类 别	1996	1997	1998
总 计	116 575	124 909	117 166
一、活动物;动物产品	8 086	9 100	7 910
二、植物产品	11 121	8 487	6 455
三、动植物油脂及腊	250	37	29
四、食品;饮料;烟草	5 197	5 089	4 757
五、矿产品	186	778	254
六、化工及其相关产品	13 869	16 995	18 093
七、塑料;橡胶及其制品	575	571	422
八、生皮、皮革、毛皮及其制品	4 337	4 859	4 194
九、木、软木及制品;编结品	2 149	2 382	1 534
十、木浆、纸浆及其纸制品	197	192	147
十一、纺织原料及纺织制品	24 319	25 631	25 270
十二、鞋、帽、伞、杖及羽毛制品	1 615	1 509	1 000
十三、矿物材料制品;陶瓷品、玻璃制品	888	941	592
十四、珍珠;宝石;贵金属制品	4	94	40
十五、贱金属及其制品	25 048	27 491	21 375
十六、核反应堆;电机、声视频设备	16 893	18 914	22 254
十七、车辆、航空器、船舶等运输设备	260	310	633
十八、光学、医疗等仪器;钟表;乐器	721	560	1 194
十九、家具、玩具等杂项制品	774	901	991
二十、艺术品、收藏品及古物	8	70	20

注:以上资料由成都海关提供。

17—3 涉外饭店(宾馆)接待过夜海外旅游者情况

项 目	单 位	1994	1995	1996	1997	1998
一、人数合计	万人次	17.20	15.95	17.94	27.13	29.03
1.外国人	万人次	10.75	10.24	11.79	14.77	14.77
①亚 洲	万人次	5.58	5.26	6.58	9.27	8.26
#日 本	万人次	2.47	2.65	2.97	3.23	2.95
新加坡	万人次	1.45	1.08	1.39	1.95	2.40
泰 国	万人次	0.22	0.23	0.63	1.72	1.24
马来西亚	万人次	0.34	0.46	0.61	0.73	0.38
②美 洲	万人次	1.93	1.59	1.76	1.90	2.41
#美 国	万人次	1.42	1.26	1.41	1.48	2.04
加拿大	万人次	0.29	0.23	0.22	0.28	0.3
③欧 洲	万人次	2.76	2.82	2.81	2.95	3.4
#英 国	万人次	0.35	0.43	0.44	0.5	0.62
法 国	万人次	0.29	0.45	0.49	0.57	0.62
德 国	万人次	0.62	0.63	0.66	0.72	0.64
意大利	万人次	0.23	0.27	0.23	0.25	0.27
④大洋洲	万人次	0.35	0.42	0.35	0.39	0.41
#澳大利亚	万人次	0.22	0.21	0.24	0.27	0.29
⑤非 洲	万人次	0.03	0.04	0.04	0.04	0.06
⑥其 他	万人次	0.10	0.11	0.25	0.22	0.23
2.台湾同胞	万人次	3.38	3.04	3.39	8.71	10.31
二、人天数合计	万人天	37.25	35.71	38.22	55.96	52.58
1.外国人	万人天	23.42	23.73	26.51	31.98	29.75
2.台湾同胞	万人天	6.28	5.10	5.49	15.76	15.8
三、旅游外汇收入	万美元	4 740.00	5 059.92	7 022.16	7 895.35	8 367.24

17—4 对外承包工程和劳务合作情况

单位:万美元

项　　目	1995	1996	1997	1998
一、合同份数(份)	77	86	147	117
1. 对外承包工程	40	41	61	30
2. 对外劳务合作	37	45	86	87
二、合同金额	59 231	42 623	40 102	30 748
1. 对外承包工程	57 492	39 774	34 505	21 085
2. 对外劳务合作	1 739	2 849	5 597	9 663
三、完成营业额	31 015	30 732	23 141	22 460
1. 对外承包工程	30 047	29 087	17 927	18 975
2. 对外劳务合作	968	1 645	5 214	3 485

主要统计指标解释

对外承包工程　包括各对外承包公司以招标议标承包方式承揽的下列业务:(1)承包国外工程建设项目;(2)承包我国对外经援项目;(3)承包我国驻外机构的工程建设项目;(4)承包我国境内利用外资进行建设的工程项目;(4)承包我国境内利用外资进行建设的工程项目;(5)与外国承包公司合营或联合承包工程项目时我国公司分包部分;(6)以服务成果向业主收费的技术服务项目(包括承担地形地貌测绘;地质资源勘探与普查;建设区域规划;提供设计文件、图纸、生产工艺技术资料和工程技术经济咨询;工程项目的可行性考察、研究和评估(技术指导和培训人员等);(7)对外承包兼营的房屋开发业务。对外承包工程的营业额是以货币表现的本期内完成的对外承包工程的工作量,包括以前年度签订的合同和本年度签订的合同在报告期完成的工作量。

对外劳务合作　指以收取工资的形式向业主或承包商提供技术和劳动服务的活动。我国对外承包公司在境外开办的合营企业,中国公司同时又提供劳务的,其劳务部分也纳入劳务合作统计。劳务合作营业额按报告期内向雇主提交的结算数(包括工资、加班费和奖金等)统计。

旅游人数　指来我国参观、访问、旅行、探亲、访友、休养、考察、参加会议和人事经济、科技、文化、教育、宗教等活动的外国人、华侨、港澳和台湾同胞的人数。不包括外国在我国的常驻机构,如使领馆、通讯社、企业办事处的工作人员;来我国常住的外国专家、留学生以及在岸逗留不过夜人员。

旅游外汇收入　指国内各部门为来我国旅游的外国人、华侨、港澳和台湾同胞提供商品和劳务而获得的外汇收入。包括供应商品、饮食和提供住宿、交通、邮电、文化娱乐、导游等各项服务所得到的全部外汇收入。

进出口总额　海关进出口总额是指在实际进出我国国境的货物总金额。包括对外贸易实际进出口货物、来料加工装配进出口货物、中外合资企业、合作企业和外商独资企业进出口货物和公用物品,以及国家间、联合国及国际组织无偿援助的物资和赠送品、华侨、港澳同胞、外籍华人的捐赠品的金额。

进口按到岸价计算,出口按离岸价计算。

BANKING AND INSURANCE

十八　金融和保险

18—1 金融机构各项存款年末余额

单位:万元

项　目	1993	1994	1995	1996	1997	1998
各项存款	8 062 496	9 603 954	12 936 420	16 446 600	27 363 093	33 276 193
#企业存款	2 564 125	3 630 093	4 520 098	6 180 000	8 849 516	10 261 235
财政存款	153 635	145 429	85 811	193 183	671 820	327 457
储蓄存款	3 773 478	5 343 177	7 520 297	9 557 800	16 415 485	20 020 858
农业存款	777 827	151 529	56 426	113 079	114 888	745 354

注:1997 年起统计口径有调整。

18—2 城乡居民储蓄存款余额

单位:万元

项　目	1993	1994	1995	1996	1997	1998
城乡居民储蓄存款余额	5 169 165	7 305 900	10 219 649	13 076 774	16 415 500	20 020 858
#城　镇	3 773 478	5 343 177	7 520 297	9 557 800	12 050 911	14 765 464
农　村	1 395 687	1 962 723	2 699 352	3 518 974	4 364 589	5 255 394

注:1997 年起统计口径有调整。

18—3 金融机构各项贷款年末余额

单位:万元

项　目	1993	1994	1995	1996	1997	1998
各项贷款	10 446 793	13 193 975	16 098 468	19 325 800	29 481 450	31 517 382
#短期贷款	7 006 627	9 107 318	10 860 737	13 185 500	20 530 299	23 110 486
中长期贷款	2 312 185	4 495 950	4 645 864	5 799 200	7 616 294	5 942 153
信托贷款	80 848	231 972	314 983	117	867 668	284 691

注:1997 年起统计口径有调整。

18—4 金融机构现金收入

单位:万元

年 份	合 计	商品销售收 入	服务事业收 入	储蓄存款收 入	税款收入	汇兑收入
1990	6 419 690	2 307 704	439 108	2 496 588	58 558	109 355
1991	7 879 539	3 001 539	631 877	3 757 482	78 527	171 957
1992	11 097 652	3 375 451	734 206	4 747 697	82 742	188 388
1993	16 655 531	4 484 273	1 016 747	7 609 215	122 942	229 223
1994	23 212 391	5 686 715	1 305 689	11 227 185	170 412	301 494
1995	30 960 234	6 806 739	1 600 464	15 900 851	225 206	392 853
1996	38 792 190	7 911 034	2 025 890	19 929 625	289 886	581 730
1997	45 288 786	8 272 882	2 500 446	23 927 680	346 261	879 007
1998	78 517 911	11 639 779	4 469 710	45 952 542	593 657	1 164 140

注:1998年统计口径有调整。

18—5 金融机构现金支出

单位:万元

年 份	合 计	工资性支出	农副产品采购支出	行政企事业管理费支出	储蓄存款支 出	汇兑支出
1990	6 604 514	1 686 782	889 319	492 176	2 118 375	181 598
1991	9 506 962	2 266 001	1 133 546	727 841	3 345 230	288 047
1992	11 661 542	2 388 255	1 002 432	906 929	4 509 266	386 756
1993	17 541 354	3 169 662	1 114 645	1 452 474	7 364 876	694 773
1994	24 242 022	4 271 585	1 644 648	1 796 619	10 380 715	1 044 720
1995	31 523 674	4 954 605	1 836 387	2 164 487	14 676 649	1 354 684
1996	39 215 561	5 472 879	1 955 835	2 712 221	19 002 332	1 813 475
1997	45 687 058	6 051 966	1 964 715	3 070 552	23 350 202	2 174 101
1998	78 495 719	7 692 748	1 705 353	4 727 330	44 211 057	2 063 249

注:1998年统计口径有调整。

18—6 保险业务经济技术指标

项　　目	单　位	1997	1998	项　　目	单　位	1997	1998
一、业务承保额				农业保费	万元	339	239
1. 企业财产	亿元	1 247	1 264	三、赔款总支出	万元	152 668	172 349
2. 运输工具	亿元	745	840	#企业财产赔款支出	万元	17 152	19 545
3. 家庭财产	亿元	104	53	家庭财产	万元	3 245	4 982
二、保费总收入	万元	328 572	382 680	运输工具	万元	64 221	75 326
#企业财产	万元	30 525	29 876	寿险类	万元	39 025	44 427
运输工具	万元	118 377	125 456	养老年金支出	万元	5 646	7 434
家庭财产	万元	4 356	3 338	农业险	万元	237	141
养老年金	万元	33 574	34 812				
寿险类	万元	101 636	144 945				

主要统计指标解释

存款　企业、机关、团体或居民根据可以收回的原则，把货币资金存入银行或其他信用机构保管并取得一定利息的一种信用活动形式。根据存款性质划分为企业存款、财政存款、机关团体存款、信托存款、储蓄存款、农业存款等项目。它是银行信贷资金的主要来源。

贷款　银行或其他信用机构根据必须归还的原则，按一定利率，为企业、个人等提供资金的一种信用活动形式。我国银行贷款，分短期贷款、中长期贷款、信托贷款以及其他贷款等项目。

承保额　又叫保险金额。它是保险人对被保险人负担损失补偿或约定给付的金额。它是保险合同上的最高责任额，也是计算保费的依据。

保费　又叫保险费。是保险人根据保险合同的有关规定，为被保险人取得因约定危险事故发生所造成的经济损失补偿(或给付)权利，付给保险人的代价。包括财产险和人身险保费收入。

赔款　保险事故发生后，经查证确属保险责任范围以内的保险目标的损失，保险人根据保险合同的规定履行赔偿义务，给予被保险人的款项叫做赔款。赔款可分为已决赔款和未决赔款两种。

EDUCATION, SCIENCE, TECHNOLOGY AND PATENTS

十九　教育、科技和专利

19—1 各类学校数

单位:所

年份	高等学校	中等专业学校	普通中学	职业中学	小学	盲聋哑弱智学校	幼儿园
1952	10		306		35 373		609
1957	13		488		43 665		612
1962	17		866		44 683		305
1965	20	110	3 693		108 974	5	1 349
1970	18		2 769		70 263	3	687
1975	17	144	3 287		86 254	3	2 397
1978	28	177	4 605		72 563	3	35 306
1979	29	182	4 325		70 660	3	45 602
1980	29	184	4 524	46	67 659	3	24 814
1981	30	188	3 770	64	66 895	3	22 176
1982	33	183	3 691	72	65 433	5	18 404
1983	33	190	3 757	205	64 137	6	16 081
1984	35	186	4 121	287	63 222	6	14 638
1985	39	185	4 017	347	61 953	9	13 280
1986	39	189	4 063	352	59 809	9	13 649
1987	40	195	4 117	367	58 771	15	13 479
1988	40	200	4 152	409	57 490	14	12 758
1989	40	201	4 213	432	56 305	38	11 683
1990	40	196	4 332	427	55 047	22	13 831
1991	40	204	4 433	407	53 792	27	10 478
1992	40	202	4 460	238	53 011	45	11 148
1993	41	210	4 545	262	52 280	52	10 216
1994	42	216	4 572	443	51 498	52	12 079
1995	42	217	4 578	440	55 799	53	12 485
1996	42	216	4 506	422	48 911	59	11 602
1997	42	217	4 420	404	46 917	55	11 223
1998	43	210	4 448	405	46 092	62	11 385

19—2 各类学校专任教师数

单位:人

年　份	高等学校	中等专业学　校	普通中学	职业中学	小　学	盲聋哑弱智学校	幼儿园
1952	1 228		5 953		111 229		1 556
1957	3 238		11 873		132 141		4 679
1962	5 675		18 597		146 639		4 523
1965	6 125	3 880	29 097		225 914	35	4 720
1970	6 414		55 788		213 151	53	3 992
1975	7 487	4 926	92 015		334 794	20	1 858
1978	9 047	6 818	167 540		342 661	25	39 245
1979	10 056	7 652	148 915		337 126	41	49 165
1980	10 562	8 513	152 660	224	343 175	44	39 028
1981	11 014	8 689	163 424	238	382 903	36	35 478
1982	12 496	8 792	142 688	557	386 743	50	31 782
1983	12 834	9 067	140 359	2 157	350 899	54	30 012
1984	13 215	8 898	139 197	3 455	343 453	64	30 582
1985	14 577	9 106	145 715	5 485	340 164	115	32 284
1986	15 517	9 712	150 875	6 480	339 613	122	33 003
1987	15 933	10 368	157 342	7 633	333 992	169	35 379
1988	16 208	11 069	164 696	8 590	329 075	185	36 105
1989	16 153	11 392	170 162	9 689	434 595	383	37 397
1990	16 058	11 750	176 179	10 533	321 087	322	43 573
1991	16 056	11 827	180 737	11 174	314 747	416	45 528
1992	15 767	11 728	185 790	12 015	312 380	565	49 970
1993	16 216	12 306	183 492	13 450	313 597	610	49 873
1994	16 208	12 784	186 224	14 185	320 196	647	54 504
1995	16 439	13 302	190 184	14 457	320 923	728	55 420
1996	16 799	13 530	193 942	14 572	323 713	730	56 052
1997	16 786	13 682	196 636	14 781	330 212	837	56 107
1998	17 228	13 309	199 357	15 083	334 999	987	57 738

19—3 各类学校在校学生数

单位：人

年份	高等学校	中等专业学校	普通中学	职业中学	小学	盲聋哑弱智学校	幼儿园
1952	9 104		155 252		3 807 776		
1957	19 565		320 254		4 574 044		
1962	36 587		324 216		3 962 046		
1965	28 236	44 576	669 901		7 859 341	398	127 921
1970			1 481 952		6 341 703	503	95 325
1975	21 203	58 796	2 085 366		11 013 460	345	199 412
1978	35 715	70 425	3 838 846		10 745 859	339	1 389 229
1979	44 180	78 719	3 303 859		11 241 488	326	1 389 576
1980	48 497	87 713	2 974 390	4 549	11 441 551	347	957 632
1981	54 465	76 414	2 918 970	4 823	11 295 404	277	931 771
1982	46 734	61 632	2 583 011	15 068	11 139 497	380	853 790
1983	51 635	67 675	2 561 832	45 230	10 868 621	368	787 727
1984	60 455	74 371	2 664 470	61 371	11 726 266	420	784 079
1985	72 812	83 092	2 516 824	89 137	10 418 664	623	833 754
1986	82 726	90 655	2 859 942	102 658	9 926 486	756	855 660
1987	87 119	97 906	2 910 831	107 816	9 152 027	932	1 062 280
1988	91 874	103 703	2 866 148	156 212	8 283 147	899	902 812
1989	91 764	109 884	2 823 504	125 871	10 106 119	1 792	879 168
1990	91 866	114 578	2 892 023	114 157	6 873 322	1 422	1 062 885
1991	91 365	118 877	2 853 499	144 908	6 500 936	1 846	1 375 654
1992	96 678	124 767	2 724 618	166 081	6 424 068	3 133	1 572 526
1993	113 465	157 949	2 481 484	179 169	6 662 850	3 261	1 576 287
1994	125 944	168 383	2 561 995	188 654	7 020 619	3 972	1 689 081
1995	126 280	194 032	2 705 466	176 357	7 350 179	509	1 777 728
1996	131 459	216 567	2 765 730	162 039	7 797 611	7 400	1 793 653
1997	140 451	237 645	2 748 214	167 968	8 270 885	9 444	1 779 648
1998	151 905	254 187	2 908 894	180 012	8 438 446	10 104	1 860 762

19—4 各类学校招生数

单位:人

年　份	高等学校	中等专业学校	普通中学	职业中学	小　学	盲聋哑弱智学校
1952	2 353		81 221			
1957	4 823		116 364		128 678	
1962	4 895		121 261		1 544 971	
1965	6 570	19 247	316 756		2 302 127	
1970			747 057		1 899 719	
1975	7 569	29 209	1 200 679		2 800 872	33
1978	14 916	31 795	1 609 352		2 649 457	34
1979	12 103	34 961	1 322 367		2 704 254	45
1980	11 610	29 645	1 106 948	2 848	2 519 225	87
1981	11 474	25 329	1 037 085	2 158	2 530 746	50
1982	13 457	22 009	974 586	12 783	2 330 809	100
1983	16 154	25 710	963 702	31 088	2 170 361	105
1984	20 653	27 699	950 861	31 980	1 847 376	126
1985	26 069	33 158	943 009	44 845	1 455 993	281
1986	26 627	33 763	993 394	42 787	1 274 625	228
1987	26 344	37 351	1 016 507	44 356	1 107 207	240
1988	28 553	37 179	1 022 243	49 624	1 170 052	165
1989	25 652	38 284	1 163 197	53 137	1 163 197	82
1990	26 962	39 061	1 019 786	57 346	999 538	485
1991	26 919	41 507	971 091	60 410	994 759	536
1992	33 613	48 163	947 724	74 457	169 830	1 047
1993	42 058	66 768	883 979	82 693	1 364 953	671
1994	40 259	64 641	981 989	84 658	1 459 974	992
1995	41 714	71 075	1 041 585	84 658	1 479 126	1 423
1996	43 774	78 205	948 623	68 246	1 412 690	1 210
1997	46 196	85 502	964 969	76 287	1 397 645	1 386
1998	49 035	91 062	1 176 141	78 017	1 293 404	1 232

19—5 各类学校毕业生数

单位:人

年　份	高等学校	中等专业学校	普通中学	职业中学	小　学	盲聋哑弱智学校
1952	2 742					
1957	1 773		75 254		739 606	
1962	5 317		80 499		303 087	
1965	8 489	6 142	104 984		399 595	
1970	4 796		142 279		829 050	
1975	5 701	17 672	626 880		1 279 795	35
1978	5 884	19 804	1 268 232		1 782 504	35
1979	3 597	25 387	1 628 266		1 650 788	50
1980	7 130	21 059	934 730	775	1 603 760	82
1981	4 759	36 233	957 783	661	1 825 162	44
1982	20 710	35 337	857 679	1 399	1 882 241	25
1983	12 608	22 235	712 814	1 956	1 705 983	43
1984	11 627	21 673	679 530	5 149	1 604 906	29
1985	13 592	24 245	728 872	12 610	1 446 826	57
1986	16 324	26 703	786 697	19 875	1 446 580	18
1987	21 429	30 110	820 412	27 831	1 535 800	37
1988	23 213	31 103	764 112	29 921	1 548 579	36
1989	25 364	31 938	756 525	29 049	1 571 711	175
1990	27 672	35 118	746 250	32 062	1 408 170	66
1991	27 041	37 666	763 298	37 640	1 187 057	8
1992	28 348	38 780	813 783	41 239	1 074 324	148
1993	26 088	39 162	793 429	44 609	940 854	212
1994	28 826	38 434	707 196	50 147	999 601	229
1995	40 915	43 354	644 932	74 496	1 018 463	336
1996	37 872	55 775	719 950	63 045	897 863	445
1997	35 658	63 054	818 628	53 714	875 741	552
1998	36 672	71 263	868 089	54 167	1 069 005	1 036

19—6 各类学校女学生和女教师数

单位:人

项 目	1993	1994	1995	1996	1997	1998
一、女学生总数						
高等学校	34 729	38 884	39 299	42 579	46 029	51 403
中等专业学校					112 177	125 832
中技校					84 829	97 106
中师校					27 348	28 726
普通中学	1 066 132	1 123 376	1 206 538	1 242 711	1 241 016	1 322 952
高中	125 887	119 332	126 997	138 360	161 354	184 360
初中	940 245	1 004 044	1 079 541	1 104 351	1 079 662	1 138 592
职业中学	79 208	84 410	81 492	76 035	78 766	83 387
小学	3 116 273	3 300 416	3 465 844	3 683 173	3 914 239	3 988 815
盲聋哑弱智学校	487	1 630	2 072	2 957	3 751	4 116
二、女教师总数						
高等学校	4 764	4 852	5 082	5 293	5 388	5 642
中等专业学校					5 189	5 116
中技校					3 896	3 803
中师校					1 293	1 313
普通中学	54 134	54 722	56 964	59 716	61 638	63 952
高中	7 680	7 090	6 833	7 095	7 556	8 342
初中	46 454	47 632	50 131	52 621	54 082	55 610
职业中学	4 164	4 467	4 633	4 794	5 050	5 356
小学	133 467	136 842	137 888	141 000	144 807	147 773
盲聋哑弱智学校	260	511	519	547	582	648

19—7 普通高等学校基本情况

（1998 年） 单位：人

项目	学校数(所)	毕业生数	招生数	在校学生数	教职工数	#校本部
全省总计	43	36 672	49 035	151 905	44 876	38 219
#女		12 210	18 646	54 693	16 831	13 997
综合大学	2	4 357	5 139	18 291	7 251	5 552
理工院校	12	12 594	17 339	55 183	18 036	15 447
农业院校	3	2 393	3 198	9 329	2 174	1 671
医药院校	4	2 711	3 608	12 927	5 050	4 131
师范院校	12	9 233	12 678	35 696	6 599	6 129
财经院校	2	2 177	2 506	6 985	1 595	1 444
体育院校	1	405	620	1 864	667	667
艺术院校	1	164	407	728	395	340
民族院校	1	702	852	4 353	1 192	1 142
职业技术学院	5	1 936	2 688	6 549	1 917	1 696

19—7 续表 （1998 年） 单位：人

项目	专任教师数	教授	副教授	讲师	助教	无职称
全省总计	17 228	1 422	4 723	6 700	3 167	1 216
#女	5 642	215	1 265	2 429	1 226	507
综合大学	2 918	348	1 074	1 131	321	44
理工院校	5 958	539	1 629	2 055	1 168	567
农业院校	818	53	205	299	207	54
医药院校	1 843	214	433	740	341	115
师范院校	3 151	110	707	1 417	596	321
财经院校	728	88	203	274	136	27
体育院校	371	13	73	186	90	9
艺术院校	200	13	47	74	50	16
民族院校	412	26	132	181	73	
职业技术学院	829	18	220	343	185	63

19—8 普通高等学校分科学生数

(1998 年)　　　　单位:人

项　　目	毕业生数	#本科	招生数	#本科	在校学生　数	#本科
总计	**36 672**	**16 006**	**49 035**	**26 261**	**151 905**	**90 460**
哲学	43	43	59	59	250	250
经济学	5 678	1 784	6 553	2 942	19 529	10 932
法学	935	336	1 569	840	4 503	2 744
教育学	1 680	487	2 147	888	5 607	2 779
文学	4 970	1 253	7 018	2 365	18 896	7 504
历史学	667	245	642	323	2 228	1 155
理学	4 112	1 742	4 986	2 669	16 050	8 912
工学	14 894	8 256	20 656	12 502	66 754	43 502
农学	1 010	411	1 727	917	4 949	2 762
医学	2 683	1 449	3 678	2 756	13 139	9 920

19—9 研究生分类情况

(1998 年)　　　　单位:人

项　　目	毕业生数	#攻读博士学位	招生数	#攻读博士学位	在校学生　数	#攻读博士学位
总　　计	**1 914**	**351**	**3 106**	**619**	**8 014**	**1 802**
国家任务	1 744	304	2 416	465	6 579	1 365
委托培养	131	36	425	113	920	322
学校自筹	39	11	265	41	515	115
1. 中央部委属	1 757	326	2 775	579	7 253	1 702
国家任务	1 591	279	2 141	432	5 907	1 278
委托培养	127	36	407	108	876	311
学校自筹	39	11	227	39	470	113
2. 地方所属	157	25	331	40	761	100
国家任务	153	25	275	33	672	87
委托培养	4		18	5	44	11
学校自筹			38	2	45	2

注:此表含科研机构学生数。

19—10 分学科研究生数

（1998 年）

单位：人

项　　目	毕业生数	#攻读博士学位	招生数	#攻读博士学位	在校学生数	#攻读博士学位
总　计	1 914	351	3 106	619	8 014	1 802
#女	523	46	929	125	2 344	330
哲学	20	4	29	4	70	13
经济学	218	33	553	62	1 181	143
法学	54	1	99	2	231	5
教育学	10		38		73	
#体育学	7		16		35	
文学	69	9	155	10	369	24
#艺术学	1		7		10	
历史学	26	8	55	10	134	28
理学	247	52	321	78	849	207
工学	939	147	1 290	303	3 744	986
#力学	18	4	27	15	68	40
农学	47	12	91	19	203	41
#林学	3		6		14	
医学	284	85	475	131	1 160	355

19—11 成人教育基本情况

（1998 年）

单位：人

项　　目	学校数（所）	毕业生数	招生数	在校学生数	教职工数	#专任教师
一、高等学校	49	27 203	29 514	83 408	9 943	4 799
广播电视大学	2	11 450	11 419	37 212	1 592	734
职工高等学校	26	2 913	4 221	10 597	3 088	1 710
管理干部学院	8	3 258	3 795	7 767	2 252	892
教　育　学　院	12	6 890	8 299	20 740	2 491	1 171
独立函授学校	1	2 692	1 780	7 092	520	292
二、中专	260	52 502	59 213	190 591	11 459	5 449
#女		17 643	22 507	66 918	3 875	1 786
广播电视中专	7	17 937	31 387	103 435	1 422	696
职业中专	49	10 591	10 032	30 879	2 280	1 168
干部中专	17	2 535	3 262	9 372	1 069	482
农民中专	23	7 176	5 838	16 856	1 239	737
函授中专	2	5 631	2 685	14 292	1 488	320
教师进修学院	162	8 632	6 009	15 757	3 961	2 046

19—12 成人中、小学和成人技术培训基本情况

(1998 年)　　单位:人

项　　目	学校数(所)	毕业生数	招生数	在校学生数	教职工数	#专任教师
一、成人中学	208	13 967	13 225	21 827	1 003	556
1. 职工中学	29	2 666	3 040	4 152	441	132
高中	26	2 536	2 797	3 906	403	108
初中	3	130	243	246	38	24
2. 农民中学	179	11 301	10 185	17 675	562	424
高中	20	312	528	1 118	63	48
初中	159	10 989	9 657	16 557	499	376
二、成人初等学校	8 741	443 254	415 712	443 742	10 334	4 635
职工初等学校	300	8 170	8 443	8 443	373	61
农民初等学校	8 441	435 084	407 269	435 299	9 961	4 574
#小学班	2 139	176 347	168 738	180 172	2 802	853
扫盲班	6 302	258 737	238 531	255 127	7 159	3 721
三、成人技术培训学校	35 746	8 019 197	5 289 477	5 467 044	17 925	7 566
1. 职工技术培训学校	318	96 425	83 510	87 749	1 946	1 106
2. 农民技术培训学校	35 428	7 922 772	5 205 967	5 379 295	15 979	6 460
#县办农技培训学校	60	81 520	72 731	78 015	418	333

19—13 中等专业学校基本情况

(1998 年)　　单位:人

项　　目	学校数(所)	毕业生数	招生数	在校学生数	教职工数	#专任教师
全省总计	210	71 263	91 062	254 187	27 397	13 309
#女		31 311	45 917	125 832	10 678	5 116
一、中等技术学校	139	53 839	73 042	203 211	20 475	9 459
工业学校	45	21 767	27 538	79 648	8 696	3 703
农业学校	17	6 472	9 819	28 173	2 074	1 053
林业学校	1	800	1 352	3 196	343	125
医药学校	28	7 796	13 009	34 216	3 788	1 787
财经学校	28	11 375	13 902	38 764	3 462	1 695
政法学校	4	1 766	1 938	4 071	555	266
体育学校	3	312	387	985	131	71
艺术学校	4	384	1 164	3 442	499	241
其他学校	9	3 167	3 933	10 716	927	518
二、中等师范学校	71	17 424	18 020	50 976	6 922	3 850
#幼儿师范学校	1	196	200	648	98	55

19—14 各市地州普通中学基本情况

（1998年）

单位：人

地　区	学校数（所）	毕业生数	招生数	在校学生数	教职工数	#专任教师
全省总计	4 448	868 089	1 176 141	2 908 894	249 704	199 357
成都市	548	120 408	143 428	365 164	36 869	28 281
自贡市	134	35 046	42 712	108 436	9 343	7 309
攀枝花市	92	11 607	14 233	35 921	4 971	3 547
泸州市	251	48 165	59 892	148 819	12 272	9 994
德阳市	221	45 975	52 712	133 940	11 152	8 641
绵阳市	349	58 333	80 242	202 860	16 538	13 129
广元市	158	27 703	47 146	106 638	9 036	7 131
遂宁市	220	38 184	57 608	143 761	11 020	8 964
内江市	215	47 625	70 495	173 647	12 823	10 338
乐山市	269	39 065	46 596	116 978	11 393	9 116
南充市	230	70 127	108 301	265 238	21 016	17 419
宜宾市	221	52 616	70 169	176 813	13 271	10 873
广安市	194	45 319	67 079	159 350	12 573	10 706
达川地区	246	53 535	81 440	197 729	15 718	12 579
巴中地区	147	27 333	41 167	98 161	8 464	6 659
雅安地区	107	15 003	23 673	53 702	4 757	3 928
眉山地区	265	37 203	48 035	118 960	10 448	8 459
资阳地区	293	59 763	74 082	181 619	13 827	11 045
阿坝州	62	6 461	8 486	21 366	2 790	2 115
甘孜州	38	4 392	5 046	13 274	1 811	1 403
凉山州	188	24 226	33 599	86 518	9 612	7 721

19—15 各市地州职业中学基本情况

(1998年)　　单位:人

地　区	学校数(所)	毕业生数	招生数	在校学生数	教职工数	#专任教师
全省总计	405	54 167	78 017	180 012	22 126	15 083
成都市	58	10 814	15 715	42 557	5 142	3 457
自贡市	14	3 020	3 512	9 621	1 125	707
攀枝花市	5	424	458	2 122	422	280
泸州市	15	3 766	4 250	10 218	992	712
德阳市	15	3 085	4 057	9 996	1 107	798
绵阳市	38	5 066	5 494	12 374	1 495	1 021
广元市	11	833	2 172	4 399	524	411
遂宁市	13	2 429	2 557	5 667	658	451
内江市	35	3 812	4 898	9 875	1 464	901
乐山市	17	2 733	2 342	6 050	1 047	714
南充市	27	2 506	5 473	10 196	1 173	782
宜宾市	34	3 147	9 280	17 010	1 358	949
广安市	13	1 708	2 506	4 756	743	506
达川地区	26	2 248	3 989	8 782	1 305	838
巴中地区	16	2 418	3 563	7 924	776	510
雅安地区	10	904	816	1 795	338	242
眉山地区	13	1 324	1 346	2 944	719	530
资阳地区	24	2 605	3 646	8 797	1 151	836
阿坝州	1	72	15	80	22	18
甘孜州	3	215	155	469	44	30
凉山州	17	1 038	1 773	4 380	521	390

19—16 各市地州小学基本情况

（1998 年）　　单位：人

地　区	学校数（所）	毕业生数	招生数	在校学生数	教职工数	#专任教师
全省总计	46 092	1 069 005	1 293 404	8 438 446	374 753	334 999
成都市	2 749	113 786	117 867	800 611	42 981	37 710
自贡市	1 108	37 337	44 099	292 389	12 594	10 984
攀枝花市	583	12 053	13 507	87 043	5 465	4 721
泸州市	399	53 391	64 763	422 441	17 134	15 508
德阳市	1 664	46 214	48 565	326 767	16 237	14 448
绵阳市	3 206	72 664	72 795	494 480	22 720	20 577
广元市	2 546	42 876	49 608	317 673	16 258	14 901
遂宁市	2 146	53 001	73 645	455 830	17 325	15 962
内江市	1 624	61 069	56 186	487 427	19 369	16 790
乐山市	1 541	42 412	46 442	279 830	16 772	15 044
南充市	5 912	98 820	119 447	772 230	29 827	26 792
宜宾市	2 566	66 668	81 469	498 822	20 952	18 762
广安市	2 733	61 359	73 988	478 410	16 301	14 922
达川地区	3 697	77 412	107 928	706 786	27 106	24 508
巴中地区	2 520	39 248	60 012	373 146	16 361	14 872
雅安地区	753	21 910	23 338	139 633	7 833	7 183
眉山地区	1 368	41 734	51 045	317 446	14 764	12 916
资阳地区	2 669	65 349	71 783	560 860	20 686	17 906
阿坝州	1 408	9 753	16 912	95 025	6 363	5 722
甘孜州	1 143	7 949	14 326	81 384	5 542	5 098
凉山州	3 757	44 000	85 679	450 213	22 163	19 673

19—17 各市地州县级以上政府部门属研究与开发机构及情报文献机构数

（1998年）

单位：个

地　区	合　计	自然科学技术领域	社会、人文科学领域	科技情报和文献机构
全省总计	219	178	13	28
成都市	120	100	10	10
自贡市	17	14	2	1
攀枝花市	10	9		1
泸州市	5	4		1
德阳市	2	1		1
绵阳市	6	5		1
广元市	3	2		1
遂宁市	5	3	1	1
内江市	6	5		1
乐山市	6	4		2
南充市	6	5		1
宜宾市	7	6		1
广安市				
达川地区	4	3		1
巴中地区	1			1
雅安地区	4	3		1
眉山地区				
资阳地区	1	1		
阿坝州	6	5		1
甘孜州	5	4		1
凉山州	5	4		1

注：本资料包括中央在川单位。

19—18 各市地州县级以上政府部门属研究与开发机构及情报文献机构人员数

（1998 年）

单位：人

地区	合计	自然科学技术领域		社会人文科学领域		科技情报和文献机构	
		职工总数	从事科技活动人员中：科学家工程师	职工总数	从事科技活动人员中：科学家工程师	职工总数	从事科技活动人员中：科学家工程师
全省总计	**39 681**	**37 978**	**11 304**	**794**	**476**	**909**	**488**
成都市	24 282	22 883	8 052	747	439	652	360
自贡市	7 283	7 223	794	35	30	25	17
攀枝花市	1 205	1 174	540			31	15
泸州市	3 076	3 058	821			18	14
德阳市	32	23	13			9	5
绵阳市	302	287	125			15	8
广元市	52	40	19			12	5
遂宁市	52	34	22	12	7	6	5
内江市	407	393	91			14	8
乐山市	977	960	295			17	
南充市	548	535	166			13	10
宜宾市	332	318	68			14	9
广安市							
达川地区	174	156	43			18	8
巴中地区	3					3	2
雅安地区	96	84	22			12	5
眉山地区							
资阳地区	115	115	35				
阿坝州	205	191	63			14	5
甘孜州	187	168	44			19	5
凉山州	353	336	91			17	7

注：本资料包括中央在川单位。

19—19 各市地州县级以上政府部门属研究与开发机构及情报文献机构经费收入总额

（1998 年）

单位：千元

地区	合计	自然科学领域经费收入总额	#政府拨款	社会、人文科学领域经费收入总额	#政府拨款	情报文献机构经费收入总额	#政府拨款
全省总计	**2 229 130**	**2 169 708**	**460 945**	**20 262**	**18 104**	**39 160**	**28 140**
成都市	1 572 174	1 522 197	322 029	19 519	17 361	30 458	20 435
自贡市	241 305	240 090	20 962	441	441	774	238
攀枝花市	75 138	73 668	14 560			1 470	1 445
泸州市	230 519	230 369	39 588			150	120
德阳市	669	485	485			184	84
绵阳市	19 548	19 118	5 961			430	430
广元市	530	137	130			393	233
遂宁市	686	348	209	302	302	36	36
内江市	5 893	5 750	4 798			143	133
乐山市	31 930	28 457	23 047			3 473	3 473
南充市	12 967	12 714	6 585			253	203
宜宾市	6 882	6 628	4 799			254	226
广安市							
达川地区	2 186	2 006	1 682			180	180
巴中地区	120					120	100
雅安地区	2 068	1 934	1 838			134	110
眉山地区							
资阳地区	4 225	4 225	2 835				
阿坝州	5 305	5 132	3 196			173	170
甘孜州	3 782	3 485	3 369			297	297
凉山州	13 203	12 965	4 872			238	227

注：本资料包括中央在川单位。

19—20 各市地州县级以上政府部门属研究与开发机构及情报文献机构经费支出总额

(1998 年)

单位:千元

地　　区	合　　计	自然科学领域经费支出总额		社会、人文科学领域经费支出总额		情报文献机构经费支出总额	
			#劳务费		#劳务费		#劳务费
全省总计	**1 954 737**	**1 900 769**	**418 688**	**19 149**	**9 025**	**34 819**	**13 656**
成 都 市	1 373 406	1 328 248	287 092	18 406	8 578	26 752	7 489
自 贡 市	215 416	214 661	25 112	441	353	314	188
攀枝花市	70 337	68 858	29 364			1 479	971
泸 州 市	193 092	192 966	42 026			126	100
德 阳 市	577	490	190			87	75
绵 阳 市	17 285	16 855	3 321			430	178
广 元 市	434	119	59			315	47
遂 宁 市	821	474	315	302	94	45	36
内 江 市	5 939	5 796	3 506			143	113
乐 山 市	30 986	27 513	6 555			3 473	3 463
南 充 市	12 576	12 323	6 007			253	114
宜 宾 市	6 592	6 327	3 170			264	134
广 安 市							
达川地区	2 033	1 853	1 541			180	130
巴中地区	120					120	20
雅安地区	1 189	1 059	637			130	116
眉山地区							
资阳地区	4 225	4 225	1 800				
阿 坝 州	5 234	5 061	2 610			173	137
甘 孜 州	3 063	2 766	1 937			297	168
凉 山 州	11 413	11 175	3 446			238	177

注:本资料包括中央在川单位。

19—21 科协系统机构情况

(1998 年)　　单位:个

项　　目	机构数	直属单位	学会、协会、研究会数	大专院校办科协	企业科协
科协总计	21	40	1 046	8	372
省科协	1	9	153		2
地、市、州科协	20	31	893	8	370
学会总计	1 046	147			
省学会	153	58			
地、市、州学会	893	89			

19—22 科协系统人员数

(1998 年)　　单位:人

项　　目	科协从业人员数			
	合　计	机　关	#科学家与工程师	直属单位
全省总计	618	345	129	273
省科协	193	54	36	139
地、市、州科协	425	291	93	134

19—23 科协学会人员数

(1998 年)　　单位:人

项　　目	会员人数	#科学家与工程师	#理事人数	#高级职称	#外籍会员	学会工作人员数
省学会	237 945	198 501	8 841	6 291	20	353
地、市、州学会	233 843	110 529	22 159	7 954	1	1 144

19—24 科协系统科技活动情况

（1998 年）

项　　目	单　位	科协合计	省科协	地、市、州科协	省学会	市、地、州学会
一、学术活动						
1. 国内学术会议						
次数	次	36	4	32	481	857
参加人数	人次	2 518	700	1 818	34 497	53 985
交流论文数	篇	1 149	661	488	13 322	12 400
2. 国际学术会议						
次数	次	2		2	13	1
参加人数	人次	200		200	1 048	103
交流论文数	篇	10		10	206	7
二、科技培训						
1. 培训班培训人数	人次	5 125	650	4 475	19 195	64 380
2. 继续教育	人次	2 684	650	2 034	8 136	19 878
三、科普活动						
1. 讲座次数	次	116	15	101	439	1 606
参加人数	人次	39 946	7 500	32 446	64 369	264 545
2. 展览次数	次	151	12	139	38	401
参加人数	人次	819 708	234 000	585 708	57 175	1 030 889
3. 科技夏(冬)令营	次	10	3	7	24	18
4. 青少年科技竞赛	次	30	4	26	18	75
四、咨询活动						
1. 完成合同	项	1 039	102	1 207	157	330
决策咨询	项	64	4	60	173	505
无偿咨询	项	556	20	536	845	3 609
2. 合同实现金额	万元	5 757	1 039	4 718	5 062	1 415
技术交易额	万元	4 541	882	3 659	294	720
五、出版						
1. 科技期刊	种	1	1		71	40
发行量	万册	275	275		344	78
2. 科技报纸	种	5	1	4	6	5
发行量	万份	301	86	215	77	159
3. 科技图书	种	3	1	2	51	50
发行量	万册	0.4	0.15	0.25	21	41
4. 论文集	种				110	62
发行量	册				37 610	33 276
发表学术论文	篇	2	2		7 850	2 413

19—25 高等学校科技活动人员构成情况

(1998 年)　　　　单位:人

学科分类	从事科技活动人员	科学家和工程师	#高级	#中级	其他技术人员
全省总计					
理、工、农、医院校	35 317	30 227	8 836	12 881	2 013
研究生及以上	5 904	5 904	2 322	2 761	
大学毕业	15 591	15 591	5 491	5 654	
大专毕业	5 478	4 838	896	2 601	640
中专毕业	3 958	2 884	103	1 410	1 074
其他	4 386	1 010	24	455	299
文科院校	8 900	7 431	2 185	5 246	998

19—26 高等学校课题研究与发展项目、人员及经费

(1998 年)

学科分类	课题数(项)	当年投入人力(人)	#研究生	当年投入经费(万元)	当年支出经费(万元)
全省总计					
理、工、农、医院校	5 142	7 288	1 511	35 547.7	35 592.8
自然科学	1 248	1 544	428	5 047.9	3 822.2
工程与技术	2 347	3 485	573	25 804.4	29 275.6
医学科学	1 174	1 785	394	3 360.6	1 333.7
农业科学	373	474	116	1 334.8	1 161.3
文科院校	1 092	1 110	93	456.8	331.2

19—27 各市地州大中型工业企业科技活动人员构成

（1998 年）

单位：人

地　区	从事科技活动人员	#科学家与工程师	企业办科技机构从业人员年末数	#科学家与工程师
全省总计	109 226	48 325	23 716	11 758
成 都 市	47 360	19 789	8 101	4 236
自 贡 市	4 313	1 088	1 414	447
攀枝花市	6 017	4 665	1 358	205
泸 州 市	2 033	1 129	1 059	576
德 阳 市	5 937	2 503	3 680	2 030
绵 阳 市	12 732	5 417	2 386	1 554
广 元 市	2 034	723	678	459
遂 宁 市	2 384	1 328	908	380
内 江 市	3 295	1 211	319	155
乐 山 市	4 420	1 328	411	279
南 充 市	1 345	401	341	111
宜 宾 市	1 857	956	476	180
广 安 市	1 209	434	126	78
达川地区	2 858	1 266	458	290
巴中地区	509	115	167	49
雅安地区	1 195	446	302	174
眉山地区	1 369	525	395	72
资阳地区	2 654	2 311	657	206
阿 坝 州	76	19		
甘 孜 州	40	31	40	31
凉 山 州	846	171		
直综单位	4 743	2 469	440	246

19—28 各市地州大中型工业企业科技经费筹集与使用情况

（1998 年）　　　　单位：千元

地　　区	本年科技经费筹集总　　额	#企业自筹	#银行贷款	本年科技经费支出总　　额	内部支出中新产品开发经费支出
全省总计	**2 412 781**	**1 532 887**	**337 413**	**2 584 858**	**1 043 590**
成都市	892 833	551 430	77 980	812 857	461 773
自贡市	119 343	97 806	9 687	113 603	61 732
攀枝花市	201 741	169 296	6 250	200 466	12 956
泸州市	63 489	49 745	10 174	52 095	29 746
德阳市	137 952	94 970	27 056	164 732	54 078
绵阳市	295 009	152 864	64 476	511 076	254 734
广元市	34 405	16 925	8 400	33 886	6 321
遂宁市	16 940	15 020	1 000	14 474	5 277
内江市	123 538	55 838	65 360	82 966	49 810
乐山市	97 773	78 534	1 850	93 968	2 414
南充市	39 965	8 564	15 680	41 725	7 459
宜宾市	61 434	26 317	5 800	48 966	32 888
广安市	29 027	28 427	500	33 680	16 695
达川地区	39 970	26 310	10 660	96 801	7 598
巴中地区	5 804	3 354	2 050	5 342	813
雅安地区	20 181	7 594	2 000	17 696	14 607
眉山地区	11 470	10 190		11 586	7 451
资阳地区	29 343	16 823	11 650	31 981	10 351
阿坝州	731	31		743	
甘孜州	20	20		20	
凉山州	28 106	26 206	1 900	33 138	6 352
直综单位	163 707	96 623	14 940	183 075	535

19—29 分行业企事业单位各类专业技术人员数

(1998 年)　　单位:人

行　　业	合　计	工程技术人员	农业技术人员	卫生技术人员	科学研究人员	教　学人　员
全省总计	1 192 514	167 966	38 955	150 071	4 988	610 847
农、林、牧、渔业	76 921	16 275	36 973	1 161	60	1 018
采掘业	11 630	4 031	3	1 422		1 508
制造业	140 058	66 048	186	6 877	3	8 530
电力、煤气及水的生产和供应业	8 703	4 876	2	195	1	74
建筑业	28 394	15 420	11	1 545	2	600
地质勘查、水利管理业	15 168	11 313	171	335	80	388
交通运输、仓储及邮电通信业	22 893	6 981	30	489	18	419
批发和零售贸易、餐饮业	43 969	3 999	367	2 173	8	203
金融、保险业	653	96	8		1	3
房地产业	1 562	790	2	4		4
社会服务业	32 827	12 551	262	1 241	6	805
卫生、体育、社会福利保障业	143 751	1 506	43	130 864	113	1 232
教育、文化艺术、广播电影电视业	634 098	5 991	128	2 743	1 868	595 347
科学研究和综合技术服务业	21 657	12 164	711	600	2 748	282
其他行业	10 230	5 925	58	422	80	434

19—30 科技成果水平及应用情况

(1998年) 单位:项

项目	合计	科研机构	大专院校	企业	其它
一、基本情况					
鉴定项目数	612	102	116	190	204
省/部级登记项目数	395	85	105	101	104
省/部级奖励项目数	191	49	51	53	44
二、成果计划					
国家计划项目	39	5	26	6	2
省/部计划项目	166	49	40	38	39
计划外项目	190	31	39	57	63
基础理论	36	6	27	1	2
应用技术	321	75	73	97	76
软科学	38	4	5	3	26
三、成果水平					
国际首创/领先	26	4	14	4	4
国际先进	73	11	36	21	5
国内首创/领先	152	30	35	37	50
国内先进	144	40	20	39	45
四、应用项目					
1. 农、林、牧、渔、水利业	75	27	17	4	27
2. 工业	122	26	26	60	10
3. 地质普查和勘探业	11	1	4	2	4
4. 建筑业	10	1	1	5	3
5. 交通运输、邮电通讯业	17		4	7	6
6. 商业、饮食、物资供销和仓储业					
7. 房地产公用事业居民和咨询服务业					
8. 卫生、体育、社会、福利业	32	8	11	3	10
9. 教育文化艺术广播和电视业	5		2		3
10. 科学研究和综合技术服务业	7	2	3		2
11. 金融、保险业	2			2	
12. 其它行业	32	9	5	10	8
五、未应用项目					
1. 缺乏资金	8	3	4		1
2. 技术不配套					
3. 无接产单位					
4. 其它原因	11	3	6	1	1

19—31 专利受理量及批准量

单位：项

项　　目	1993	1994	1995	1996	1997	1998
全省专利受理量合计	**3 464**	**3 449**	**3 186**	**3 754**	**2 800**	**3 120**
1. 发明	674	619	551	627	506	570
实用新型	2 445	2 272	2 046	2 335	1 562	1 629
外观设计	345	558	589	792	732	921
2. 个人	2 592	2 520	2 362	2 660	1 959	2 166
大专院校	73	90	113	57	30	67
科研单位	135	145	148	209	83	96
工矿企业	433	386	451	812	720	780
机关团体	231	308	112	16	8	11
全省专利批准量合计	**2 887**	**1 960**	**2 019**	**1 844**	**1 505**	**1 971**
1. 发明	129	72	83	78	65	67
实用新型	2 464	1 670	1 486	1 328	1 001	1 146
外观设计	294	218	450	438	439	758
2. 个人	2 048	1 417	1 437	1 225	986	1 198
大专院校	79	54	45	56	33	32
科研单位	125	87	98	87	70	77
工矿企业	453	267	269	386	406	651
机关团体	182	135	170	90	10	13

注：19—31 表 1996 年以前为区划调整前的四川省数据。

19—32 各类技术合同签定及执行情况

（1998 年）

项　　目	合同数（项）	合同成交额（万元）	实现金额（万元）	实现率（%）
全省合计	**5 058**	**152 000.00**	**75 805.10**	**49.87**
技术开发	1 534	51 230.67	21 611.08	42.18
技术转让	700	21 052.95	11 360.60	53.96
技术咨询	701	8 416.94	5 669.37	67.36
技术服务	2 123	71 299.44	37 164.05	52.12

主要统计指标解释

教学人员 指在国民经济各行业从事自然科学技术方面的教学活动的专业人员，包括：正副教授、讲师、助教、教师和在中学从事自然科学技术方面的教学活动的人员。

普通高等学校 指按照国家规定的审批程序批准举办，通过全国招生考试，招收高级中等学校毕业生和具有同等学历者，实施高等教育，培养高等专门人才的学校。包括大学、专门学院、专科学校和短期职业大学。

成人高等学校 是按照国家规定的审批程序批准举办，高中毕业或同等学历者，利用多种形式对成人实施高等教育，培养相当普通高等学校专科或本科毕业水平的专门人才的学校。包括广播电视大学、职工高等学校、农民高等学校、干部管理学院、教育学院、独立函授学院以及普通高等学校举办的函授、夜大学等。

小学学龄儿童入学率 指调查范围内已入小学学习的学龄儿童占校内外学龄儿童总数（包括弱智儿童在内，但不包括盲聋哑儿童）的比重。计算公式是：

$$\text{小学学龄儿童入学率}=\frac{\text{已入学的小学学龄儿童数}}{\text{校内外小学学龄儿童总数}}\times 100\%$$

自然科学技术人员 指已取得科学技术职称，或大学、中专的理、工、农、医科系数毕业，以及国民经济部门从工作实践中提拔，从事理、工、农、医等自然科学技术的研究、教学、生产（事业）技术方面工作的专业人员和机关、企业、事业中从事科学技术业务管理工作的专业人员。

工程技术人员 指在国民经济各行业从事工程技术工作的自然科学技术的专业人员，包括：高级工程师、工程师、助理工程师、技术员和未评定职称的技术人员。

农业技术人员 指在国民经济各行业从事农业技术工作的自然科学技术的专业人员，包括：高级农艺师、助理农艺师、技术员和未评定称号的技术人员。

卫生技术人员 指在国民经济各行业从事卫生医务工作的自然科学技术的专业人员，包括：正副主任医师、主治医师、医师、医（护）士和未评定职称的技术人员。

科学研究人员 指在国民经济各行业从事科学技术活动的自然科学技术的专业人员，包括：正副研究员、助理研究员、研究实习员、技术员和未评定职称的技术人员。

CULTURE, SPORTS, PUBLIC HEALTH, SOCIAL WELFARE, ENVIRONMENTAL PROTECTION AND OTHERS

二十　文化、体育、卫生、社会福利、环保和其他

20—1 文化艺术、文物事业单位数

单位:个

年 份	艺术表演团 体	公共图书馆	文化馆	文化站	博物馆	群众艺术馆
1952	137	2	166	137	1	
1957	163	19	170	121	1	1
1962	205	36	161	5	11	1
1965	198	36	181	31	13	1
1970	169	36	171	16	13	2
1975	190	36	178	13	13	3
1978	193	57	178	8	12	4
1979	187	71	177	177	12	4
1980	183	71	177	656	11	4
1981	173	71	175	1 875	11	5
1982	164	72	180	3 649	11	6
1983	158	78	178	4 644	14	8
1984	157	79	177	5 230	17	9
1985	148	82	172	5 196	24	14
1986	131	90	172	5 545	26	14
1987	121	92	169	5 557	26	17
1988	115	96	167	5 499	29	19
1989	111	104	167	5 352	30	19
1990	109	109	168	4 957	34	20
1991	106	112	168	4 973	37	20
1992	105	117	169	4 329	37	20
1993	103	117	169	3 745	37	20
1994	101	118	170	3 634	42	20
1995	101	123	171	3 613	42	20
1996	101	125	172	3 384	44	21
1997	101	127	170	3 574	44	24
1998	100	129	170	3 689	47	24

注:1952—1970 年电影放映单位为区划调整前的四川省数据。

20—2 文化事业机构和人员数

(1998年)

单位：机构：个；人数：人

机构类别	全省总计		文化部门				其他部门	
			全民所有制		集体所有制			
	机构数	人数	机构数	人数	机构数	人数	机构数	人数
全省总计	**4 482**	**24 233**	**726**	**16 198**	**3 755**	**7 830**		
艺术业	212	7 332	162	6 066	50	1 266		
图书馆业	129	1 691	129	1 691				
群众文化业	3 883	8 888	202	2 643	3 681	6 245		
艺术教育业	9	407	9	407				
娱乐业								
文艺科研	4	80	4	80				
文物业	184	3 739	184	3 739				
其他文化产业	29	1 508	22	1 403	7	105		

20—3 民族地方文化事业机构和人员数

(1998年)

单位：机构：个；人数：人

机构类别	全省总计		文化部门			
			全民所有制		集体所有制	
	机构数	人数	机构数	人数	机构数	人数
全省总计	**293**	**1 316**	**98**	**1 124**	**195**	**192**
艺术业	12	327	12	327		
#艺术表演团体	6	273	6	273		
艺术表演场所	2	27	2	27		
图书馆业	15	144	15	144		
群众文化业	251	691	56	499	195	192
群众艺术馆	3	77	3	77		
文化馆	50	419	50	419		
文化站	198	192	3	3	195	192

20—4 艺术事业机构和人员数

(1998 年)

单位：机构：个 人数：人

机构类别	全省总计		文化部门			
			全民所有制		集体所有制	
	机构数	人数	机构数	人数	机构数	人数
一、艺术表演团体	100	6 071	70	5 055	30	1 016
话剧	4	353	4	353		
歌剧、舞剧、歌舞剧团	3	452	3	452		
歌舞团	10	1 081	9	1 061	1	20
文工团	6	184	5	154	1	30
戏曲剧团	63	3 171	38	2 292	25	879
曲、杂、木偶剧团	14	830	11	743	3	87
二、艺术表演场所	97	1 096	77	846	20	250
#剧场、影剧院	97	1 096	77	846	20	250
三、艺术创作机构	14	147	14	147		
四、艺术科研机构	4	80	4	80		
五、文化艺术经纪与代理业	5	114	5	114		
六、其它	25	1 412	18	1 307	7	105

20—5 艺术表演团体收支情况

(1998 年)

种类	补贴团数（个）	财政补助收入（万元）	事业收入（万元）	#演出收入	总支出（万元）	#事业支出	#排练制作费
全省总计	98	5 488.7	760.2	513.7	7 780.7	7 408.2	287.2
国营剧团	70	4 940.5	608.0	424.5	6 673.7	6 378.5	267.3
集体经营剧团	28	548.2	152.2	89.2	1 107.0	1 029.7	19.9
按剧种分							
话剧	4	582.9	44.4	29.6	671.6	671.6	13.2
歌剧、舞剧、歌舞剧团	3	632.1	57.3	57.3	888.6	812.8	60.5
歌舞团	10	812.5	79.9	50.5	1 298.6	1 150.1	26.4
文工团	6	137.1	28.0	4.0	204.9	182.2	2.0
戏曲剧团	62	2 627.5	424.5	250.5	3 747.6	3 623.5	144.7
#京剧团	4	382.1	23.8	3.7	416.7	416.7	16.3
曲、杂、木偶剧团	13	696.6	126.1	121.8	969.4	968.0	42.2

20—6 群众艺术馆、文化馆业务活动及经费情况

(1998年)

项目	单位	总计	群众艺术馆	文化馆	文化站
单位数	个	3 883	24	170	3 689
举办展览	个	7 104	186	973	5 945
组织文艺活动	次	16 777	414	1 890	14 473
举办训练班					
班次	次	7 388	470	1 380	5 538
结业人数	千人次	291	14	89	188
群众艺术馆、文化馆负责指导单位					
文化俱乐部(室)	个	7 917	1 007	6 910	
文化户	户	9 600	1 777	7 823	
群众业余演出团(队)	个	957	104	853	
总支出	万元	7 520.5	1 579.2	2 511.7	3 429.6
事业支出	万元	6 460.6	1 464.6	2 352.8	2 643.2
#业务费	万元	1 163.2	234.2	293.2	635.8
修缮费	万元	778.5	318.4	200.9	259.2

20—7 公共图书馆业务活动及经费情况

(1998年)

项目	单位	总计	省级图书馆	市(地、州)级图书馆	县级图书馆
总藏量	千册(件)	16 454	4 643	5 152	6 660
书架总长度	千米	286	41	96	148
发放借书证数	千个	166	7	45	114
书刊外借情况					
人次	千人次	2 695	8	743	1 944
册次	千册次	5 482	52	1 340	4 090
为读者服务举办各种活动					
次数	次	709	25	180	504
参加人次	千人次	704	25	184	495
总支出	万元	2 891.7	565.1	1 010.0	1 316.6
事业支出	万元	2 807.0	553.6	1 007.6	1 245.8
#图书购置费	万元	421.5	150.1	116.0	155.4
修缮费	万元	253.7	7.2	113.8	132.7
本年新购图书	万册	21.6	4.5	5.0	12.0
阅览室座席	千个	20		4	16

20—8 博物馆、文物机构业务活动及经费情况

(1998年)

项　　目	单　位	博物馆	文物机构	文物保护管理机构
藏　　品	件	265 694	187 843	187 843
#一级品	件	1 350	427	427
本年支出	万元	5 712.8	5 122.3	5 122.3
事业支出	万元	5 259.8	4 803.3	4 803.3
#业务费	万元	1 108.9		
考古发掘费	万元	7.0	422.0	422.0
维修费	万元	499.6	367.3	367.3
第三产业增加值	万元	1 869.2	1 997.3	1 997.3

20—9 出版、发行、文物、图书馆、群众文化事业机构和人员数

单位：机构：个　人数：人

项　　目	机构数		人员数		项　　目	机构数		人员数	
	1997	1998	1997	1998		1997	1998	1997	1998
出版、发行事业					图书馆业	127	129	1 694	1 691
1、出版社		16		1 262	#县级图书馆	80	111	640	950
2、书刊、印刷厂					群众文化业	3 768	3 883	8 929	8 888
3、图书发行网点		4 141		11 670	1、群众艺术馆	24	24	752	674
#其它类型的售书点		3 351		3 786	2、文化馆	170	170	2 026	1 960
文物业	174	183	3 463	3 631	#县级文化馆	122	170	1 478	1 960
1、博物馆	44	47	1 597	1 773	3、文化站	3 574	3 689	6 151	6 254
2、文物机构	128	135	1 777	1 767					
3、文物商店	2	2	89	91	#乡镇文化站	3 409	3 430	5 434	5 281

20—10 图书出版数

年　份	种数（种）	#新出版	总印数（万册）	总印张（千印张）
1952	53	20	1 481	31 948
1957	52		909	17 833
1962	86		2 484	52 561
1965	65		6 280	150 056
1970	24		4 225	106 766
1975	292	233	17 184	484 986
1978	277	241	24 993	839 159
1979	322	306	23 131	955 664
1980	549	502	31 370	1 190 628
1981	649	567	35 111	998 231
1982	794	673	27 593	867 343
1983	903	707	34 281	998 396
1984	1 121	923	35 084	1 268 040
1985	1 273	1 151	28 023	995 161
1986	1 790	1 502	23 298	823 621
1987	2 119	1 583	29 233	1 120 745
1988	2 808	2 123	26 386	1 141 069
1989	2 977	2 211	24 062	992 269
1990	2 676	1 896	21 152	823 599
1991	2 769	1 730	16 634	718 909
1992	3 022	2 063	22 903	991 845
1993	2 459	1 795	17 666	722 663
1994	3 840	2 818	21 650	1 058 494
1995	3 017	1 876	15 438	838 937
1996	3 833	2 256	27 975	1 387 717
1997	4 510	2 005	33 272	1 531 933
1998	4 436	2 369	31 491	1 511 119

20—11 杂志出版数

年　　份	种数 (种)	每期平均印数 (万册)	总印数 (万册)	总印张 (千印张)
1952	25	45	565	5 400
1978	13	57	562	11 725
1979	21	72	797	16 206
1980	71	341	3 036	86 992
1981	89	491	4 807	131 337
1982	115	303	2 944	88 644
1983	142	358	3 082	98 873
1984	181	452	4 034	124 058
1985	224	690	5 532	178 097
1986	249	542	4 554	145 021
1987	244	582	4 843	146 326
1988	241	440	4 287	129 815
1989	246	371	3 417	107 143
1990	226	324	3 257	91 487
1991	234	362	3 192	94 430
1992	249	404	4 030	116 970
1993	256	456	4 674	124 906
1994	275	412	4 067	118 649
1995	287	487	4 993	148 978
1996	289	409	4 339	120 254
1997	289	405	4 336	124 840
1998	284	403	4 508	132 110

20—12 报纸出版数

年　份	种数（种）	每期平均印数（万份）	总印数（万份）	总印张（千印张）
1952	14	34	6 799	51 500
1957	15	35	8 109	60 045
1978	15	170	51 889	437 577
1979	16	176	51 397	435 684
1980	22	214	50 627	423 049
1981	28	257	51 376	404 680
1982	31	337	52 626	394 463
1983	39	470	64 811	492 547
1984	57	722	82 139	595 299
1985	69	859	92 878	641 380
1986	78	960	102 303	694 209
1987	78	1 120	116 930	785 893
1988	74	1 072	116 714	801 050
1989	75	890	90 978	614 267
1990	66	818	94 657	646 421
1991	70	869	101 753	686 595
1992	75	818	97 368	725 983
1993	80	823	104 000	739 738
1994	91	885	102 319	725 320
1995	93	710	100 500	1 226 320
1996	95	680	109 084	1 382 921
1997	95	763	126 818	2 270 653
1998	100	757	124 922	2 359 444

20—13 广播电视基本情况

年份	广播电台（座）	中短波发射台及转播台（座）	中短波发射机功率（部/千瓦）	电视台（座）	发射台及转播台（座）	电视发射功率（部/千瓦）	广播覆盖率（%）	电视覆盖率（%）	县广播电视（站）（个）
1952	3	2	2/2				20.06		
1957	1	1	2/2				20.06		80
1962	3	4	3/23.8	1	1	1/1	30.18	3.87	129
1965	3	4	3/123.8	1	1	1/1	30.09	3.87	141
1970	3	4	5/260.6	1	1	1/1	35.28	5.29	150
1975	3	9	10/327.6	1	14	15/5.50	43.13	18.73	157
1978	3	9	11/413.3	1	82	76/6.74	46.91	38.60	165
1979	3	9	21/469.0	1	146	154/10.75	47.81	43.58	167
1980	3	11	15/488.0	1	208	235/21.39	49.91	45.69	168
1981	3	12	16/499.0	1	299	320/42.73	50.82	50.47	168
1982	3	12	16/449.5	1	451	404/44.47	51.65	52.42	168
1983	3	13	18/440.5	1	558	585/49.55	52.50	41.65	168
1984	5	13	19/441.5	3	729	921/72.52	52.57	53.04	167
1985	5	13	20/442.5	3	865	921/73.05	52.37	48.71	169
1986	6	13	22/453.5	5	1 089	1 202/114.00	59.44	63.04	168
1987	6	16	25/446.5	7	1 271	1 439/189.70	59.38	62.98	170
1988	10	16	26/456.5	10	1 500	1 738/161.71	61.75	69.30	170
1989	11	17	28/451.0	15	1 787	2 187/169.07	64.47	70.47	169
1990	14	18	29/453.0	15	2 100	2 577/183.38	64.46	71.46	166
1991	13	19	30/462.0	16	2 244	2 775/186.89	64.75	71.78	171
1992	15	19	32/514.0	21	2 438	3 106/199.05	64.84	71.88	169
1993	19	20	35/533.1	23	2 518	3 289/194.78	70.21	76.12	165
1994	25	20	34/632.0	27	2 950	3 757/202.80	80.13	86.33	150
1995	52	27	43/515.1	31	3 114	4 036/218.38	80.02	86.37	134
1996	58	27	40/521.1	32	3 303	3 952/207.09	84.14	84.55	161
1997	67	27	48/556.1	34	3 227	3 959/230.62	85.83	86.85	162
1998	17	29	48/556.1	23	3 264	4 009/235.94	88.90	88.97	44

20—14 广播电视播放情况

(1998 年)

项　目	节目套数(套)	平均每日(周)播出时间(时：分)	自办节目时间(时：分)	#新闻节目	#教育节目	#文艺节目
无线广播合计	**65**	**646：02**	**472：27**	**68：37**	**19：55**	**146：08**
省级广播电台	7	120：40	116：20	10：52	5：30	26：14
地市级广播电台	19	238：55	200：35	27：15	5：30	74：40
县级广播电台	39	286：27	155：32	30：30	8：55	45：14
电视播映合计	**45**	**3 160：09**	**2 409：11**	**216：10**	**75：44**	**1 565：45**
省级电视台	3	303：29	296：29	27：45	1：00	192：20
市、地、州级电视台	25	2 058：07	1 423：22	138：55	62：35	880：21
县级电视台	17	798：33	689：20	49：30	12：09	493：04

注：无线广播播出(自办)时间为平均每日，电视播映为每周。

20—15 青少年业余体育学校基本情况

年　份	学校数(所)	在校学生数(人)	输送和考入高等学校人数(人)	#输送优秀运动队人数	专职教练员人数(人)
1973	79	7 189		20	215
1974	89	11 244		24	312
1975	190	21 202		90	473
1976	157	19 928		47	451
1977	201	24 313		55	516
1979	200	23 259		52	699
1980	243	20 097	349	99	747
1981	223	22 470	390	110	702
1982	200	18 407	331	79	873
1983	182	12 326	329	108	761
1984	179	12 634	484	170	773
1985	218	13 122	734	254	794
1986	224	14 287	845	371	953
1989	211	18 276	1 087	235	1 285
1990	222	19 338	937	201	1 320
1991	213	18 323	958	312	979
1992		18 114	610	226	
1993	178	17 940	511	164	948
1994	187	19 755	635	277	887
1995	183	18 308	746	268	910
1996	178	19 964	1 044	162	918
1997	174	21 197	1 379	197	902
1998	179	23 676	976	115	879

20—16 卫生机构各类人员基本情况

项　目	1995	1996	1997	1998
一、各类卫生人员合计	**299 430**	**302 940**	**307 665**	**307 922**
卫生技术人员	243 137	246 192	250 801	251 189
其他技术人员	5 208	5 476	5 461	5 552
管理人员	24 551	25 004	24 858	24 621
工勤人员	26 534	26 268	26 545	26 560
二、卫生技术人员	**243 137**	**246 192**	**250 801**	**251 189**
中医师	22 414	22 408	22 624	22 554
西医师	64 505	64 794	64 905	65 493
中西医结合高级医师	479	424	536	565
护师	32 853	33 707	34 519	35 395
中药师	4 618	4 746	4 636	4 731
西药师	6 761	6 688	6 584	6 557
检验师	5 827	5 850	5 927	5 967
其他技师	3 599	3 656	3 820	3 763
中医士	9 938	10 237	9 971	10 436
西医士	19 487	22 294	23 706	25 581
护士	20 136	20 915	21 240	21 614
助产士	3 292	3 337	3 454	3 381
中药剂士	3 661	2 551	3 497	3 460
西药剂士	3 494	3 732	3 795	3 812
检验士	2 075	2 230	2 355	2 530
其他技士	1 769	1 777	1 830	1 755
其他中医	3 544	3 000	2 770	2 235
护理员	5 895	5 469	5 414	4 602
中药剂员	2 414	2 169	2 199	1 915
西药剂员	2 510	2 427	2 406	2 194
检验员	1 097	1 098	1 088	977
其他初级卫生技术人员	22 829	21 683	23 525	21 672

20—17 卫生机构、床位和人员基本情况

(1998 年)

项　目	机构数(个)	床位数(张)	人员数(人)				
				卫生技术人员	其他技术人员	管理人员	工勤人员
全省总计	31 917	190 788	307 922	251 189	5 552	24 621	26 560
医院合计	873	110 168	142 715	110 486	1 862	13 832	16 535
县级县以上医院	842	108 509	141 192	109 208	1 862	13 684	16 438
综合医院	608	78 583	102 820	79 302	1 220	9 890	12 408
中医医院	158	14 191	20 266	16 728	89	1 844	1 605
医学院校附属医院	9	4 272	6 897	4 842	304	730	1 021
传染病院	3	726	674	454	1	106	113
精神病院	32	6 291	3 917	2 871	42	403	601
结核病院	1	90	128	110		12	6
妇幼保健院	12	668	1 376	1 062	5	206	103
妇产医院	1	200	332	227		51	54
儿童医院	1	200	389	311	3	39	36
麻风病院	1	320	70	50		4	16
职业病院	1	350	258	179		33	46
肿瘤医院	4	910	1 349	1 003	114	84	148
口腔医院	1	40	44	33	1	9	2
眼科医院	1		8	6	1	1	
骨科医院	4	358	417	344		49	24
中西医结合医院	3	1 160	2 033	1 548	71	198	216
其他专科医院	2	150	214	138	12	25	39
其他医院	31	1 659	1 523	1 278		148	97
农村卫生院	6 803	60 222	85 047	77 338	38	4 380	3 291
疗养院	20	4 030	2 378	1 102	61	433	782
门诊部	373	4 533	8 076	7 018	16	570	472
专科防治所、站	66	1 252	2 216	1 732	14	212	258
卫生防疫机构	219	67	11 426	8 938	319	1 048	1 121
妇幼保健机构	190	2 984	6 353	5 187	67	609	490
药品检验所、室	105		1 147	822	34	159	132
其他卫生事业机构	1 332	6 460	10 341	7 216	708	1 103	1 314
医学科学研究机构	21	552	1 887	1 045	343	264	235
高等医药院校	5	130	5 648	2 202	1 177	1 068	1 201
中等医药院校	155	390	4 798	2 213	913	943	729
诊所、医务室、卫生保健所	21 755		25 890	25 890			

20—18 社会福利事业、企业单位数和工作人员数

项　　目	机　构(个)				工作人员(人)			
	1990	1995	1997	1998	1990	1995	1997	1998
合　计	3 931	4 963	5 233	5 027	42 966	62 861	56 172	57 750
1. 社会福利事业单位	2 333	2 848	3 075	3 117	6 708	7 844	8 453	8 255
民政部门办	82	95	101	104	2 653	3 012	3 140	3 237
社会办	2 251	2 753	3 176	3 013	4 055	4 832	5 313	5 018
2. 社会福利企业单位	1 420	1 894	1 928	1 670	34 296	52 367	45 097	46 565
民政部门办	404	401	447	375	12 186	16 262	13 961	13 156
#假肢厂	1	1	1	1	170	146	134	121
安置农场	3	3	3	3	385	343	331	316
社会办	1 012	1 489	1 477	1 291	21 985	35 616	30 671	32 972
3. 盲人按摩诊所	14				273			
4. 烈士纪念建筑物管理单位	44	51	51	53	153	360	214	225
5. 收容遣送站	29	39	39	36	493	554	572	562
6. 殡葬事业单位	91	131	140	151	613	1 736	1 836	2 143

20—19 社会福利事业单位基本情况

项　　目	机构(个)			工作人员(人)		
	1996	1997	1998	1996	1997	1998
合　计	3 069	3 075	3 117	8 560	8 453	8 255
1. 民政部门办社会福利事业单位	101	101	104	3 085	3 140	3 237
优抚休、疗养院	30	31	31	791	779	785
城市福利院	71	70	73	2 294	2 361	2 452
2. 城镇集体办光荣院、敬老院	1 256	1 409	1 456	2 509	2 465	2 647
光荣院	2	2		8	8	
敬老院	1 254	1 407	1 456	2 501	2 457	2 647
3. 农村集体办敬老院	1 710	1 565	1 557	2 966	2 848	2 371

20—20 社会福利救济主要费用情况

单位:万元

项目	1991	1992	1993	1994	1995	1996	1997	1998
合计	37 233.2	39 396.7	46 390.6	52 558.7	62 891.4	69 621.8	73 424.4	81 446.6
国家支出	24 178.6	24 613.0	28 037.4	32 681.8	39 117.5	42 012.8	46 691.7	53 588.3
集体供给	13 054.6	14 783.7	18 353.2	19 876.9	23 773.9	27 600.0	26 732.7	27 858.3
1. 优抚费用	15 799.4	16 157.0	18 269.6	21 809.0	25 005.0	28 797.2	32 462.8	33 985.9
国家支出	11 264.3	10 755.7	12 060.6	14 777.9	16 609.4	18 766.9	21 319.8	22 689.9
集体供给	4 535.1	5 401.3	6 209.0	7 031.1	8 395.6	10 030.3	11 143.0	11 296.0
2. 社会救济费用	17 088.0	18 831.3	23 329.0	24 612.7	31 370.3	33 451.4	33 537.6	38 724.2
国家支出	9 970.4	11 101.6	12 964.3	14 077.2	18 561.9	19 033.5	20 973.6	25 497.2
集体供给	7 117.6	7 729.7	10 364.7	10 535.5	12 808.4	14 417.9	12 564.0	13 227.0
①生活救济	13 142.9	13 867.3	17 491.8	19 290.4	24 395.0	26 891.9	26 363.2	29 588.1
国家支出	6 025.3	6 137.6	7 127.1	8 754.9	11 586.6	12 474.0	13 799.2	16 361.1
集体供给	7 117.6	7 729.7	10 364.7	10 535.5	12 808.4	14 417.9	12 564.0	13 227.0
②扶持生产	2 656.6	3 695.1	4 352.4	3 687.9	4 713.0	4 030.3	4 081.6	4 021.3
③其他	1 288.5	1 268.9	1 484.8	1 634.4	2 262.3	2 529.2	3 092.8	5 114.8
3. 社会福利费用	4 345.8	4 408.4	4 792.0	6 137.0	6 516.1	7 364.3	7 424.0	8 736.5
国家支出	2 943.9	2 755.7	3 012.5	3 826.7	3 946.2	4 221.4	4 398.3	5 401.2
集体供给	1 401.9	1 652.7	1 779.5	2 310.3	2 569.9	3 151.9	3 025.7	3 335.3

20—21 享受补助、救济人员情况

单位:万人

项目	1991	1992	1993	1994	1995	1996	1997	1998
农村贫困户得到救济人数	196.1	150.6	174.2	167.1	180.4	188.3	184.9	228.2
农村散居孤老残幼人数	23.4	24.3	20.3	21.7	21.9	22.5	23.8	20.9
农村五保户及国家定救人数	1.6	1.2	1.5	1.3	1.3	1.5	0.9	0.9
得到集体给予补助人数	17.3	17.9	18.2	18.9	19.1	19.3	16.7	17.5
城镇困难户得到救济和补助人数	19.6	57.2	13.4	13.3	11.3	11.9	24.0	25.6
#得到国家定期定量救济人数	0.7	0.8	0.8	0.8	0.8	0.7	0.8	0.8
精减退职老弱残职工得到救济人数	4.9	4.9	5.1	5.1	5.1	5.0	5.0	5.0
享受原工资40%救济人数	1.6	1.6	1.7	1.7	1.7	1.6	1.6	1.6
享受定期定量救济人数	3.3	3.3	3.4	3.4	3.4	3.4	3.4	3.4

20—22 工业"三废"排放及处理利用情况

单位:万元

项　目	单位	1996	1997	1998
汇总工业企业数	个	2 584	4 309	3 568
工业废水排放总量	万吨	112 305.9	122 696.0	102 740.56
工业废水排放达标量	万吨	59 493.8	61 556.6	50 442.50
#处理排放达标量	万吨	28 180.1	25 050.6	22 561.33
工业废水处理量	万吨	106 098.8	95 861.3	94 501.74
工业废水处理回用量	万吨	60 260.0	56 361.5	59 306.03
工业废气排放总量	万标立方米	48 800 085	52 979 184	46 271 341
#经过消烟除尘的	万标立方米	18 575 730	21 008 432	19 090 853
#经过净化处理的	万标立方米	12 876 025	17 017 850	13 160 889
工业二氧化硫去除量	吨	201 856.0	144 878.8	142 592
工业二氧化硫排放量	吨	627 735.4	861 670.5	695 498
烟尘去除量	吨	3 109 249.5	4 633 461.0	2 913 036
烟尘排放量	吨	404 864.2	713 512.7	703 966
工业粉尘回收量	吨	1 034 573.0	1 293 666.7	1 334 716
工业粉尘排放量	吨	329 226.2	623 514.3	696 637
工业固体废物产生量	万吨	2 972.3	3 634.7	4 059.1
工业固体废物综合利用量	万吨	1 146.0	1 403.1	1 561
工业固体废物处置量	万吨	279.3	226.8	160.1
工业固体废物排放量	万吨	141	220.8	991.9
工业固体废物贮存量	万吨	1 406.0	1 830.1	1 536.5
汇总企业总产值	万元	18 607 614.7	11 380 353.6	15 199 548.6
"三废"综合利用产品产值	万元	115 103.5	112 640.6	126 115.2
"三废"综合利用产品利润	万元	21 401.9	23 981.2	27 580.9
工业锅炉数	台/蒸吨	3 021/26 910.8	3 396/28 122.1	3 169/30 414.0
#烟尘排放达标的	台/蒸吨	2 330/22 443.9	2 493/23 521.2	2 423/27 673.8
工业炉窑数	座	3 935	4 914	4 395
#烟尘排放达标的	台	2 452	2 534	2 592

20—23 工业污染治理情况

项　　目	单位	1995	1996	1997	1998
汇总工业企业数	个	995	649	435	335
本年施工项目总数	个	917	397	318	435
#治理废水	个	297	138	136	166
治理废气	个	298	152	118	169
治理固体废物	个	125	50	29	43
治理噪声	个	126	33	16	22
治理其他	个	68	24	19	35
本年竣工项目数	个	805	454	387	393
#治理废水	个	258	166	159	150
治理废气	个	260	176	152	156
治理固体废物	个	119	55	36	34
治理噪声	个	110	35	20	21
治理其他	个	58	22	20	32
污染治理项目本年完成投资合计	万元	41 334.4	28 178.9	28 162.0	25 419.1
#治理废水	万元	10 276.3	11 750.2	9 754.0	11 964.3
治理废气	万元	15 926.2	7 964.7	10 875.3	6 334.0
治理固体废物	万元	11 764.4	6 290.0	6 874.5	6 576.8
治理噪声	万元			296.2	178.3
治理其他	万元	2 279.8	1 747.5	357.3	365.7
污染治理项目本年投资来源合计	万元	41 334.4	28 059.8	28 162.0	25 419.1
#基本建设国家预算内资金	万元	16 805.0	2 908.5	6 015.0	8 133.8
更新改造国家预算内资金	万元	12 764.7	8 160.3	5 658.3	593.9
综合利用利润留成资金	万元	1 382.5	2 435.6	1 371.2	3 690.1
环境保护补助资金	万元	3 454.4	1 475.5	1 766.3	1 996.2
环保贷款	万元	873.1	528.7	867.9	623.2
其他资金	万元	6 926.8	12 551.2	12 483.3	10 381.9

20—24 分行业工业废水排放及处理情况

(1998年)

行　业	汇总工业企业数（个）	工业废水排放总量（万吨）	工业废水排放达标量（万吨）	#处理排放达标量
总　计	3 568	102 740.56	50 442.50	22 561.33
采掘业	344	5 318.20	3 423.01	1 591.99
食品、烟草加工及食品、饮料制造业	441	7 501.14	1 384.24	646.47
纺织业	192	3 139.76	673.62	486.04
皮革、毛皮、羽绒及其制造业	45	687.82	376.16	239.07
造纸及纸制品业	173	17 060.38	2 986.10	1 676.20
印刷业、记录媒介的复制	34	288.73	283.52	274.21
石油加工及炼焦业	18	237.77	23.03	18.00
化工原料及化学制品制造业	357	18 390.48	8 544.34	5 047.81
医药制造业	89	1 736.24	832.84	152.57
化学纤维制造业	16	1 928.22	1 104.82	330.62
橡胶制品业	25	73.39	16.52	3.38
塑料制品业	17	15.71	9.96	1.54
非金属矿物制造业	670	2 969.42	1 522.83	592.08
#水泥制造业	229	1 602.85	784.27	358.83
黑色金属冶炼及压延工业	136	9 286.71	7 727.52	3 414.74
有色金属冶炼及压延工业	53	994.49	705.76	283.31
金属制品业	147	587.97	515.13	451.68
机械、电气、电子设备制造业	423	12 372.39	9 617.93	2 100.60
电力、煤气及水的生产和供应业	65	16 695.45	8 692.05	4 333.52
其它行业	323	3 456.30	2 003.12	917.51

20—24 续表 (1998 年)

行业	废水治理设施数(套)	工业废水处理量(万吨)	工业废水处理回用量(万吨)	工业废水污染物去除量中(吨)	
				化学需氧量	悬浮物
总计	**3 228**	**94 501.74**	**59 306.03**	**216 668.11**	**6 699 246.28**
采掘业	626	6 388.26	4 172.13	160 972.96	225 964.82
食品、烟草加工及食品、饮料制造业	300	2 069.94	657.46	15 788.02	9 209.79
纺织业	113	751.48	67.08	1 952.03	834.91
皮革、毛皮、羽绒及其制造业	50	370.28	44.21	529.66	315.64
造纸及纸制品业	234	10 706.77	4 304.77	22 226.14	28 684.43
印刷业、记录媒介的复制	15	278.21	4.00	0.52	9.28
石油加工及炼焦业	27	95.29	14.68	1 019.23	78.30
化工原料及化学制品制造业	446	18 065.40	11 372.14	4 082.33	120 351.83
医药制造业	59	533.92	15.11	368.69	398.54
化学纤维制造业	22	880.73	142.96	533.65	856.48
橡胶制品业	7	3.70	0.06	0.46	0.88
塑料制品业	2	1.70			1.90
非金属矿物制造业	216	1 767.94	1 045.48	282.71	406.53
#水泥制造业	93	974.13	578.06	207.88	202.56
黑色金属冶炼及压延工业	163	34 764.63	30 895.18	3 204.21	5 669 805.12
有色金属冶炼及压延工业	64	417.12	12.41	137.59	327.89
金属制品业	115	676.94	203.82	94.83	168.77
机械、电气、电子设备制造业	457	4 282.25	1 818.43	546.72	29 336.88
电力、煤气及水的生产和供应业	72	9 598.43	2 671.91	4 250.97	605 258.05
其它行业	240	2 848.76	1 864.22	677.37	7 236.25

20—25 分行业工业废气排放及处理情况

（1998 年）

行　　业	废气治理设施（套）	工业废气排放总量（万标立米）	燃料燃烧中排放的	#经过消烟除尘的	生产工艺中排放的	# 经过净化处理的
总　计	4 502	46 271 341	25 240 874	19 090 853	21 030 467	13 160 889
采掘业	399	3 713 878	2 934 429	2 661 335	779 449	311 271
食品、烟草加工及食品、饮料制造业	322	875 331	761 132	560 904	114 199	106 892
纺织业	118	363 182	349 334	204 730	13 848	1 267
皮革、毛皮、羽绒及其制造业	19	63 406	63 406	5 986		
造纸及纸制品业	143	1 159 040	772 166	496 753	386 874	211 924
印刷业、记录媒介的复制	7	61 091	55 235	55 118	5 856	5 856
石油加工及炼焦业	12	118 299	71 725	68 634	46 574	2 042
化工原料及化学制品制造业	409	3 858 723	1 775 489	1 006 914	2 083 234	1 110 422
医药制造业	92	203 018	158 425	151 964	44 593	2 086
化学纤维制造业	19	1 297 210	178 172	177 673	1 119 038	131 528
橡胶制品业	15	54 610	54 157	40 817	453	400
塑料制品业	6	4 491	3 289	3 101	1 202	1 202
非金属矿物制造业	1 270	8 468 518	2 519 610	1 001 822	5 948 908	4 092 898
#水泥制造业	908	6 419 654	1 448 191	645 054	4 971 463	3 696 608
黑色金属冶炼及压延工业	208	8 718 955	2 636 004	1 545 811	6 082 951	5 167 019
有色金属冶炼及压延工业	79	2 140 179	1 078 555	179 077	1 061 624	84 367
金属制品业	86	1 449 391	722 006	680 189	727 385	7 799
机械、电气、电子设备制造业	793	2 683 749	536 773	306 226	2 146 976	1 544 616
电力、煤气及水的生产和供应业	155	10 272 017	10 204 419	9 788 850	67 598	50 614
其它行业	350	766 253	366 548	154 949	399 705	328 686

20—25 续表 （1998 年） 单位：吨

行业	工业二氧化硫去除量	工业二氧化硫排放量	烟尘去除量	烟尘排放量	工业粉尘回收量	工业粉尘排放量
总计	142 592	695 498	2 913 036	703 966	1 334 716	696 637
采掘业	9 209	30 935	91 906	53 219	33 176	24 529
食品、烟草加工及食品、饮料制造业	3 225	17 461	31 262	14 809	1 009	830
纺织业	1 117	9 167	12 655	6 204	54	37
皮革、毛皮、羽绒及其制造业	729	1 202	583	611	8	15
造纸及纸制品业	3 433	24 044	45 676	18 061	3 019	79 318
印刷业、记录媒介的复制		2 276		364		
石油加工及炼焦业		4 060	63	6 456	20	1 008
化工原料及化学制品制造业	13 434	41 298	91 579	26 837	15 906	5 928
医药制造业	126	2 877	4 036	5 539	9	14
化学纤维制造业	340	8 005	13 679	2 200	500	120
橡胶制品业	57	3 014	2 041	549		5
塑料制品业	104	85	128	35	9	
非金属矿物制造业	10 601	133 104	50 108	168 720	755 404	538 058
#水泥制造业	10 143	59 010	40 917	45 304	659 668	500 224
黑色金属冶练及压延工业	355	68 508	120 901	12 771	496 204	24 550
有色金属冶练及压延工业	22 816	10 449	8 749	3 666	1 286	2 352
金属制品业	2 637	2 046	4 825	3 962	278	653
机械、电气、电子设备制造业	39 100	10 101	18 469	8 376	4 788	2 051
电力、煤气及水的生产和供应业	27 051	251 250	2 404 191	149 066	20 372	14 850
其它行业	8 249	75 608	12 177	222 515	2 666	2 313

20—26 分行业工业固体废物排放及处理情况

(1998年)

行　业	工业固体废物产生量(万吨)	#冶炼废渣(吨)	#粉煤灰(吨)	#炉渣(吨)	#煤矸石(吨)	工业固体废物综合利用量(万吨)	#冶炼废渣(吨)
总　计	4 059.1	4 339 338	3 566 091	4 306 079	11 939 988	1 561	1 222 424
采掘业	1 861.7	118 233	179 970	378 920	11 675 587	317	82 646
食品、烟草加工及食品、饮料制造业	72.0	303	56 146	217 782	280	62	263
纺织业	12.8		493	122 768	23	9	
皮革、毛皮、羽绒及其制造业	1.8		12	18 117		1	
造纸及纸制品业	27.7		80 504	168 009	25	19	
印刷业、记录媒介的复制	3.6		28 393	5 658		3	
石油加工及炼焦业	2.5		40	1 684	3 800	1	
化工原料及化学制品制造业	271.2	139 126	116 095	633 543	200	160	126 986
医药制造业	7.6		281	49 817	50	6	
化学纤维制造业	5.6		232	45 460	2	4	
橡胶制品业	1.3		93	13 223		1	
塑料制品业	0.1		1	1 624			
非金属矿物制造业	81.9	22 999	76 631	369 084	203 361	68	23 974
#水泥制造业	29.2	11 509	45 445	167 130	31 249	25	12 484
黑色金属冶炼及压延工业	1 057.7	3 883 186	113 025	205 289	5 000	184	899 499
有色金属冶炼及压延工业	32.0	76 290	4 071	52 942	4 040	12	71 711
金属制品业	8.8	3 166	58 956	17 264	40	6	2 724
机械、电气、电子设备制造业	123.0	34 572	45 461	127 980	3 109	62	11 958
电力、煤气及水的生产和供应业	414.3		2 803 591	1 322 512		619	
其它行业	72.7	61 463	2 096	554 418	44 471	18	2 662

20—26 续表 （1998 年）

行　业	#粉煤灰（吨）	#炉渣（吨）	#煤矸石（吨）	工业固体废物储存量（万吨）	工业固体废物累计储存量（万吨）	工业固体废物处置量（万吨）	工业固体废物排放量（万吨）
总　计	**3 782 607**	**4 998 196**	**2 151 005**	**1 536.5**	**27 088**	**160.0**	**991.9**
采掘业	135 200	282 871	1 920 250	419.2	11 486	45.0	882.5
食品、烟草加工及食品、饮料制造业	30 791	176 282	3 270	2.5	6	2.4	4.7
纺织业	400	92 168	30			1.0	2.0
皮革、毛皮、羽绒及其制造业	2	17 637					
造纸及纸制品业	43 683	141 892		0.4	6	1.4	5.8
印刷业、记录媒介的复制	28 393	5 647					
石油加工及炼焦业	40	1 084	2 000	0.3	13	0.4	
化工原料及化学制品制造业	74 402	616 610	200	70.4	387	80.7	16.8
医药制造业	270	38 080	50			0.2	1.1
化学纤维制造业	229	40 130	2			0.5	0.3
橡胶制品业		12 146			1		
塑料制品业	1	1 594					
非金属矿物制造业	76 932	321 162	194 111	1.9	18	2.3	9.7
#水泥制造业	45 695	150 113	27 249	1.1	15	0.3	1.9
黑色金属冶练及压延工业	22 912	53 505	5 000	847.4	12 336	4.3	21.2
有色金属冶练及压延工业	3 494	44 914	4 000	1.4	162	0.6	17.4
金属制品业	47 667	11 651		1.1		0.7	0.5
机械、电气、电子设备制造业	31 628	113 703	958	53.6	87	4.2	2.7
电力、煤气及水的生产和供应业	3 257 574	2 936 808		134.7	1 564	12.5	6.9
其它行业	28 990	90 319	21 134	3.0	1 017	2.9	19.5

20—27 各市地州工业废水排放及处理情况

(1998 年)

地　区	汇总工业企业数（个）	工业废水排放总量（万吨）	工业废水排放达标量（万吨）	#处理排放达标量
全省总计	3 568	102 740.56	50 442.50	22 561.33
成都市	1 006	25 933.37	18 648.46	10 956.87
自贡市	270	3 306.26	883.36	143.85
攀枝花市	67	4 352.15	3 229.02	1 532.49
泸州市	125	11 354.88	5 634.82	536.33
德阳市	101	3 766.82	2 006.09	1 381.95
绵阳市	217	7 233.56	4 682.61	1 310.52
广元市	78	1 168.35	714.42	696.02
遂宁市	72	2 270.89	56.58	56.47
内江市	182	8 779.78	3 217.39	1 048.41
乐山市	179	6 599.01	2 709.44	566.59
南充市	199	2 364.63	1 273.24	897.14
宜宾市	195	9 298.90	3 375.69	1 312.99
广安市	106	1 781.26	409.05	142.05
达川地区	164	2 014.20	494.82	418.13
巴中地区	64	1 460.68	513.85	497.52
雅安地区	125	1 854.36	181.89	68.56
眉山地区	110	2 620.51	584.07	181.32
资阳地区	92	4 132.62	1 126.74	297.47
阿坝州	30	225.96	169.35	73.68
甘孜州	6	3.76		
凉山州	165	2 086.01	399.01	393.66

20—27 续表

(1998 年)

地区	废水治理设施(套)	工业废水处理量(万吨)	工业废水处理回收量(万吨)	工业废水污染物去除量中(吨)	
				化学需氧量	悬浮物
全省总计	3 228	94 501.74	59 306.03	216 668.11	6 699 246.28
成都市	757	21 992.00	9 026.85	19 155.59	99 754.53
自贡市	176	1 174.32	543.27	101.55	1 653.27
攀枝花市	133	26 307.03	24 443.34	153 749.05	5 847 318.24
泸州市	277	3 121.37	961.22	3 566.16	30 091.58
德阳市	258	3 457.73	1 657.15	887.79	28 982.54
绵阳市	185	5 774.54	3 871.20	504.53	2 355.77
广元市	70	1 247.13	448.09	141.72	2 888.41
遂宁市	59	1 736.44	1 066.87	713.13	1 708.52
内江市	199	6 930.96	4 477.89	12 169.81	419 158.70
乐山市	156	2 193.92	1 047.49	116.96	164 400.23
南充市	68	2 261.69	1 219.49	363.27	704.87
宜宾市	203	6 923.70	3 528.17	16 998.51	22 682.75
广安市	43	1 027.73	717.25	2.30	130.52
达川地区	162	2 796.18	1 935.40	16 998.51	2 062.64
巴中地区	40	613.53	36.87	451.70	10 028.70
雅安地区	68	224.36	20.43	705.65	253.88
眉山地区	149	2 282.65	1 636.76	3 295.25	20 2
资阳地区	89	2 622.66	2 121.35	244.13	373.50
阿坝州	21	126.94	3.99		2.00
甘孜州		7			
凉山州	95	1 596.74	502.19	3 492.31	64 452.11

20—28 各市地州工业废气排放及处理情况

(1998年)

地区	废气治理设备(套)	工业废气排放总量(万标立米)	燃料燃烧中排放的	#经过消烟除尘的	生产工艺中排放的	#经过净化处理的
全省总计	4 502	46 271 341	25 240 874	19 090 853	21 030 467	13 160 889
成都市	1 033	7 117 641	3 357 249	2 392 305	3 760 392	2 997 696
自贡市	379	1 369 821	1 119 662	801 708	250 159	160 493
攀枝花市	201	8 378 789	3 425 005	2 587 834	4 953 784	4 280 142
泸州市	126	2 256 380	888 428	301 556	1 367 952	61 379
德阳市	205	940 828	547 238	466 744	393 590	330 751
绵阳市	329	4 178 222	2 929 662	2 741 238	1 248 560	1 057 817
广元市	190	3 252 197	1 583 207	782 304	1 668 990	88 215
遂宁市	83	243 445	198 946	176 585	44 499	35 306
内江市	305	2 831 745	1 843 650	1 757 025	988 095	610 948
乐山市	382	4 397 638	2 770 118	2 282 933	1 627 520	1 244 356
南充市	66	357 311	338 702	82 211	18 609	6 699
宜宾市	342	3 912 099	2 224 854	2 159 311	1 687 245	618 067
广安市	117	1 166 302	467 028	327 869	699 274	618 433
达川地区	107	1 747 466	1 406 043	1 216 259	341 423	203 494
巴中地区	30	174 728	135 093	118 238	39 635	10 880
雅安地区	69	1 058 238	528 693	80 143	529 545	123 861
眉山地区	126	858 005	519 720	299 589	338 285	147 638
资阳地区	197	372 920	201 908	158 190	171 012	137 648
阿坝州	83	469 855	148 573	24 708	321 282	90 277
甘孜州	6					
凉山州	83	997 393	584 979	311 987	412 414	169 141

20—28 续表　　(1998 年)　　单位:吨

地 区	工业二氧化硫去除量	工业二氧化硫排放量	烟 尘去除量	烟 尘排放量	工业粉尘回收量	工业粉尘排放量
全省总计	142 592	695 498	2 913 036	703 966	1 334 716	696 637
成 都 市	13 281	95 625	282 621	86 128	87 651	16 961
自 贡 市	2 969	35 936	64 891	26 844	28 659	25 778
攀枝花市	695	75 077	423 118	54 740	642 875	16 743
泸 州 市	1 558	17 208	20 274	18 597	9 219	7 093
德 阳 市	4 032	24 539	23 678	12 337	21 467	89 477
绵 阳 市	1 589	72 460	1 136 746	35 211	157 465	73 411
广 元 市	2 772	10 438	39 969	13 984	22 494	12 845
遂 宁 市	5 034	10 268	10 987	8 352	303	151
内 江 市	10 401	69 462	326 754	61 859	37 167	81 776
乐 山 市	7 275	33 346	156 476	91 891	116 602	154 942
南 充 市	366	6 814	3 531	9 289	2	263
宜 宾 市	38 043	124 470	260 231	54 023	46 160	42 119
广 安 市	9 806	58 505	32 058	51 306	112 375	39 029
达川地区	15 541	18 953	91 250	63 269	21 785	31 462
巴中地区	927	1 733	5 134	47 982	6 713	2 532
雅安地区	344	6 833	4 473	21 062	6 085	24 119
眉山地区	1 648	15 207	16 110	26 025	8 845	10 130
资阳地区	2 748	5 830	4 808	6 615	6 207	22 055
阿 坝 州	84	468	4 908	1 272	1 576	1 942
甘 孜 州					1	
凉 山 州	23 468	11 965	2 573	12 917	1 053	34 800

20—29 各市地州工业固体废物排放及处理情况

(1998年)

地　区	工业固体废物产生量(万吨)	#冶炼废渣(吨)	#粉煤灰(吨)	#炉　渣(吨)	#煤矸石(吨)	工业固体废物综合利用量(万吨)	#冶炼废渣(吨)
全省总计	4 059.1	4 339 338	3 566 091	4 306 079	11 939 988	1 561	1 222 424
成都市	283.5	137 252	603 264	522 498	460 424	210	109 073
自贡市	51.1	873	155 219	167 448	118 710	22	279
攀枝花市	1 048.0	3 234 365	407 069	342 022	141 018	150	326 815
泸州市	58.7	33 345	70 206	153 901	169 062	42	6 543
德阳市	15	75 758	32 396	304 953	285 200	70	60 474
绵阳市	121.4	115 446	662 112	157 872	21 010	69	70 963
广元市	114.2	38 822	135 953	325 224	526 800	58	38 780
遂宁市	21.0		26 912	60 129		19	
内江市	378.3	255 564	149 352	580 249	1 687 106	474	246 349
乐山市	214.4	95 862	235 736	298 842	1 438 154	76	95 530
南充市	8.0	345	8 282	60 828	4	5	280
宜宾市	462.4	30 116	524 734	445 298	3 147 843	107	16 856
广安市	161.7	12 588	29 057	131 959	1 358 994	29	18 795
达川地区	159.2	109 851	432 075	252 804	654 566	102	68 280
巴中地区	29.9	40	32 767	49 131	16 986	5	
雅安地区	307.7	47 307	444	106 639	1 685 900	26	19 062
眉山地区	34.4	10 602	8 134	112 285	92 613	20	7 588
资阳地区	22.3	1 524	28 405	118 397	5 957	18	1 514
阿坝州	8.0	2 902	52	26 382	13 552	4	170
甘孜州	0.1						
凉山州	422.7	136 766	23 922	77 565	116 089	46	135 063

20—29 续表 (1998 年)

地区	#粉煤灰（吨）	#炉渣（吨）	#煤矸石（吨）	工业固体废物储存量（万吨）	工业固体废物累计储存量（万吨）	工业固体废物处置量（万吨）	工业固体废物排放量（万吨）
全省总计	3 782 607	4 998 196	2 151 005	1 536.5	27 088	160.0	991.9
成都市	597 638	494 808	346 942	60.1	695	6.6	1.0
自贡市	60 082	84 281	46 373	15.0	1 142	6.7	6.5
攀枝花市	161 869	127 133	68 880	874.2	12 390	0.6	23.6
泸州市	48 254	118 935	132 306	7.5	770	15.1	2.1
德阳市	28 231	261 458	200	40.6	218	2.4	6.6
绵阳市	343 093	129 581	3 900	46.7	812	1.9	3.1
广元市	111 550	144 728	223 545	15.1	1 826	9.2	20.3
遂宁市	26 912	46 065				0.4	
内江市	1 568 240	2 212 597	343 441	61.9	1 352	80.2	65.7
乐山市	85 814	240 557	276 297	19.5	528	0.3	118.4
南充市	2 091	46 294	2			0.8	1.4
宜宾市	289 168	411 949	183 925	110.1	2 178	12.6	62.3
广安市	28 780	171 481	57 167	16.0	261	1.1	4.5
达川地区	348 248	190 907	323 219	37.9	665	11.0	8.0
巴中地区	18 715	35 350	10	9.2	54	6.2	7.7
雅安地区	444	70 804	8 066	77.6	1 595	2.4	201.4
眉山地区	21 495	84 474	65 516	7.7	37	0.4	205.2
资阳地区	28 394	82 299	5 700	0.4	2	1.2	0.3
阿坝州	10	26 258	13 552	3.6	4	0.1	
甘孜州	300				1		0.1
凉山州	13 279	15 381	51 964	123.0	2 544	0.1	252.8

20—30 各市地州工业污染治理情况

(1998 年)

地 区	本年施工项目总数(个)	#治理废水	#治理废气	#治理固体废物	污染治理项目本年完成投资合计(万元)	#治理废水	#治理废气	#治理固体废物
全省总计	435	166	169	43	25 419.1	11 964.3	6 334.0	6 576.8
成都市	167	79	48	15	7 755.9	3 238.9	2 669.8	1 608.7
自贡市	11	3	7	1	319.0	257.5	53.2	8.3
攀枝花市	12	5	6	1	383.2	155.0	192.2	36.0
泸州市	20	8	5	4	730.8	578.9	123.5	26.4
德阳市	35	15	17	1	2 869.1	2 376.4	447.7	5.0
绵阳市	1	1			47.0	47.0		
广元市	16	5	4	3	2 110.6	1 928.1	21.8	119.0
遂宁市	4	2	1	1	25.8	8.0	8.8	9.0
内江市	32	11	15	1	1 106.5	273.8	507.9	22
乐山市	18	7	9	1	409.2	186.5	207.2	1
南充市	9	3	4	1	344.0	195.6	143.0	5.0
宜宾市	34	11	17	4	2 090.9	617.5	1 404.4	62.0
广安市	5	1	3	1	187.5	4.0	178.5	5.0
达川地区	26	5	14	5	5 924.0	519.0	379.9	5 017.1
巴中地区	6		3	2	7.1		7.1	
雅安地区	7	2	3	1	34.8	11.4	23.4	
眉山地区	16	8	5	2	1 044.4	934.0	43.5	58.5
资阳地区	25	8	9	2	189.9	35.9	106.6	9.0
阿坝州	2	1	1		21.4	1.4	2	
甘孜州								
凉山州	16	8	4		1 283.7	822.7	404.0	

20—30 续表　　　　(1998 年)

地　区	本年竣工项目(个)	#治理废水	#治理废气	#治理固体废物	本年竣工项目新增设计处理能力 治理废水(吨/日)	治理废气(标立米/时)	治理固体废物(吨/日)
全省总计	393	150	156	34	1 104 938	1 928 614	355 199
成 都 市	131	59	40	11	640 094	430 084	705 968
自 贡 市	11	3	7	1	1 890	11 904	200
攀枝花市	9	4	4	1	30 312	170 000	
泸 州 市	16	6	5	3	94 919	4 707	87
德 阳 市	29	12	15		3 990	14 492	
绵 阳 市	1	1					
广 元 市	15	4	4	3	792	13	96 150
遂 宁 市	4	2	1	1			
内 江 市	26	8	13		64 622	91 525	2 739
乐 山 市	17	7	8	1	20 800	200	
南 充 市	7	2	3	1	400	25	5
宜 宾 市	30	11	16	1	14 023	1 114 968	400
广 安 市	5	1	3	1	2 000	46 000	
达川地区	24	5	13	4	1 440	193 233	150 000
巴中地区	6		3	2			
雅安地区	7	2	3	1	15 009	206	
眉山地区	13	6	5	1	30 238	854	
资阳地区	24	8	8	2	1 769	660	100
阿 坝 州	2	1	1		200 000	13 000	
甘 孜 州							
凉 山 州	16	8	4		1 702	63	

主要统计指标解释

文化事业机构 指从事专业文化和为专业文化工作服务的单独核算、独立建制的单位。不包括这些单位另外举办独立核算的其他机构和各部门的业余文化组织，但艺术表演团体附属的艺术表演场所仍应做为“文化事业机构”进行统计。

艺术表演团体 指从事戏曲、音乐、舞蹈、杂技等专业艺术表演，有独立帐户，实行单独核算的团体。不包括半工半艺、半农半艺的业余剧团。

电影放映单位 指具有放映机器设备、固定或不固定的放映场所与专职或兼职的放映技术人员，经文化行政部门登记批准，经常为一定的观众对象放映电影的机构。包括经批准对外开放进行营业，并与电影发行放映管理机构分帐的专用放映单位和军委系统租片单位。

等级运动员人数 指经考核正式批准授予等级运动员称号的人数，运动员等级分为国际级运动健将、运动健将、一级运动员、二级运动员、三级运动员、少年级运动员。

等级裁判员人数 指经考核正式批准授予等级运动员称号的人数。裁判员等级分为国际级裁判、国家级裁判、一级裁判、二级裁判、三级裁判。

医院 指名称为医院，设有固定床位，能收容病人住院并能为病人提供医疗、护理服务的医疗机构。包括县及县以上医院、农村乡卫生院、其他医院三部分。按所属性质分为卫生部门、工业及其他部门、集体经济单位三类。其中县及县以上医院按业务性质分为综合医院和专科医院。

卫生技术人员 指卫生事业机构支付工资的全部固定职工和合同制职工中现任职务为卫生技术工作的专业人员。包括中医师、西医师、中西医结合高级医师、护师、中药师、西药师、检验师、其他技师、中医士、西医士、护士、助产士、中药剂士、西药剂士、检验士、其他技士、其他中医、护理员、中药剂员、西药剂员、检验员、其他初级卫生技术人员。

医生 指经卫生部门审查合格，从事医疗工作的专业人员。分为中医医生和西医医生。包括卫生技术人员中的中医师、西医师、中西结合高级医师、中医士、西医士和其他中医。

社会福利事业单位 指以安置城镇有一定劳动能力的盲、聋、哑和肢体残疾人员就业为目的、享受国家减免税待遇的国有或集体经济性质的企业。包括福利工厂、福利商业服务业、假肢厂和安置农场等单位。

保险福利费用 指企业、事业、机关单位在工资以外实际支付给职工和离休、退休、退职人员个人以及用于集体的劳动保险和福利费用。

(1)职工保险福利费用具体包括：医疗卫生费、丧葬抚恤救济费、生活困难补助、文体宣传费、集体福利事业补贴费、集体福利设施费、计划生育补贴、其他。

(2)离休、退休、退职人员保险福利费用具体包括：离休金、退休金、退职生活费、医疗卫生费、护理费、生活补贴、交通费补贴、丧葬扶恤救济费、其他。

工业废水排放量 指经过企业厂区所有排放口排到企业外部的工业废水量。包括生产废水、外排的直接冷却水、超标排放的矿井地下水和工业废水混排的厂区生活污水，不包括外排的间接冷却水（清污不分流的间接冷却水应计算在内）。

工业废水排放达标量 指各项指标都达到

国家或地方排放标准的外排工业废水量，包括未经处理外排达标的和经过处理后外排达标的和两部分。

工业废水处理量 指报告期内各种水治理设施实际处理的工业废水量，包括处理后外排的和处理后回用工业废水量。虽经处理但未达到国家或地方排放标准的废水量也就计算在内。计算时，如遇有车间和厂排放标准的废水量也应计算在内。计算时，如遇有车间和厂排放口均有治理设施，并对同一废水分级处理时，不应重复计算工业废水处理量。

工业废气排放量 指企业厂区内燃料燃烧和生产工艺过程中产生的各种排入空气的含有污染物的气体的总量，以标准状态〔273K，101325Pa〕计。

二氧化硫排放量 指企业在燃料燃烧和生产工艺过程中排入大气的二氧化硫量。

工业烟尘排放量 指企业厂区内的燃料燃烧产生的烟气中夹带的颗粒物的量。

工业粉尘排放量 指企业在生产工艺过程中排放的颗粒物重量。如钢铁企业的耐火材料粉尘、焦化企业的筛焦系统粉尘、烧结机的粉尘、石灰窑的粉尘、建材企业的水泥粉尘等。不包括电厂排入大气的烟尘。、

工业固体废物产生量 指企业在生产工艺过程中产生的固体状、半固体状和高浓度液体状废弃物的总量，包括危险废物、冶炼废渣、粉煤灰、炉渣、煤矸石、尾矿、放射性废物和其他废物等；不包括矿山开采的剥离废石和掘进废石（煤矸石和呈酸性或碱性的废石除外）。酸性或碱性废石是指采掘的废石其流经水、雨淋水的pH值小于4或pH值大于10、5者。

工业固体废物综合利用量 指通过回收、加工、循环、交换等方式，从固体废物中提取或者使其转化为可以利用的资源、能源和其他原材料的固体废物量（包括当年利用往年的工业固体废物累计贮存量）。如用作农业肥料、生产建筑材料、筑路等。综合利用量由原产生固体废物的单位统计。

工业固体废物贮存量指以综合利用或处置为目的，将固体废物暂时贮存或堆存在专设的贮存设施或专设的集中堆存场所内的量。专设的固体废物贮存场所或贮存设施必须有防扩散、防流失、防渗漏、防止污染大气、水体的措施。

工业固体废物处置量 指将固体废物焚烧或者最终置于符合环境保护规定要求的场所并不再回取的工业固体废物量（包括当年处置往年的工业固体废物累计贮存量）。处置方法如：填埋（其中危险废物应安全填埋）、焚烧、专业贮存场（库）封场处理、深层灌注、回填矿井等。

工业固体废物排放量 指将所产生的固体废物排列固体废物污染防治设施场所以外的量。不包括矿山开采的剥离废石和掘进废石（煤矸石和呈酸性或碱性的废石除外）。

"三废"综合利用产品产值 指利用"三废"（废液、废气、废渣）作为主要原料生产的产品产值（现行价），已经销售或准备销售的，应计算产品产值；但留作生产上自用的，不应计算产品产值。

"三废"综合利用产品利润 指利用"三废"（废液、废气、废渣）生产的产品，销售后所得到的利润。

APPENDIX：STATISTICS ON MAJOR COUNTRIES AND TERRITORIES

附录：世界主要国家及地区统计数字

附录1 国土面积和人口

国家和地区	国土面积（万平方公里）	1996年中人口数（万人）	1991—1995年人口年均增长率(%)	1996年人口密度（人/平方公里）
世界总计	**13 381.6①**	**576 775**	**1.2**	**43**
亚洲	**3 174.8**	**348 803**	**1.3**	**110**
中国②	960.0	122 389	1.2	127
日本	37.8	12 576	0.3	333
印度③	297.5	93 078	1.8	316
印度尼西亚	190.5	19 681	1.6	103
菲律宾	30.0	7 190	2.2	240
泰国	51.3	6 000	0.9	117
马来西亚	33.0	2 057	2.4	62
新加坡	0.06	304	2.0	5 067
巴基斯坦	79.6	13 415	2.9	169
缅甸	67.7	4 592	1.8	68
孟加拉国	14.4	12 007	1.6	834
土耳其	78.0	6 269	1.7	80
蒙古	156.7	235	2.1	1
朝鲜	12.3	2 247	1.6	183
韩国	9.9	4 554	0.9	460
越南	33.0	7 518	2.1	228
非洲	**3 031.2**	**73 873**	**2.3**	**24**
埃及	100.2	6 060	2.0	60
尼日利亚	92.4	11 502	2.9	124
欧洲	**2 298.8**	**72 878**	**0.2**	**32**
德国	35.7	8 191	0.6	229
英国	24.2	5 878	0.3	243
法国	55.2	5 837	0.5	106
意大利	30.1	5 783	0.2	192
捷克	7.9	1 032	—0.1	131
波兰	31.3	3 862	0.3	123
匈牙利	9.3	1 019	—0.3	110
罗马尼亚	23.8	2 261	—0.4	95
保加利亚	11.1	836	—0.7	75
南斯拉夫	10.2	1 057	0.9	104
俄罗斯	1 707.5	14 774	…	9
北美洲	**2 239.1**	**46 125**	**1.1**	**21**
美国	937.3	26 656	1.0	28
加拿大	997.1	2 996	1.3	3
墨西哥	196.7	9 658	1.9	49
南美洲	**1 783.2**	**32 231**	**1.4**	**18**
巴西	854.7	15 787	1.5	18
阿根廷	277.7	3 522	1.3	13
大洋洲	**853.6**	**2 869**	**1.2**	**3**
澳大利亚	768.2	1 829	1.1	2
新西兰	27.1	357	1.4	13

注：①是指有定居人口的各大洲面积，未包括尚无定居人口的南极洲。如包括南极洲，全世界陆地面积为14950万平方公里。原资料各大洲数用百万平方公里为单位，其和与世界总计略有出入。②中国为年末人口数。③不包括查谟、克什米尔和锡金等地区。

国外资料来源：联合国《统计月报》1997年10月；联合国粮农组织《生产年鉴》1995年，世界银行《世界发展报告》1997年。

附录 2 生命统计

单位:‰

国家和地区	年份	人口自然增长率	人口出生率	人口死亡率	婴儿死亡率②	平均预期寿命(岁)②
世界总计	1995	16.0	25.0	9.0	48.0	67
中国	1996	10.4	17.0	6.6	32.3①	69
美国	1996	6.0	14.7	8.7	8.0	77
日本	1996	2.5	9.6	7.1	4.0	80
德国	1996	−1.1	9.7	10.8	6.0	76
英国	1996	1.6	12.5	10.9	6.0	77
法国	1996	3.4	12.6	9.2	6.0	78
意大利	1996	−0.3	9.3	9.6	7.0	78
加拿大	1994	7.0	15.0	8.0	6.0	78
澳大利亚	1996	6.8	13.8	7.0	6.0	77
俄罗斯	1996	−5.5	8.8	14.3	18.0	65
捷克	1996	−2.1	8.8	10.9	8.0	73
波兰	1996	1.1	11.1	10.0	14.0	70
匈牙利	1996	−3.7	10.4	14.1	11.0	70
罗马尼亚	1995	−1.6	10.4	12.0	23.0	70
南斯拉夫	1996	2.5	13.0	10.5	23.0	73
印度	1996	18.2	27.4	9.2	68.0	62
印度尼西亚	1996	15.7	23.3	7.6	51.0	64
菲律宾	1996	22.6	29.0	6.4	39.0	66
泰国	1995	10.7	16.2	5.5	35.0	69
马来西亚	1996	21.7	26.1	4.4	12.0	71
新加坡	1996	10.9	16.0	5.1	4.0	76
巴基斯坦	1996	30.1	38.4	8.3	90.0	60
缅甸	1996	19.7	29.1	9.4	48.5	
孟加拉国	1996	23.0	33.7	10.7	79.0	58
土耳其	1996	15.5	22.0	6.5	48.0	67
韩国	1994	10.6	16.0	5.4	10.0	72
埃及	1994	22.5	29.7	7.2	36.2③	
尼日利亚	1990—95	30.0	45.4	15.4	80.0	53
墨西哥	1990—95	22.4	27.7	5.3	33.0	72
巴西	1990—95	17.1	24.6	7.5	44.0	67
阿根廷	1993	11.9	19.8	7.9	22.0	73

注:①1%人口抽样调查数据。②1995年数。③1994年数。

国外资料来源:联合国《统计月报》1997年10月;世界银行《世界发展报告》1997年;联合国《亚太地区统计年鉴》1997年;联合国《人口统计年鉴》1994年。

附录3 就业状况

国家和地区	年份	就业人数（万人）	就业人数构成（万人）				
			农林牧渔业	矿业、采掘业	制造业	水、电、煤气业	建筑业
中　　国	1996	66 850.0	32 910.0	902.0	9 763.0	273.0	3 408.0
美　　国	1996	12 670.8	35.7	56.9	2 051.8	14.9	79.4
日　　本	1996	6 486.0	356.0	6.0	1 445.0	37.0	670.0
德　　国	1996	3 589.2	107.6	24.3	853.6	33.5	346.9
英　　国	1996	2 621.9	51.2	10.8	503.6	18.9	181.9
法　　国	1994	2 111.0	104.8	6.6	416.2	20.4	144.3
意 大 利	1995	1 994.2	148.9	8.8	453.4	204.1	160.7
加 拿 大	1996	1 367.6	56.5	16.8	208.3	14.7	71.9
澳大利亚	1994	792.1	40.4	8.6	110.6	9.0	57.0
俄 罗 斯	1995	6 644.1	1 044.3	108.4	1 474.4	80.3	577.0
捷　　克	1996	497.5	30.8	9.0	141.1	10.0	46.8
波　　兰	1996	1 496.9	331.0	41.8	313.0	27.1	92.1
匈 牙 利	1996	203.6	22.9	2.7	49.7	6.6	19.6
罗马尼亚	1996	1 093.6	415.1	24.1	251.2	22.4	47.0
印　　度①	1989	2 596.2	142.8	106.4	625.7	90.9	122.0
印度尼西亚	1996	8 570.2	3 372.0	77.4	1 077.3	16.4	379.6
菲 律 宾	1996	2 544.2	1 145.1	11.5	275.6	12.3	15.7
泰　　国	1991	3 113.8	1 877.7	5.5	346.5	11.0	117.8
新 加 坡	1996	174.8	0.3	0.03	40.6	0.7	11.5
马来西亚	1996	840.0	162.6	3.5	191.2	4.4	71.7
巴基斯坦	1995	3 333.4	1 559.9	4.0	345.9	27.3	240.2
缅　　甸	1994	1 681.7	1 155.1	8.7	125.0	1.7	2.1
韩　　国	1996	2 076.4	240.6	2.4	467.7	7.4	196.8
巴　　西	1995	6 962.9	1 815.4	86.3	854.8②		422.9

国外资料来源：国际劳工组织《劳工统计年鉴》1997年。

附录 3 续表

国家和地区	年份	就业人数构成(%)					失业率(%)
		商业、饭店业、旅店业	运输、仓储及通信业	金融、保险不动产及产业服务	社会服务及个人服务	其　他	
中　国	1996	4 511.0④	2 013.0	376.0⑤	1 839.0⑥	12 855.0	3.0③
美　国	1996	2 649.7	7 328.0	1 418.0	4 461.4	1 170.2	5.4
日　本	1996	1 463.0	411.0	561.0	1 507.0	30.0	3.4
德　国	1996	624.2	194.1	356.0	181.9	867.0	8.8
英　国	1996	523.8	162.9	359.2	135.4	674.2	8.2
法　国	1994	371.6	139.7	234.0	773.4	—99.9	12.4
意大利	1995	422.0	105.9	159.8	80.3	250.3	12.1
加拿大	1996	325.4	87.3	171.9	415.0		9.7
澳大利亚	1994	201.4	51.1	102.6	207.8	3.6	8.6
俄罗斯	1995	607.1	525.3	82.0	512.3	255.4	9.3
捷　克	1996	80.2	38.8	35.1	16.7	89.0	3.9
波　兰	1996	209.7	89.0	69.8	48.8	274.6	12.3
匈牙利	1996	28.8	23.5	9.2	8.5	32.2	9.9
罗马尼亚	1996	98.0	57.6	25.5	21.9	130.8	6.7
印　度①	1989	44.1	303.8	135.0	1 030.7	—5.2	
印度尼西亚	1996	1 610.3	394.3	69.0	1 172.9	400.0	
菲律宾	1996	406.2	165.7	68.1	501.9	559.8	7.4
泰　国	1991	347.7⑦	83.4		322.6	15.2	1.5⑧
新加坡	1996	40.6	19.5	24.6			3.0
马来西亚	1996	156.7	40.1	4.1	168.6		2.6
巴基斯坦	1995	483.8	169.0	25.7	475.9	2.3	5.4
缅　甸	1994	145.0	42.0		48.6		4.8
韩　国	1996	562.8	111.1	177.2	88.7	221.7	2.0
巴　西	1995	911.7	254.3	133.4	2 484.1		6.2

注:①只包括国营部门和10人及10人以上的非农业私人企业。②包括水、电、煤气业。③指城镇失业率。④商业和餐饮业。⑤金融、保险业和房地产业。⑥包括卫生、体育和社会福利事业、教育、文化艺术和广播电视事业以及科学研究和综合技术服务事业。⑦包括金融、保险、不动产及产业服务。⑧1993年数。

国外资料来源:国际劳工组织《劳工统计年鉴》1997年。

附录 4　国内生产总值及其增长率

国家和地区		1996 年国内生产总值（亿本币）	国内生产总值增长率（比上年增长%）			
			1994	1995	1996	1997①
中　国	（人民币元）	67 885	12.7	10.5	9.6	8.8
美　国	（美　元）	76 360	3.5	2.0	2.4	3.6
日　本	（日　元）	5 003 560	0.6	1.4	3.6	2.3
德　国	（德国马克）	35 400	2.9	1.9	1.4	2.2
英　国	（英　镑）	7 423	4.3	2.7	2.3	3.0
法　国	（法　郎）	78 744	2.8	2.1	1.5	2.5
意大利	（里　拉）	18 735 000	2.2	2.9	0.7	1.0
加拿大	（加　元）	8 203	4.1	2.3	1.2	3.5
澳大利亚	（澳　元）	4 996	5.4	3.9	3.4	3.5
俄罗斯	（卢　布）	22 561 200	−12.6	−4.0	−3.3	
捷　克	（克　朗）	14 140	2.6	4.8	9.7	2.6
波　兰	（兹罗提）	2 860③	6.0	6.5	6.0	5.0
匈牙利	（福　林）	55 619	2.9	1.5	0.8	2.4
罗马尼亚	（列　伊）	497 948②	3.9	6.9	4.0	
印　度	（卢　比）	109 858③	7.6	7.3	6.4	
印度尼西亚	（卢　比）	5 326 310	7.5	8.2	7.9	
菲律宾	（比　索）	21 966	4.4	4.8	5.7	
泰　国	（　铢　）	46 654	8.9	8.7	8.3	
马来西亚	（林吉特）	2 498	9.2	9.5	8.6	
新加坡	（新加坡元）	1 326	10.4	8.8	7.0	
巴基斯坦	（卢　比）	21 749	3.8	4.4	5.9	
缅　甸	（缅　元）	7 154	7.5	6.9	5.8	
孟加拉国	（塔　卡）	13 016	4.2	4.4	5.4	
土耳其	（里　拉）	143 200 000	−5.1	6.7	7.4	5.2
韩　国	（韩　圆）	3 899 790	8.8	8.9	7.1	5.3
埃　及	（埃　镑）	2 283	3.9	4.6	5.1	
尼日利亚	（奈　拉）	9 143②	1.3	1.3	2.9①	
墨西哥	（新比索）	25 442	4.5	−6.2	5.1	5.4
巴　西	（雷亚尔）	7 529	6.1	4.1		
阿根廷	（比　索）	2 974	8.5	−4.6	4.3	

注：①初步数。②1994 年数字。③1995 年数

国外资料来源：国际货币基金组织《国际金融统计月报》1998 年 3 月，《OECD 经济展望》1997 年 6 月。

附录 5　主要农产品产量

单位:万吨

国家和地区	1997	国家和地区	1997
谷　物		棉　花	
世界总计	2 074 790	世界总计	1 956
中　国	44 349	中　国	460
美　国	34 146	美　国	401
印　度	22 071	印　度	272
俄罗斯	8 044	巴基斯坦	176
法　国	6 218	乌兹别克斯坦	106
印度尼西亚	5 993	土耳其	76
巴　西	4 961	澳大利亚	58
加拿大	4 832	墨西哥	38
德　国	4 541	希　腊	35
阿根廷	3 314	阿根廷	32
大　豆		花　生	
世界总计	14 152	世界总计	2 698
美　国	7 407	中　国	965
巴　西	2 616	印　度	800
中　国	1 473	尼日利亚	172
阿根廷	1 103	美　国	159
印　度	440	印度尼西亚	100
加拿大	282	塞内加尔	72
巴拉圭	260	缅　甸	59
印度尼西亚	155	刚　果	56
玻利维亚	102	阿根廷	40
意大利	95	苏　丹	37
油菜籽		黄　麻	
世界总计	3 405	世界总计	336
中　国	958	印　度	172
印　度	638	孟加拉国	98
加拿大	609	中　国①	43
法　国	349	泰　国	12
德　国	284	缅　甸	5
英　国	145	俄罗斯	5
澳大利亚	75	越　南	1
捷　克	58	尼泊尔	1
波　兰	54	巴　西	1
丹　麦	27	古　巴	1

国外资料来源:联合国粮农组织《统计季报》1997 年第 3/4 季度、《渔业年鉴》1995 年。

附录 5 续表 1

单位:万吨

国家和地区	1997	国家和地区	1997
甘　蔗		甜　菜	
世界总计	121 594	世界总计	27 408
巴　西	32 920	法　国	3 277
印　度	26 500	德　国	2 849
中　国	7 890	美　国	2 663
泰　国	6 000	乌克兰	2 400
墨西哥	4 226	俄罗斯	1 700
巴基斯坦	4 199	土耳其	1 622
澳大利亚	4 077	波　兰	1 600
古　巴	4 000	中　国	1 497
哥伦比亚	3 280	意大利	1 300
印度尼西亚	2 860	英　国	956
茶　叶		烟　叶	
世界总计	268	世界总计	697
印　度	75	中　国	425
中　国	61	美　国	75
斯里兰卡	27	巴　西	62
肯尼亚	22	印　度	56
印度尼西亚	17	土耳其	23
土耳其	12	津巴布韦	22
日　本	9	马拉维	15
伊　朗	6	印度尼西亚	14
阿根廷	5	希　腊	13
孟加拉国	5	阿根廷	12
肉　类②④		牛　奶④	
世界总计	21 517	世界总计	46 632
中　国	5 915	美　国	6 998
美　国	3 456	俄罗斯	3 545
巴　西	1 097	印　度	3 300
法　国	633	德　国	2 862
德　国	584	法　国	2 567
俄罗斯	527	巴　西	1 985
印　度	430	乌克兰	1 570
意大利	407	英　国	1 460
西班牙	308	波　兰	1 143
墨西哥	368	荷　兰	1 119

注:①包括红麻。②包括牛肉、羊肉、猪肉、马肉、家禽肉以及其他家养和野生动物肉。③1995 年数字。④1996 年数字。⑤未洗羊毛。

附录 5 续表 2　　　　单位:万吨

国家和地区	1997	国家和地区	1997
水　果④		羊　毛⑤④	
世界总计	41 116	世界总计	248
中　国	4 653	澳大利亚	71
印　度	3 935	中　国	28
巴　西	3 458	新西兰	26
美　国	2 952	俄罗斯	9
西班牙	1 267	乌拉圭	7
墨西哥	1 214	阿根廷	7
意大利	1 086	英　国	7
法　国	1 080	南　非	6
乌干达	1 015	巴基斯坦	5
伊　朗	963	伊　朗	5
水产品③		天然橡胶④	
世界总计	11 291	世界总计	597
中　国	2 525	泰　国	164
秘　鲁	894	印度尼西亚	154
智　利	759	马来西亚	108
日　本	676	印　度	54
美　国	563	中　国	40
印　度	490	越　南	13
俄罗斯	437	斯里兰卡	11
印度尼西亚	412	尼日利亚	9
泰　国	350	科特迪瓦	8
挪　威	281	菲律宾	6

附录 6　我国农业主要产品产量居世界位次的变化

项　目	1949	1957	1965	1978	1980	1985	1990	1994	1995	1996	1997
谷　物		3	2	2	1	2	1	1	1	1	1
肉　类①	3	2	3	3	3	2	1	1	1	1	1
棉　花	4	2	2	3	2	1	1	1	1	1	1
大　豆	2	2	2	3	3	3	3	3	3	3	3
花　生	2	2	3	2	2	2	2	1	1	1	1
油菜籽	2	2	2	2	2	1	1	1	1	1	1
甘　蔗		3		9	9	4	4	3	3	3	3
茶　叶	3	3	3	2	2	2	2	2	2	2	2
水　果					10	8	4	1	1	1	1

注:①1993 年以前为猪、牛、羊肉产量的位次。

国外资料来源:联合国粮农组织《生产年鉴》1995 年、《统计季报》1997 年第 3/4 季度。

附录 7　主要工业产品产量

项　　目	1996	项　　目	1996
钢(万吨)		煤炭(万吨)④	
世界总计①	71 437.3	世界总计①	471 696.0
中　　国	10 124.0	中　　国	139 700.0
日　　本	9 895.2	美　　国	106 288.8
美　　国	9 500.4	印　　度	30 784.8
俄 罗 斯	4 916.4	俄 罗 斯①	25 569.6
德　　国	3 979.2	澳大利亚①	24 180.0
韩　　国	3 890.4	德　　国	23 218.8
加 拿 大	2 902.8	波　　兰①	19 971.6
意 大 利	2 772.0	南　　非①	19 599.6
巴　　西	2 523.6	捷　　克①	9 344.4
乌 克 兰	2 233.2	哈萨克斯坦	8 694.0
原油(万吨)		电(亿千瓦小时)	
世界总计	306 531.3	世界总计①	129 548.0
沙特阿拉伯①	39 991.2	美　　国①	33 453.1
美　　国	37 274.4	中　　国	10 813.0
俄 罗 斯	30 099.6	日　　本①	9 899.6
伊　　朗①	17 940.0	俄 罗 斯①	8 674.9
中　　国	15 733.0	加 拿 大	5 489.6
墨 西 哥	14 900.4	德　　国	5 470.3
委内瑞拉①	14 486.4	法　　国①	4 931.8
挪　　威①	13 461.6	印　　度	3 937.0
英　　国①	12 180.0	英　　国	3 316.2
阿 联 酋①	10 321.2	巴　　西	2 754.0
水泥(万吨)		化肥(万吨)①	
世界总计①	137 466.0	世界总计	14 323.8
中　　国	49 119.0	中　　国	2 809.0
日　　本	9 441.6	美　　国	2 558.7
美　　国①	7 532.4	加 拿 大	1 247.9
印　　度	7 032.0	印　　度	1 138.5
韩　　国	5 844.0	俄 罗 斯	960.3
泰　　国	3 873.6	德　　国	476.8
德　　国	3 602.4	白俄罗斯	326.4
巴　　西	3 459.6	印度尼西亚	322.1
意 大 利①	3 452.4	法　　国	300.5
土 耳 其	3 301.2	巴　　西	226.2

国外资料来源:联合国《统计月报》1997 年 10 月、《工业产品统计年鉴》1995 年;联合国粮农组织《统计季报》1997 年 3/4 季、《肥料年鉴》1996 年、《林产品年鉴》1992 年;美国汽车协会《世界汽车数据表》1998 年。

附录 7 续表 1

项　　目	1996	项　　目	1996
合成橡胶(万吨)		汽车(万辆)⑥	
世界总计①	818.2	世界总计	5 133.2
美　国	248.6	美　国	1 179.9
日　本	138.9	日　本	1 034.6
俄罗斯	77.5	德　国	484.3
中　国	60.0	法　国	359.1
法　国	58.2	韩　国	281.3
德　国	57.0	西班牙	241.2
韩　国①	37.2	加拿大	239.7
英　国	32.9	英　国	192.4
意大利	30.3	巴　西	180.4
巴　西	28.8	意大利	154.5
天然气(千万亿焦耳)		轮胎(万条)	
世界总计	88 663.0	世界总计	90 461
俄罗斯①	23 233.1	美　国	25 531
美　国	20 729.0	日　本	15 140
加拿大	7 505.6	泰　国	13 008
英　国	4 324.7	中　国	8 806
荷　兰	2 841.6	法　国	6 272
印度尼西亚①	2 443.6	韩　国	5 774
乌兹别克斯坦	1 702.7	德　国	4 856
委内瑞拉①	1 626.4	意大利①	4 052①
沙特阿拉伯	1 574.1	英　国	3 096
阿根廷	1 399.4	巴　西①	3 072①
新闻纸(万吨)		原木(万立方米)⑦①	
世界总计①	34 681.0	世界总计	341 104
加拿大	901.6	美　国	50 341
美　国	630.4	印　度	29 916
日　本	314.0	巴　西	28 530
瑞　典	6.0	加拿大	18 620
德　国	170.9	印度尼西亚	18 589
芬　兰	132.7	尼日利亚	11 049
韩　国	119.0	俄罗斯	10 955
俄罗斯②	103.8	中　国	6 767
挪　威③	100.7	瑞　典	5 992③
法　国②	84.4	芬　兰	5 022

附录 7 续表 2

项　　目	1996	项　　目	1996
糖(万吨)		电视机(万台)①⑤	
世界总计	12 680.0	世界总计	13 071.5
印　　度	1 832.0	中　　国	3 496.2
巴　　西	1 478.0	韩　　国	1 872.2
美　　国	664.0	美　　国②	1 388.1
中　　国	640.0	马来西亚	946.1
泰　　国	632.0	日　　本	902.2
澳大利亚	532.0	巴　　西	642.4
法　　国	457.0	西 班 牙	539.2
古　　巴	453.0	德　　国②	323.4
墨 西 哥	438.0	新 加 坡⑧	304.0
德　　国	418.0	英　　国⑨	302.4

注:①1995 年数字。②1994 年数字。③1993 年数字。④中国为原煤,国外为商品煤。⑤包括彩色电视机和黑白电视机。美国为交货量。⑥包括商用车和乘用车。⑦指采伐所得的全部木材量,其中包括工业用圆木、薪炭材、从采伐中回收的木材。中国为木材产量,包括原木和薪材,同其他国家的原木产量不完全可比。⑧1989 年数。⑨1988 年数。

附录 8　我国工业主要产品产量居世界位次的变化

产品名称	1949	1957	1965	1978	1980	1985	1990	1992	1994	1995	1996③
钢	26	9	8	5	5	4	4	3	2	2	1
煤	9	5	5	3	3	2	1	1	1	1	1
原　　油	27①	23	12	8	6	6	5	5	5	5	5
发 电 量	25	13	9	7	6	5	4	4	2	2	2
水　　泥		8	8	4	4	1	1	1	1	1	1
化　　肥		33	8	3	3	3	3	3	2	2	1
化学纤维		26②		7	5	4	2	2	2	2	2
棉　　布			3	1	1	1	1	1	1	1	1
糖			8	8	10	6	6	3	4	4	4
电 视 机				8	5	3	1	1	1	1	1

注:①1950 年数字。②1960 年数字。③估计数。

国外资料来源:联合国《统计月报》1996 年 9 月、《工业统计年鉴》1994 年;联合国粮农组织《生产年鉴》1995 年、《肥料年鉴》1995 年。

附录9 消费物价指数

(1990年=100)

国家和地区	总指数			#食品		
	1995	1996	1997	1995	1996	1997
中　　国	183.3	198.5	204.1	206.3	222.0	221.8
美　　国	116.6	120.1	123.5①	112.7	116.4	120.5①
日　　本	107.0	107.1	110.3②	106.1	106.0	109.3②
德　　国⑨	114.8	116.5	118.9③	108.4	109.2	111.2③
英　　国	118.2	121.1	126.9①	114.7	118.5	118.6①
法　　国	111.6	113.8	115.7③	105.8	107.1	110.3③
意 大 利	127.7	132.6	134.8④	125.6	130.8	131.0④
加 拿 大	111.7	113.5	115.5③	109.2	110.6	112.8③
澳大利亚	113.2	116.1	116.0⑤	112.9	116.1	119.1⑤
俄 罗 斯⑨	192 521.0	284 429.0	329 072.0⑥	210 975.0	287 151.0	322 619.0⑥
捷　　克	252.4	274.7	309.5③	231.8	250.2	266.9③
波　　兰	556.7	667.5	802.0②	461.9	550.2	637.4②
匈 牙 利	309.7	382.8	468.8⑤	304.3	356.9	433.9⑤
印　　度	164.5	179.6	196.2②	173.3	188.0	202.6②
印度尼西亚	153.2	165.2	184.3③	156.3	171.1	201.0③
菲 律 宾	163.9	177.8	186.6⑥	155.1	170.4	173.5⑥
泰国(曼谷)	126.6	134.0	146.5①	132.9	144.9	158.8①
马来西亚	121.4	125.6	130.9①	126.2	133.6	142.2①
新 加 坡	113.5	115.1	118.4③	109.8	112.2	114.7③
巴基斯坦⑪	138.8	153.2	174.8③	144.3	157.8	181.5③
缅　　甸	330.3	384.1	556.6⑦	353.9	420.7	619.2⑦
孟加拉国(达卡)	122.4	125.8	134.0⑧	121.6	125.7	135.0⑧
土 耳 其	1 872.3	3 359.1	7 396.4②	1 938.2	3 359.0	7 554.3②
韩　　国	135.1	141.8	149.6③	140.0	144.8	152.6③
埃　　及	178.7	191.6	202.0⑤	164.0	176.5	185.5⑤
尼日利亚	687.9	901.0	1 000.3⑥	379.9	850.8	958.5⑥
墨 西 哥⑩	224.6	301.7	380.4③	208.7	295.5	359.9②
巴西(圣保罗)⑪	73 228.0	84 767.8	90 811.2⑤	77 308.0	81 894.4	79 905.4⑤
阿根廷(布宜诺斯艾利斯)⑫	321 465.3	321 956.8	323 622.0①	277 692.5	276 442.6	275 376.7①

注:①12月份数字。②10月份数字。③11月份数字。④3月份数字。⑤9月份数字。⑥6月份数字。⑦8月份数字。⑧7月份数字。⑨1991年=100。⑩1994年=100。⑪1992年=100。⑫1988年=100。⑬产业工人。

国外资料来源:联合国《统计月报》1998年2月。

附录10　中央政府财政收入构成

单位:%

国家和地区	年份	公司利润和资本所得税	社会保险缴款	工资税	财产税	货物和劳务税	国际贸易税	其他税	非税收收入
美　　国	1996	54.13	32.99		1.12	3.49	1.25		7.00
日　　本	1993	36.16	26.48		4.05	14.43	1.24	1.60	15.45
德　　国	1996								6.22
英　　国	1995	35.86	17.18		6.44	32.53	0.06	0.07	7.66
法　　国	1996	18.26	43.04	1.09	1.79	28.62	0.01	0.76	6.24
加 拿 大	1994	48.47	18.92			18.94	2.32		11.33
澳大利亚	1996	64.49		2.33	0.01	20.99	2.44		9.28
捷　　克	1996	14.44	52.17		0.72	32.62	3.67	1.20	5.13
罗马尼亚	1994	29.49	28.70			23.01	4.36	2.17	11.75
印　　度	1996	21.43			0.07	26.97	24.61	0.11	23.70
印度尼西亚	1996	50.24	2.69		0.94	29.57	3.19	0.02	13.34
泰　　国	1996	31.96	1.55		1.56	40.85	14.70	0.62	8.75
马来西亚	1997	36.32	1.23		0.65	26.39	12.63	4.68	17.92
新 加 坡	1995	18.98			4.09	15.03	0.91	6.72	27.36
缅　　甸	1995	19.76				25.79	11.88		40.41
韩　　国	1997	28.44	8.74		1.79	32.34	6.25	8.57	12.33
埃　　及	1994	17.70	9.25		0.58	12.17	9.71	8.99	36.84
墨 西 哥	1995	27.09	13.88			54.28	3.99	1.83	16.38
巴　　西	1993	12.84	26.40	4.32	0.03	15.97	1.50		23.27
阿 根 廷	1995	10.30	34.79		2.58	36.46	5.22	2.83	7.75

国外资料来源:国际货币基金组织《政府财政统计年鉴》1997年。

附录11 中央政府财政支出构成

单位:%

国家和地区	年份	一般公务支出	国防	教育	卫生	社会保障及福利	住房和公共环境	燃料和能源	农林牧渔
美国	1996	9.71	15.88	1.79	19.72	28.83	2.68	0.31	0.98
日本	1993	3.63	4.11	6.03	1.60	36.80	13.76		1.09
英国	1995	7.10	7.91	4.94	13.96	31.12	1.77	0.76	1.17
加拿大	1994	10.68	5.81	1.79	19.72	28.83	2.68	0.31	0.98
澳大利亚	1996	9.24	6.95	7.44	13.44	33.73	1.16	0.68	1.39
捷克	1996	13.04	5.48	11.64	17.10	24.99	0.71	1.98	1.63
罗马尼亚	1994	7.40	7.44	9.71	8.12	28.79	0.89	0.51	8.23
印度	1996	8.50	13.30	2.43	1.41		6.46		5.48
印度尼西亚	1996	18.70	7.30	9.03	2.52	7.24	20.29	0.69	12.48
泰国	1996	11.78	12.66	21.06	7.84	3.79	5.39	0.29	10.49
马来西亚	1997	16.30	11.14	22.80	6.26	7.20	7.31		4.56
新加坡	1995	14.88	28.56	18.89	7.62	4.97	8.14		0.24
缅甸	1995	10.62	36.70	10.09	3.56	3.49	0.29	0.01	14.90
韩国	1997	10.88	16.29	19.56	0.68	12.20	2.53	0.78	6.64
埃及	1994	7.14	8.16	12.80	2.37	11.97	5.12	0.21	4.32
墨西哥	1995	6.82	3.94	24.19	3.17	20.07	2.81	2.46	3.37
巴西	1993	12.42	2.73	3.07	5.30	27.14	0.61	0.11	1.36
阿根廷	1995	12.87	5.13	5.49	2.70	53.78	2.96	0.44	1.18

国外资料来源:国际货币基金组织《政府财政统计年鉴》1997年。

附录 12 进出口贸易额

单位:亿美元

国家和地区	1990		1996		1997	
	进 口	出 口	进 口	出 口	进 口	出 口
世界总计	**35 476.4**	**34 238.6**	**52 967.9**	**51 498.9**	**13 069.9②**	**12 598.7②**
中 国	533.5	620.9	1 388.3	1 510.5	1 423.6	1 827.0
美 国	5 169.9	3 935.9	8 220.3	6 250.7	4 307.6③	3 402.0③
日 本	2 354.2	2 876.5	3 491.7	4 109.2	1 723.9③	2 053.8③
德 国①	3 453.4	4 106.8	4 557.1	5 211.4	2 175.8③	2 518.4③
英 国	2 245.5	1 853.3	2 875.0	2 621.0	1 516.5③	1 376.0③
法 国	2 332.1	2 101.6	2 793.9	2 880.5	1 324.5③	1 427.6③
意大利	1 819.8	1 703.9	2 069.0	2 510.1	452.4②	551.0②
加拿大	1 232.5	1 276.3	1 749.6	2 016.4	967.1③	1 068.2③
澳大利亚	420.2	397.6	654.3	604.8	317.3③	310.7③
俄罗斯	1 206.5	1 042.0	611.5	887.0	307.5③	410.2③
捷 克		131.1	277.2	219.1	134.6③	109.3③
波 兰	84.1	136.3	369.7	244.1	199.7③	122.2③
匈牙利	86.7	96.0	158.5	126.5	45.4②	39.0②
罗马尼亚	98.4	57.8	114.4	80.9	23.3②	19.4②
保加利亚	128.9	133.5	53.6	48.1	9.2②	11.1②
印 度	235.8	179.7	373.8	330.4	204.1③	170.0③
印度尼西亚	218.4	256.7	429.3	498.1		124.1②
菲律宾	130.4	80.7	341.2	204.2	184.1③	117.9③
泰 国	330.3	230.7	718.4	555.3	174.9②	141.2②
马来西亚	292.6	294.5	784.2	782.5	188.9②	197.0②
新加坡	607.7	527.3	1 313.4	1 250.6	653.0③	617.7③
巴基斯坦	73.8	55.9	121.3	93.2	61.1③	43.1③
缅 甸	2.7	3.3	13.6	6.9	3.5②	1.7②
孟加拉国	36.2	16.7	66.2	33.0	16.8②	8.5②
土耳其	223.0	129.6	424.7	230.8	99.6②	58.3②
韩 国	697.4	648.8	1 506.8	1 303.5	371.2②	297.9②
埃 及	92.0	25.8	130.4	35.4	29.5②	9.6②
尼日利亚	56.9	129.6				
墨西哥	299.7	271.3			164.5②	154.8②
巴 西	225.2	314.1	569.5	477.6		247.9③
阿根廷	40.8	123.5	237.6	238.1	137.4③	122.7

注:①1991 年以前数字仅指原联邦德国。②1—3 月份数。③1—6 月份数。

国外资料来源:联合国《统计月报》1997 年 12 月。

附录 13 国际收支

（1996 年）　　　　单位：亿美元

国家和地区	经常帐户								资本帐户收支盈余	金融帐户收支盈余	国际收支总盈余
	商品贸易			服务贸易		要素收入		经常帐户收支盈余			
	出口	进口	差额	收入	支出	收入	支出				
美　国	6 739.8	−8 032.3	−1 892.5	2 345.9	−1 527.7	2 065.7	−2 074.7	−1 487.3	5.2	1 884.6	−66.7
日　本	4 002.8	−3 167.2	835.6	677.2	−1 299.6	2 251.0	−1 715.5	658.8	−32.9	−281.0	351.4
德　国	5 194.4	−4 482.2	712.1	846.4	−1 280.6	768.0	−812.7	−130.7	−0.2	141.8	−12.0
英　国	2 618.7	−2 814.8	−196.1	783.7	−674.1	1 494.8	−1 363.2	−28.9	1.8	−10.3	−4.5
法　国	2 818.5	−2 669.1	149.4	835.3	−672.8	475.5	−502.5	205.6	−12.4	−223.4	2.4
意大利	2 508.4	−1 900.2	608.2	699.1	−674.5	401.4	−551.1	−410.4	0.7	−79.2	119.1
加拿大	2 058.0	−1 757.4	300.6	285.1	−357.7	191.1	−394.2	28.1	59.2	−55.0	55.0
澳大利亚	600.7	−609.6	−8.9	184.7	−185.9	60.7	−212.6	−161.1	9.0	168.2	24.6
捷　克	216.9	−275.7	−58.8	81.8	−62.6	11.7	−18.9	−43.0	0.0	43.2	−8.3
波　兰	275.6	−348.4	−72.9	98.3	−64.3	15.3	−26.0	−32.6	0.9	64.9	36.4
匈牙利	141.8	−168.4	−26.5	50.0	−35.1	12.0	−26.6	−16.9	1.6	−15.8	−12.4
罗马尼亚	80.9	−105.6	−24.7	15.6	−19.5	0.8	−3.9	−25.8	1.5	14.9	−5.8
印　度	312.4	−379.6	−67.2	67.8	−102.7	14.9	−52.2	−55.6		38.6	−7.3
印度尼西亚①	454.8	−397.7	57.1	56.8	−134.8	13.5	−71.2	−70.2		103.9	15.7
菲律宾①	174.5	−263.9	−89.4	93.5	−69.3	60.7	−24.1	−19.8		53.1	12.4
泰　国	544.1	−639.0	−94.9	170.1	−195.9	39.7	−73.5	−146.9		194.9	21.7
新加坡	1 260.1	−1 237.3	22.8	300.4	−187.3	120.6	−103.6	−142.8	−1.4	5.2	74.0
巴基斯坦①	83.2	−112.0	−28.8	18.5	−29.2	1.9	−21.2	−33.3		24.4	−12.0
韩　国	1 283.0	−1 463.1	−153.1	268.1	−321.5	27.7	−53.0	−230.6	−6.0	240.3	−14.2
埃　及	47.8	−131.7	−83.9	92.7	−50.8	19.0	−15.6	−1.9		−14.6	−17.3
尼日利亚	141.0	−56.2	84.8	6.4	−42.2	1.0	−27.4	30.9	0.6	−36.3	−6.6
墨西哥	960.0	−894.7	65.3	109.0	108.2	40.3	−171.0	−19.2		41.2	25.9
巴　西①	495.1	−496.6	−31.6	61.4	−136.3	34.6	−145.6	−181.4	3.5	293.1	129.7
阿根廷	238.1	−221.9	−16.2	32.2	−57.2	46.7	−82.6	−41.4		75.5	34.1

注：①1995 年数字。

国外资料来源：国际货币基金组织《国际金融统计年鉴》1997 年。

附录 14　货币汇率

（年末中间价）　　　　一美元合该国货币数

国家和地区	货币名称	1985	1990	1995	1996	1997①
中　　国	（人民币元）	3.20	5.22	8.32	8.30	8.29
美　　国	（美　元）	1.00	1.00	1.00	1.00	1.00
日　　本	（日　元）	200.50	134.40	102.83	116.00	119.35
德　　国	（德国马克）			1.43	1.56	1.79
英　　国	（英　镑）	0.69	0.52	0.65	0.59	0.62
法　　国	（法　郎）	7.56	5.13	4.90	5.24	6.05
意 大 利	（里　拉）	1 678.50	1 130.10	1 584.70	1 530.60	1 759.50
加 拿 大	（加　元）	1.40	1.16	1.37	1.37	1.39
澳大利亚	（澳　元）	1.47	1.29	1.34	1.26	1.36
俄 罗 斯	（卢　布）			4 640.00	5 560.00	5 830.00
捷　　克②	（克　朗）			26.60	27.33	33.80
波　　兰	（兹罗提）			2.47	2.88	3.47
匈 牙 利	（福　林）	47.35	61.45	139.47	164.93	195.44
罗马尼亚	（列　伊）	15.73	34.71	2 578.00	4 035.00	7 471.00
保加利亚②	（列　弗）	1.00	2.80	70.70	487.35	1 809.00
南斯拉夫	（新第纳尔）		10.66	5.32	5.54	6.38
印　　度	（卢　比）	12.17	18.07	35.18	35.93	36.36
印度尼西亚	（卢　比）	1 125.00	1 901.00	2 308.00	2 383.00	3 035.00
菲 律 宾	（比　索）	19.03	28.00	26.21	26.29	30.17
泰　　国	（　铢　）	26.65	25.29	25.19	25.61	34.33
马来西亚	（林吉特）	2.43	2.70	2.54	2.53	2.96
新 加 坡	（新加坡元）	2.11	1.74	1.41	1.40	1.53
巴基斯坦③	（卢　比）	15.98	21.90	34.25	40.12	40.52
缅　　甸	（缅　元）	7.84	6.08	5.78	5.99	6.32
孟加拉国	（塔　卡）	31.00	35.79	40.75	42.45	44.55
土 耳 其②	（里　拉）	477	2 930	59 650	107 775	165 810
蒙　古②	（图格里克）	3.60	5.60	473.62	693.51	804.86
韩　国	（韩　圆）	890.20	716.40	774.70	844.20	902.00
埃　及③	（埃　镑）	0.70	2.00	3.39	3.39	3.39
尼日利亚	（奈　拉）	1.00	9.00	21.89	21.89	21.89
墨 西 哥	（新比索）	0.37	2.95	7.64	7.85	7.76
巴　　西	（雷亚尔）			0.97	1.04	1.09
阿 根 廷	（比　索）		0.56	1.00	1.00	1.00

注：①8 月份数。②由联合国项目的业务汇率推算的非商业汇率。③固定汇率。

国外资料来源：联合国《统计月报》1997 年 12 月。

附录15 居民文化程度构成

单位:%

国家和地区	年份	25岁和25岁以上人口总计(万人)	大学	中学		小学		文盲及文化程度不明确者
				初中	高中	肄业	毕业	
美　国	1994	16 451	46.5	44.6	⑤	8.2	⑥	0.6
日　本	1990	8 199	20.7	43.7	⑤	33.7	⑥	0.3
德　国								
前联邦德国	1970	3 886	4.3	④	18	④	④	77.7
前民主德国	1981	1 072	17.3	52.6	⑤	30.1	⑥	
英　国①	1976		11.0	④	④	④	④	89.0
意大利	1981	3 560	4.1	18.0	11.2	47.4	⑥	19.3
加拿大	1991	1 747	21.4	34.3	27.7	4.0	11.7	1.0
澳大利亚	1971	688	21.5	48.3	⑤	29.3	⑥	0.9
原苏联	1989	8 602	14.1	49.0	⑤	36.9	⑥	…
原捷克斯洛伐克	1980	927	8.5	45.9	⑤	47.6	⑥	0.4
波　兰	1988	2 299	7.9	47.8	⑤	5.6	37.2	1.5
匈牙利	1990	680	10.1	②	30.7	24.3	33.6	1.3
罗马尼亚	1992	1 360	6.9	63.2	⑤	24.4	⑥	5.4
原南斯拉夫	1981	1 308	6.8	23.4	⑤	53.9	⑥	15.8
印　度	1981	28 060	2.5	13.7	⑤	11.3	⑥	72.5
印度尼西亚⑦	1990	7 850	2.3	16.8	⑤	26.4	⑥	54.5
菲律宾	1990	2 416	18.7	27.2	⑤	46.9	⑥	6.7
泰　国	1990	4 908	5.1	13.7	⑤	69.6	⑥	10.7
马来西亚	1980	515	1.9	18.1	1.3	21.1	21.1	36.6
新加坡	1990	160	4.7	23.2	8.1	④	④	64.0
巴基斯坦	1990		2.5	5.8	8.2	9.7	⑥	73.8
缅　甸	1983	1 395	2.0	14.5	⑤	27.7	⑥	55.8
孟加拉国	1981	3 159	1.3	7.4	4.2	16.7	⑥	70.4
土耳其	1993	1 828	⑤	21.9	⑤	6.6	40.6	30.6
韩　国	1990	2 341	13.4	18.9	35.0	0.8	20.9	11.0
埃　及	1986	1 944	4.6	14.8	⑤	16.5	⑥	64.1
墨西哥	1990	3 119	9.2	12.7	10.7	28.6	19.9	18.8
巴　西⑦	1989	11 016	③	11.9	5.5	57.0	6.9	18.7
阿根廷	1991	1 734	12.0	25.3	⑤	22.3	34.6	5.7

注:①25—69岁人口的文化构成。②包括在"小学毕业"栏内。③包括在"高中"栏内。④包括在"文盲及文化程度不明确者"栏内。⑤包括在"初中"栏内。⑥包括在小学"肄业"栏中。⑦10岁以上人口的文化构成。

国外资料来源:联合国教科文组织《统计年鉴》1995年。

附录16 公共教育经费占国民生产总值比重

单位:%

国家和地区	1980	1985	1990	1993	1994
世界总计	4.9	4.9	4.9	5.1	5.2
中　　国②	2.5	2.5	2.5	2.5	2.2
美　　国	6.7③	4.9	5.3③		
日　　本	5.8	5.0	4.7		
德　　国①	4.7	4.5		4.8	
英　　国	5.6	4.9	4.9		
法　　国	5.0	5.8	5.4	5.8	
意 大 利	4.4⑥	5.0		5.2	
加 拿 大	7.4	7.1	6.8		
澳大利亚	5.5	5.6	5.4		
俄 罗 斯	3.5	3.2	3.5	4.4	
捷　　克	4.0	4.2	4.6	5.9	
波　　兰		4.9		5.5	
匈 牙 利	4.7	5.5	6.1	6.7	6.7
罗马尼亚	3.3	2.2	2.8	3.2	3.1③
保加利亚	4.5	5.5	5.6	4.5	4.5
原南斯拉夫	4.7	3.4	6.1		
印　　度	2.8	3.4	3.9		
印度尼西亚	1.7③	1.4	1.1	1.2③	1.3③
菲 律 宾	1.7	1.4	2.9	2.4③	
泰　　国	3.4	3.8	3.6	4.1	3.8
马来西亚⑤	6.0	6.6	5.4	5.2	5.3
新 加 坡	2.8	4.4	3.1	3.1	3.3
巴基斯坦	2.0	2.5	2.6③		
孟加拉国	1.5	1.9	2.0		
土 耳 其	2.8	2.3	2.2③		3.3
韩　　国	3.7	4.5	3.5	4.5	
埃　　及	5.7④	6.3	4.9		
尼日利亚		1.2	0.9	1.3	
墨 西 哥	4.7	3.9	4.0	5.6	5.8
巴　　西	3.6	3.8	4.6⑦		1.6
阿 根 廷	2.7③	1.5③	1.1	3.3	3.8

注:①1991年以前为原联邦德国。②国家财政性教育经费占GNP比重。③统计口径有所调整。④1981年数字。⑤1990年起,统计口径有所调整。⑥1979年数字。⑦1989年数字。

国外资料来源:联合国教科文组织《统计年鉴》1996年。